Les Grandes Affaires Criminelles de France

Autres publications de Sylvain Larue

Les Grandes Affaires Criminelles du Gers,
Éditions De Borée, 2004

Les Grandes Affaires Criminelles du Vaucluse,
Éditions De Borée, 2005

Les Grandes Affaires Criminelles du Tarn,
Éditions De Borée, 2006

Les Grandes Affaires Criminelles de la Gascogne,
Éditions De Borée, 2006

Les Grandes Affaires Criminelles du Val-de-Marne,
Éditions De Borée, 2007

Les Grandes Affaires Criminelles de Paris,
Éditions De Borée, 2007

Les Grandes Affaires Criminelles des Hauts-de-Seine,
Éditions De Borée, 2008

Les Grandes Affaires Criminelles du Val-d'Oise,
Éditions De Borée, 2008

Les Grandes Affaires Criminelles de Seine-Saint-Denis,
Éditions De Borée, 2008

Tueurs en série de France,
Éditions De Borée, 2008

Achevé d'imprimer en U.E. en octobre 2008
Dépôt légal octobre 2008
ISBN 978-2-84494-826-7

Les Grandes Affaires Criminelles de France

Sylvain LARUE

Avec les contributions de

Paul Astruc
Vincent Brousse
Jean-Michel Cosson
Alain Dommanget
Alain Fisnot
Jean-Charles Gonthier
Philippe Grandcoing
Gérald Massé
Nathalie Michau
Alain Moro
Jean-Philippe Savignoni
Bernard Schaeffer
Jean-Michel Valade

De Borée
ÉDITIONS

"Le maître de cérémonie"

Avant-propos

ELLES ONT FAIT PARLER D'ELLES pendant des semaines, des mois, parfois même des années.
Elles font partie de ces histoires que les anciens évoquaient dans les veillées, en espérant faire peur mais aussi pour faire réfléchir les enfants.
Elles sont ces anecdotes dont on a entendu parler une fois sans tout apprendre dans le détail.
Elles sont, à leur manière, de petits romans policiers authentiques, où Monsieur Tout-le-Monde peut soudain devenir une bête sanguinaire.
De l'assassinat du procureur Fualdès dans l'Aveyron de la Restauration, aux fâcheuses immiscions journalistiques rencontrées au cours de l'affaire Grégory Villemin, une trentaine des plus célèbres affaires criminelles de France du XIXe et XXe siècles vous attendent dans ces pages, toutes ayant pour point commun d'avoir passionné les foules venues en nombre assister aux procès et applaudir aux verdicts…
Amateurs de petite et de grande Histoire, ne vous effrayez pas d'avance. Découvrez ou redécouvrez ces crimes qui, en leur temps, firent la une de la presse, captivèrent l'attention des masses et suscitèrent parfois les plus vives discussions.
Je vous souhaite une bonne lecture.

Sylvain Larue

Cour d'assises de l'Aveyron, 18 août 1817
Cour d'assises du Tarn, 25 mars 1818

Le procureur FUALDÈS

LE 1er SEPTEMBRE 1811 fut installée à Rodez « la première cour d'assises de l'Aveyron » en exécution de l'arrêt de la cour impériale de Montpellier, en date du 2 juillet 1811. Baron de l'Empire, M. Duveyrier en assurait la présidence. C'est solennellement qu'il prit la tête du cortège qui, de l'hôtel de Bussy, gagna la salle d'audience située dans l'ancien couvent des Cordeliers.
Le siège de procureur impérial au criminel était alors tenu par Joseph-Bernardin Fualdès. La carrière de ce magistrat avait été marquée par sa participation active aux événements révolutionnaires. Élu juré au tribunal révolutionnaire de Paris, il avait siégé notamment lors des procès de Custine et de Charlotte Corday avant d'être nommé, de 1800 à 1811, juge au tribunal criminel de Rodez. Avec la Restauration, le procureur Fualdès avait pris du recul avec la vie publique, se consacrant pour l'essentiel à des tâches maçonniques. Jusqu'à ce jour funeste du 19 mars 1817.

Quatre heures viennent de sonner à la cathédrale de Rodez quand Joseph-Bernardin Fualdès ouvre la porte de sa demeure du quartier des Embergues. Devant lui se tient le facteur Sincholles.
« Un billet pour vous, monsieur Fualdès. »
L'ex-procureur le déplie, lit en quelques secondes le message puis répond au facteur :
« Je viendrai ce soir. »

La mort du procureur Fualdès en 1817
dans une maison sordide de Rodez...
Ce crime valut à l'Aveyron une réputation de
"pays où on égorge les gens comme des porcs".

Au moment du souper, Fualdès confie à sa femme l'objet de sa sortie nocturne.
«Les frères de la Loge m'ont fixé rendez-vous vers 10 heures. Je dois leur apporter des documents confidentiels.
– Prenez garde à vous, Bernardin. Le soir, les rues de Rodez ne sont pas sûres. Des gouapes y sont toujours à traîner à la recherche de quelques sous.»
Coiffé d'un haut-de-forme et revêtu d'un manteau à large cape, un paquet fermement tenu sous son bras, Bernardin Fualdès quitte son domicile vers les 9 h 30. Sur la place de la Cité, il n'y a plus âme qui vive. En hiver, les Ruthénois sont des gens casaniers. L'ancien procureur accélère le pas, tourne à l'angle de la rue du Terral et s'avance devant la cathédrale pour rejoindre la maison de la Loge. Bernardin Fualdès ne parviendra jamais à son rendez-vous.

Trois cents conjurés pour Louis XVIII

Trois ans plus tôt, le 15 février 1814, à quinze kilomètres au nord de Rodez, le château de la Goudalie est en pleine effervescence. À Paris, les chefs de la société secrète royaliste, «Les Chevaliers de la foi», ont donné l'ordre de passer à l'insurrection. La première étape aura pour théâtre Rodez. Trois cents conjurés s'empareront de la ville où les autorités sont favorables à la monarchie. Ils prendront les munitions et libèreront cinq cents prisonniers russes. De Toulouse, des renforts seront ensuite acheminés. Si tout se passe bien, Louis XVIII pourra être proclamé roi dans la cathédrale de Rodez. C'est un immense honneur pour les nobles aveyronnais.
Malheureusement pour eux, le complot échouera avant que les conjurés ne puissent passer à l'action.
En effet, le 16 au matin, le procureur impérial Fualdès est averti de l'imminence de la conjuration par Bastide, propriétaire à Dalmayrac, dont le domaine jouxte celui de La Goudalie. Cet informateur possède des renseignements de première main. Le doute n'est pas possible. Il n'est que temps de stopper les insurgés. Aussitôt, de son bureau, Fualdès rédige une note au préfet et au colonel Delafond, sans se douter qu'une complicité unit les deux hommes aux chefs du complot.
«Les notables, écrit-il, seront égorgés, les fonds publics pillés, les prisonniers libérés.»
Avertis, les trois cents conjurés ont juste le temps de s'évanouir dans la nature. Quant à leurs chefs, Goudal de la Goudalie, René de

Bonald, Louis Bancalis de Pruynes, Hippolyte de Barrau et quelques autres, leur rêve s'écroule. L'Aveyron ne fêtera pas la proclamation du roi. Elle se déroulera plus tard, à Bordeaux, le 12 mars suivant.

L'échec consommé, il restait toutefois à régler le paiement des volontaires. Vingt-cinq mille francs représentaient une somme considérable qu'aucun des conjurés ne possédait. Noblesse et brigandage firent donc cause commune. Il en allait de leur honneur et de la cause nationale.

Tous les dix jours, une patache transportant les fonds publics quittait Espalion pour Rodez. Le 1er avril 1814, à proximité du château de Vayssettes, à huit kilomètres de la Goudalie, six à huit hommes décidés lui barrent le passage. La fusillade est brève mais un

Des hommes à l'air sombre entraînent le procureur Fualdès vers une mort horrible dans une masure de la rue des Hebdomadiers. Ainsi commençait l'une des affaires les plus mystérieuses de la Restauration. (Coll. Sylvain Larue.)

gendarme reste au sol, mortellement blessé. S'envolent dans la nature 22 030 francs. C'est approximativement la somme que les conjurés devaient se procurer pour rembourser leur dette.
Le procureur Fualdès n'eut pas le temps de diligenter l'affaire. Le juge Teulat et le capitaine de gendarmerie Aubriot, en charge de l'instruction, laissèrent traîner l'enquête. Le 12 mai, Louis XVIII entrait dans Paris. Fualdès fut dépossédé de ce dossier encombrant. Il ne ressortit que plus tard, à la suite du second vol de la recette d'Espalion, le 2 septembre 1816. Épurée de ses principaux indices, après maintes péripéties politico-judiciaires, l'affaire du vol de la diligence d'Espalion se termina le 24 mars 1818 par un simple acquittement.

Une sortie nocturne dangereuse

Ce 19 mars 1817, l'heure de la vengeance a enfin sonné pour les anciens conjurés de la Goudalie. Dans l'après-midi, les principaux chefs se trouvent à nouveau réunis dans une maison bourgeoise de Rodez. «Messieurs, claironne l'un d'entre eux, ce soir, nous allons accomplir l'acte vengeur que vous tous, ici, attendiez depuis notre échec de

Quand un meurtre se donne des faux airs de veillée funèbre. Pendant que le corps égorgé se vide de son sang dans un seau tel un cochon, les conjurés discutent sur la meilleure manière de disposer d'un cadavre. (Coll. Sylvain Larue.)

la Goudalie. Toutes les conditions sont aujourd'hui réunies pour se débarrasser de notre pire ennemi. En l'absence du préfet d'Estourmel, c'est le colonel par intérim René de Bonald qui assure la fonction. Vous connaissez tous son dévouement à notre cause. Sur son ordre, les soldats seront casernés exceptionnellement une heure plus tôt, à 7 heures du soir. Deux membres de la Compagnie départementale, dont le recrutement nous est favorable, enlèveront Bernardin Fualdès. Son cœur aura cessé de vivre quand le jour se lèvera. »

Le procureur venait de dépasser l'angle de la rue du Terral et de la rue des Hebdomadiers quand quatre bras vigoureux le saisirent, lui bâillonnant prestement la bouche pour l'empêcher d'appeler au secours. Surpris, Bernardin Fualdès ne put étouffer le moindre cri. On ne devait pas le revoir vivant.

Le lendemain, vers 6 heures du matin, une femme du hameau de Layoule, en contrebas du piton ruthénois, marchait le long des berges. Elle poussa un cri d'effroi en apercevant un corps flottant dans l'Aveyron. Ameutés par ses appels, le meunier Foulquier et trois autres voisins se précipitèrent vers la rive. À l'aide de perches, ils récupérèrent le corps. Grande fut leur surprise quand ils reconnurent Bernardin Fualdès, la gorge profondément entaillée.

Dans la cité, la nouvelle de l'assassinat se répandit derrière les remparts comme une traînée de poudre. Avant même que le corps ait été enlevé, les premiers curieux se pressaient déjà à l'endroit de sa découverte, échangeant leurs idées et supputant sur les causes de l'assassinat. Ils étaient aussi nombreux devant la maison des Maçons où le corps de Fualdès avait été transporté, et à l'angle de la rue du Terral et de la rue des Hebdomadiers. Les enquêteurs y avaient, dit-on, retrouvé la canne de Fualdès et un mouchoir, celui sans aucun doute qui avait servi à le bâillonner.

Dans cette ville où bruissaient les rumeurs les plus folles depuis que le retour des émigrés avait provoqué une vague de terreur contre les républicains et les bonapartistes, la compromission des royalistes dans le meurtre de l'ancien juge paraissait éclatante. Si les campagnes ne cachaient pas leur satisfaction à la Restauration, il n'en était pas de même en ville où les classes bourgeoises conservaient toujours un fort sentiment jacobin.

Quant au peuple, artisans, boutiquiers et domestiques, tous avaient subitement quelque chose à dire sur l'enlèvement qui avait précédé le crime. À la faible lueur des réverbères, les uns et les autres avaient aperçu des silhouettes, entendu des chuchotements, perçu la musique de deux joueurs de vielle.

Enquête autour de la mort du magistrat

Trois jours d'enquêtes, de rumeurs le plus souvent sans fondement, dont il eut été pourtant facile de déjouer les propos, amenèrent le commissaire Constans à perquisitionner dans le bouge des époux Bancal. L'endroit était idéal, la demeure mal famée et les propriétaires propres à être transformés en bouchers.

Mais on ne trouva rien. Constans révoqué pour manque de résultats immédiats, le juge Teulat prit les choses en main. Une seconde perquisition chez les Bancal permit de dénicher du linge souillé de sang. Cette fois, le lieu du crime ne faisait plus aucun doute. Mais le vieux Bancal et sa tenancière de femme n'avaient certainement pas agi tout seul. Les vrais coupables, assurément, couraient encore !

Sous la foi du témoignage d'une cabaretière, la police judiciaire procéda à l'arrestation de Jean-Baptiste Collard, Joseph Missonier, Bousquier, Palayret et Bach. Le soir du crime, affirma-t-elle, leur attitude avait été bizarre.

Cette allégation suffit à les transformer en bons coupables. Du reste, le juge, après avoir procédé à plusieurs recoupements, se convainquit lui-même de leur culpabilité... Jean-Baptiste Collard ne logeait-il pas dans la maison Bancal avec sa compagne, Anne Benoît ? Le mouchoir, retrouvé dans la rue des Hebdomadiers et dont le juge s'était persuadé qu'il avait servi de bâillon, ne portait-il pas les initiales A. B. ? Les réputations de François Bach, Bousquier et Palayret n'étaient plus à faire. Ces tristes sires, prétendait-on, auraient assassiné pour moins de 25 livres.

Le juge Teulat avait bien travaillé, mais il ne se contenta pas de ces seconds couteaux. Ces petites crapules étaient incapables de monter un tel guet-apens. Or, le crime sentait la préparation et la perspicacité.

Une fois de plus, un faisceau de présomptions allait amener le juge à se saisir d'un accusé de plus grande envergure : Charles Bastide-Gramont.
Avec son mètre quatre-vingt-quinze, l'homme, à vrai dire, ne passait pas inaperçu dans les rues de Rodez. De surcroît, il était bel homme, le savait et prenait grand plaisir à trousser les jupons qui le frôlaient d'un peu trop près. Vivant confortablement sur son domaine de Gros, à quelques encablures de Rodez, il avait aussi le grand tort d'avoir Bernardin Fualdès comme parrain. Comme dans la journée du 19, on l'avait vu à plusieurs reprises arpenter les rues de Rodez, Bastide-Gramont devenait le chef idéal du crime monstrueux qui s'était déroulé au pied de la cité rêveuse de Rodez.
Le 25 mars, le juge Teulat lui déclara sans ambages :
« Bastide, c'est vous qui avez tué votre parrain ! »
Bastide le dévisagea puis, comprenant qu'il ne plaisantait pas, il lui rétorqua avec colère :
« Vous ! un magistrat ! Vous osez m'accuser de ce crime ! Vous êtes fou ! »

L'agent de change Joseph Jausion apprit l'assassinat de Fualdès, le matin même de la découverte du corps. La nouvelle le bouleversa. Depuis plusieurs années, la rumeur accusait Jausion d'avoir commis un infanticide resté impuni, mais dont Fualdès possédait des preuves irréfutables. C'était du moins ce qu'affirmaient les mauvaises langues. Quelques jours avant le drame, certains témoins avaient entendu les deux hommes se disputer.
« On n'est point pendu pour professer mes opinions, aurait rétorqué Fualdès à Jausion, alors que tu risques d'être conduit à l'échafaud du jour au lendemain pour des faits dont j'ai les preuves en main. »
Dans la matinée du 20, Jausion, accompagné de sa femme et de sa belle-sœur, se rendit au domicile de Fualdès. En l'absence de la veuve, il pénétra dans le bureau du procureur, força le tiroir et en retira le dossier compromettant qu'il était venu chercher.
Quand le juge Teulat fut instruit par les domestiques de l'effraction de l'agent de change, il esquissa un sourire de satisfaction. Jausion n'était autre que le beau-frère de Bastide-Gramont. Tout concordait désormais. Tout ce petit monde aurait le temps de réfléchir en prison sur les conséquences de ses actes.
Cependant, pour convaincre un jury de la culpabilité des accusés, il fallait sans doute plus que des rumeurs et des dépositions tendancieuses.

Il convenait surtout de trouver des preuves et des témoins irréfutables. Le général de Vautré, complice anonyme des comploteurs de la Goudalie, avait eu le 5 mai, vis-à-vis du président de la cour prévôtale Enjalran, une attitude outrageante. Se référant à un ordre de ses supérieurs, il avait exigé du président la remise des accusés afin de les transférer en d'autres lieux. Sèchement rabroué, le général en avait ressenti une grande amertume.
Esprit de vengeance ? Calcul diabolique ?
De Vautré eut l'idée de compromettre la fille d'Enjalran dans le crime qui bouleversait la ville entière. L'affaire était facile. Clarisse Manzon, qui depuis longtemps avait rompu tout lien affectif avec son percepteur de mari, était courtisée depuis quelque temps par son aide de camp, le lieutenant Clémandot.
Gourmande de romans, mystérieuse et nostalgique de n'avoir pas vécu le grand amour qu'elle désirait, s'ennuyant ferme dans une ville ennuyeuse, l'affaire Fualdès tombait à point pour aiguiser son goût de l'affabulation. Sans doute s'était-elle déjà drapée de l'étoffe de l'héroïne dès l'annonce de l'assassinat de Fualdès !
Clarisse Manzon tomba dans le panneau dressé par Clémandot. Elle lui confia s'être trouvée chez Bancal le soir du crime pour un rendez-vous galant. Découverte, on l'avait menacée de mort si elle parlait. Son histoire rocambolesque venait donc à point pour étayer la thèse du juge Teulat. Faisant et défaisant à sa guise les témoignages, provoquant les accusés, se rétractant ou s'évanouissant à-propos pour faire des effets d'audience, Clarisse allait devenir la pierre angulaire du procès et la vedette d'une ville, célèbre, comme elle se plut à se définir dans ses Mémoires, « de Gibraltar à Arkhangelsk ».

Le spectacle du procès

Le procès de Rodez s'ouvrit le 18 août 1817 selon les cérémonies traditionnelles. Il n'y avait d'ailleurs aucune raison d'y déroger. La Cour, suivie par les trente-six jurés civils, assista tout d'abord à la messe en l'église Notre-Dame. Tout ce beau monde se rendit ensuite dans l'ancien couvent des Cordeliers, escorté de la garde nationale. La grand-messe judiciaire pouvait commencer. Elle débuta par une bousculade qui fit plusieurs blessés à l'entrée de la salle.
Pour accueillir les deux cent quarante-trois témoins à charge et les soixante-dix-sept à décharge, des aménagements particuliers avaient dû être effectués. Trois parties divisaient la salle. Au fond,

une galerie supérieure était destinée aux femmes, spectatrices assidues et passionnées. Elles avaient payé 10 francs leur entrée, reversés aux pauvres de la ville. Artisans, boutiquiers et propriétaires des environs en habit du dimanche formaient le plus fort contingent du public qui se tenait au centre du prétoire. « L'autre extrémité, écrira un témoin, parfaitement éclairée, offrant des issues commodes et toutes les facilités nécessaires pour le service, se composait des sièges supérieurs des membres de la Cour et du parquet, des sièges pour les jurés, des bancs des accusés placés en face des jurés, des nombreux bancs réservés aux témoins, enfin d'un parquet où, durant toute la tenue des Assises, des places furent réservées à tous les fonctionnaires civils et militaires, à des prélats, à des chevaliers de Saint-Louis et de l'ordre de Saint-Jean-de-Jérusalem, à plusieurs autres personnes de distinction. »

Les vingt-cinq jours d'audience donnèrent lieu à une longue suite de on-dit et de rumeurs plus ou moins fondées. Chacun avait vu, cru voir ou se doutait de la façon dont avait été assassiné Fualdès. L'acte d'accusation en était d'ailleurs un large résumé. Seule, l'entrée en scène de Clarisse Manzon donna aux débats une touche d'originalité et un regain d'intérêt, à défaut d'éclairer les jurés et le public sur les circonstances du crime.

Le président Grenier, saisi à son tour par l'imagination débordante des Ruthénois, n'hésita pas à s'y réfugier pour interroger l'extravagante Clarisse.

« Le public est convaincu, madame, que vous avez été poussée dans la maison Bancal par accident et malgré vous. On vous regarde comme un ange destiné par la Providence

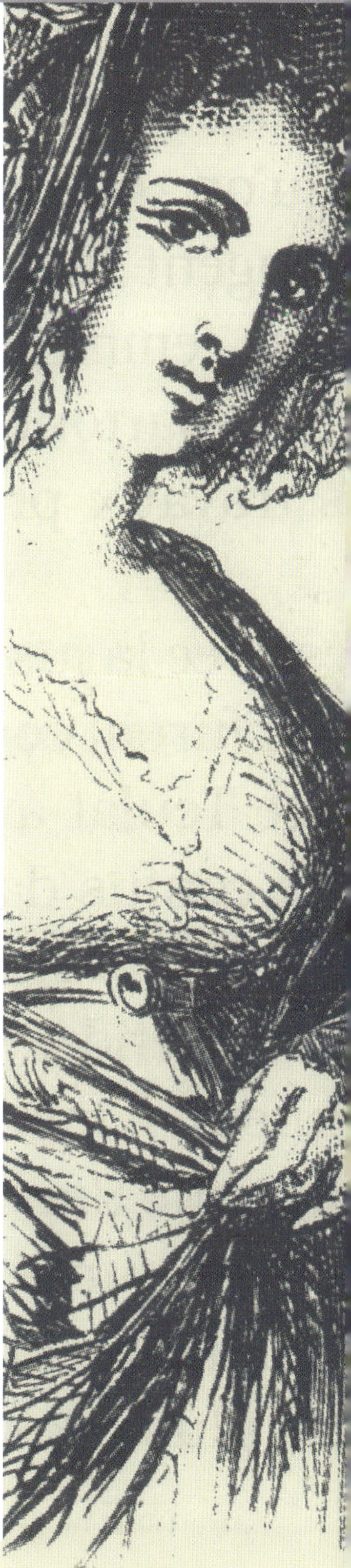

Mme Manzon

à éclaircir un mystère horrible. Quand même y aurait-il eu quelque faiblesse de votre part, la déclaration que vous allez faire, le service que vous allez rendre à la société en effacerait le souvenir. »

Chronologie

- 1er septembre 1811 : « Première cour d'assises de l'Aveyron » à Rodez. Joseph-Bernardin Fualdès en est le procureur impérial.
- 15 février 1814 : « Les Chevaliers de la foi » trament la prise de Rodez, sous les ordres de Bastide. Fualdès en est averti le lendemain.
- 1er avril 1814 - 24 mars 1818 : affaire des vols de la diligence transportant des fonds à Rodez. Fusillade. Fualdès est dessaisi du dossier.
- 19 mars 1817 : assassinat de Joseph-Bernardin Fualdès.
- 20 mars : Jausion récupère au domicile de Fualdès des preuves contre lui dans une affaire précédente.
- 25 mars : Bastide, filleul de Fualdès, est accusé.
- 18 août : ouverture du procès de Rodez.
- 12 septembre : Bastide, Bach, Collard, Jausion et la femme Bancal sont condamnés à mort.
- 19 octobre : la Cour suprême casse le procès-verbal.
- 25 mars 1818 : procès de Clarisse Manzon à Albi.
- 4 mai : Bastide, Bach, Collard, Jausion et veuve Bancal sont à nouveau condamnés à mort.
- 30 mai : arrêt de la Cour de cassation : Bach et veuve Bancal échappent à l'échafaud.
- 3 juin : exécution publique des trois condamnés restant.
- 21 décembre : troisième procès et acquittement des prévenus.

Vêtue d'une robe noire garnie autour de la gorge d'un tulle blanc, un chapeau de paille délicatement posé sur sa tête d'où descendait un voile blanc qui lui couvrait les trois quarts de la figure, Clarisse Manzon ne déçut pas son auditoire. Des réponses évasives, des contradictions, des allusions lancées au bon moment pour frapper les esprits, sans parler des évanouissements qui la projetaient dans les bras d'un brave maréchal de camp, suscitèrent à la fois l'émotion et l'admiration du public. C'était loin d'être le cas des prévenus, dont la tête reposait en partie sur ses déclarations.

Le 12 septembre, les douze jurés se retirèrent pour délibérer. Chacun d'entre eux avait des charges importantes. Les observateurs les soupçonnaient d'être favorables au ministère public. Le verdict tomba au milieu de la lueur vacillante des bougies. Bastide, Bach, Collard, Jausion et la femme Bancal furent déclarés coupables de meurtre avec préméditation, Missonier et Anne Benoît de meurtre sans préméditation, Bousquier se voyait accusé de participation à la noyade de cadavre. Les dames Jausion, Marianne Bancal et Galtier étaient innocentées. Quant au vieux Bancal, il avait anticipé la décision de la Cour en se suicidant dans sa cellule au moyen d'une décoction d'urine et de vert-de-gris.

À la lecture de sa peine, Jausion ne put retenir plus longtemps le désespoir qui l'étreignait. Il supplia qu'on l'innocente, en appelant à la vertu des jurés et des accusés. Désespérée du sort réservé à son compagnon, Anne Benoît s'accrocha à Collard et le serra dans ses bras.

« Je suis seule coupable, cria-t-elle à la salle. C'est moi qui l'ai retenu à Rodez !

– Ne pleure pas, Annette, la consola Collard, je n'ai jamais fui devant l'ennemi, je monterai à l'échafaud comme on prend une redoute. »

La Cour suivit le jury dans son verdict. Bastide, Jausion, Bach, Collard et Bancal furent condamnés à la peine de mort. Missonier et Anne Benoît, au bagne à perpétuité, à l'exposition du carcan et à la flétrissure. Bousquier, auquel le tribunal savait gré d'avoir fait des aveux circonstanciés sur l'assassinat, s'en sortait avec un an de prison et 50 francs d'amende.

Le 9 octobre 1817, la Cour suprême statua sur leur pourvoi et cassa le procès-verbal. La majeure partie des témoins, tant à charge qu'à décharge, n'avaient pas prêté le serment dans les formes voulues par l'article « 317 du Code d'instruction criminelle ». Ainsi prenait fin l'acte un de l'affaire Fualdès.

L'affaire prend une ampleur nationale

Paris, novembre 1817. Librairie Pillet

« Monsieur de Latouche, le public se passionne pour l'affaire Fualdès dont le procès vient de se dérouler à Rodez. Je veux que vous couvriez l'événement. Déjà, nos concurrents sont dans la place. Je connais votre talent de journaliste. Vous trouverez à Rodez, si j'en crois mes informateurs, matière à libérer vos penchants pour le mystère et l'investigation. »

De Latouche, de son véritable prénom Hyacinthe, passait dans la capitale pour un journaliste porté sur les affaires à scandale. Ses conquêtes féminines n'avaient plus aucun secret pour les salons parisiens dans lesquels il se mouvait avec une aisance remarquable, jouant de son talent de beau parleur autant que de sa plume.

Les Lettres d'un sténographe parisien allaient bientôt passionner la France entière. L'affaire Fualdès y était traitée « en feuillet rattachable », à destination de lecteurs de plus en plus gourmands.

De Latouche y dressait un décor de Rodez absolument sordide, fait de rues sales, de vols prodigieux de chauves-souris, conforté par une analyse féroce des comportements sociaux.

« Rodez, bâtie sur le sommet d'une montagne, paraît s'appuyer à des montagnes plus élevées encore ; et, derrière elle, un soleil couchant de novembre dorait l'horizon, en laissant au-dessous se dessiner en noir les vieux murs de la capitale du Rouergue. Après des circuits sans fin, des gorges à passer, des côtes à gravir ou à descendre, on arrive ; et, en venant de Paris, on aborde une partie de la cité, où les maisons, hautes et serrées, interceptent le jour de très bonne heure. J'ai visité tous les lieux consacrés par d'horribles souvenirs. La triste rue des Hebdomadiers, tortueuse et obscure ; cette maison Bancal, moins dégoûtante à l'extérieur qu'on ne s'en pouvait faire l'image. »

À la confluence du crime montaient aussi les remous d'une ville où se heurtaient les divergences politiques. Ultraroyalistes, bonapartistes frémissants de leur défaite et jacobins nostalgiques s'affrontaient par intrigues interposées à l'ombre des remparts.

Sténographe de charme, Henri de Latouche sut aussi tirer parti des révélations de Clarisse Manzon. Sans doute la courtisa-t-il un peu pour qu'elle lui confie la rédaction de ses Mémoires. À Paris et dans toute la France, on se les arracha, et elles donnèrent aussitôt naissance à une foule de brochures contradictoires, émanant de personnages outragés par les révélations de Clarisse et les exagérations de son rédacteur.

Deuxième procès à Albi

Le procès d'Albi s'ouvrit le 25 mars 1818. Fait nouveau, Clarisse Manzon se voyait cette fois traduite devant la cour d'assises en tant qu'accusée et non plus comme simple témoin. La cour royale de Montpellier avait en effet estimé que « ses éternelles variations, ses réticences, ses extravagantes exclamations aux Assises de Rodez, enfin, la connaissance parfaite qu'elle pouvait avoir de l'assassinat et des assassins, faisaient planer sur elle des soupçons qui se changèrent bientôt en présomptions assez graves pour la renvoyer devant une cour d'assises pour y être jugée ».

Son arrivée à Albi fut impressionnante. Juchée sur un cheval, rayonnante d'élégance, elle piqua sa monture pour franchir la foule qui s'était précipitée à sa rencontre.

Au premier matin du procès, les accusés furent tirés de leur cachot de « L'Enfer ». L'un après l'autre, les fers aux mains, ils montèrent dans une charrette grillagée, construite exprès pour eux. Isolée, Clarisse Manzon prit place dans une chaise à porteur, escortée par un brigadier de gendarmerie. Par la suite, pour réjouir le peuple qui se plaignait de la commodité accordée aux accusés, Bastide et Jausion furent amenés à pied, une lourde chaîne enfermant leur cou.

À l'entrée des accusés, les spectateurs se levèrent spontanément pour deviner sur leurs traits le caractère horrible de leur crime.

Sur fond de décor à fleurs de lys surmonté d'un Christ en croix, les six magistrats de la Cour, présidée par M. de Feydel, regardaient le public, particulièrement nombreux. Jurés, accusés et avocats de la défense se faisaient face. Sur le banc supérieur avaient pris place Bastide et Jausion, dont les traits paraissaient accablés. Puis venaient Collard, Missonier, Bach, Bousquier, la veuve Bancal et Anne Benoît. Séparée d'eux par un gendarme, Clarisse Manzon avait couvert son visage d'un voile noir qui laissait quand même deviner ses traits.

Plus nombreux qu'à Rodez, cinq cents témoins avaient été appelés pour déposer.

Le procès d'Albi fut la copie conforme de celui de Rodez. Les jurés avaient bien sûr été triés sur le volet. D'emblée, la défense comprit que le président ne montrerait aucune espèce de complaisance à l'égard des accusés. Dans son for intérieur, sa conviction était déjà faite avant l'ouverture des débats. Froid, méticuleux, les onze jours

L'arrivée de Clarisse Manzon à Albi. Nul doute que la présence de la belle mythomane dans l'affaire ne fit qu'attiser la curiosité des foules et passer - un peu plus - l'affaire Fualdès à la postérité. (Gravure anonyme, vers 1830.)

que dura le procès, M. de Feydel s'ingénia à s'opposer aux demandes de la défense et à soutenir les propos qui pouvaient enfoncer les accusés.
Deux coups de théâtre permirent cependant au procès de rebondir : Bach et Bancal, pressés par leurs avocats, consentirent à passer aux aveux devant la Cour. C'était pour eux la meilleure façon d'échapper à la guillotine.
Le 30 mars, Clarisse Manzon fut appelée à la barre. Cette prophétesse du mensonge, démoniaque à tromper ses auditeurs par des effets de charme et de soudaine faiblesse, commença par tergiverser sur tout ce qu'elle avait vu chez Bancal, s'évanouissant à-propos quand la défense la pressait de questions, ou se dérobant avec mépris aux supplications des accusés. Le public n'en perdait pas une miette, applaudissant à ses déclarations ou s'apitoyant quand elle cachait son visage derrière un mouchoir.
« Au nom de la vérité, au nom de la société, au nom de l'honneur, au nom de Dieu, s'écria, exaspéré, l'avocat de Jausion lors de la séance du 18 avril, parlez, madame, parlez, je vous en conjure !
– Monsieur Dubernard, je ne puis rien dire. »
Visiblement agacé, Bastide se tourna vers elle :
« Oui, dites la vérité, parlez ! »
Faisant un pas vers lui, Clarisse Manzon lui répliqua :
« Malheureux !
– Madame, plus de monosyllabes ! Parlez. »
Plongeant à nouveau ses yeux dans ceux de Bastide, elle lui demanda :
« Bastide, me reconnaissez-vous ?
– Non, je ne vous connais pas.
– Malheureux, s'écria-t-elle en prenant bien soin de se tourner vers le public. Tu ne me connais pas et tu as voulu m'égorger. »
Tandis que la foule applaudissait à cette révélation, Clarisse s'évanouit une nouvelle fois. Rouge de colère, Bastide se leva pour s'adresser aux jurés et à la Cour :
« Savez-vous, messieurs, pourquoi cette femme dit cela ? C'est par vengeance. Elle ne me pardonne pas d'avoir empêché son mariage avec un de mes parents, et c'est pour cela qu'elle ne me parle pas comme aux autres accusés. »
La journée tourna ensuite autour des ambiguïtés de Clarisse Manzon, qui faisait et défaisait à sa guise le rôle joué par chacun dans le crime de Fualdès. Le docteur Rodat avait eu à analyser le comportement de Clarisse Manzon. Le conseiller Pagan le fit appeler à la barre.

« Monsieur Rodat, j'ai une question à vous faire : pensez-vous que les variations de madame Manzon soient l'effet de l'inconséquence ou bien le résultat d'une impulsion étrangère ?
– J'ai le sentiment intime, répondit le praticien, que Mme Manzon rejettera toujours avec horreur tout ce qui n'est point juste et honnête ; mais elle a peut-être été égarée, par de fausses idées, sur le serment qu'on avait exigé d'elle. Son âme est très vive ; elle recherche plutôt les belles actions que celles qui sont dictées par la sagesse et la saine raison. »
Insensible à ces propos, Clarisse Manzon continua de jouer la comédie.
« Je voudrais, questionna peu après Me Boudet, avocat de Bancal, que Mme Manzon nous dise s'il y avait beaucoup de monde chez Bancal.
– Il me semble que j'ai déjà répondu à cette question. Maître Boudet veut allonger les débats ; il se trouve fort bien à sa place, et moi fort mal à la mienne.
– Je veux bien croire, reprit l'avocat, que Mme Manzon n'avait aucun rendez-vous chez Bancal ; mais je désirerais qu'elle nous fît savoir si une autre personne ne devait point y aller ce soir-là ; si même celle qu'elle épiait n'y allait pas avec l'assentiment de la femme Bancal. Vous voyez où je veux en venir : je tiens à prouver que s'il y avait des rendez-vous dans cette maison, on n'aurait pas prémédité d'y assassiner M. Fualdès.
– Je ne puis pas le dire ; je ne sais même pas si la personne que j'épiais allait chez Bancal.
– Quelle était donc cette personne ? questionna Bastide.
– Cela ne vous regarde pas.
– Toujours des exclamations ! répliqua son interlocuteur. Nous sommes dans le royaume des fées.
– En tout cas, vous êtes un bien mauvais génie. »
Après le réquisitoire et les plaidoiries, qui furent loin d'être à la hauteur du déroulement du procès, le jury rendit son verdict le 4 mai, vers 19 heures. Collard, Bach, Bancal, Jausion et Bastide étaient condamnés à mort ; Anne Benoît aux travaux forcés à perpétuité, elle qui ne devait sa comparution qu'au seul mouchoir retrouvé dans la rue des Hebdomadiers. Missonier, dont chacun avait pu s'apercevoir qu'il n'était qu'un ballot, voyait sa peine abaissée à deux années de prison. Quant à Clarisse Manzon, elle sortit glorifiée du prétoire en obtenant l'acquittement. Au cours des deux procès, elle avait engendré l'un des plus mystérieux personnages à avoir fréquenté une cour d'assises. Sans doute relevait-elle de la psychiatrie ! De sa folle comédie, on fit une vedette.

Le 2 juin 1818, à 10 h 30 du soir, le procureur du roi d'Albi reçut, par estafette, l'arrêt de la Cour de cassation, en date du 30 mai, qui rejetait le pourvoi des condamnés Collard, Jausion et Bastide. La Cour avait, en revanche, sursis à exécution au sujet de Bach et de Bancal.

Triste épilogue

Le lendemain, vers 11 heures, chargés de chaînes et mains liées derrière le dos, les condamnés écoutèrent l'huissier leur faire lecture de l'arrêt. Tous les trois clamèrent encore leur innocence devant les magistrats venus une dernière fois leur soutirer des aveux.

Pour contenir la foule, des détachements de troupe avaient été dépêchés devant la prison et sur la place du Manège, lieu du déroulement de l'exécution. À 4 h 30 de l'après-midi, les trois condamnés furent tirés de leur cachot respectif. Sur la charrette, Bastide, Collard et Jausion se tenaient au milieu, entourés par deux ecclésiastiques qui les exhortèrent encore à avouer. Tout le long du chemin, ils n'eurent de cesse de clamer leur innocence. Mais il était trop tard. La machine infernale était en place, juchée devant eux sur l'échafaud, entourée d'une foule énorme et silencieuse.

Jausion, le premier, monta au supplice avec résignation. Puis vint Collard que les bourreaux du Tarn et de l'Aveyron durent porter comme un agonisant. Bastide monta le dernier.

Malgré cette triple exécution, l'affaire Fualdès n'avait pas encore rendu son épilogue. Un troisième procès s'ouvrit le 21 décembre 1818. Le notaire d'Istournet Yence, Bessière-Veynac et Constans étaient tous les trois accusés de complicité de meurtre.

Une nouvelle charrette allait-elle amener de nouveaux condamnés vers la guillotine ? Il n'en fut heureusement rien. Le procès déboucha cette fois sur l'acquittement des prévenus. Le jury ne voulut pas suivre les ragots des témoins, la comédie de Clarisse Manzon, les hésitations de Bach et les incohérences de la veuve Bancal.

Jamais, par la suite, affaire ne fut suivie d'autant de rétractations. Bousquier, le menuisier Théron, Clarisse Manzon et la veuve Bancal, sur leur lit de mort, avouèrent ne pas avoir dit la vérité. Bach, quant à lui, ne fut pas écouté et mourut dans le silence morbide de son cachot.

Quant à Henri de Latouche, qui avait eu la dent si dure avec les Ruthénois, ses allures de dandy le jetèrent tout de même dans les bras d'une muse romantique aveyronnaise, Pauline de Flaugergues, qu'il finit par épouser. Curiosité de la vie !

Paul ASTRUC, Jean-Michel COSSON et Jean-Philippe SAVIGNONI,
Les Grandes Affaires Criminelles de l'Aveyron, 2003.

Cour d'assises de l'Ardèche, juin 1833

La sinistre AUBERGE ROUGE

SITÔT PASSÉ LANARCE, le vent l'attendait en sifflant quelques anciennes complaintes, tout en se couchant lourdement sur une mer de genêts et de bruyères. Haletante, la tourmente observa un instant son nouveau compagnon de jeu récupérer chapeau et cache-col. Les présentations étaient faites. Elle commença à s'acharner sur les lourds pans de sa grosse veste noire en les faisant claquer furieusement, avant de cingler son visage et de lui couper la peau avec quelques restes de buissons épineux prêtés par le diable.

Secoué méchamment de gauche à droite, Vincent Boyer s'agrippa à sa sacoche d'outils de ferblantier et ferma les yeux. Il valait mieux ne pas résister et accepter de se laisser faire.

Originaire du Puy-en-Velay, Boyer avait de la famille à Aubenas et connaissait assez bien cet immense plateau situé entre Lanarce et Pradelles et sa réputation de « Sibérie ardéchoise ». Si vous parveniez à éviter les vents d'Auvergne et leurs gifles incessantes, c'était une pluie de glace tombant d'un ciel d'acier, qui se chargeait de vous, traversant tout votre être jusqu'à ramollir votre âme. L'été, on brûlait sur une cuirasse de pierres, les os d'une terre écorchée vive par les ongles d'un soleil incendiaire.

Il fut rapporté qu'aux yeux des aubergistes de Peyrebeille, le voyageur était comme le cochon : tout y était bon ! D'hôtelier assassin à cuisinier anthropophage, il n'y a qu'un pas... (Gravure tirée de l'ouvrage Les auberges sanglantes : l'auberge rouge par Jules Beaujoint aux éditions Fayard vers 1890.)

"Les tueurs de Peyrebeille"

Mais c'était sous la neige que ce paysage
devenait véritablement terrifiant.
Le moindre signe de vie semblait un affront
pour cette immense étendue blanche.
Tous ceux qui s'aventuraient, l'hiver,
sur son dos devaient payer leur écot
de souffrance, et parfois un peu plus.
Ainsi retrouvait-on certains voyageurs,
engloutis par la neige, et les voyait-on
réapparaître plus tard aux premières
chaleurs du printemps, raides comme
une bûche et les yeux grands ouverts...

Pénétrons dans l'auberge maudite

Boyer n'était pas très malin avec ses vingt ans et sa lourde tête brune, mais il connaissait ses limites. Le jeune homme parvint un temps à maintenir son cap sur ce grand chemin allant de la vallée du Rhône au Puy, mais une bourrasque de neige précoce le poussant irrésistiblement dans le dos, il se retrouva en train de frapper avec sa main bleuie à la porte de l'auberge de Peyrebeille.

Celle-ci suintait de tristesse avec ses lourds volets de bois qui cognaient en continu contre des murs de pierres sales. Un chien noir comme du charbon allait et venait dans la cour en gémissant.

C'était là, sur cette lande âpre et sauvage, que le couple Martin tenait auberge depuis une dizaine d'années, aidé par leurs deux filles charnues et quelque peu délurées.

Un grand gaillard nommé Rochette, noir comme le chien de la maison et au rire de diable, leur servait de domestique. André, neveu des Martin, prêtait parfois la main, surtout au retour des foires où l'on faisait souvent halte à Peyrebeille.

On ne vint pas tout de suite ouvrir à Vincent Boyer. Il s'apprêtait à frapper de nouveau quand il entendit le bruit sec du loquet.

Dans l'entrebâillement de la porte, une paire d'yeux l'observait de pied en cap. Le voyageur se sentit soudain renifler, soupeser avant que Marie Martin, l'épouse de l'aubergiste, finisse par tirer tout à fait la porte vers elle. « Mais, entrez donc, jeune homme ! », s'écria alors la patronne d'une voix mielleuse.

Entrez céans, chers voyageurs accablés de fatigue, et grâce aux soins tout particuliers des aubergistes Martin, goûtez au repos dans les chambres de l'auberge de Peyrebeille...

À partir du moment où Boyer s'exécuta, un malaise qu'il ne parvenait pas encore à identifier, ne devait plus le lâcher. Le garçon était nettement plus habile à réparer quelques culs de casseroles, à Privas ou à Clermont, qu'à décrypter ce que son être tout entier essayait péniblement de lui dire. La vue d'un bon feu dans la cheminée et une odeur de lard se chargèrent bien vite de lui redonner un peu d'assurance.

Il salua donc la petite assemblée en soulevant son chapeau de feutre gris et vint s'asseoir près des flammes. Appuyés ou avachis sur d'épaisses tables fendues, il y avait là un muletier au ventre bombé comme les tonnelets de vin qu'il devait livrer au Puy, un gendarme qui partit presque immédiatement après l'arrivée du ferblantier, un mendiant ratatiné sur sa chaise de paille qui lissait en psalmodiant sa barbe de prophète, deux maquignons que l'alcool faisait parler haut et avec moult gestes.

Sur le côté, un peu à l'écart, un vieux tout déplumé, et à l'oreille gauche obstruée d'une sorte de bourre noire, s'entretenait avec le propriétaire des lieux, Pierre Martin, lequel se grattait frénétiquement les dents avec la pointe de son couteau.

Ainsi l'aubergiste apprit que M. Jean, tel était son nom, œuvrait dans un domaine des environs au titre d'intendant et revenait d'encaisser l'argent d'une affaire conclue récemment.

Dans le fond, Rochette le domestique achevait de jeter en pluie épaisse quelques gros morceaux de pain durs dans les bouillons d'une soupe qu'il s'apprêtait à soulever. Boyer venait d'allumer sa bouffarde et tirait dessus silencieusement. Il ne perdait pas une miette du joyeux spectacle qu'offraient les filles Martin chantonnant et dansant non loin de lui. Marguerite, l'aînée, sentait le regard du jeune homme posé sur elle et du coup en rajoutait un peu plus, en écartant lentement les pans de son corsage sur sa gorge dénudée.

La vive inquiétude de Vincent Boyer

«Voilà la soupe, interrompit soudain Marie Martin, et dépêchez-vous de l'avaler si vous voulez repartir avant la nuit ! » Personne ne se fit prier. Brusquement, le silence s'imposa et chacun tendit son assiette. Boyer sentit un instant la main de la fille Martin lui effleurer le dos, avant de disparaître dans la cuisine. La soupe épaisse et puissante paraissait occuper tous les esprits et les estomacs. Boyer prit du vin pour faire chabrol et demanda un peu de «charcutaille» pour finir son pain.

Dehors, le vent balayait toujours la lande. Un oiseau de nuit vint se poser sur un arbre calciné et déchira d'un coup de bec la peau d'un mulot qui se tordait de douleur.

«Dis-moi, mon garçon, tu restes là pour la nuit ?», lui demanda l'épouse de l'aubergiste. Le jeune homme jeta alors un œil inquiet vers un fenestrou près de la souillarde et constata que la nuit venait de cracher son encre. Il envisagea un instant de repartir, histoire de laisser sa poignée de pièces au fond de sa bourse, mais l'idée de retrouver la tourmente dans l'obscurité l'effraya, et puis il pensa naïvement à Marguerite Martin et à ses belles dents brillantes.

« Oui, je reste », dit-il, tandis que d'autres commençaient à rassembler leurs affaires posées en tas, près du feu.

Les maquignons furent les premiers à régler leur compte et à se diriger vers la porte.

Boyer les considéra un instant, suffisamment pour regretter sa réponse. Oui, il aurait pu faire route avec eux et peut-être ainsi abandonner à Peyrebeille cette sensation d'oppression et de mal-être toujours vivant en lui depuis son arrivée.

«Tu prends une chambre ou tu préfères dormir au foin ? », demanda le père Martin avec ses petits yeux perçants qui se plantaient avec insistance dans ceux de Boyer.

Ce dernier s'imagina que la fille Martin guettait sa réponse et, redoutant de passer pour un type sans le sou, refusa la grange et son tas de paille.
Alors que la mère Martin suivait des yeux le départ des derniers voyageurs, à l'exception du vieil intendant occupé à réchauffer ses mains tremblantes devant le feu, son mari attrapa une bouteille et rapprocha une chaise près de Boyer.
« Tiens, dit-il en lui tendant un verre. Alors, comme ça, toi, tu es ferblantier ?
– Oui, m'sieur.
– Et dis-moi, ça paye ce métier-là ?
– Je peux pas dire que je roule sur l'or, mais j'suis mon patron et ça, pour moi, ça n'a pas de prix !
– Oui ! bien sûr, concéda Martin, mais j'vois que tu n'as même pas de quoi t'acheter un cheval ou un mulet, hein ?
– C'est vrai, m'sieur, mais j'ai tout de même quelque argent, mais… »
Boyer décela alors une petite étincelle qui s'allumait dans l'œil de l'aubergiste et poursuivit tant bien que mal :
« Mais j'ai préféré le laisser chez mon patron, qui s'occupe de lui faire faire des petits.
– Vous avez bien raison, souligna sombrement la mère Martin qui vint ajouter son petit grain de sel. Avec tout ce qui se passe sur ces routes, ça ne serait guère prudent de tenter le diable. Chaque printemps, on retrouve toujours quelques voyageurs attrapés par le froid ou déchirés par les loups.
– Et puis y a les méchants !, surenchérit son époux, ceux qui vous attendent, le soir, avec une hache ou avec un gros gourdin près de la grande route.
– C'est bien vrai ça ! Il y a tant de mauvaises gens dans nos vilaines montagnes », conclut la vieille en secouant tristement ses deux mains jointes.

Vincent Boyer sentit alors comme une vague de frisson lui parcourir tout le corps. La proximité du feu ne le réchauffait plus. Une peur venait de prendre possession de lui. Soudain, il ne redoutait plus la lande et sa tempête, mais ce couple devant lui avec leur regard fureteur, inquisiteur. Il venait de mettre un visage sur son malaise. C'était celui des Martin.
Essayant de leur cacher son trouble, il jeta des regards traqués et fiévreux en direction de l'autre voyageur. Il dormait, affalé sur sa chaise. Les ombres dansantes des flammes jouaient sur son visage fripé.
« Et puis de nos jours, sur qui peut-on compter hein ?, poursuivit Pierre Martin. Tiens, par exemple, toi qui es toujours sur les routes, tu dois bien le voir ! Si par exemple des mauvaises gens en veulent à ton bien, tu le sais, tu peux compter sur qui pour t'sauver de là ? Non, y a plus comme avant cette solidarité, cette fraternité qui faisait que quand l'autre était dans la mouise, on savait être là. »
Boyer émit un rire faux en gigotant sur sa chaise.
« Comme vous y allez, m'sieur, je crois qu'il existe encore des gens dévoués et ...
– Et quoi ?, questionna Martin avec toujours son satané regard qui enveloppe, qui insiste, qui fouille.
– Ho... honnêtes », lâcha Boyer d'une voix blanche. On gratta soudain frénétiquement à la porte. Marie Martin, qui se tenait debout depuis le début de la conversation, se dirigea vers l'entrée. Elle ouvrit et cracha quelques injures au chien de sa voix éraillée. Monsieur Jean venait de se réveiller.
« Eh bien ! lança Martin au vieillard, vous venez de prendre un peu d'avance sur votre nuit. On causait de ces routes peu sûres avec le garçon. Vous et votre pécule, c'est pas très prudent de s'aventurer dans ces montagnes !
– On choisit pas toujours, marmonna le vieux en secouant la tête. J'avais une dette à me faire régler pour la vente d'un bestiau. Et 60 écus, c'est pas rien ! »
L'horloge comtoise fit tomber goutte-à-goutte ses onze coups.
« Hé ! 11 heures ! s'écria Pierre Martin, allez, au lit tout le monde ! C'est que demain on travaille, nous ! Avec toutes vos histoires, on perd notre temps.
– Dites, monsieur Martin... commença le vieillard.
– Quoi ? beugla l'autre.
– Ben, c'est au sujet de la chambre. Si je pouvais dormir avec le jeune garçon. C'est qu'à mon âge, ça me rassure quoi... »

Boyer observa M. Jean, ses mains tremblaient et son visage traduisait une angoisse intense.
« Ce n'est pas avec ce que vous avez mangé que vous risquez de faire une indigestion ! cracha la mère Martin, avec ses yeux de vipère.
– Allez, plus un mot, conclut sèchement l'aubergiste, chacun dans sa chambre et plus d'enfantillages !
– Mais, je vous dis que j'ai peur à mon âge. Laissez-moi partir, je trouverai bien une chambre à Lanarce…
– Voyons, monsieur Jean, avec le temps qui fait, vous risqueriez de vous perdre et nous aurions votre mort sur la conscience », lança l'épouse en regardant son mari.
Rochette, le domestique, y alla de son grand éclat de rire, tout en continuant à se curer les ongles avec son couteau à virole. Boyer s'était tourné vers le feu pour éviter les regards suppliants du vieillard. Au bas de l'étroit escalier qui conduisait aux chambres, Marguerite lui fit signe de la main : « Alors, jeune homme, murmura-t-elle, je vous conduis à votre chambre ou quoi ? »

Où l'on s'installe pour la nuit

Le père Martin poussa le vieillard en direction de l'étage, en le tançant sur toutes les histoires faites à son âge pour aller au lit. Celui-ci tenta un pas de côté en geignant, afin d'éviter d'être traîné de force, mais Rochette était là. Sa lourde carcasse en imposait. Une bougie dans une main, il désignait du menton le sombre escalier.
Dehors, un épais brouillard engloutissait les murs d'enceinte de la grosse ferme, épargnant encore quelques hautes branches d'arbres tordues comme des membres éparpillés et disloqués par quelque démon. La neige tombait toujours, mollement, avec précaution…
Marguerite présenta sa chambre à Vincent en lui abandonnant une courte bougie et en lui posant un baiser sur la joue. En une fraction de seconde, le ferblantier devint rouge et se mit à balbutier quelques compliments à l'encontre de la jeune fille.
Elle y coupa court :
« Faites de beaux rêves, monsieur Boyer, et surtout veillez à bien fermer votre porte ! »
Derrière suivait le malheureux Jean qui semblait aller au supplice.
Rochette et le père Martin fermaient la marche.
« Tenez votre bougie, monsieur Jean, et puis bonne nuit, expédia l'aubergiste.

– Quoi ? Vous avez le toupet d'appeler ça une chambre ? C'est un taudis, oui !
– Faudra bien que tu fasses avec ! C'est la seule qui reste, ce soir ! Sinon, file à la grange ! Allez, bonne nuit ! »
Le vieux disait juste, pensa Boyer. C'était un peu fort pour un lit défoncé recouvert d'une antique couverture aux odeurs fortes. Près de la fenêtre, un broc fendu reposait sur une petite table de toilette faisant face à une armoire boiteuse. Sitôt entré, Boyer avait poussé le loquet de la porte et ne cessait d'en vérifier sa solidité. Il jugea préférable de coller, tout contre la porte, sa tablette. La tête lui tournait un peu, tandis que son cœur battait à grands coups désordonnés contre sa poitrine.
Il avait peur. Peur d'avoir trop parlé à cet étrange couple, peur du sourire énigmatique du grand nègre. Il ne pensait plus à Marguerite. Il avait honte d'avoir laissé le vieux bousculé par les Martin et craignait pour sa vie.
Il tourna et retourna dans sa chambre, puis souleva un rideau et glissa un œil au-dehors. La nuit serait lente à couler…

Interruption nocturne

Peu de temps après, un bruit de sabots remonta lentement l'escalier avant de s'évanouir à l'entrée du couloir. Boyer, couché tout habillé, serrait dans sa main son petit couteau de voyage à lame pliable.
Il épiait le moindre craquement, la moindre respiration. Son cœur battait toujours la chamade et cet afflux de sang dans ses veines rendait sa tête douloureuse.

Pas de doute, quelqu'un avançait bien dans le couloir. Boyer transpirait à grosses gouttes, les pas venaient de s'arrêter à hauteur de sa chambre et l'on chuchotait derrière.
"Ouvre, je te dis ! Il dort !" dit une voix. Boyer reconnut celle de Pierre Martin.
Il n'y tenait plus. Il comprit que sa vie se jouerait là, maintenant.

Il essaya de calmer son corps tandis que la lame d'un couteau venait de faire lâcher le loquet de sa chambre.
La table de toilette ne fit pas de résistance, elle glissa sur les grosses lattes du plancher.
Une ombre haute et massive se faufila la première. Les yeux mi-clos, le ferblantier épouvanté reconnut Rochette dans la pénombre. Martin suivait derrière avec sa tête enfoncée dans les épaules et tenant une lumière.
« Vas-y ! Je te dis qu'il dort ! Allez ! », siffla Martin comme une vipère en approchant sa bougie.
Boyer semblait sur son lit de mort avec deux démons à ses côtés pour la veillée funèbre. Le malheureux respirait bruyamment et par brèves saccades. Il feignit tant bien que mal un profond sommeil. Il sentit le drap glisser doucement le long de son corps et s'arrêter à hauteur des genoux. Une main lui retourna les poches, sa bourse fut coupée de sa ceinture.
« Qu'est ce qu'on en fait ?, demanda le nègre qui cherchait son gourdin laissé contre l'armoire.
– Ma foi… Laisse tomber, va ! C'est l'autre le plus intéressant ! Si l'envie lui venait de raconter quelque chose, il sera toujours temps de terminer notre petite affaire. »
Les ombres se retirèrent lentement, laissant derrière elle un homme au visage de cire.
La porte de M. Jean commençait à être malmenée à son tour. Boyer n'était plus qu'une oreille, qu'un battement de cœur vif qui lui cognait la poitrine et résonnait dans sa tête.
« Mais, diable ! que faites-vous… », pleura une voix.
Un coup sourd monta de la nuit, accompagné presque aussitôt d'un râle d'agonie.

Et puis plus rien, juste le vent qui venait hurler aux fenêtres. Une grosse larme s'échappa des yeux entrouverts du ferblantier et disparut dans le cou. Figé, incapable de bouger, de réagir. Il imaginait avec effroi le gourdin de Rochette se dresser vers les poutres du plafond et puis...
Et puis, la nuit commença laborieusement à basculer sous les premières lueurs du jour naissant. Il pleuvait et les arbres agitaient leur feuillage, comme animés de sentiments hostiles. Vincent Boyer descendit comme un automate les marches du lugubre escalier, la main sur la rampe poisseuse.
« Tiens ! Voilà notre jeune homme ! s'exclama la mère Martin. Alors, bien dormi ?
– Oui, merci, parvint à répondre le jeune artisan au prix d'efforts colossaux.
– Dites-moi, j'espère que mon mari ne vous a pas trop dérangé cette nuit. Il a eu sa vilaine dent qui l'a tourmenté et le malheureux a pleuré comme un enfant jusqu'à l'aube.
– Non... non. Je vais vous régler ce que je vous dois. Faut que je parte », articula-t-il avec peine.
La vieille se leva et, tout en s'essuyant les mains, vrilla ses yeux dans ceux du garçon :
« Attendez ! Ne vous sauvez pas comme ça ! Je vais vous préparer quelque chose pour la route.
– Merci, mais... on... on m'attend à Mazan », ânonna Boyer. Il avait laissé quelques pièces dans sa sacoche à outils. Il les sortit fébrilement et les abandonna sur une table en approchant de la sortie. Il n'osa se retourner, ses lèvres tremblaient.
« Hé, monsieur Boyer, faites bonne route et rappelez-vous qu'on ne gagne rien à se montrer trop curieux », souffla la mère Martin.
Une fois passée la cour de la ferme, Boyer se mit à courir brusquement comme un forcené ou plutôt un évadé, laissant derrière lui une grosse ferme aux larges tuiles roses ainsi que les aboiements du chien qui diminuaient d'intensité, à mesure qu'il fuyait. Ce ne fut bientôt plus qu'une traînée de cheminée qui telle une stèle sombre désignait encore un mot, un nom à jamais gravé dans la mémoire du jeune homme. Peyrebeille...

Le tribunal de la peur

« À mort ! hurla une voix au fond du tribunal.
– Brigands ! Assassins ! », surenchérit une autre. Sur leur banc, les

Le nombre exact de clients qui ne survécurent pas à leur séjour dans l'auberge rouge demeure un mystère. Avis aux amateurs : l'auberge existe toujours, et il y est même possible d'y dormir... On ne risque plus la mort, mais qui sait si quelque spectre n'y rôde pas ? (Gravure tirée de l'ouvrage Les auberges sanglantes : l'auberge rouge par Jules Beaujoint aux éditions Fayard vers 1890.)

Chronologie

- **1818 : Pierre Martin fait construire son auberge à Peyrebeille, avec des écuries et une ferme.**
- **12 octobre 1831 : Jean-Antoine Anjolras, un éleveur du voisinage, s'arrête à l'auberge.**
- **26 octobre : le corps de Jean-Antoire Anjolras est retrouvé au bord de l'Allier, mort de mort violente.**
- **février 1833 : les accusés sont écroués à la maison de justice de Privas.**
- **6 juin : début du procès.**
- **26 juin : André Martin est innocenté, les autres accusés sont condamnés à mort.**
- **2 octobre : exécution publique à Peyrebeille de Jean Rochette, Pierre Martin et Marie Breysse.**

quatre prévenus, Pierre et Marie Martin, André leur neveu, et Rochette semblaient statufiés, attendant éberlués la fin de cet orage de haine qui, depuis le début de leur procès à Privas, déferlait sur leurs têtes. Vincent Boyer, avec son vibrant témoignage, venait d'en rajouter un peu plus !
« Silence ! Silence ! Je vous en prie ! », s'écria le président. Sa voix trahissait son trouble. Il était encore sous le choc du récit du ferblantier.
« Dites-moi, monsieur Boyer, vous paraissez être honnête et raisonnable, pourquoi avoir attendu tout ce temps pour raconter votre histoire ? Pourquoi ne pas être allé voir les gendarmes ? »
Boyer était blanc. Il sentait les regards des accusés qui l'oppressaient encore et toujours.
« La peur, monsieur le président, la peur ! », lâcha soudain le témoin. La salle retint son souffle. Il était évident que ce récit pèserait lourd dans le verdict final. Les visages des jurés en disaient long à ce sujet… Maître Croze, le défenseur des Martin, demanda la parole : « Je note que le témoin raconte une histoire vieille de dix ans ! Dix ans, messieurs les jurés, avec tout ce que cela peut comporter de déformation, d'exagération, voire d'imagination ! Et puis, à notre connaissance, il n'y a jamais eu d'avis de recherche concernant ce fameux M. Jean.

– Il ment ! Tout ce qu'il a raconté est faux ! Nous n'avons ni rencontré, ni hébergé ce monsieur dont on nous rebat les oreilles ! », vociféra brusquement Marie Martin.
Face aux jurés et au prétoire, elle s'écria encore, le poing dressé :
« Nous sommes innocents ! Ce procès est un complot ! On jalouse notre réussite ! Quand les petits, les obscurs parviennent à quelque chose, ça dérange, alors on les écrase d'un coup de botte comme des punaises ! »
Le président s'indigna :
« Maître, faites taire votre cliente ! Je vous préviens que la Cour ne peut en supporter davantage. »
La mère Martin retomba lourdement sur son banc, effondrée. Boyer baissa la tête et reprit sa place. Les efforts de la défense ne changeraient pas grand-chose. Plus d'une centaine de témoins se succédaient à la barre depuis près d'une semaine et chacun racontait l'horreur de Peyrebeille. L'un fit sensation en évoquant une marmite, aperçue par inadvertance un soir d'étape à l'auberge, posée sur un feu du diable. Une odeur pestilentielle s'en dégageait et à la surface agitée en permanence par de gros bouillons au fumet intenable, une main, oui, une main en décomposition trempait dedans ! Tout le palais de Justice eut ce jour-là un haut-le-cœur terrible !
Certains évoquèrent les deux fours que l'auberge possédait et qui permettaient, selon eux, de faire disparaître les corps des voyageurs détroussés, puis assassinés à coups de gourdin ou autre…
« Pour sûr, à Peyrebeille, la cheminée tirait fort toute l'année ! », surenchérit un autre.
Tout le monde avait sa petite histoire, mais personne, durant les vingt ans d'exploitation de l'auberge par les Martin, personne n'en parla à quelque gendarme !

Une peur plus épaisse que la couche de neige tombant six mois de l'année sur ce maudit plateau ardéchois !

Jusqu'à présent, il n'existait pas véritablement de preuve irréfutable de la culpabilité des assassins de Peyrebeille ; les fouilles entreprises à l'auberge n'aboutirent à rien. On semblait attendre désespérément quelque chose de plus consistant.
Ce fut le cas quand le président aborda le dossier d'un dénommé Jean-Antoine Anjolras.

Sa mort mystérieuse, survenue deux ans plus tôt, avait déclenché l'arrestation des Martin. La famille du disparu ayant rapidement entrepris des recherches, on trouva des témoins l'ayant aperçu pour la dernière fois monter en direction de Peyrebeille. Une dizaine de jours plus tard, un cadavre entièrement vêtu fut retrouvé dans une rivière. On reconnut Anjolras et un juge de paix chargé de l'affaire rédigea un rapport. Il fut donné à la connaissance du tribunal : «Les médecins ont constaté, à la partie droite latérale et un peu postérieure de la tête, une forte blessure ayant occasionné un épanchement assez considérable de sang. C'était le résultat certain d'un coup porté avec un instrument contondant.

«Les genoux avaient été fracassés par de très forts coups portés par un instrument fort dur, comme marteau, barre de fer, mais ces deux parties présentaient des phénomènes entièrement opposés. Ainsi le genou droit, découvert de ses enveloppes, laissait entrevoir la rotule. La membrane séreuse qui la recouvrait, le tissu cellulaire, là assez abondant, les muscles voisins, surtout ceux de la cuisse, étaient remplis de sang, tandis qu'au genou gauche, dont la rotule était à peu près dans le même état que l'autre, il n'y avait aucun engorgement dans les tissus voisins, qui étaient blancs et dans leur état naturel. Les médecins ont été convaincus que cette dernière lésion avait été faite assez longtemps après la mort, tandis que celles qui auraient divisé la rotule droite et fracassé les bras de la victime, étaient le résultat de coups portés sur l'individu pendant la vie, auxquels il avait dû survivre pendant plusieurs heures et peut-être plusieurs jours.

«De toutes les observations, ils ont conclu qu'il y avait eu mort violente et qu'elle ne pouvait être attribuée ni à l'asphyxie, ni à une chute. Par l'état de putréfaction du cadavre, par la présence de vers aux blessures des poignets, ils ont estimé que la mort remontait à douze ou quinze jours. »

Toujours sur la mort d'Anjolras, un témoin capital ajouta avoir aperçu, à cette période, un étrange cortège de trois hommes portant un cadavre près de Peyrebeille. Malgré l'obscurité, il reconnut Pierre Martin et son neveu, aidés de Rochette.

Ce fut donc sur cette affirmation que l'on décida de l'arrestation des trois hommes ; on y ajouta l'épouse de l'aubergiste qui ne pouvait être, pour les juges, que complice.

Un ultime témoignage scella définitivement le sort des accusés. Marie Armand, jeune ravaudeuse, revint à la barre. Les yeux baissés, elle avoua avoir été présente le soir où Jean-Antoine Anjolras fit étape à l'auberge de Peyrebeille.

Il y eut alors une formidable agitation dans le public. Le président parvint cependant à rétablir un semblant de silence et, entre deux vagues de murmures, interrogea :

« Mais hier, madame, vous affirmiez le contraire ? »

Du bout des lèvres, elle glissa alors : « "On" m'a proposé de l'argent pour que je me taise et "on" m'a menacée de mort au cas où je parlerais... »

Le procès allait se terminer. Après dix-huit mois de prison, les prévenus semblaient à bout de nerf et de force. Seule, Marie Martin donnait l'impression de vouloir encore mordre. Son mari, lui, se contentait de regarder son épouse, les mains crispées sur son chapelet. La prison l'avait rendu dévot. André, leur neveu, reconnu présent le soir du passage d'Anjolras à Peyrebeille, n'était plus qu'une marionnette sans vie avec sa grosse tête de cire qu'il secouait de temps en temps en lâchant quelques soupirs. Rochette s'était depuis le début, laissé dévorer tout entier par la peur.

À minuit trente, dans la nuit du 25 au 26 juin 1833, le verdict tomba. André Martin fut innocenté par le jury. Pour les autres, la mort fut votée à l'unanimité.

On leur coupa la tête chez eux, à Peyrebeille, sur le champ du Bonhomme. Pour l'exemple.

Des milliers et des milliers de gens se pressèrent pour assister à la triple exécution. L'auberge de Peyrebeille allait entrer à jamais dans la légende des grandes affaires criminelles, colportées de pays en pays par de nombreuses complaintes.

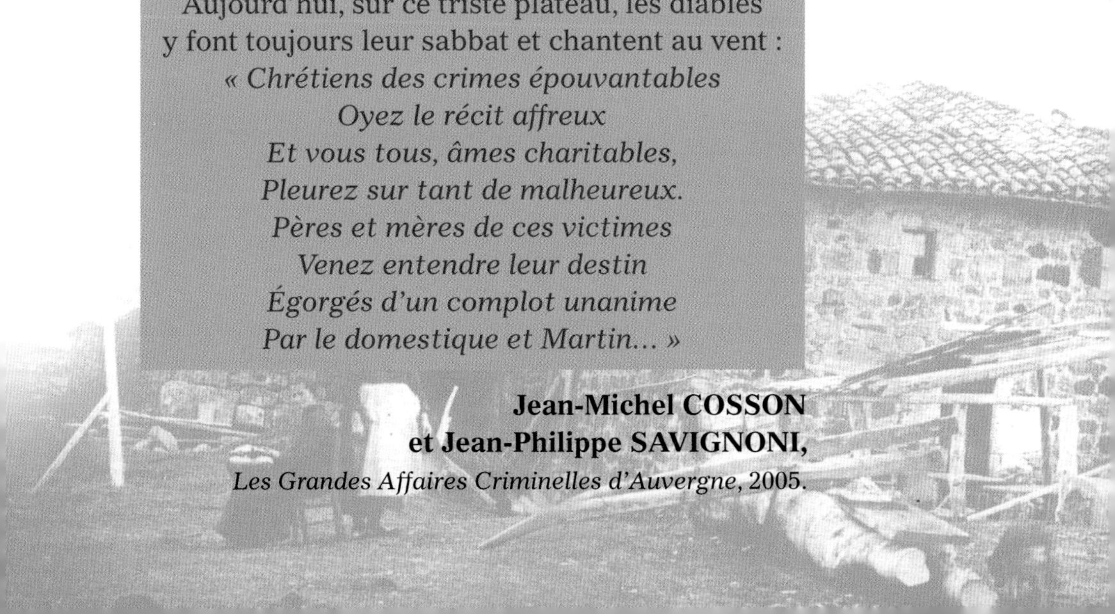

Aujourd'hui, sur ce triste plateau, les diables
y font toujours leur sabbat et chantent au vent :
« Chrétiens des crimes épouvantables
Oyez le récit affreux
Et vous tous, âmes charitables,
Pleurez sur tant de malheureux.
Pères et mères de ces victimes
Venez entendre leur destin
Égorgés d'un complot unanime
Par le domestique et Martin... »

Jean-Michel COSSON
et Jean-Philippe SAVIGNONI,
Les Grandes Affaires Criminelles d'Auvergne, 2005.

"Gâteaux, lait de poule et arsenic"

Cour d'assises de la Corrèze,
2-19 septembre 1840

L'empoisonneuse Marie LAFARGE

LE LONG DU TALUS de la route royale de Paris à Toulouse, une bonne lieue au sud d'Uzerche, l'homme n'arrêtait pas de faire les cent pas, consultant fébrilement son oignon. Devant lui, la diligence qu'il avait dû évacuer depuis un bon moment maintenant, le narguait plus que jamais avec sa roue brisée. C'était évident, il aurait du mal à être à l'heure au palais de Justice de Tulle. Pourtant, son audition de chimiste expert cité par la défense était capitale.
Le sort de Marie Cappelle, veuve Lafarge, il en était persuadé, était suspendu à la teneur de sa déposition. Parce que lui seul, François Raspail, était capable de porter la contradiction, et de quelle façon, à cet olibrius d'Orfila. Sacrebleu ! c'était la chance de sa vie. Avec toute la presse nationale qui avait pris d'assaut les hôtels du chef-lieu de la Corrèze. Une occasion unique de se faire un nom et sans la moindre implication politique cette fois-ci ! Et puis, elle était charmante, disait-on, cette jeune femme parisienne qui était venue se perdre, il y avait bien peu de temps, dans ce trou de verdure du fin fond du pays.

Vendue comme une pouliche

Comme beaucoup, Raspail avait découvert dans les gazettes le point de départ de cette ténébreuse affaire d'empoisonnement supposé.
Au cours de l'été précédent, en juillet 1839, à Paris, la baronne de Garat avait décidé que le temps était venu de trouver, coûte que coûte, un mari pour sa nièce, Marie-Fortunée Cappelle, une orpheline de vingt-trois ans dont elle avait la charge. Jusqu'alors et pour différentes raisons, toutes les tentatives d'alliances projetées n'avaient pas pu se concrétiser. Elle avait donc confié à un entremetteur matrimonial, M. de Foy, le soin de rechercher un bon parti pour sa pupille dont la fortune personnelle était estimée à quelque 225 000 francs-or.

Tout se passa alors très vite. De Foy dénicha assez rapidement l'oiseau rare : un dénommé Charles Pouch-Lafarge, vingt-huit ans, issu d'une famille honorable, propriétaire terrien et maître de forges au Glandier, en Limousin, mais résidant dans la capitale depuis six mois tant pour ses affaires que pour son plaisir.
Début août, lors d'un concert musical, on fit se rencontrer les deux jeunes gens. Le provincial n'avait rien du prince charmant tant espéré. Marie le trouva même franchement laid, avec surtout des manières très sauvages. Charles, au contraire, fut touché par la distinction, l'aisance et la beauté de cette jeune fille brune et cultivée.
Marie ne savait pas encore que son prétendant était veuf – sa tante le lui cachera jusqu'à l'avant-veille de leur mariage – et pas aussi riche qu'il le laissait entendre. Mais pour la baronne Garat, l'opportunité d'éloigner définitivement cette nièce encombrante à une bonne centaine de lieues de la capitale activa le marchandage. En moins d'une semaine, un contrat notarié fut signé. Puis les événements s'enchaînèrent à un rythme soutenu. Le 11 août, ce fut la célébration du mariage en la maison commune de Saint-Germain-l'Auxerrois. Le lendemain, eut lieu la cérémonie religieuse. Et le 13, au matin, on partit pour la Corrèze.
Charles Pouch-Lafarge, fier et heureux, ramenait au pays une bien belle pouliche parisienne...
La halte nocturne à Orléans se passa mal. Marie, bien qu'informée par sa tante de ses obligations conjugales, se refusa à son mari qui dut faire chambre à part. Il en fut de même à Uzerche, terme de la deuxième étape. Les « singeries » de son épouse commençaient à agacer Charles Pouch-Lafarge, mais il s'était promis qu'une fois rendus chez eux, cela allait changer. Et comment !

On peut mesurer l'intérêt d'une affaire criminelle à l'aune du succès populaire. Seuls les plus fameuses se retrouvent immortalisées au cinéma : ici, l'affiche d'un film de 1937, réalisé par Pierre Chenal, qui retrace les faits survenus au Glandier un siècle auparavant...

MONDIAL FILM Présente
MARCELLE CHANTAL
ERIC VON STROHEIM
PIERRE RENOIR
RAYMOND ROULEAU
dans
L'AFFAIRE LAFARGE
Un Film de PIERRE CHENAL
Tiré du Récit d'ERNEST FORNAIRON
MARGO LION · BOVERIO · FLORENCE MARLY
SYLVIE ET BERGERON
SYLVETTE FILLACIER
INTERDIT AU MOINS DE 16 ANS
IMP. HARFORT OBE. 31-78

La comédie de l'amour conjugal

L'arrivée au Glandier fut sinistre. Sous un ciel d'encre, le château engoncé au fond d'une combe fermée de tous les côtés par des chênes hauts comme des monts ne ressemblait en rien à celui qu'elle avait découvert à Paris, sur l'aquarelle offerte par celui qui devait devenir son mari. Pas de tourelles ni de parc, encore moins de jets d'eau. En fait, c'était une vulgaire bâtisse grisâtre, à la façade délabrée et dont les rares fenêtres semblaient être rebelles à la lumière.
Effectivement, l'intérieur était à l'image de l'extérieur, sombre et déprimant. Jusque dans la chambre où une vitre brisée avait été remplacée sommairement par un morceau de carton. Même la présence de son piano, qu'elle avait fait convoyer par « le roulage accéléré » quelques jours auparavant, la laissa indifférente. Le piège semblait s'être refermé sur Marie. Anéantie. Oui, vraiment, elle était anéantie à l'idée de vivre ici et de devoir subir, sans tarder, les assauts de cet homme qu'elle ne pouvait aimer. La présence à ses côtés de sa fidèle Clémentine, qui l'avait accompagnée sans hésiter en Corrèze, était d'un bien maigre réconfort.
Alors, en puisant dans le pot à confiture ébréché qui faisait office d'encrier, elle rédigea pour son mari une longue lettre dans laquelle elle s'inventait un amant, un autre Charles, qu'elle comptait rejoindre à Bordeaux. Et de là, ils s'embarqueraient pour Smyrne. En invoquant Dieu, elle suppliait son époux de lui indiquer la route de Brive et de la laisser partir. Sinon, elle s'empoisonnerait avec de l'arsenic comme elle avait commencé à le faire, en très petite dose à Orléans, quand elle avait compris qu'elle était pour lui « autre chose qu'une sœur ».
À l'issue du dîner, Clémentine remit la missive à son destinataire. Il ne put qu'accuser le coup. Aussi, la nuit qui suivit, la première

au Glandier, fut-elle des plus pénibles pour les deux époux, chacun couché dans sa chambre pour mieux y ressasser ses déconvenues. Le lendemain débuta la comédie de l'amour conjugal. Parce que Marie, comme Charles, donnèrent l'impression, au fil du temps, de s'apprivoiser mutuellement. Après une série de visites à la proche famille, à Uzerche notamment où un bal fut donné, le maître des forges fit visiter les installations industrielles qu'il dirigeait. Marie découvrit alors avec fascination le rougeoiement de la coulée, le travail de titan effectué par une dizaine d'hommes à demi-nus dans cette fournaise pourtant proche des berges de la Loyre. Souvent, elle y reviendra, n'hésitant pas à l'occasion à offrir à ces « pauvres gens brûlés », comme elle les appelait, melons, pêches et raisins colportés, à dos de mulet, par quelque pétarou venu du Bas-Pays. Tant bien que mal, Marie Lafarge organisa sa vie au Glandier.

Une vie faite de lecture, de musique qu'elle jouait sur son « délicieux piano carré », de longues promenades à cheval sur Arabska, une fougueuse jument achetée à un prêtre, et de réceptions gargantuesques données au château. Au cours de l'automne, Charles expliqua à son épouse que pour développer l'activité de l'entreprise, il convenait d'investir. D'autant qu'il avait imaginé un nouveau procédé susceptible d'améliorer la production. Depuis longtemps en effet, le maître de forges du Glandier pestait contre la déperdition massive d'énergie qui se faisait entre la phase d'élaboration de la fonte et celle de l'affinage en acier. Il eut alors l'idée de récupérer les gaz brûlants, libérés au moment de la coulée de la fonte, pour les réinvestir dans une sorte de four mieux adapté à la fusion de l'acier. Ce nouveau procédé sidérurgique ne manquait pas d'intérêt, loin de là. Encore fallait-il l'expérimenter, puis le faire breveter. Pour ce faire, des capitaux étaient nécessaires. La dot de Marie donnait à Charles une petite marge de manœuvre, mais comme tout ne pouvait se décider qu'à Paris, il partit pour la capitale le 20 novembre 1839.

Quarante-huit heures plus tard, Charles Pouch-Lafarge descendait à l'Hôtel de l'Univers au 79, rue Sainte-Anne. Dans ce Paris du milieu de la monarchie de Juillet, le petit maître de forges provincial se démena sans compter son temps ni sa peine. Il effectua démarche sur démarche pour tenter de faire breveter son invention, puis contacta les principales banques et organismes financiers. Sans succès probant. Tout au long de ce séjour parisien, les deux époux

s'écrivirent. Ils se tutoyaient désormais. Charles et Marie avaient convenu chaque soir, à 10 heures, de se rejoindre par la pensée, moyen d'atténuer cette séparation contrainte. Le 14 décembre, au Glandier, trois bonnes semaines après le départ de son mari, Marie suggéra à sa belle-mère d'envoyer à Charles, par la diligence d'Uzerche, quelques-uns de ces gâteaux dont il raffolait : des casse-museaux. Aussitôt dit, aussitôt fait.
L'affaire Lafarge venait de commencer…

Une lente agonie

C'est Marie elle-même, dans sa chambre, qui prépara la caisse destinée à son époux. Outre les gâteaux cuits par Mme Lafarge mère, elle y plaça également des châtaignes, des partitions de musique, une montre à réparer, une paire de socques destinée à l'une de ses cousines, et un portrait. Celui-ci venait d'être réalisé par Anna Brun, une artiste peintre de Limoges qui se déplaçait de château en château pour proposer ses services. Et c'était de bonne grâce que Marie avait accepté de poser.
Le vendredi 18 décembre au soir, avec l'aide du garçon de l'Hôtel de l'Univers, Charles Pouch-Lafarge déballa dans sa chambre le contenu de la caisse. « C'est ma femme qui m'envoie cela », avait-il dit, tout sourire, à J.-B. Parent, en croquant « gros comme le doigt » dans la croûte du gâteau qu'il venait de déplier de son emballage de papier.
C'est alors que la nuit même, le maître de forges corrézien, jusqu'à présent en bonne santé, éprouva une violente colique accompagnée de vomissements qui se répétèrent souvent. Au réveil, une forte migraine le tenaillait et dura une bonne partie de la matinée. Puis cette indisposition s'atténua et disparut même au cours de la journée.

Le 3 janvier 1840, au matin, Charles Pouch-Lafarge rentra dans ses foyers. C'est un homme harassé et vieilli, les traits défigurés, et manifestement malade, qui embrassa rapidement son épouse avant d'exprimer le vif désir d'aller se coucher. D'un commun accord, il fut décidé qu'il se reposerait dans la chambre de Marie, mieux chauffée que la sienne. L'après-midi de ce premier dimanche de l'année n'apporta guère d'amélioration. Au contraire, le soir, toujours alité et après avoir accepté, pour tout repas, une truffe qui accompagnait une carcasse de volaille, le malade fut pris de violentes nausées.

Le lendemain, quand le docteur Bardon vint à son chevet depuis Le Saillant, l'état de santé de Charles s'était encore dégradé. Le praticien diagnostiqua une indigestion doublée d'une angine. Les remèdes prescrits ne furent d'aucune efficacité. Petit à petit, le malade s'installa dans une sorte de torpeur, secouée par intermittence de vomissements et de hoquets intempestifs. Les soins du docteur Massénat, de Brive, comme ceux de son collègue de Lubersac, ne purent apaiser la souffrance du malheureux.

Après d'horribles convulsions, Charles Pouch-Lafarge, muni des derniers sacrements de l'Église, rendit son âme à Dieu à l'aube du 14 janvier 1840.

Sur-le-champ ou quasiment, le beau-frère du défunt fit part de ses doutes au procureur du roi, à Brive. Avec un style concis et incisif, il écrivit à propos de la mort du maître de forges du Glandier que « son genre de maladie, diverses substances recueillies et particulièrement l'opinion du docteur Lespinasse, médecin à Lubersac, font présumer un crime ».

Le mot était lâché. L'accusation à peine voilée. Aux yeux de la famille Lafarge, la Parisienne allait devoir rendre des comptes à la justice.

Effectivement, dès le lendemain, procureur, juge d'instruction et greffier se transportèrent jusqu'au Glandier. Là, après un premier échange avec le juge de paix qui s'y trouvait, Léon Vedrennes de La Chapelle prit la mesure de l'affaire : son enquête allait être longue, aussi fit-il réserver une chambre à son nom dans une auberge de Lubersac. Dès les toutes premières auditions, la famille évoqua la thèse de l'empoisonnement. En fait, l'épeire qui allait irrémédiablement piéger Marie Cappelle dans sa toile, ce fut la mère du défunt. Face au juge Vedrennes, elle tissa ses fils, un à un, avec une savante application.

Elle s'étonna d'abord

de la quantité élevée d'arsenic que sa belle-fille avait fait acheter par les domestiques et à différentes reprises auprès d'un apothicaire d'Uzerche : 99 grammes au total ! De quoi empoisonner, par-delà les rats du château du Glandier – c'était l'objet avoué de la demande –, une bonne partie de la commune...
Puis, Adélaïde Lafarge rappela au juge ce fait troublant : à la fin de la semaine écoulée, lorsqu'elle était entrée sans frapper dans la chambre de Marie, celle-ci préparait un lait de poule destiné à Charles. Surprise, la Parisienne avait alors reposé avec précipitation la tasse sur la table de nuit et engagé la conversation, comme pour donner le change.

Surtout, preuve flagrante à ses yeux de mère éplorée, l'analyse faite du résidu de ce même lait de poule consommé par Charles Pouch-Lafarge avait conclu à une probable présence d'arsenic. En effet, à trois reprises, après avoir fait chauffer une petite quantité de la substance, le pharmacien Eyssartier avait vu s'échapper une fumée blanchâtre à l'odeur d'ail caractéristique.
D'ailleurs, quelques heures plus tard, le docteur Lespinasse, appelé en renfort au Glandier, avait confirmé les certitudes de la famille Lafarge. Après avoir administré au quasi-moribond du peroxyde de fer, le seul contre-poison dont il disposait, il s'était livré à une expérience sommaire et avait soufflé sur les braises de la cheminée un peu de la poudre blanche prélevée dans un pot en faïence rangé dans la commode de Marie : la combustion dégagea de la fumée et le praticien crut percevoir la même odeur d'ail.
Ultime recommandation, Mme Lafarge mère invita le magistrat à entendre Anna Brun : elle venait de lui faire une confidence inquiétante qui ne pouvait qu'intéresser la justice. Effectivement, l'artiste peintre affirma avoir vu Marie Cappelle, dont elle partageait la chambre depuis le retour de Charles, verser une poudre blanche, qu'elle avait délayée avec le doigt, dans une boisson prescrite par le docteur Bardon. Après en avoir consommé une seule cuillerée, le malade s'était écrié : « Ah, Marie ! que m'avez-vous donné, cela me brûle la gorge ! »
Bien sûr, Léon Vedrennes de La Chapelle ne vit dans ces faits aucune preuve, seulement des soupçons. Toutefois, le 16 janvier, il ordonna une autopsie.
Pratiquée dans la chambre mortuaire par quatre médecins, elle donna lieu à une série de prélèvements. En présence de Marie

Cappelle, de Mme Lafarge, de la sœur et du beau-frère du défunt, le juge procéda de la manière suivante :
« Nous avons plié avec une toile l'estomac de feu Charles Lafarge que nous avons placé dans un verre, avec une partie de l'intestin. Nous avons fait mettre les différentes matières vomies, dit-on, par Charles Lafarge, celles qui ont été trouvées dans son estomac, le restant des différentes boissons qui lui ont été, a-t-on dit, administrées pendant sa maladie dans des bouteilles au nombre de quatre, deux cruchons, trois flacons et une fiole. Nous avons mis autour de chaque vase une étiquette scellée en cire rouge, sur laquelle est apposé notre sceau. »
Le mercredi 22 janvier, les résultats des analyses menées dans le laboratoire du docteur Lafosse, pharmacien à Brive, tombèrent sans ambiguïté aucune : « La mort du nommé Charles-Joseph Pouch-Lafarge est le résultat de l'empoisonnement occasionné par l'absorption de l'acide arsénieux. »
Le parquet de Brive en tira immédiatement les conséquences : le lendemain, un mandat d'arrêt fut délivré à l'encontre de Marie Cappelle, veuve Lafarge. Sous la conduite des gendarmes de Lubersac, par une nuit froide et pluvieuse, la Parisienne s'en alla rejoindre sa nouvelle demeure : la maison d'arrêt de Brive.
« On savait mon arrivée, écrira-t-elle. La populace se pressait en foule autour de la voiture ; des cris, des rires, des paroles grossières, insultantes bourdonnaient à mon oreille. La porte de la prison s'ouvrit ; au bruit des verrous, involontairement, je reculai... Je fis deux pas en arrière... Puis rassemblant toutes mes forces, avec un courage désespéré, je franchis le seuil de ma tombe. »

L'affaire dans l'Affaire

La prévenue avait obtenu de la justice que sa femme de chambre Clémentine puisse l'accompagner en détention. Partager ainsi sa cellule fut d'un grand réconfort pour Marie aux premiers jours de son incarcération. Elle en eut d'autant plus besoin que, début février 1840, une mauvaise nouvelle franchit les murs de la prison de Brive.
Marie Cappelle apprit qu'elle était accusée d'avoir volé, un an auparavant, au préjudice de son amie la vicomtesse de Léautaud, une parure de diamants et de perles fines. Aux dires de la police, les faits s'étaient déroulés au château de Busagny, dans l'actuel département du Val-d'Oise.

Ordonnée par la Sûreté parisienne, et en liaison avec le parquet de Brive, une perquisition fut diligentée au Glandier. Le 10 février 1840, les enquêteurs découvrirent dans le secrétaire de Marie Cappelle une boîte ronde portant le nom du bijoutier parisien Lecointe. À l'intérieur, parmi les bijoux, les fameux diamants, au nombre de cent vingt-deux…

L'opinion publique corrézienne s'enflamma immédiatement : la Parisienne était une empoisonneuse qui se doublait maintenant d'une voleuse ! Alors, la presse se déchaîna : l'affaire Lafarge commença à prendre une dimension nationale. Dans sa cellule briviste, la jeune femme, de plus en plus poitrinaire, toléra mal cette nouvelle accusation. Elle dut être transférée durant quelques jours, en avril, à l'hospice local.

Toutefois, le 9 juillet 1840, il lui fallut affronter le tribunal correctionnel de Brive. Tout juste achevé, le palais de Justice regorgeait de monde. On était venu de loin, et très tôt, avant tout en curieux, pour découvrir, enfin, le visage de l'empoisonneuse du Glandier. Encadrée par ses avocats, Me Bac du barreau de Limoges et Me Lachaud du barreau de Tulle, Marie Cappelle, dont la pâleur extrême était soulignée par des « cheveux d'un noir d'ébène », eut beau ne pas varier dans sa déposition, elle fut condamnée, le 15 juillet, à deux ans d'emprisonnement. Sa thèse, selon laquelle les bijoux lui auraient été remis par Mme de Léautaud, afin qu'elle les vendît, pour que son amie pût acheter le silence d'un de ses anciens amants, n'avait pas vraiment touché les magistrats. Le ministère public ayant fait appel de cette sentence, un nouveau procès eut lieu, à Tulle cette fois-ci. Le 14 août, la défense marqua un point précieux : le jugement fut cassé, au motif que l'affaire criminelle aurait dû être jugée avant l'affaire correctionnelle. Internée depuis le 6 août dans la prison du chef-lieu départemental, Marie Cappelle, toujours soutenue par Clémentine, y prépara son procès en Assises, l'ouverture de la session ayant été fixée le 3 septembre 1840.

Le jour fatidique arriva, enfin. La ville de Tulle, excitée par la rumeur qui courait depuis maintenant plus de sept mois, s'agitait et s'enthousiasmait. Les hôtels et les auberges affichaient complets.

Depuis la veille, la presse de la capitale était exacte au rendez-vous. On ne parlait plus d'autre chose. On ne pensait même plus à rien d'autre. L'Affaire occupait tous les esprits. Les uns défendaient Marie, victime d'un mariage quasi forcé et d'un isolement éprouvant, rendu hostile par une belle-famille hargneuse ; les autres accusaient la Parisienne d'avoir cultivé la haine de son mari, jusqu'à la mort, sous les faux-semblants de l'amour.

Le conseiller à la cour royale de Limoges, M. Barny, ouvrit l'audience par la lecture de l'acte d'accusation. La jeune femme écouta sans broncher le très long rapport qui se termina par ce paragraphe implacable : « De tous ces faits l'accusation est fondée à conclure que Marie Cappelle, après avoir commencé par un vol ignominieux suivi, pour le cacher, d'une affreuse diffamation, a fini par un grand crime conçu et préparé avec une profonde dissimulation, exécuté et consommé avec une persévérance et une cruauté atroce et froide dont le cœur humain et les fastes criminels n'offrent heureusement que de très rares exemples. »

Pour ces actes, qui en faisaient donc une criminelle hors pair, Marie Cappelle risquait sa tête en vertu des articles 301 et 302 du code pénal. Mais elle pouvait compter sur l'aide de ses trois conseils, les deux qui avaient plaidé son sort en correctionnelle

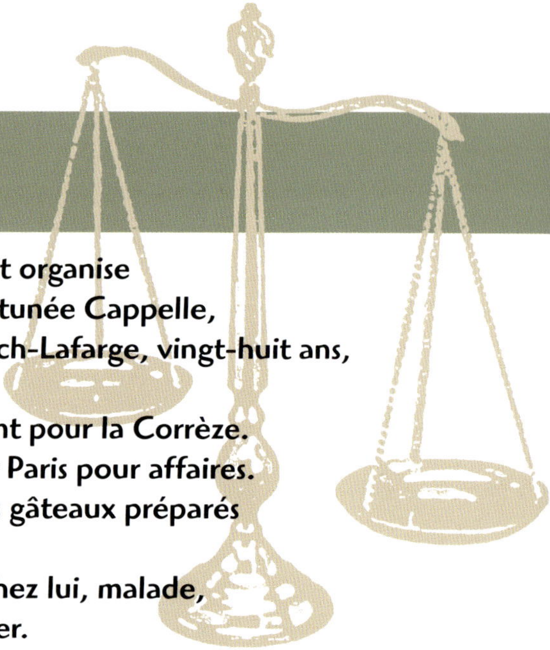

Chronologie

- Juillet 1839 : la baronne de Garat organise le mariage de sa nièce Marie-Fortunée Cappelle, vingt-trois ans, avec Charles Pouch-Lafarge, vingt-huit ans, qui a lieu le 10 août à Paris.
- 13 août : les jeunes mariés partent pour la Corrèze.
- 20 novembre : Charles part pour Paris pour affaires.
- 18 décembre : Charles reçoit des gâteaux préparés par Marie dans un colis.
- 3 janvier 1840 : Charles rentre chez lui, malade, et meurt empoisonné le 14 janvier.
- 16 janvier : autopsie du corps qui présente des traces massives d'acide arsénieux.
- 23 janvier : arrestation de Marie Lafarge et placement à la maison d'arrêt de Brive.
- Début février : Marie est accusée du vol d'une parure de diamants chez la comtesse de Léautaud.
- 10 février : les diamants sont découverts chez Marie Lafarge.
- 15 juillet : au tribunal correctionnel de Brive, le vol lui coûte deux ans d'emprisonnement.
- 3 septembre : ouverture du procès criminel à la cour d'assises de Tulle.
- 6 septembre : exhumation du corps de Charles pour une nouvelle autopsie.
- 19 septembre : Marie Lafarge est condamnée aux travaux forcés à perpétuité, peine commuée en détention à perpétuité à Montpellier.
- 1852 : Tuberculeuse, Marie est libérée par le prince-président Louis-Napoléon Bonaparte. Elle décède le 6 septembre.

désormais rejoints par le bâtonnier du barreau de Paris, Me Paillet. Dans ce procès « médiatisé », beaucoup s'accordaient à considérer que tout dépendrait de la science. C'est elle qui aurait le dernier mot, parce qu'elle seule était capable de déceler la présence d'arsenic dans le corps de feu Charles Pouch-Lafarge.

Parole d'experts

Tout au long des audiences, effectivement, les experts eurent le beau rôle.

Après que la défense eut contesté le résultat des analyses effectuées par les médecins corréziens, des chimistes de Limoges furent commis pour procéder à une contre-expertise. Négative. Aussi, le 6 septembre, l'avocat général demanda-t-il l'exhumation du cadavre de Lafarge afin d'effectuer des prélèvements soumis à un collège de scientifiques de Brive, de Limoges et de Tulle.

Lors de l'audience du 8 septembre, juste avant d'entendre le nouveau rapport d'expertise, une odeur de cadavre bouilli envahit la salle : elle émanait de la dizaine de fioles contenant les matières qui venaient d'être analysées. Soumis à l'appareil de Marsch, les échantillons de cœur, de foie, d'intestin et de rate n'avaient révélé aucune trace d'arsenic !

Dans son entêtement à ce que la « justice soit satisfaite », l'avocat général décida de confier une quatrième expertise à un spécialiste en toxicologie, le professeur de médecine légale et doyen de la faculté de médecine de Paris, Mathieu Orfila.

Le 14 septembre 1840, vers 5 heures et demie, alors que l'orage violentait Tulle, Orfila, de sa voix forte et non encore dénuée de tout accent espagnol, asséna sa vérité imparable de scientifique de renom. L'estomac du sieur Lafarge contenait bien de l'arsenic ! Un demi-milligramme. Ce fut comme si la foudre venait de clouer sur son siège Marie Cappelle dans la salle d'audience du palais de Justice de Tulle. Durant les deux jours qui suivirent, elle fut dans l'incapacité de se déplacer. Quand elle reparut, emmenée sur un fauteuil, ses cheveux avaient blanchi assure la légende...

Son salut, tout frêle, Marie Cappelle le remit entre les mains de François Raspail. Aussi l'un de ses avocats, Me Bac, dépêcha-t-il un émissaire à Paris afin de ramener à Tulle ce seul savant capable de contester les conclusions d'Orfila. Une course contre la montre venait de s'engager.

Le 19 septembre, en début de nuit, au terme d'une courte délibération – elle dura en effet moins d'une heure –, Marie-Fortunée

Cappelle, veuve Lafarge, fut condamnée aux travaux forcés à perpétuité, peine aggravée par l'exposition sur la place publique de Tulle. Elle ne put entendre la sentence dans la salle d'audience, car victime d'un malaise, elle dut être évacuée vers sa geôle.
Une demi-heure après l'énoncé de la sentence, Raspail arrivait devant les portes du palais de Justice de Tulle. Lui, qui avait connu

Marie dans sa cellule de Montpellier. Elle y resta près de douze ans avant que le prince-président Bonaparte ne se décide à la grâcier. La phtisie contractée en prison devait l'emporter au bout de quelques mois de liberté. (Coll. Sylvain Larue.)

les prisons de la monarchie de Juillet en raison de son activisme républicain passé, savait la vie perdue de femme criminelle qui attendait maintenant Marie Cappelle.
Finalement dispensée d'exposition publique et ayant vu sa peine commuée en détention à perpétuité, Marie Cappelle, depuis sa prison de Montpellier, eut largement le temps de rédiger ses Mémoires. « La Parisienne » du Glandier se permit alors de décrire, avec beaucoup d'à-propos, la bonne société tulliste qui l'avait condamnée...

> « Les belles Tulloises, qui sont assez laides, s'occupent de leur ménage, bien plus encore de celui de leurs voisines, vont à trois bals par hiver pour y chercher de quoi médire, et, lorsque les bals manquent, appellent à leur secours les armes toujours nouvelles de la calomnie. Quant aux hommes, ils passent leur vie dans les cafés ou au palais ; ils sont presque tous avocats, avoués, médecins et républicains. Quelques-uns ont de l'esprit et de la méchanceté ; beaucoup ont de la méchanceté sans esprit. »

Jean-Michel VALADE
Les Grandes Affaires Criminelles de Corrèze, 2008.

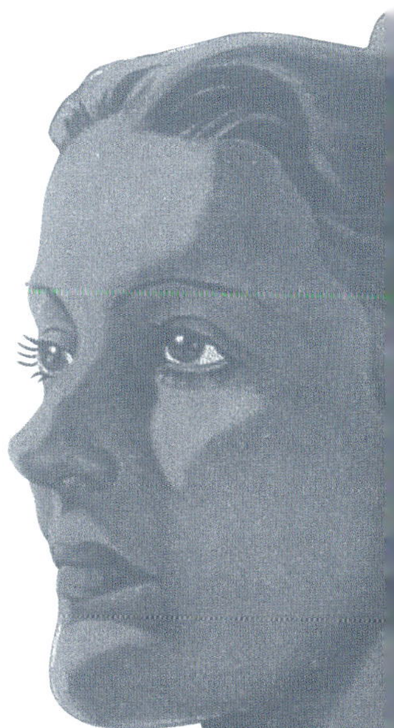

Cour d'assises de la Seine, 28 - 31 décembre 1869

Le tueur en série TROPPMANN

NOUS SOMMES LE LUNDI 20 septembre 1869, et Pantin est alors encore un village relativement isolé de Paris. Des champs entourent le bourg et personne, à première vue, ne pourrait songer que la capitale est si proche.

Ce jour-là, vers 8 heures du matin, M. Jean Langlois se rend à son champ de luzerne, au lieu dit « le Chemin vert ». Le trajet n'est guère long entre son logis de la Villette et le terrain, situé à un kilomètre de la gare de Pantin, et le cultivateur marche tranquillement. Quand il arrive sur sa propriété, il constate la présence d'un monticule de terre au beau milieu des sillons. Une taupe ? Gigantesque, alors, car le tas friable est de taille conséquente. Décidé à trouver ce qui se dissimule là-dessous, Langlois donne deux coups de bêche puis, pris de nausée, part en courant. Une tête d'enfant ensanglantée vient d'apparaître à la surface du sol.

Policiers et magistrats sont les premiers avertis et les premiers sur place.
Les enquêteurs croient tomber sur la petite victime d'un "vampire".
Au lieu de cela, ils n'exhument pas moins de six corps : une femme d'une quarantaine d'années et cinq enfants, quatre garçons et une fille, d'un âge estimé entre deux et quatorze ans !
L'état des corps est abominable.

Gravure extraite de L'Intransigeant illustré du 14 septembre 1893.

"Le massacre de Pantin"

Un carnage sans nom

On a peine à imaginer un tel déferlement de violence et même si, de nos jours, certains films d'épouvante jouent la surenchère d'effets gore, ils n'arrivent pas à la cheville du spectacle atroce que ramènent à la lumière les agents.

Pendant que sont extraits de leur tombeau de fortune les corps sans vie, les premiers spectateurs s'agglutinent aux abords du champ. Quelques passants d'abord, puis une dizaine… Et, à la mi-journée, ils sont plusieurs milliers à s'entasser là, observant et commentant le travail de la police, contenus à grand-peine par la troupe appelée en renfort.

Les corps sont conduits à la morgue pour y être examinés, mais peu importe, dans les jours qui suivent, les lieux continueront à être pris d'assaut par des spectateurs en mal de sensations fortes et, surtout, par des reporters.

Face à un tel crime, les plus hautes instances de l'État ne demeurent pas indifférentes. Lors d'un entretien le jour même avec le ministre de l'Intérieur, le chef de la Sûreté, M. Antoine Claude, comprend clairement que sa place est compromise s'il n'obtient pas des résultats, et vite ! Dans cette France où peu à peu un vent de révolte souffle contre la famille impériale, prendre cette enquête à la légère, c'est s'exposer à une violente campagne de presse de la part des adversaires de Napoléon III…

Par chance, l'identification des victimes se fait très rapidement.

Il s'agit, comme on le soupçonnait déjà, des membres de la famille Kinck : la mère, Hortense, née Rousselle, et cinq de ses enfants.

Hortense Kinck a reçu vingt-neuf coups de couteau, un peu partout dans le dos, sur le torse et le visage ; les plaies au cou ont causé une hémorragie mortelle. Alfred, six ans, a eu la gorge tranchée par trois coups de couteau, avant d'être achevé à coups de pioche. Marie, deux ans, a été éventrée et son crâne brisé avec la pioche. On a battu à mort et étranglé Émile, treize ans. Achille, huit ans, a, quant à lui, le visage en lambeaux et l'abdomen perforé. Enfin, un coup de pioche en plein front a broyé l'encéphale d'Henri, dix ans. À ces six victimes, on peut en ajouter une supplémentaire : Mme Kinck était enceinte de six mois… Et, plus horrible encore, si cela est possible, on s'aperçoit que les enfants – du moins, certains d'entre eux – ne sont morts qu'après avoir été enterrés… Le monstre les a enfouis vifs !

Jean Kinck, l'époux et père des victimes, a vu le jour à Guebwiller, en Alsace, en 1826. Parti travailler comme simple mécanicien dans

Utile aux gens qui ignoraient leur alphabet, les récits imagés des crimes étaient fréquents au XIXᵉ siècle. Ici, en dix images, n'importe qui pouvait comprendre les principales étapes de l'affaire Troppmann.

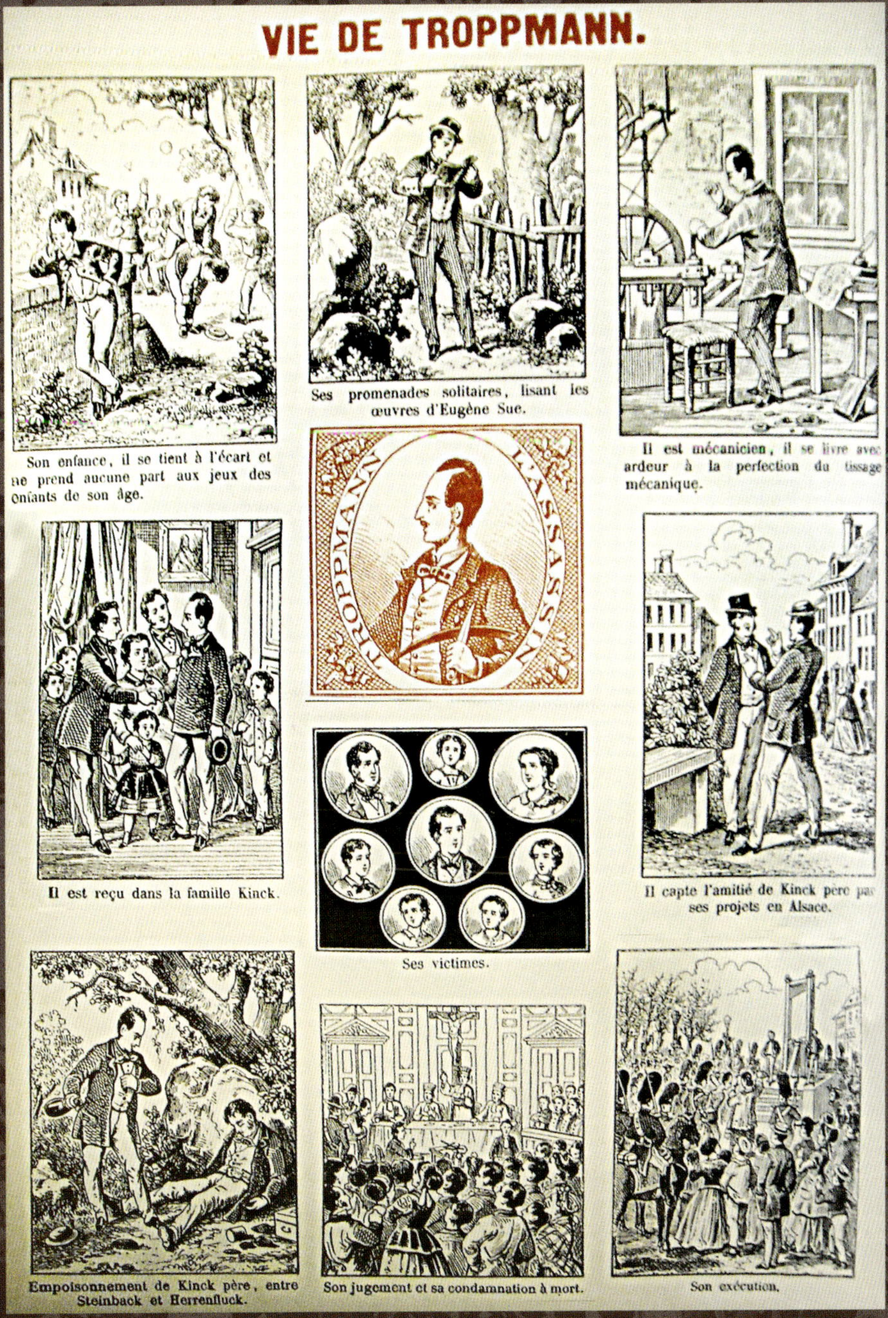

le Nord, il y a fait la connaissance d'Hortense et ils se sont mariés en 1852. Leur aîné, un garçon prénommé Gustave, a poussé son premier cri l'année suivante. Six autres enfants sont nés par la suite.
Monsieur Kinck aurait pu demeurer un ouvrier père de famille nombreuse : il n'en fut rien. Il voulait élever ses enfants à l'abri du besoin. À force d'opiniâtreté, il est parvenu à monter sa propre entreprise et, en 1869, il est suffisamment fortuné pour posséder trois maisons à Roubaix, ainsi qu'un terrain construit à Buhl, dans son Alsace natale, sur lequel il compte bien, le jour venu, finir sa vie.
Dur moment que celui où il faut annoncer à une famille pareille tragédie. Les Rousselle sont effondrés, d'autant qu'ils gardaient le dernier des enfants, encore au berceau. Hortense ne voulait pas le fatiguer inutilement avec un si long voyage... Les enquêteurs interrogent les membres de la belle-famille : où se trouvent donc Jean Kinck et Gustave ?
« Nous ne le savons pas. Jean n'a pas donné signe de vie depuis fin août, et Gustave est parti le 5 septembre dernier. »
Intéressant...

À la recherche des derniers Kinck

Viennent ensuite les premiers rapports des limiers de M. Claude. À l'hôtel du Chemin de fer du Nord, au numéro 12 du boulevard Denain, à proximité de la gare – du Nord, évidemment –, un client a suscité l'étonnement du patron le dimanche 19 septembre en s'absentant peu avant 11 heures du soir, puis en revenant à 3 heures du matin, pour repartir aussitôt, définitivement. Son nom ? Il est indiqué sur le registre :
« Jean Kinck ; profession : mécanicien ? Pas possible ! C'est le père de famille, l'auteur de ce massacre ?
– Oh, il paraissait bien trop jeune ! répond l'hôtelier.
– Trop jeune ? Kinck a quarante-trois ans !
– En ce cas, ce ne peut être lui : ce client n'avait pas vingt ans. »
Alors, on en vient à soupçonner Gustave, l'aîné, qui a seize ans... Mais comment aurait-il pu assassiner avec tant de violence sa mère, ses petits frères et sa sœur ? Seul un monstre dépourvu d'âme et de conscience en serait capable.
Un autre homme est entendu, et son témoignage est encore plus important. L'individu s'appelle Bardot, il est cocher, et le 19, vers 11 heures du soir, il attendait le client devant la gare du Nord.
Sept personnes se sont alors présentées : un grand jeune homme, une femme et cinq enfants. Normalement, elles étaient trop nombreuses,

Une belle gravure, mais erronée, datant du moment où l'on accusait encore Jean Kinck (au fond à droite) d'être le véritable meneur du massacre de Pantin. C'était, évidemment, avant qu'on ne retrouve son cadavre, et que l'enquête ne fasse remonter son décès à plusieurs semaines avant le carnage. (Imagerie d'Épinal de 1869.)

et si un policier avait remarqué le nombre de passagers dans le fiacre, c'était la contravention assurée. Cependant, le jeune homme a offert une somme plus que généreuse pour se faire conduire à Pantin, alors M. Bardot a accepté.

En chemin, le cocher a écouté distraitement les passagers en train de discuter. Apparemment, il fallait s'attendre à une réunion de famille, tant les enfants semblaient joyeux de retrouver leur père après plusieurs semaines d'absence.

Le jeune homme a demandé à Bardot de s'arrêter rue des Quatre-Chemins, aux abords des champs du « Chemin vert ». L'endroit était sinistre, en pleine nuit. Quelques réverbères éclairaient le bord de la route, mais au-delà, c'étaient les ténèbres. Le garçon a désigné un chemin qui s'enfonçait dans la nuit.

« On accède à la maison par ce sentier, madame. Le bâtiment est au bout, de l'autre côté du champ. Venez avec les deux aînés, je reviendrai chercher les trois petits... »

Et les quatre personnes ont disparu dans l'obscurité. Le cocher, intrigué malgré tout, s'est retourné vers les enfants :

« Il est bien tard pour voyager, à votre âge !

– C'est papa qui a voulu, répond le plus grand des garçonnets.

– Et le jeune homme, vous le connaissez ?

– Oh oui ! C'est le meilleur ami de papa ! »

Bardot en est resté là. Après tout, seule l'heure tardive le rendait suspicieux et il n'était pas policier, alors...

Vingt minutes se sont écoulées et le garçon a réapparu.

« Allons, les enfants, vos parents vous attendent ! Monsieur le cocher, attendez encore, j'en ai pour un bon quart d'heure ! »

En effet, après une quinzaine de minutes, il est revenu et a tendu au chauffeur un billet de 10 francs :

« Je vous remercie, vous pouvez repartir, je rentrerai seul... »

Bardot ne se l'est pas fait dire deux fois. Il est rapidement reparti vers Paris et ses lumières, laissant derrière lui la nuit noire et cet étrange voyageur.

« Pourquoi étrange ? demandent les enquêteurs qui interrogent le cocher.

– Je ne sais pas... C'est peut-être à cause de ce que je sais, maintenant, mais déjà, il ne me paraissait pas bien net...

–Vous avez dit que les enfants ont précisé qu'il s'agissait du meilleur ami de leur père ?

– C'est exact.

– Pas leur grand frère ?

– Oh non, je m'en serais souvenu !

– Un dernier point : un détail aurait-il attiré votre attention, concernant cet inconnu ?

– Oui, il parlait avec un fort accent alsacien ou peut-être même allemand, je ne saurais pas dire... »

On peut donc affirmer en toute logique qu'il ne s'agissait pas de Gustave Kinck. Pour autant, cela ne l'enlève pas de la liste des suspects : après tout, Jean est alsacien, alors il est possible que le père, le fils et cet inconnu, ami du premier, se soient ligués pour commettre l'abominable carnage…

L'Allemand enfin sous les verrous

Le 22 septembre, en fin d'après-midi, un agent rapporte à la Sûreté qu'il a observé deux hommes à l'allure louche dans un tripot mal famé de la rue de la Grange Batelière. L'un d'eux ressemblait à « l'Allemand ». Le policier les a discrètement filés jusqu'à la gare Saint-Lazare, où ils ont acheté un billet pour Le Havre, avant de s'éclipser.

Monsieur Claude fait aussitôt part de ces progrès au juge d'instruction, lequel met en alerte l'intégralité des ports normands.

Mais le chef de la Sûreté semble persuadé que c'est au Havre que le suspect se trouve. Le plus grand port de France, le départ pour l'Amérique… La destination idéale, en ce temps-là, pour échapper à la justice et se faire oublier !

Le lendemain, M. Claude se présente donc au commissariat du Havre. Une nouvelle prodigieuse l'y attend. Le hasard a bien fait les choses ! La veille au soir, un gendarme du service maritime, Gustave Ferrand, faisait sa ronde sur les quais. Comme la plupart des gens, il avait eu connaissance du crime de Pantin et, en tant qu'homme de loi, il était révolté par l'idée qu'un tel meurtrier puisse échapper à la sagacité des enquêteurs. Ferrand connaissait le port comme sa poche et il savait une chose, peu évidente de prime abord : on ne s'embarquait pas aussi facilement que cela.

Preuve s'il en est de la fascination des masses, Troppmann inspira même la plume du prince Bonaparte, fils de l'empereur, qui esquissa ce dessin rapide mais adroit de l'assassin… (Coll. Sylvain Larue.)

À cause, justement, de tentatives répétées de malhonnêtes personnes pour quitter la France et se faire oublier, la surveillance et le contrôle des passeports étaient des plus rigoureux et, de plus, la ville fourmillait de « mouches », c'est-à-dire d'indicateurs de police.
« Tiens, Doursou, tu as l'air de vouloir me dire quelque chose ?
– Je pense que j'en tiens un, chef. C'est un Boche, il veut aller en Amérique et il n'a pas l'air bien net.
– Et où se trouve-t-il, ton Allemand ?
– Dans le café, rue Royale, là, en face. »
Un petit signe de tête en remerciement, et Ferrand se dirigeait vers le cabaret. Il n'a guère tardé à repérer l'individu qu'il recherchait et il s'est planté devant lui pour lui demander ses papiers.
« Depuis quand faut-il un passeport pour voyager en France ? a protesté le garçon.
– Vous avez vos papiers, oui ou non ?
– Non, je ne les ai pas.
– Parfait ! Suivez-moi au dépôt de Sûreté et, après, vous serez présenté au procureur impérial, si vous n'avez rien pour justifier votre identité ! »
Ce n'était évidemment pas une invitation, le jeune homme s'est donc résigné à suivre le gendarme. En chemin, ce dernier n'a cessé de poser des questions à « l'Allemand » : quelle était sa profession, d'où venait-il, que faisait-il là ? L'homme a répondu qu'il était mécanicien, qu'il était originaire de Roubaix et qu'il cherchait du travail après avoir séjourné à Paris. Une pensée a alors traversé l'esprit du militaire : et si l'homme avait un rapport avec le crime de Pantin ?
Ferrand avait encore lu *Le Petit Journal* le matin même, avant d'aller travailler, et les mots tels que « mécanicien », « Roubaix », « suspect à l'accent allemand » résonnaient encore dans sa tête.
« Avant de quitter Paris, vous ne seriez pas passé par Pantin, non ? »
Là, le jeune homme a affreusement pâli et, profitant du passage d'un fiacre qui l'a obligé à s'éloigner du gendarme, il s'est enfui à toutes jambes vers les quais. Sur la jetée, il n'a eu qu'un moment d'hésitation et il a plongé dans les bassins.
« Arrêtez-le ! a hurlé le gendarme. À l'aide ! Y a-t-il quelqu'un qui sache nager, ici ? »
Le calfat Hauguel a aussitôt plongé et, après quelques instants, il est remonté à la surface en tenant le fuyard inanimé :
« Il voulait se noyer, aucun doute, il a résisté pour rester au fond de l'eau et il a même essayé de m'entraîner avec lui ! »

À l'hôpital où le jeune homme a été transporté, la fouille de ses vêtements a permis de retrouver des documents bien dissimulés : des lettres, des titres de propriété, des factures… Tout était au nom de Jean Kinck. Il y avait également un billet pour le *La Fayette*, direction l'Amérique, départ prévu le 23 septembre.

Évidemment, en apprenant tout cela, M. Claude demande immédiatement à voir le suspect. On l'y conduit sans attendre, et là, le policier rencontre pour la première fois « l'Allemand ». Ce dernier est bien mince, plus jeune encore que le chef de la Sûreté ne l'imaginait.

Il y a quelque chose de féminin dans son allure, mais sa fine moustache et son visage au nez crochu contrastent nettement avec son apparence délicate. Et surtout, il y a ses mains, grandes, énormes mêmes, avec des pouces excessivement longs, presque aussi longs que les index ! Des mains qui ne dépareraient pas un étrangleur…

Une gravure représentant Jean-Baptiste Troppmann, vraisemblablement après sa décollation du 19 janvier 1870.

Un monstre de froideur

Il n'est pas question d'attendre trop longtemps : M. Claude fait transférer le suspect à Paris dès le 24 septembre, après une nuit à la maison d'arrêt locale. Ensemble, les deux hommes prennent le train. Durant le voyage, tandis que le policier a tout loisir d'étudier le comportement de son vis-à-vis, la nouvelle de l'arrestation du suspect, ou plutôt du « monstre de Pantin », se répand déjà dans la presse… Ainsi, de quelques badauds qui assistent au départ du train de la gare du Havre à 11 h 45, on passe à une centaine de personnes à Rouen. Ensuite, chaque gare est plus remplie que la précédente, la foule hurle à mort, contenue difficilement par des cordons de policiers, tentant d'atteindre le wagon et d'arracher les stores pour que tout le monde puisse voir l'assassin au grand jour !

Le suspect regarde toute cette agitation d'un œil indifférent, comme si cela ne le concernait pas le moins du monde. Quand enfin le train entre à la gare Saint-Lazare, vers 4 h 45 de l'après-midi, c'est une foule ivre de haine qui attend l'homme de pied ferme. Craignant que le peuple ne se décide à faire justice lui-même, c'est par une porte dérobée et dans un fiacre – ou plutôt dans deux, le second servant de leurre, histoire de tromper la vigilance des plus acharnés – que M. Claude fait conduire son « client » à la morgue.

Vilain bâtiment situé au bout de l'île de la Cité, la morgue constitue une promenade de choix pour tous les amateurs de sensations fortes… C'est encore bien faible pour exprimer l'horreur du lieu, pourvu de grandes baies vitrées qui permettent aux gens de venir, éventuellement, reconnaître un parent ou un ami décédé sans qu'on ait pu l'identifier au préalable. C'est exactement ce que l'on va montrer au garçon. Dans une salle isolée, on a couché côte à côte les corps nus et mutilés des victimes de Pantin. Le juge d'instruction, osant à peine poser les yeux sur les cadavres, s'adresse au suspect :

« Reconnaissez-vous les personnes ici exposées ? »

Alors qu'on imaginait le frêle jeune garçon tomber en pâmoison devant une ignominie pareille, le voilà qui s'approche des corps pour les observer avec un soin tout particulier. Pour un peu, on dirait qu'il essaie de bien s'imprégner des visages pour ne pas se tromper. Et c'est sans hésitation aucune qu'il répond :

« Oui, messieurs. Ça, c'est Mme Kinck. Ça, c'est Émile. Ça, c'est Henri. Ça, c'est Alfred. Ça, c'est Achille. Et ça, c'est la petite Marie. »

En prononçant ces mots, il manifeste autant d'émotion qu'un boucher qui présente au client les différentes pièces de son étal.

Les personnes présentes ne savent pas ce qui est le plus horrible : le spectacle des corps ou bien le détachement insoutenable avec lequel le tueur présumé vient d'identifier ses victimes ?
Le mystère soigneusement entretenu sur l'identité du garçon disparaît de lui-même quand, conduit au quai des Orfèvres, il se présente : « Je m'appelle Jean-Baptiste Troppmann. Je suis né le 5 octobre 1849, à Brunstadt, en Alsace. Je suis ouvrier mécanicien… Je ne suis responsable de rien. Je me suis contenté d'obéir.
– À qui ?
– À Jean Kinck et à Gustave. Ils voulaient refaire leur vie en Amérique et ils voyaient leur famille comme un fardeau. Madame Kinck n'était pas une femme fidèle, en plus. Pour détourner les soupçons, j'ai, à leur demande, adopté l'identité de Jean Kinck lors de mon arrivée à Paris. J'ai juste conduit Mme Kinck et les enfants dans le champ, où ils les attendaient. Je suis resté à l'écart pendant qu'ils les tuaient… »
Les abominables Kinck père et fils demeurent introuvables : qu'importe, on va les débusquer ! Mais cette version terrifiante d'un père et de son fils massacrant sans pitié leurs proches ne tient pas. La police de Roubaix a recueilli des renseignements élogieux sur le couple Kinck.
Hortense et Jean étaient mariés depuis dix-sept ans et leur famille était unie, sans une ombre au tableau. L'avis est clair : Troppmann raconte n'importe quoi ! Et on en est de plus en plus sûr : si on ne parvient pas à retrouver les Kinck manquants, c'est qu'eux aussi doivent reposer dans quelque champ…

Un septième, puis un huitième corps

En six jours, plus de six cent mille personnes sont venues en « pèlerinage » sur les lieux du crime. Parmi elles, Gustave Huck, un garçon boucher. Nous sommes le 26 septembre 1869. Le jeune homme ne voit pas grand-chose : la foule l'oblige à rester à près de trente mètres du trou d'où ont été extirpés les cadavres. Alors, il tourne, il vire, il cherche à se faufiler en traînant les pieds. Soudain, il manque de trébucher : il vient de heurter quelque chose du pied, quelque chose de métallique. Il se penche, creuse un peu le sol avec ses mains et s'arrête tout net. Autour de lui, les gens l'observent, ébahis : du sol, Gustave Huck sort une pelle et une pioche… couvertes de sang.
Les gendarmes accourent et commencent à examiner les pièces quand Huck fait une seconde découverte. Un bout de tissu rouge,

L'artiste, visiblement, a pris des libertés pour représenter la vie d'un condamné à mort en cellule. Les promis à la guillotine étaient en effet enchaînés, souvent revêtus d'une camisole de force, mais sans exagération, point de plaisanterie ! (Illustration de Achille Lemot (1846-1909) dans Le Pèlerin, 25 juillet 1897.)

sous les outils… Il tire dessus. Cela résiste. Un second essai. Le bout de tissu sort de terre : c'est un mouchoir attaché à un bras…
Dégagé de sa gangue de terre avec les sabres des gendarmes en guise de bêches, le cadavre d'un adolescent est exhumé. Il est presque décapité, le visage est si abîmé qu'il en est méconnaissable.
Un couteau est resté enfoncé dans sa gorge. L'afflux de spectateurs devient plus important encore, à tel point que l'armée est requise pour maintenir l'ordre !
Une nouvelle fois, Troppmann, incarcéré à la prison Mazas, est conduit à la morgue. Pas plus d'émotion face au nouveau corps que devant les six cadavres :
« Ah, tiens ? C'est Gustave ! Il l'a tué aussi ! »
Voilà. Seuls demeurent deux suspects : Jean-Baptiste Troppmann est sous les verrous ; Jean Kinck est toujours invisible. Pourtant, personne n'est dupe. On ne croit pas le premier quand il accuse le second d'être l'auteur du carnage. La chose est vite confirmée face aux rapports d'autopsie : la mort de Gustave Kinck précède d'un jour ou deux celle de sa mère et de ses frères et sœur.
Concernant le sort de Jean Kinck, il doit bien exister une trace, un indice que personne n'a remarqué jusqu'alors. Monsieur Claude a à cœur de s'investir personnellement pour mener cette enquête jusqu'à son terme. Et la solution lui vient en examinant les lettres de Kinck retrouvées sur Troppmann au Havre. Celles-ci, datant d'août, mentionnent un voyage prévu pour la fin du mois à Wattwiller. Le nom de ce village alsacien revient plusieurs fois et M. Claude acquiert la certitude que ce n'est pas un hasard. En effet, il apprend vite que Troppmann et Kinck ont été aperçus ensemble à la gare voisine de Bollwiller le 25 août. C'est même la dernière fois qu'on a vu Jean…
Mais où chercher ? La région est vaste, un cadavre, ça se cache n'importe où. Le chef de la Sûreté ne veut pas faire les choses à moitié. Troppmann s'étant montré relativement coopératif, peut-être que la présence de « moutons » dans sa cellule l'incitera aux confidences. Mais le prisonnier demeure muet et les recherches s'éternisent tout le mois d'octobre, en vain. Au début de ce mois-là, les funérailles de la quasi-totalité de la famille Kinck ont lieu à Tourcoing, devant plusieurs dizaines de milliers de personnes.
Le 13 novembre 1869, alors que l'on ne s'y attendait plus, Jean-Baptiste Troppmann finit par avouer son huitième meurtre au juge d'instruction. Sur ses indications – avec quelque peine, néanmoins –,

on finit par retrouver le cadavre de Jean Kinck au pied du château de Herrenflüh, le 25 novembre.
Cette fois, c'est bon. La culpabilité de Troppmann ne fait plus de doute. Le criminel donne sa seconde version sur le crime de Pantin. La plus proche de la réalité, pourrait-on dire.

Un plan diabolique

Personnage complexe que ce Jean-Baptiste Troppmann : sans amis, solitaire, taciturne, il travaillait comme mécanicien dans l'entreprise paternelle de Cernay. Son père, Joseph, était le concepteur d'une machine à fabriquer les « busettes », destinée aux filatures locales.
La réputation de bonne qualité de son invention a bientôt dépassé les limites de l'Alsace et les machines Troppmann se sont implantées un peu partout. Cela a donné à Jean-Baptiste l'occasion de voyager en France pour installer lesdites machines : en décembre 1868, il est allé à Paris pour cinq mois. Puis, en mai 1869, il était à Roubaix, dans l'usine Kinck. En tant que « pays », le père Jean et lui ont sympathisé, et la famille l'a adopté quasiment comme un grand frère. Cependant, Troppmann reconnaîtra que l'intérêt de Kinck à son égard était plus intime qu'on ne pouvait l'imaginer de prime abord... Une enquête confirmera que Kinck et le jeune homme fréquentaient ensemble des lieux de rencontres homosexuelles et que, parfois même, Gustave les accompagnait. Adieu l'image de la famille modèle. Mais peu importe : ce qui compte, c'est le mobile de l'assassin !
Ce mobile est simplissime. Jean-Baptiste a eu envie de l'argent placé en banque par les Kinck. Troppmann est un ambitieux. Il n'a jamais caché que son rêve était d'aller en Amérique pour y devenir très riche, mais pas avant d'avoir fait « quelque chose qui étonnera l'univers » ! Ayant pris conscience de l'avidité de Jean Kinck, il l'a attiré à Wattwiller pour lui montrer une fabrique de fausse monnaie imaginaire, arguant que lui et ses complices cherchaient un acolyte disposant de fonds suffisants pour investir dans du matériel de bonne qualité. Les contrefaçons étaient prétendument élaborées dans un souterrain du château de Herrenflüh, une ruine qui domine Uffholtz.
Le 18 août, Troppmann est parti le premier. Trois jours plus tard, il a posté une lettre à Kinck lui demandant de le rejoindre. Le 25 août, l'industriel est descendu du train à Bollwiller. Jean-Baptiste était là qui l'attendait. Les deux hommes ont pris l'omnibus pour Soultz,

puis ont marché jusqu'à Wattwiller. La route qui permettait d'accéder à l'éperon de Herrenflüh était escarpée. Troppmann, prévoyant, avait amené avec lui une bouteille de vin. En cours de route, il a proposé à son « ami » une halte et lui a tendu la bouteille. Kinck a bu et s'est effondré presque aussitôt. En effet, profitant d'un moment où Kinck ne le regardait pas, l'assassin avait versé dans le vin un petit flacon contenant une solution aqueuse de cyanure d'hydrogène préparée par ses soins : de l'acide prussique – un produit assez similaire sera utilisé sous forme gazeuse par les nazis dans les camps de concentration, sous le nom de Zyklon B. Après avoir vidé les poches de sa victime et volé l'argent liquide ainsi que deux chèques, Troppmann a enterré le corps au pied d'un chêne et est retourné comme si de rien n'était à Cernay, chez ses parents. En réalité, il était furieux : Kinck avait parlé d'emporter avec lui 5 500 francs pour « traiter leur affaire » et, en tout et pour tout, le jeune homme n'avait trouvé que 212 francs et une montre en or ! Le problème, c'était que sans cet argent, pas d'Amérique possible...

Et si Jean Kinck ne donnait pas signe de vie suffisamment vite, il fallait s'attendre au pire. Dans l'esprit machiavélique du jeune homme est née la seconde partie de son terrible projet. Il a envoyé une lettre à Mme Kinck, lui expliquant qu'il écrivait au nom de son mari, blessé malencontreusement à la main et dans l'incapacité de tenir une plume. Il a joint à la lettre un chèque en blanc de 5 500 francs à toucher à la Banque roubaisienne, expliquant que Jean avait besoin de la somme en liquide pour régler une affaire. Il suffisait qu'Hortense lui envoie la réponse en lettre chargée à la poste de Guebwiller...

Mais, le 31 août 1869, lorsque Jean-Baptiste s'est rendu à la poste, rien n'allait plus : le préposé connaissait Kinck père, né à Guebwiller.
« Je suis son fils, nous portons le même prénom, s'est défendu le jeune homme.
– En ce cas, il me faut une procuration. »
Troppmann a insisté, mais l'obstiné fonctionnaire a refusé.
Finalement, le garçon s'en est allé, en disant qu'il allait écrire à son père pour remédier à cette situation idiote. Quelques jours plus tard, il était de retour au guichet, une fausse procuration à la main, soigneusement rédigée par ses soins. Une fois de plus, l'administration allait se montrer à la hauteur de sa réputation : pénible et chichiteuse !
«Elle est incomplète, il manque la délégation», a remarqué le préposé.
Jean-Baptiste ne voyait plus comment régler le problème.Il a alors dit qu'il avait de la famille sur place qui pourrait confirmer ses dires, mais qu'il était en froid avec elle. Le préposé a tenté d'en savoir plus et Troppmann s'en est tiré par une pirouette : « Je reviendrai avec mon père, nous toucherons l'argent ensemble ! »

De Charybde en Scylla

Ah, si seulement le receveur des postes avait été moins obtus, moins tatillon, Jean-Baptiste Troppmann aurait sûrement déjà filé en Amérique, avec un mort sur la conscience, certes, mais un seul ! Là, il lui a fallu envisager encore une nouvelle stratégie. Au lendemain de cette tentative ratée, le criminel s'est rendu à Paris. Là, il a rédigé une nouvelle lettre à l'attention de Mme Kinck, et il s'est chargé de la lui porter lui-même, à Roubaix. Hortense a été surprise par le contenu du billet : « Jean » lui demandait de descendre à Paris pour deux ou trois jours dès que possible, Gustave, l'aîné, devant se charger d'aller récupérer l'argent demeuré à Guebwiller et de l'apporter à Paris...
Néanmoins, comme «Jean» précisait qu'il s'agissait d'une affaire qui allait leur rapporter 500 000 francs – et ce grâce à l'habile Jean-Baptiste –, et qu'elle avait toute confiance envers le jeuneTroppmann, elle n'a pas hésité longtemps. Parti le 5 septembre de Roubaix, Gustave a profité de l'occasion pour aller voir la sœur de son père, Mme Roller, à Guebwiller. La tante a été surprise : elle savait que Jean devait passer dans la région, pourquoi diable n'était-il pas

L'élément qui fit frissonner les foules : les mains de Troppmann le tueur, des mains longues, qu'on dépeint comme volontiers crochues, avec des pouces trop longs... Ici, le moulage de l'une d'elles, conservé au musée de la police à Paris.

passé lui rendre visite ? Gustave a expliqué qu'il avait été retenu pour affaires à Paris, et Mme Roller a été subitement rassurée.

Pendant dix jours, l'adolescent a attendu la procuration et ce n'est que le 15 septembre qu'il s'est rendu compte que le message avait été envoyé en poste restante et qu'il l'attendait donc... à la poste de Guebwiller. Derrière son guichet, toujours aussi scrupuleux, le receveur a pris la procuration :

« Elle est incomplète.
– Comment cela ?
– Elle a été enregistrée, oui, mais vos parents n'ont pas fait légaliser la signature par le maire de votre commune. »

Se souciant peu de l'argent, au fond, Gustave en a eu assez d'attendre. Il avait envie de voir son père. Il est donc reparti dans la foulée, après avoir envoyé un télégramme pour prévenir de son arrivée à Paris. Sans y mentionner le fait qu'il n'avait pu toucher l'argent.

Sur le quai de la gare, Troppmann attendait, souriant. Dans la foule qui est descendue du train de 9 h 30 du soir, le 17 septembre, il n'a pas tardé à reconnaître Gustave. Les deux garçons se sont embrassés.

« Papa n'est pas avec toi ?
– Non, ses affaires lui prennent du temps, tu sais ! Nous allons le rejoindre, ne t'en fais pas ! As-tu l'argent ?
– Non.
– Hein ? Comment, non ?

Chronologie

- **1826 :** naissance de Jean Kinck à Guebwiller.
- **5 octobre 1849 :** naissance de Jean-Baptiste Troppmann à Brunstadt.
- **1852 :** mariage des époux Kinck.
- **19 septembre 1869 :** assassinat à Pantin, des cinq plus jeunes enfants Kinck et de la mère, Hortense.
- **22 septembre :** « L'Allemand » est aperçu à la gare Saint-Lazare. **Le 23**, il est arrêté au Havre et transféré à Paris le surlendemain.
- **26 septembre :** on retrouve le corps de Gustave, le fils aîné des Kinck, assassiné le 17 septembre.
- **13 novembre :** Troppmann avoue le 8e meurtre, celui de Jean Kinck, commis le 25 août, et dont le corps est retrouvé le 25 novembre.
- **29 novembre :** Troppmann se ravise et parle de complices.
- **28 décembre :** procès devant les Assises de la Seine. Troppmann est condamné à mort **le 31**.
- **19 janvier 1870 :** Troppmann monte sur l'échafaud, se débat avant d'être décapité devant la prison de la Roquette à Paris.

– Maman a oublié de faire légaliser le document par le maire, le receveur de Guebwiller n'a pas voulu me remettre la somme... »
Les dents serrées, le sourire devenu rictus, Jean-Baptiste n'a pu que répondre :
« Eh bien, tant pis ! Viens, tu vas rejoindre ton père. »
Le dernier acte du plan était amorcé. Hélas !
D'abord, les deux garçons sont passés par un hôtel et y ont rédigé une dépêche pour Mme Kinck, lui demandant d'être là le dimanche 19 septembre au soir, avec l'argent du ménage, puis ils ont pris l'omnibus pour la Villette. Ensuite, ils ont marché jusqu'à Pantin et, au « Chemin vert », Troppmann a indiqué le sentier qui conduisait selon lui à la maison où demeurait Jean Kinck.
Pour ne pas se perdre dans la nuit, les deux jeunes hommes cheminaient côte à côte. Troppmann a attendu d'être suffisamment loin de tout pour sortir le couteau de cuisine qu'il gardait en poche depuis l'hôtel et il a frappé son compagnon. Gustave a bien tenté de se défendre.
Il n'est parvenu qu'à se faire entailler le bras sur toute sa longueur.
Le nombre de coups qu'a portés Jean-Baptiste était démentiel.
À la fin, la lame est restée plantée dans le cou de l'adolescent, derrière l'oreille, et la gorge était presque complètement ouverte. Après s'être emparé du peu d'argent que Gustave avait sur lui, le meurtrier a enterré le corps au bord d'un champ et est retourné à Paris.
Madame Kinck n'avait pas envie de voyager. Sa grossesse, la santé de ses enfants... Elle se sentait fatiguée, mais l'idée de retrouver son cher époux l'a convaincue d'obéir. Le dimanche 19 au soir, elle s'est donc présentée à l'hôtel du Chemin de fer du Nord et a demandé M. Jean Kinck. L'hôtelier, qui ne connaissait comme Kinck que Troppmann, enregistré sous ce nom, a informé Hortense qu'il était sorti.
À nouveau, la malchance a été au rendez-vous. Si Mme Kinck et les enfants avaient attendu le retour de Troppmann dans l'entrée de l'hôtel, nul doute que l'abominable machination se serait achevée là. L'hôtelier aurait fatalement appelé Jean-Baptiste « M. Kinck » et cela aurait éveillé suffisamment de soupçons pour qu'il n'y ait pas d'autres victimes.
Au lieu de cela, Hortense et les enfants sont repartis attendre devant la gare du Nord. Troppmann les y a rejoints. Il avait acheté, cet après-midi-là, rue d'Allemagne, une pelle solide et une grosse pioche, ainsi qu'un nouveau couteau de cuisine, et il était parti les cacher dans le champ où reposait Gustave. Le jeune homme a hélé le cocher Bardot. On sait ce qu'il est advenu par la suite.

Nouvelles versions à l'heure du procès

Les précisions fournies par Jean-Baptiste corroborent les avis médicaux. Pourtant, le 29 novembre, voilà que Troppmann se ravise et, cette fois, il écrit au procureur général : il dit avoir agi de concert avec trois complices venus de Mulhouse, qui sont les véritables auteurs des huit meurtres. C'est pour éviter de jeter le discrédit et l'opprobre sur les familles de ses « camarades » qu'il tait leur identité :
« Le déshonneur de ma propre famille suffit ! »
Peut-on le croire, vu que les examens affirment qu'un seul homme peut très bien avoir commis tous les crimes – de par notamment la forme et la taille des plaies, les coups assenés tous avec la même force – ? Peut-on le croire, vu que tous les biens dérobés aux Kinck ont été retrouvés sur lui seul ? Il dit pouvoir fournir des preuves, enterrées par ses soins dans un portefeuille aux environs de Steinbach, mais le juge refusera son transfert, pour éviter, selon lui, une possible tentative d'évasion.
On comptait juger Jean-Baptiste Troppmann mi-novembre 1869. Finalement, le nombre de rebondissements de cette affaire oblige la justice à présenter l'accusé devant les Assises de la Seine le 28 décembre. La foule n'a jamais été plus nombreuse aux abords du palais de Justice qu'en ce jour-là. On reconnaît aux premiers rangs Flaubert, Daudet…

L'exécution de Jean-Baptiste Troppmann fut la dernière à être accomplie sur un échafaud à Paris. Au mois de novembre 1870, l'estrade qui rehaussait la guillotine de deux bons mètres passait au rang des accessoires obsolètes.

Accusé calme et poli, Troppmann s'entend traiter de monstre par le procureur. C'est une comparaison parfaite entre le bien et le mal : la famille Kinck, sublimée par cette fin atroce, face à Jean-Baptiste, le jouisseur, assassin non repentant de huit personnes pour satisfaire son bonheur personnel. Il est le seul inculpé car le seul coupable : pas besoin de chercher des complices qui n'existent pas.
Maître Lachaud, qui défend l'accusé, n'est pas un sot. Expliquer l'inexplicable, chercher des circonstances atténuantes pour son client, c'est absolument inutile. Aussi, précurseur de Robert Badinter, il axe sa plaidoirie sur le châtiment qu'inévitablement on veut infliger à Troppmann : la mort. Il juge la peine capitale inutile, injuste, sans valeur dissuasive. Une série de vérités, oui, mais quel poids peuvent-elles avoir contre huit corps massacrés ?
Autant le dire tout de suite, l'instruction et le procès ne feront pas que des heureux, et je ne parle pas spécialement de l'accusé.
Monsieur Claude, lui, est persuadé que l'anguille sous roche est bien plus grosse que ce que l'on veut en dire, mais ce n'est qu'à la rédaction de ses Mémoires, douze ans plus tard, qu'il se permettra d'en parler ouvertement. Pour lui, le meurtre des Kinck ne serait rien de moins qu'un camouflage pour une affaire d'espionnage.
Troppmann, agent allemand, sera sacrifié pour faire taire les curieux. Car, après tout, qui était cet homme avec qui on l'a vu, rue de la Grange-Batelière ? Pourquoi ne pas avoir interrogé la tenancière dudit cabaret ?
Et puis, il y a ce séjour à Paris, durant l'hiver 1868-1869. Jean-Baptiste était logé au « quartier des Allemands », à Pantin, à quelques centaines de mètres seulement du champ Langlois. Ne peut-on imaginer qu'il s'agissait là d'une base secrète d'espions ?
Cela a beau avoir des airs de roman policier, cela n'en reste pas moins la conviction profonde du chef de la Sûreté. Il est vrai qu'on imagine mal quelqu'un tuer huit personnes pour 5 500 francs…
Néanmoins, on ne saura jamais pour quelle raison une famille de Roubaix aurait constitué un risque contre la confédération d'Allemagne du Nord. Peu importe, au final : on a tout fait pour que l'affaire soit prestement traitée. C'est réussi. Reste à porter le coup de grâce pour que les rumeurs demeurent en l'état et n'aillent pas provoquer d'inutiles enquêtes d'ordre politique.
D'ailleurs, le futur ne devait pas apporter de preuves flagrantes pour étayer la thèse de M. Claude. Sans doute ne pouvait-il expliquer ce qui pouvait passer par la tête d'un homme et le conduire à de telles

extrémités de violence… Par la suite, sans égaler néanmoins le tueur de Pantin, d'autres assassins devaient eux aussi faire parler d'eux dans la presse pour avoir massacré quatre, cinq ou six personnes à la fois…

Au terme de quatre jours d'audience, Jean-Baptiste Troppmann est condamné à mort. On n'a pas perdu de temps pour le juger ; on ne va sûrement pas en perdre pour l'exécuter.

Une fin à l'image des crimes

La réponse de l'empereur arrive dans la nuit du 19 janvier 1870. Initialement, il faut le préciser, l'exécution avait été fixée le 21 janvier, mais Napoléon III s'était souvenu que ce jour marquait l'anniversaire de la mort de Louis XVI. Convenait-il de décapiter un monstre le même jour qu'un roi ? Certainement pas. On avait donc décalé à sa demande la date du supplice.

Dans la nuit, des clameurs accueillent la sortie du fourgon contenant la guillotine depuis son entrepôt du numéro 60 bis de la rue de la Folie-Regnault. C'est de la démence : les gens se précipitent, saluent le cortège qui se dirige vers la placette séparant les deux prisons… Ils sont près de vingt-cinq mille à battre le pavé ce matin glacial pour voir tomber la tête du monstre !

Il est 3 heures du matin quand, dans la pénombre, le travail des bourreaux commence. Quelques ordres sont lancés à mi-voix par un homme immense, encore grandi par son haut-de-forme : l'exécuteur de la cour d'appel de Paris, Jean-François Heidenreich, surveille avec attention le montage de l'échafaud. Il l'ignore, bien sûr, mais dans un an l'édification de cette estrade de deux mètres de hauteur destinée à surélever la machine de mort deviendra obsolète. Troppmann sera le dernier décapité parisien à avoir gravi les marches funestes.

Une fois la base fixée à six pieds du sol, et parfaitement d'équilibre, il est temps de dresser la guillotine proprement dite. Les montants, la traverse supérieure, la lunette, la bascule…

À la fin du montage, presque timidement, deux hommes s'approchent du bourreau. Ils se présentent : Victorien Sardou et Maxime du Camp. Les hommes de lettres viennent demander des détails techniques à l'artisan. Heidenreich, trop heureux de pouvoir parler de son métier, lui qu'on craint autant qu'on le méprise, ne se fait pas prier pour faire monter les écrivains sur l'échafaud et leur expliquer en détail le fonctionnement de la « bécane ». Les silhouettes grimpant sur l'estrade provoquent la colère des spectateurs qui

se croient floués : exécuterait-on déjà, alors que le jour n'est point encore levé ?
Toute la nuit du 18 au 19 janvier, dans les appartements privés du directeur de la Roquette, les agapes n'ont pas cessé. Pâtés fins, dinde rôtie, sandwiches, excellents vins. L'écrivain russe Ivan Tourgueniev, qui a été invité à ce repas funèbre, en gardera un souvenir gêné.
Le jour se lève : il est temps de passer aux choses sérieuses.
Troppmann ne dort évidemment pas. Il ne veut pas retarder l'échéance. C'est au pas de course qu'il rejoint le greffe. Son col de chemise est découpé, ses mains et ses chevilles sont liées, puis il est soulevé par les aides et M. Claude lui pose une dernière question :
« Troppmann, vous reconnaissez-vous coupable ?
– Non, ce sont mes complices qui ont tué.
– Voulez-vous les nommer ?
– Non, je ne peux pas. »
La porte de la prison s'ouvre. À vingt-cinq mètres devant Troppmann se trouvent l'échafaud et, dans la brume glaciale, la guillotine. Les réjouissances qui résonnaient encore voici quelques secondes ont fait place à un silence absolu. Titubant à cause des liens qui enserrent ses jambes, Troppmann est conduit à la machine, il grimpe les marches et est plaqué sur la bascule…
Mais alors qu'on s'apprête à coucher cette dernière en position horizontale, voilà que le condamné à mort a une ultime réaction de révolte. Il se contracte si violemment qu'il parvient à détacher les lanières qui le maintenaient contre la planche et les aides, pris au dépourvu, ont un mal fou à le retenir. C'est une bête fauve qui sait que la mort est là et qui cherche, à la dernière seconde, à l'éviter.
Troppmann se tortille : une seconde fois, il parvient à échapper à la prise des exécuteurs. On le saisit, on « l'enfourne ». Il sort la tête de la lunette ! Heidenreich lui-même est obligé de l'attraper par les cheveux pour aider son adjoint « photographe ». Un faux mouvement et Troppmann mord le doigt du bourreau jusqu'au sang. Celui-ci, en poussant un cri de douleur, fait enfin jouer le mécanisme. Le couperet tombe, mettant un terme à cette scène d'horreur.
« Maudite grenouille, s'énerve Heidenrcich en pansant dans son mouchoir son doigt sanguinolent, ça a été dur ! »

Sylvain LARUE

Les Grandes Affaires Criminelles de Seine-Saint-Denis, 2008.

"La malle à Gouffé"

Cour d'assises de la Seine, 18-20 décembre 1890

L'affaire EYRAUD et BOMPARD

L'HOMME EST FASCINÉ. Il faut dire que la scène a de quoi captiver le regard. Le boudoir lui apparaît comme l'antichambre du paradis : nul doute à ce sujet, ce lieu n'existe que pour abriter les ébats des amants. Assis sur un confortable sofa, il contemple les mouvements chaloupés de la jeune femme qui danse devant lui. Un strip-tease accompli par une gogo-danseuse avant l'heure : Gabrielle est nue sous sa robe de chambre, laquelle est suffisamment entr'ouverte pour laisser admirer l'essentiel de ses charmes, côté face. Augustin Gouffé est aux anges, il tend les mains pour mieux caresser sa partenaire, mais celle-ci, mutine, préfère jouer avec la cordelière de son peignoir. La voilà qui la passe autour du cou de Gouffé, faisant lentement glisser la lanière sur la nuque. Tout à son excitation, l'homme n'a pas remarqué qu'elle faisait un nœud coulant…

Derrière le sofa, en guise de séparation avec la pièce voisine, il y a un rideau sur une tringle solide, cela va de soi, et plus curieusement un système de poulies.

À l'abri de ce rempart de tissu, se trouve un autre homme, perché sur un escabeau. Il s'appelle Michel Eyraud. Lui non plus n'a rien raté du spectacle de Gabrielle dansant, mais il n'a pas l'esprit à la gaudriole. Non, il attend que la jeune femme noue la cordelière et lui fasse passer l'autre bout adroitement, par-dessus la tringle. En quelques secondes, c'est fait. Et Eyraud n'a plus un instant à perdre.

Gabrielle Bompard, vingt ans, le fruit défendu… Elle ne fut pas la première femme fatale de l'histoire judiciaire. Elle ne sera pas la dernière. (Musée de la Police, Paris.)

Il saute de l'escabeau en tirant la lanière, sent le poids de Gouffé en train de s'étrangler, les pieds à trente centimètres du sol. Le pendu, dans ses convulsions, crispe sa main sur le rideau et l'arrache. Cela ne suffit pas à arrêter Eyraud, lequel continue sa traction pendant de longs instants avant de laisser retomber le corps qui heurte le sol dans un bruit mat.
L'affaire de la « malle à Gouffé » vient de commencer.

Guet-apens pour le coureur

Augustin Gouffé exerce une profession pas vraiment reconnue du grand public. Ce quinquagénaire est huissier de justice. En homme avisé, il fait attention à ses dépenses, mais ses revenus lui permettent de gâter sans inquiétude son épouse et leurs filles adolescentes. Seulement, Augustin cache habilement une réputation de coureur. Le terme de « sex addict » serait même plus correct. En amour, il n'aime que la bagatelle, l'acte physique. Les prostituées qui fréquentent les abords de la rue Montmartre – il a son cabinet au n° 148 – le savent bien. Ses visites sont régulières, presque quotidiennes.
Les dames ne s'en plaignent pas : bel homme, blond foncé, les yeux bleus, c'est un client agréable, poli, propre et pas bégueule à l'heure de payer. « Qui a vécu par l'épée, périra par l'épée », dit-on. Il est donc bien naturel que Gouffé, qui vit pour la femme, meure à cause de l'une d'entre elles. Sa perte est âgée de vingt ans. Elle s'appelle Gabrielle Bompard. Sensuelle à l'excès, petite et potelée juste ce qu'il faut, elle a attiré le regard de l'huissier concupiscent.

Dans les histoires romanesques, la vamp fatale est souvent de mise. L'affaire Gouffé eut la sienne, en la personne de Gabrielle Bompard. Son tempérament de feu et son nom lui valurent d'être brocardée par les chansonniers, qui la surnommèrent "Gabrielle Bompétard"...

Eyraud, homme d'affaires sans scrupules, aventurier, criminel... Son parcours peu commun s'achèvera entre les mains de Louis Deibler un matin à la Roquette. (Musée de la Police, Paris.)

Nous sommes en juillet 1889. Gouffé ignore que leur rencontre n'est pas fortuite. C'est l'un de ses clients, Michel Eyraud, qui la lui a présentée. À quarante-six ans, Eyraud est l'homme d'affaires aventurier par excellence. Il parle plusieurs langues et trempe dans des combines louches. Il a connu la prison à seize ans, à la demande de son père (!), puis s'est engagé dans la légion étrangère.

Désormais, il navigue en eaux troubles, allant d'activité en activité, ou plutôt d'escroquerie en escroquerie.

En 1889, il est sur la paille. Une situation qui ne lui plaît guère et qui n'est pas compatible avec ses ambitions. Aussi, lorsqu'un ami l'introduit auprès de l'huissier, Eyraud élabore une stratégie pour renflouer ses comptes vides. L'assassinat de Gouffé lui serait extrêmement profitable : on le tue, on vole les clefs de son cabinet, et le tour est joué. Quand il apprend que le pêché mignon de l'huissier est la chair fraîche, il n'hésite pas un instant. Depuis deux ans, Gabrielle Bompard est sa maîtresse. Postulant pour une place de secrétaire, elle s'est retrouvée dans le lit du patron, puis sur le trottoir, une vie qui, d'ailleurs, ne la dérange pas outre mesure. Eyraud est un « vieux », il est facilement violent, mais elle l'aime malgré tout et approuve sans discuter chacune de ses idées. Même l'homicide.

Cela commence par un repas au restaurant. Michel présente son amie à Augustin. Un peu d'appréhension : l'huissier peut éventuellement ne pas trouver la jeune femme à son goût. Ce n'est pas le cas : les regards qu'il pose sur elle indiquent clairement qu'il a des idées la concernant, et qu'il serait prêt à mettre en pratique à la minute !

Peu de jours après, Eyraud ferre le poisson : il dit qu'il vient de rompre avec la charmante Gabrielle, trop vénale à son goût. L'information ne tombe pas dans l'oreille d'un sourd. Le vendredi 26 juillet, tout est prêt. À midi, Gabrielle feint de rencontrer – oh, très fortuitement – Gouffé dans la rue et lui laisse savamment entendre qu'elle n'aurait rien contre un petit moment de détente à l'abri des regards indiscrets. Tout émoustillé, l'huissier accepte. Le rendez-vous est fixé le soir même, à la Madeleine. La jeune femme confie avoir un petit logement tout près de là, rue Tronson-du-Coudray.
Après avoir bu un verre avec des amis, Gouffé prend congé et déclare, l'œil égrillard, qu'il a rendez-vous avec une petite délurée.
Ses proches ne devaient jamais le revoir.

L'art de se débarrasser d'un cadavre

La mort a été immédiate, cependant, les complices pendent une seconde fois leur victime, fixant la corde au pied d'une table.
Eyraud fouille les poches de l'homme suspendu, brandit triomphalement les clefs de l'étude et fonce discrètement rue Montmartre. Il en revient dépité : pas d'argent, pas de titre, aucune valeur ! Les quelques bijoux que portait Gouffé sont leur seul butin. Cependant, il faut encore disposer du cadavre. Après l'avoir déshabillé, ils ficèlent le corps nu en position fœtale, avant de l'envelopper soigneusement dans un sac de toile. Ledit sac est chargé dans une malle appartenant à Gabrielle : il va rester dans l'appartement jusqu'au lendemain.

Le 27 au matin, Eyraud réussit à se faire remettre les économies du ménage par son épouse en évoquant une opportunité professionnelle impossible à refuser à Buenos Aires, en Argentine ! Nanti de cet argent, il passe chercher Gabrielle, puis la malle, direction la gare de Lyon. Le duo et leur encombrant fardeau prennent un rapide pour Lyon.

Puis en fiacre, ils gagnent la campagne rhodanienne et s'arrêtent à Millery. À l'hôtel, la lourde malle passe pour un simple bagage

L'art macabre est sans limites... On fabriquait des guillotines jouet aux heures les plus dures de la Révolution, et en 1889, la malle à Gouffé fut reproduite en taille réduite pour le plus grand amusement des enfants. Petite figurine de cadavre incluse... (Musée de la police, Paris.)

de voyage, lequel sera vidé de son contenu le lendemain, en pleine cambrousse, avant d'être mis en pièces et jeté dans une mare.
Ce n'est que le 13 août que le colis puant est retrouvé par un cantonnier à l'odorat sensible. La température estivale a accéléré la décomposition du corps. Le médecin légiste établit le décès comme remontant à cinq semaines environ.
Peu après, non loin de là, un paysan voyant flotter du bois à la surface d'une mare le repêche pour en faire du combustible pour sa cheminée : il s'empresse aussitôt de le rejeter à l'eau tant l'odeur qui s'en dégage est méphitique !
La gendarmerie établit le lien entre les deux faits et l'examen des résidus de la malle permet de retrouver, collée sur ce qui fut le couvercle, une étiquette des chemins de fer. Hélas, celle-ci mentionne l'année 188?. Le dernier chiffre manquant, l'indice est inutilisable.
Pendant ce temps, à Paris, on s'inquiète de la disparition de Me Gouffé. Son beau-frère, M. Landry, soupçonne qu'il soit tombé entre les mains de quelque brigand qui cherche à en tirer rançon. Amis et clients sont interrogés, suspectés. Rien. La presse faisant écho aux

88 - L'affaire EYRAUD et BOMPARD

investigations, la police est en proie à une foule de témoins de plus ou moins bonne foi, qui livrent dans leurs lettres des affirmations plus ou moins fantaisistes : si untel s'accuse d'avoir enterré le corps de l'huissier ici, un autre affirme l'avoir vu la veille en pleine santé à cinq cents kilomètres de là. Une montagne d'âneries que la police doit, à son grand regret, examiner avec une extrême rigueur, de peur de passer à côté de la vérité.

Lorsque le corps de Millery est retrouvé, la Sûreté parisienne dépêche l'un de ses agents pour accompagner le beau-frère à la morgue. Après avoir manqué défaillir à cause de l'odeur et aussi du spectacle révulsant, Landry déclare qu'il ne s'agit pas de Gouffé. Il se base, pour cela, sur les cheveux du cadavre : le disparu les portait courts et clairs, ceux du corps sont longs, bouclés et noirs.

Une contre-expertise, dirigée par l'éminent professeur Alexandre Lacassagne, permet d'établir la vérité : les cheveux, trempés de l'humeur provoquée par la putréfaction, retrouvent leur couleur blond foncé après un nettoyage à l'eau claire. Des analyses du squelette du cadavre révèlent une atrophie de la cheville gauche, un défaut dont souffrait Gouffé. La taille du cadavre, estimée à 1,75 mètre, est revue à la hausse, 1,78 mètre, soit la taille de l'huissier. L'inconnu de Millery est alors définitivement identifié.

Reste à attraper les criminels.

Arrestation outre-Atlantique

Pendant qu'on s'escrimait à donner une identité au cadavre, à Paris, la minutie de l'enquête a permis de remonter jusqu'à Eyraud, et l'on trouve étrange que celui-ci ne donne plus signe de vie depuis

Représentation du crime : Gabrielle fait visiter le boudoir aux policiers. La scène a été édulcorée, car pour captiver l'attention de l'huissier libidineux, Gabrielle était plus dénudée que cela... Un guet-apens monstrueux pour lequel les jurés ne firent pas de cadeau au couple Eyraud-Bompard. La jeune Gabrielle échappa à la mort, pas son amant : le destin l'attendait aux portes de la Roquette un matin de février 1891. (Supplément illustré du Petit Journal du samedi 20 décembre 1890.)

fin juillet, soit approximativement depuis la date de la disparition de l'huissier ! La piste s'oriente alors prioritairement vers lui et Gabrielle Bompard, puisqu'elle répond aux abonnés absents depuis la même date.
Le 22 novembre, l'enquête montre que la fille Bompard possédait une malle, fabriquée en Angleterre, similaire en tout point à celle retrouvée démolie à Millery. Mais pour l'heure, on n'imagine Gabrielle qu'en témoin, pas en suspecte. Et voilà qu'arrivent, presque aussitôt, sur les bureaux du préfet de police Lozé et du chef de la Sûreté Goron deux lettres : la première vient de Montréal et est signée Gabrielle Bompard. La seconde a été postée à New York et l'auteur en est Michel Eyraud.
Dans les deux missives, les amants nient toute implication dans la mort de l'huissier. Enfin, pour le moment. Car le 26 janvier suivant, Gabrielle en personne se présente au préfet de police et dénonce Michel Eyraud comme étant l'assassin. Elle fournit, au fil des jours et des interrogatoires, nombre d'informations contradictoires, mais reste un fait avéré : le piège dans lequel est tombé Gouffé.

Michel Eyraud peu après son arrestation à Cuba. Une des premières victimes des médias internationaux : il fut reconnu par des expatriés français qui se faisaient envoyer L'Illustration... (Musée de la Police, Paris.)

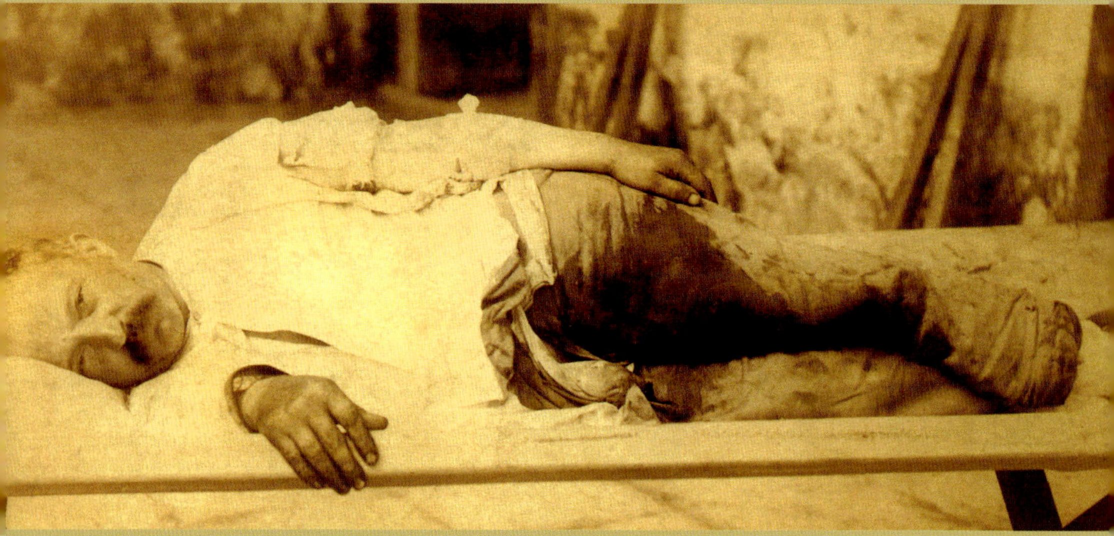

Pourquoi ce revirement soudain ? En fait, une fois aux États-Unis, l'argent emporté a été vite dépensé et Eyraud a envisagé l'idée de reproduire en Amérique le schéma expérimenté rue Tronson-du-Coudray. Georges Garanger, aventurier français expatrié, semble la proie de choix. Mais voilà que Gabrielle s'entiche de Georges, refuse de le laisser tuer, lui révèle les projets criminels d'Eyraud et s'enfuit avec lui au Canada. C'est à la demande de Garanger qu'elle revient en France pour témoigner. Évidemment, on ne la croit qu'à moitié, et pour éviter que ne lui prenne l'envie de se soustraire à la justice, on l'incarcère.

On assiste alors à une frénésie populaire autour de l'affaire : pièces de théâtre, reconstitution du crime au musée Grévin, vente par des camelots de petites « malles à Gouffé », avec petit pantin cadavre articulé à l'intérieur : le bon goût dans toute sa splendeur ! Gabrielle n'est pas épargnée par cette vague : c'est littéralement la gloire. Quelques années avant l'affaire Dreyfus, la responsabilité de miss Bompard dans la mort de Gouffé est le sujet de discorde principal lors des repas de famille dominicaux.

La presse est définitivement acquise à sa cause et la dépeint comme une enfant malheureuse, presque une sainte, poussée sur la pente du vice par Eyraud le diable...

Pourtant, si on se donne la peine d'étudier son cas, on voit qu'à huit ans, Gabrielle était déjà nubile, et que dans le pensionnat du Nord où elle vivait, elle était l'initiatrice de tous les plaisirs sexuels de ses petites camarades. Pas de quoi fouetter un chat, à mon avis, mais très suffisant pour casser son image d'icône immaculée.

Eyraud est capturé en février, à La Havane. Il a eu le tort de se rendre, sous une fausse identité, dans une mercerie tenue par des Français – le mal du pays, sans doute.

Les propriétaires, des lecteurs assidus de *L'Illustration*, n'ont aucune peine à reconnaître en ce prétendu Gosski, Michel Eyraud en personne dont le portrait fait la une du journal, justement. Eyraud joue de malchance, car, toujours à La Havane, il croise l'un de ses anciens associés.

Quand on l'appréhende, il porte deux jeux de pièces d'identité : la fausse et la vraie, ce qui lui vaut un séjour de trois mois en maison d'arrêt locale.

Retour en France, procès et épilogue matinal

En mai, deux policiers parisiens font le trajet jusqu'à Cuba pour l'escorter vers une prison française. Encagé du 16 au 30 juin, Eyraud

Chronologie

- Juillet 1889 : Michel Eyraud, escroc, organise la rencontre de Gabrielle Bompard et d'Augustin Gouffé.
- 26 juillet : Gouffé a rendez-vous avec Gabrielle à la Madeleine ; il est assassiné et mis dans une malle.
- 27 juillet : le couple Eyraud-Bompard prend le train pour Lyon avec la malle.
- 13 août : le cadavre de Gouffé est retrouvé dans une mare par un cantonnier, à Millery.
- 22 novembre : Gabrielle est impliquée dans l'enquête. Les complices sont en Amérique du Nord.
- 26 janvier 1890 : Gabrielle dénonce son complice.
- Février : Eyraud est capturé à La Havane. De retour en France en mai, il avoue.
- 18 au 20 décembre : Procès des deux coaccusés.
- 3 février 1891 : Eyraud est exécuté. Gabrielle, condamnée à vingt ans de travaux forcés, est libérée en 1903.
- 1920 : mort de Gabrielle Bompard.

découvre non sans stupeur que l'on ne parle que de lui : les journalistes à son arrivée à Saint-Nazaire, les parisiens à la gare Saint-Lazare... D'ailleurs, ces derniers manquent le tuer de peu sitôt qu'il est descendu du train ! Devant le juge d'instruction, Eyraud, qui a d'abord accusé Gabrielle d'être la tête pensante du crime, préfère avouer. Il met quand même la mort sur le compte d'un accident. Il affirme qu'il s'agissait de faire peur à Gouffé, pas de le pendre pour de vrai. Et une fois encore, à l'heure du procès, c'est un affrontement en règle entre les accusés. Sans rougir, Eyraud énonce toutes les turpitudes de son ex-maîtresse et Gabrielle le lui rend bien. Mais la jeune femme est du genre à émouvoir aussi bien les hommes – qui lui pardonneraient tout et bien davantage si elle était leur compagne – que les femmes qui voient en elle une victime d'un homme sans scrupule.
Alors, comme la justice est une affaire d'hommes, le verdict fera deux poids, deux mesures. Seul Eyraud est promis à l'échafaud ; sa complice bénéficie, elle, de circonstances atténuantes et écope de vingt ans de travaux forcés, pas même la perpétuité. Cette

situation, Eyraud la juge scandaleuse. C'est d'ailleurs l'objet de sa dernière colère, le 3 février 1891, quand le directeur de la Roquette, M. Beauquesne, entre dans sa cellule.

Réveillé depuis quelques minutes, le condamné sait déjà : il a constaté qu'on n'avait pas relevé ses gardiens aux heures habituelles et il a rapidement compris ce que cela signifiait. Il grogne quelques paroles de colère envers Gabrielle la traîtresse (mais aussi contre le ministre de l'Intérieur, Ernest Constans), refuse de boire à deux reprises, puis revient à une pensée plus mélancolique, et parle, la voix tremblante, de sa femme et de sa fille.

À quelques secondes de sa mort, la fureur reprend le pas sur l'émotion. Déjà envers une foule d'imbéciles qui chantent : « C'est Eyraud, c'est Eyraud qu'il nous faut, C'est sa tête qu'il nous faut, oh, oh, oh… »

Entraîné vers la bascule par deux aides, dont Anatole Deibler, vingt-huit ans, rentré trois mois plus tôt d'Algérie où il a fait son « apprentissage » d'exécuteur, il crie : « Constans est un assassin, il est plus assassin que moi ! Constans est… » Le couperet l'empêche de terminer sa phrase. Il est 7 h 20.

Gabrielle Bompard, elle, a une fin de vie bien moins brutale.

Graciée après treize ans de prison par le président Loubet, elle fait, dès sa libération, une série de conférences et d'interviews dans lesquelles elle commente la vie en prison et raconte, dans le détail, l'affaire Gouffé. Un temps chanteuse de café-concert, l'oubli finit par l'emporter. Devenue ouvreuse dans un théâtre, elle meurt en 1920. Plus personne alors ne se souvient d'elle.

Leur célébrité n'a pas été discrète, pourtant les noms d'Eyraud et de Bompard sont passés à la trappe au profit de celui de leur malheureuse victime. Depuis l'affaire de Millery, les histoires similaires se sont vues qualifiées de « malles à Gouffé bis ».

Sylvain LARUE

Les Grandes Affaires Criminelles de Paris, 2007.

Cour d'assises de la Seine, 28 et 29 avril 1892
Cour d'assises de la Seine, 9 et 10 janvier 1894
Cour d'assises de la Seine, 27 et 28 avril 1894
Cour d'assises du Rhône, 3 août 1894

Ni Dieu, Ni Maître

Affaire Koënigstein, Paris

Cour d'assises de la Seine, 28 et 29 avril 1892

Le 11 mars 1892, vers 8 heures et demie du soir, une bombe explose au 136 du boulevard Saint-Germain à Paris. Il n'y a pas de victimes, mais de considérables dégâts matériels.
Le 27 mars, à l'aube, nouvel attentat au 39, de la rue de Clichy. Cette fois, sept personnes sont blessées. Mais pourquoi avoir visé ces immeubles en particulier ? C'est tout simple : c'est là que vivent le conseiller Benoît et le substitut Bulot, lesquels ont fait parler d'eux pour avoir été respectivement président et procureur des Assises de la Seine lors du procès des manifestants de Clichy.
Petit rappel des faits : le 1er mai 1891, une vingtaine d'ouvriers et d'ouvrières, menés par un certain Décamp, défile entre Levallois et Clichy aux cris de : « À bas Carnot ! Vive la révolution sociale ! »
Sommée de faire se disperser les fâcheux, la police intervient. Les protestations tournent au pugilat et des coups de feu sont tirés. Deux des contestataires les plus virulents, Décamp et Dardare, sont arrêtés et passent en jugement le 28 août 1891.

Face à leur attitude hautaine, le juge Benoît et le substitut Bulot se montrent sévères. Cinq ans de prison pour le premier, trois ans pour le second.
Un verdict qui ne va pas être du goût de la mouvance libertaire, c'est-à-dire l'anarchisme, la plus féroce des branches du socialisme !

Santo Caserio, un jeune homme venu d'Italie
et qui frappa la France par l'attentat
le plus inattendu qui soit, en poignardant
mortellement le président de la République !
(Détective, 28 janvier 1932.)

"Les anarchistes de la fin du XIXe siècle"

Suite à l'affaire du boulevard Saint-Germain, une rapide inspection permet de mettre la main sur le noyau dur de l'attentat. À Saint-Denis, on arrête Chaumartin, Béala, Simon dit « Biscuit » et Mariette Soubère. Seulement, il manque l'homme que l'on croit être le chef. Toujours vêtu avec élégance – on approche mieux les bourgeois quand on leur ressemble –, Léon Léger est le plus dangereux de la bande. Malheureusement en fuite : l'attentat de la rue de Clichy en est la preuve.

L'homme commet l'erreur, quelques heures après ce nouveau méfait, de s'attabler au restaurant Véry, boulevard Magenta, et de faire l'apologie des anarchistes et de leurs idées. Un comportement qui éveille les soupçons d'un serveur, Lhérot, le beau-frère du tenancier. Et lorsque l'individu revient à la terrasse de l'établissement le 30 mars, Lhérot est certain qu'il s'agit de Léger : il répond en tous points à la description physique du terroriste en cavale. Les policiers, prévenus en douce, se ruent sur l'homme, qui tente de se défendre avec son revolver ainsi que sa canne-épée. En vain.

Néanmoins, il est si farouche et brutal qu'on doit le ficeler pour le conduire au poste. Dans ses poches, une quittance de loyer permet de remonter à son logement de Saint-Mandé. Là, un attirail de petit chimiste terroriste confirme les soupçons qu'il s'agit bien d'une prise de taille.

Et voilà que Léger ne s'appelle pas Léger. Il dit que son nom est Ravachol. Un nom qui claque à l'oreille, bien plus que ce passe-partout de Léger. Fort bien : ce sera donc Ravachol qu'on jugera.

Le 28 avril, quand s'ouvre le procès, le palais de Justice est sous surveillance rapprochée. Il semble que tous les policiers de Paris soient rassemblés aux abords du tribunal. En effet, deux jours plus tôt, des sympathisants à la cause de Ravachol ont fait sauter le restaurant Véry ! Bilan : deux morts, dont le patron. Le garçon Lhérot, à l'origine de son arrestation, était heureusement absent ce jour-là.

Le verdict tombe en pleine nuit, le 29 avril : condamnation à perpétuité pour Simon et Ravachol, acquittement des trois autres inculpés. Sans doute l'absence de décès lors des deux attentats commis par la bande a-t-elle joué dans l'admission de circonstances atténuantes !

Pourtant, Ravachol n'est pas prêt de quitter la France. En effet, lors de son arrestation, on a reconnu son accent stéphanois.

L'instruction s'est donc chargée de remonter les traces de l'individu, histoire de voir s'il n'a pas un petit passif dans cette région.

Et c'est bien le cas.

Les attentats anarchistes furent la terreur des Français des années 1890, certes, mais les journalistes eux, s'en frottèrent les mains d'aise. Photos et gravures des explosions servent toujours d'illustrations historiques... (Détective.)

Ravachol eut des émules qui le « vengèrent ». Un de ceux-ci déposa un engin au restaurant Véry (ci-dessus) ***au milieu des dineurs : 2 morts, 6 blessés.*** A dr. ***Ravachol***

car il avait eu le réflexe immédiat d'envoyer la grenade, qui fusait, sous un meuble très solide.

En 1920 et 1921, le bruit persistant courut que le charbon en provenance de l'étranger contenait des explosifs violents. Des milliers de poêles sautaient dans les ménages de la région parisienne. La police envisagea, un instant, la possibilité d'un sabotage criminel de l'anthracite anglais ; mais, brusquement, les poêles ne sautèrent plus, et tout fut dit.

En 1914, pendant une grève des taxis, des engins incendiaires furent jetés dans les voitures qui roulaient au tarif ancien, en dépit de la grève. Jamais on ne put découvrir les auteurs de ces actes de vandalisme syndical.

Vandalisme stupide aussi que ces attentats commis en Bretagne, au cours de ces dernières années, contre des monuments et des préfectures, à l'aide d'explosifs venus tout droit du G. Q. G. du Sinn-Fein d''Irlande, qui alimente en explosifs la poignée de membres du parti autonomiste breton.

Enfin, le déluge de petits colis postaux explosifs, dont le maniaque qui signe : « Minos, Eaque et Rhadamante », continue à inonder les bureaux de poste parisiens, depuis le 15 juin 1934, appartient à une catégorie très commune de persécuteurs. Après la guerre, tous les propriétaires d'écurie de course reçurent ainsi de mystérieux petits paquets qui leur explosaient dans les doigts et les blessaient assez douloureusement. Les gens très aisés, notamment les Rothschild, et les hommes politiques sont ainsi souvent en butte à ces paquets suspects qui ne cachent, la plupart du temps, que de petites vengeances individuelles.

Mais qui donc déposa, le 27 juillet 1934, dans une voiture de première classe du métro, cette boîte, d'apparence inoffensive, qui éclata à la station « Montparnasse », tuant le chef de la station, blessant un contrôleur ? Et les bombes de Cerbère, de Toussus, celles de l'Etoile enfin, qui les fabrique, qui les apporte sur les lieux de l'attentat choisi ? Ces engins se multiplient depuis un an sur notre territoire. Serions-nous à la veille d'une nouvelle époque de *terreur verte ?*

Emmanuel CAR.

Un engin, déposé au siège des Mines de Carmaux, av. de l'Opéra, et transporté au poste de police de la r. des Bons-Enfants, (ci-dessous) ***explose et fait 5 morts***

Lors de l'attentat dirigé contre le commissariat de la rue des Bons-Enfants, un inspecteur fut tué.

François-Claudius Koënigstein, né en 1859, est recherché pour cinq assassinats de droit commun : un vieux rentier et sa bonne en 1886, une quincaillière et sa fille en 1891, ainsi qu'un vieil ermite la même année ! La fiche de police de Koënigstein correspond exactement à celle de Ravachol. Et d'où vient ce nom ? De l'imagination du criminel ? Non : plutôt que de conserver le nom d'un père hollandais qu'il a à peine connu, l'anarchiste a choisi comme pseudonyme de guerre d'adopter le nom de jeune fille de sa mère, Marie Ravachol. Adieu le libertaire héroïque, laissez place à un vil meurtrier : autant pour la légende du personnage, véritable Janus du crime !
Si le jury parisien a laissé Ravachol en vie, celui de la Loire ne va pas lui faire de cadeaux. Pour ses crimes de droit commun, l'assassin Koënigstein est condamné à mort le 23 juin 1892. Le 11 juillet suivant, sur une place de Montbrison, Ravachol va à la mort en fourgon, en chantant à tue-tête l'air du Père Duchesne :

« Si tu veux être heureux, nom de Dieu
Pends ton propriétaire
Si tu veux être heureux, nom de Dieu
Coupe les curés en deux
Et fous le bon Dieu dans la merde... »

RAVACHOL

La tête dans la lunette, il hurle : « Vive la Ré… » Son cri est tranché net par les quarante kilos du couperet. République ou révolution ? Impossible de l'affirmer avec certitude.
Simon lui survit deux ans. En septembre 1894, au bagne des îles du Salut, l'anarchiste François Briens est abattu par un gardien. Avant d'expirer, il jure que ses camarades le vengeront.
Moins d'un mois plus tard, le 21 octobre, le surveillant auteur du coup de feu est assassiné à coups de poignard, de même que trois de ses collègues. Un vent de révolte envahit le bagne : l'administration pénitentiaire réagit au quart de tour.
Le 22 octobre, pas moins de onze bagnards sont abattus. Simon fait partie du lot : réfugié dans un arbre, il nargue les gardiens en criant « Vive l'anarchie ! » Un coup de feu le fait taire définitivement.

Affaire Vaillant, Paris
Cour d'assises de la Seine, 9 et 10 janvier 1894

Si d'aventure quelque député somnolait en ce 9 décembre 1893, bien confortablement assis dans l'ambiance feutrée de la Chambre, nul doute qu'il a dû être réveillé en sursaut. Louis Mirman, député de Reims, venait tout juste d'achever un interminable laïus consacré à une élection dont on n'avait que faire, lorsque l'impensable se produit : la détonation puissante d'une bombe en plein Palais-Bourbon !
Les élus poussent des cris de douleur. Une machine infernale a projeté alentour des centaines de petits clous. Atteintes qui aux jambes, qui aux bras, certaines aux visages, les personnes présentes se dispersent dans l'affolement général. Face à cette panique, le président de la Chambre, Charles Dupuy, a cette phrase restée célèbre : « Messieurs, la séance continue. » Nonobstant les blessures – lui aussi a été touché par les clous –, il s'agit de ne pas quitter son poste.

François-Claudius Koënigstein, alias "Ravachol", le Christ de l'Anarchie. Un militant du terrorisme politique, certes, mais également un criminel de droit commun recherché pour plusieurs meurtres commis dans sa Loire natale. Ces homicides lui coûtèrent la tête. (Gravure de Charles Maurin (1856-1914) pour L'Almanach du Père Peinard de 1894.)

Pendant qu'on porte secours aux victimes les plus gravement touchées, la police, avertie aussitôt de l'attentat, cerne les bâtiments pour empêcher quiconque d'en sortir. En effet, les témoignages certifient que l'explosion a eu lieu en l'air : le terroriste a donc dû lancer sa machine, vraisemblablement du haut du balcon, et il est possible qu'il se trouve encore sur place.
Évidemment, les enquêteurs relèvent quelques noms suspects, mais c'est le juge d'instruction, Henri Mayer, qui met le doigt sur le vrai coupable. C'est un homme qu'on a transporté à l'hôtel-Dieu, car il a été atteint par un clou dans la cuisse, à deux doigts de l'artère fémorale. Ce qui a surtout attiré l'attention du magistrat, ce sont des traces noires sur ses mains. Des traces de poudre.
Alors, à sa demande, l'inspecteur Agron, de la Sûreté, s'assigne à la surveillance rapprochée de cet homme, un certain Auguste Vaillant, né à Mézières le 27 décembre 1861.
Le 10 au matin, resté au chevet du blessé, le policier décide d'orienter la conversation sur la bombe. Ancien artilleur, il avoue qu'il ne comprend pas le système employé pour cette machine infernale. Vaillant, tout de go, lui donne un cours magistral sur le système des bombes à renversement, précisant que s'il n'en est pas l'inventeur, il sait parfaitement les utiliser. L'inspecteur Agron, surpris malgré tout par de tels propos, finit par demander tout simplement s'il est l'auteur de l'attentat.
« Oui, c'est moi. J'étais seul, je n'ai eu besoin de personne. Je suis un anarchiste. J'en veux à l'organisation sociale. Il faut que tout cela change, alors j'ai voulu atteindre le gouvernement. »
Dans pareille affaire, on ne fait jamais traîner les choses. Vaillant, sans hésiter, rédige et signe une confession détaillée dans laquelle il affirme que sa machine, de petit modèle et de faible puissance, n'a pour autre but que de blesser sans tuer, histoire de faire réfléchir l'opinion.
C'est effectivement le cas : personne n'est mort, mais certains députés ont dû subir une trépanation. Il précise, même si cela doit être interprété comme une circonstance aggravante, que la bombe n'a pas explosé où

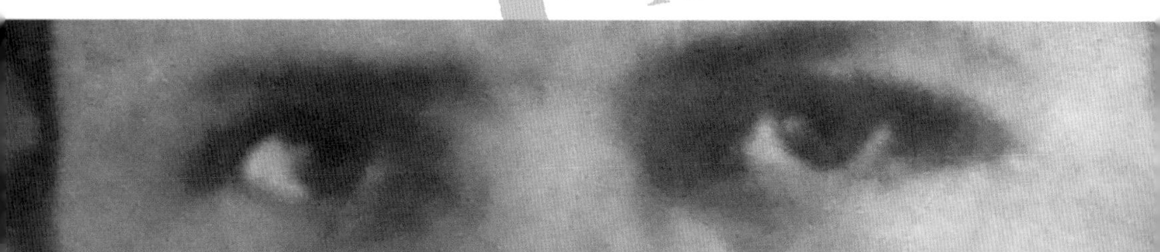

il le désirait. Seulement, au moment où il a catapulté son projectile, il s'est fait bousculer involontairement par un autre homme, ce qui a dévié notablement la trajectoire de la bombe vers le haut. Aurait-elle été plus bas que le nombre de blessés aurait été largement supérieur !

Son procès, initialement prévu le 5 janvier, a lieu le 10. Sa défense est assurée par Me Fernand Labori. Ce dernier soutient évidemment la thèse de Vaillant : blesser, mais ne pas tuer. Cette idée est contredite par les experts qui affirment que la bombe était assurément un engin de mort ! Vaillant proteste : "Si j'avais voulu tuer, j'aurais mis des balles à l'intérieur, et non des clous. Je l'ai dit, et je l'ai redit durant l'instruction. Je préférais blesser cent députés qu'en tuer un seul."

L'avocat général ne partage pas cet avis. Pour lui, l'attentat aurait pu causer la mort de dizaines de députés, c'est un crime de masse qui ne peut être expié que sur la guillotine.
Dès lors, Me Labori a fort à faire. Comme la plupart de ses confrères de l'époque, il fait jouer le fait d'une enfance malheureuse, d'un enfant jamais choyé qui n'a pu, à l'âge adulte, devenir qu'un rebelle, un haineux. Doit-on être impitoyable ? Non, il a trop souffert pour qu'on fasse preuve d'autre chose que d'indulgence.
Point de clémence de la part des jurés : en une demi-heure, leur opinion est faite. L'anarchiste Vaillant doit mourir à la Roquette.
Moins d'un mois plus tard, le recours en grâce parvient sur le bureau de Sadi Carnot. Le président se laisse un délai de quelques jours pour prendre sa décision. D'un côté, personne n'est mort, de l'autre, il s'agit de mettre un frein à ces anarchistes de plus en plus acharnés à renverser l'ordre établi.
Le 5 février à 7 h 10, Vaillant marche d'un pas ferme, bien que claudicant, vers l'échafaud. Devant la bascule, son dernier cri est celui de la révolte : « Mort à la société bourgeoise ! Vive l'anarchie ! »

Affaire Henry, Paris
Cour d'assises de la Seine, 27 et 28 avril 1894

Une semaine à peine apres la mort de Vaillant, une nouvelle bombe explose. Le 12 février, à 9 heures, une déflagration renverse les consommateurs du café Terminus, à deux pas de la gare Saint-Lazare. Presque aussitôt, une voix retentit : «Ah le misérable ! Où est-il ?»

Le garçon Tissier n'est pas dupe. Celui qui vient de crier ainsi et qui maintenant s'enfuit à toutes jambes dans la rue, c'est le terroriste lui-même, qui a agi ainsi pour donner le change. Tissier l'a bien vu jeter la bombe avant de partir ! Suivi par deux consommateurs qui ont également compris ce manège, il se lance à la poursuite du criminel. L'arrestation a lieu à quelques dizaines de mètres de l'endroit. Cerné par des badauds et par les policiers accourus en urgence, l'homme n'hésite pas à sortir un revolver de sa poche et à faire feu sur les gens qui l'entourent. Finalement ceinturé, on s'empresse de le ramener au commissariat voisin, pour éviter tout acte de justice sommaire de la part du public.

Menotté, l'homme dit tout. Il s'appelle Émile Henry, il a vingt et un ans, et il est anarchiste depuis trois ans. Pas du genre inné, comme vocation. Fils d'un ancien communard amnistié, ayant suivi un parcours scolaire des plus honorables, il a même tenté le concours d'entrée à Polytechnique qu'il a hélas raté de peu. Il a, par la suite, décroché un emploi qui aurait pu faire sa richesse, mais il a démissionné trois mois plus tard, préférant devenir vendeur pour un salaire bien moindre.

L'ombre de l'anarchisme se profilait en lui, à tel point qu'à la grande époque de Ravachol, il est arrêté pour la première fois.
Pour l'heure, il n'a encore rien fait.

L'explosif vient de détonner en plein repas, et l'auteur de l'attentat tente de prendre discrètement la poudre d'escampette. Mais son lancer de bombe n'est pas passé inaperçu et c'est pourchassé par les cris de ses poursuivants qu'Émile Henry tombera en plein dans les bras des policiers. (Détective, 23 septembre 1937.)

Ce n'était qu'une question de temps. Licencié pour propagande anarchiste, il cultive des idées d'attentat, allant jusqu'à faire la promotion des explosifs auprès de ses collègues. Il saute le pas le 8 novembre 1892.
Ce jour-là, il dépose une bombe à retardement destinée à faire sauter les bureaux de la compagnie des mines de Carmaux.
L'engin est découvert puis porté, avec une infinie prudence, par un agent jusqu'au commissariat de police de la rue des Bons-Enfants.
Sur place, pourtant, le mécanisme se déclenche. L'explosion cause la mort de quatre policiers.
Un an et demi plus tard, le 12 février 1894, Henry entre dans le café, commande une bière et s'installe tout près de la porte. Il prend également la peine de régler sa consommation d'avance afin d'éviter d'être

trop aisément remarqué. Peu avant 9 heures, il allume un cigare, téte de longues bouffées avec aise puis, délicatement, il sort une bombe à mèche de sa poche et l'allume au bout incandescent du havane. Il a juste le temps d'atteindre la porte, de se retourner et de lancer l'explosif. C'était sans compter sur l'observation du garçon Tissier.
À la différence de Vaillant, Henry se réclame d'un terrorisme dur : « Il faut que la bourgeoisie comprenne bien que ceux qui ont souffert

Les policiers regardent le suspect avec sévérité, et pour cause. On ne rigole pas avec les attentats anarchistes en 1894, et le jeune Émile Henry vient de balancer une bombe en plein restaurant ! (Détective, 23 septembre 1937.)

APRÈS L'EXPLOSION : LE PREMIER INTERROGATOIRE DE L'ANARCHISTE HENRY AU COMMISSARIAT DE POLICE

Chronologie

- 1891: Caserio crée le groupe anarchiste « A pe ».
- 1er mai 1891 : manifestation ouvrière à Clichy.
- 28 août 1891 : leurs chefs de file Décamp et Dardare sont condamnés à de la prison.
- 11 mars 1892 : attentat au 136, boulevard Saint-Germain, domicile du juge Benoît.
- 27 mars : attentat au 39, rue de Clichy, domicile de l'avocat général Bulot.
- 30 mars : Ravachol est arrêté.
- 28-29 avril : procès de Ravachol ; il est condamné à perpétuité.
- 23 juin : pour des crimes commis dans la Loire, Ravachol est condamné à mort.
- 11 juillet : Ravachol est exécuté.
- 8 novembre : Émile Henry pose une bombe à la compagnie des mines de Carmaux. Elle explose dans le commissariat.
- 9 décembre 1893 : attentat du Palais-Bourbon. Auguste Vaillant est sous surveillance à l'hôpital.
- 10 janvier 1894 : procès d'Auguste Vaillant.
- 5 février 1894 : Vaillant est exécuté.
- 12 février 1894 : attentat de la gare Saint-Lazare par Émile Henry.
- 21 mai 1894 : Émile Henry est guillotiné.
- 24 juin 1894 : Sadi Carnot est assassiné à Lyon par Caserio.
- 3 août : condamnation à mort de Caserio.
- 16 août : exécution de Caserio.

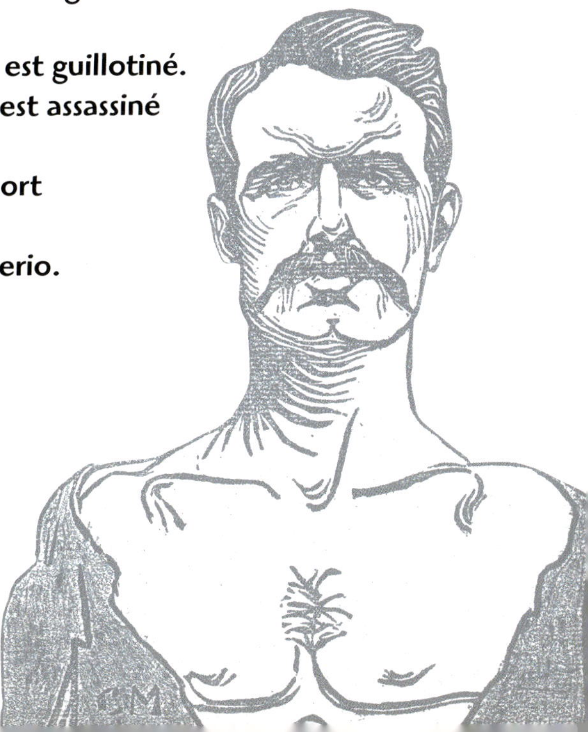

sont enfin las de leurs souffrances : ils montrent les dents et frappent d'autant plus brutalement qu'on a été brutal avec eux. »
Il regrette amèrement deux choses : ne pas avoir disposé d'un revolver plus efficace, puisqu'il n'a tué personne, pas même un agent de police, et surtout, ne pas avoir été assez généreux dans les proportions de la bombe : un mort et une vingtaine de blessés, cela ne lui semble pas un chiffre suffisant.
Les Assises de la Seine voient la situation d'un autre œil. Le 28 avril, ils condamnent le jeune homme à mort et le 21 mai, un cigare aux lèvres, il marche vers la guillotine. Ses dernières paroles sont identiques, à peu de choses près, à celles de Vaillant : « Courage, camarades ! Vive l'anarchie ! »

Affaire Caserio, Lyon
Cour d'assises de la Seine, 3 août 1894

Lyon, 24 juin 1894. La capitale des Gaules accueille l'Exposition universelle, parc de la Tête-d'Or et sur le « quai des Enfoirés ». Il est 9 heures du soir, et, sortant du banquet qu'il vient de présider palais du Commerce, Sadi Carnot, président de la République, grimpe dans une voiture découverte.
Venu participer à l'Exposition universelle de Lyon, il a rendez-vous au Grand Théâtre pour assister à un gala. La voiture s'ébranle, sous étroite surveillance, cependant, alors que le cortège s'engage sur la rue de République et que *La Marseillaise* retentit dans la rue, la foule venue acclamer le chef de l'État peut voir un jeune homme s'avancer vers le véhicule, grimper sur le marchepied et poser la main sur la poitrine de Carnot. On entend le cri « Vive la Révolution ! », mais c'est tout. Même parmi les gens les plus proches, on ne distingue qu'un morceau de papier blanc et l'on se dit qu'il doit s'agir d'une enveloppe, ou de quelque bouquet de fleurs… Et voilà que le Président jette le papier, porte la main à sa poitrine et s'affaisse dans son siège. Le défilé s'arrête, on court auprès du Président inconscient, qu'on transporte dans les locaux de la préfecture. Il a reçu un coup de couteau qui lui a perforé le foie, ainsi que la veine porte…
Peu après minuit, le président de la République meurt.

Caserio, un jeune Italien qui eut mieux fait pour sa propre survie de continuer à pétrir la pâte plutôt que de jouer du couteau.

Le président Carnot, victime de son intransigeance envers les anarchistes. Il refusa la grâce à trois d'entre eux ; Caserio vint venger ses camarades exécutés d'un coup de couteau : il finira à son tour sur l'échafaud. (Détective, 1932 ; portrait de Caserio : Musée de la Police, Paris.)

Pendant que la presse s'empare de l'affaire et profite de la mort du Président pour écouler des tirages inaccoutumés de journaux, illustrés ou pas, une vague de xénophobie déferle sur la France, à tel point que le maire de Lyon doit sévir pour empêcher ses administrés de venger la mort du chef de l'État sur des innocents.
Le 25 juin, la veuve Carnot reçoit un message de Caserio. Il s'agit d'une photo de Ravachol, paraphé de ces quatre mots : « Il est bien vengé. » Dans les jours qui suivent, la dépouille du Président est rapatriée à Paris et le 1er juillet, après des funérailles solennelles à Notre-Dame, le corps est inhumé au Panthéon, tout à côté de celui de son grand-père Lazare Carnot, le général mathématicien, dont les cendres avaient été transférées là cinq ans plus tôt.
Par chance, son agresseur n'a pas réussi à aller bien loin. Son allure louche, sa précipitation à se frayer un chemin entre les spectateurs ont convaincu plusieurs personnes qu'il s'agissait de quelque pickpocket, et il a été pris à partie par ces derniers avant d'être remis entre les mains des policiers. L'arme du crime, une navaja de type espagnol, est montrée au suspect. « Oui, c'est bien à moi. »
L'assassin du Président est Italien, venu de Lombardie. Santo Jeronimo Caserio, né le 8 septembre 1873 à Motta-Visconti, devient orphelin de père tout enfant. Apprenti boulanger à Milan dès douze ans, il se lance en 1891 dans la politique anarchiste. Il crée un groupe baptisé *« A pe »* (c'est-à-dire Sans rien) et, installé devant la bourse du travail, il procède à des distributions de pain destinées aux chômeurs, sans oublier la diffusion de brochures politiques. L'année suivante, il est condamné à huit mois de prison pour avoir distribué des tracts antimilitaristes lors d'une manifestation. À sa libération, il refuse de faire son service militaire. Devenu déserteur, il doit quitter le pays et rejoint la Suisse. Arrivé à Lyon en juillet 1893, il devient portefaix, puis s'installe à Vienne comme ouvrier boulanger, puis à Sète, comme commis à la boulangerie Viala. Confronté aux lois scélérates et à la « persécution » des anarchistes par la société française, il lui prend l'idée de frapper un grand coup. Après avoir acheté un poignard, il prend le train de Sète à Vienne, puis il poursuit sa route à pied jusqu'à Lyon.
En guère plus d'un mois, l'instruction est effectuée, et le 3 août 1894, le procès s'ouvre devant la cour d'assises du Rhône. Procès éclair, même à cette époque où la plupart des audiences criminelles ne durent que deux jours. En moins de douze heures, le sort de Caserio est réglé. Client peu conciliant, il ne cesse de reprendre

son avocat commis d'office, Me Dubreuil, dont la connaissance des anarchistes est pour le moins limitée. Dressé dans le box, le jeune assassin clame :

« Si les gouvernements emploient contre nous les fusils, les chaînes, les prisons, est-ce que nous devons, nous les anarchistes, qui défendons notre vie, rester enfermés chez nous ? Non… Vous qui êtes les représentants de la société bourgeoise, si vous voulez ma tête, prenez-la ! »

En cinq minutes de délibérations, les jurés en font le prochain client de Deibler. En quittant la salle d'audience, il pousse un dernier cri : « Vive la révolution sociale ! »

Jean Casimir-Perier, le nouveau président de la République, ne peut pas gracier l'assassin de son prédécesseur, d'ailleurs l'opinion publique est impatiente de voir le dernier acte enfin joué. À l'occasion d'un déplacement à Montbrison prévu pour le 17 août, le bourreau est envoyé à Lyon. Le 16 août à l'aube, la guillotine est dressée cours Suchet, tout près de l'entrée de la prison Saint-Paul.

Les lieux sont bondés. Réveillé par le directeur de la prison, M. Raux, Caserio devient livide et tremble comme une feuille jusqu'au pied de l'échafaud. Il demande simplement qu'on remette à sa mère une lettre qu'il a écrite tout exprès pour elle.

« Portez armes ! » Et les gendarmes mettent sabre au clair. Il est 4 h 55. Caserio descend du fourgon des bourreaux en claquant des dents. Après avoir regardé le couperet, puis la foule distante de cinq cents mètres, il hurle en italien : « Courage, les amis ! Vive l'anarchie ! »

Quelques secondes plus tard, le couteau se détache et le corps sans vie de l'assassin du Président est conduit au cimetière de la Guillotière pour y être inhumé.

Sylvain LARUE

Les Grandes Affaires Criminelles de Paris, 2007.

Joseph Vacher, coiffé de sa toque de lapin blanc... Une tête de grand malade pour l'un des pires tueurs en série que la France a connus. (Détective, 4 février 1932.)

Cour d'assises de l'Ain,
25-28 octobre 1898

Le tueur de bergères Joseph VACHER

« LOUISE, VEUX-TU M'ÉPOUSER ? »
La petite bonne en reste muette durant quelques secondes, puis éclate d'un rire sonore, désagréablement moqueur. « T'épouser ? Toi ? Mais tu t'es vu ? Tu as une de ces allures, mon pauvre Joseph ! »
Oui, pauvre Joseph ! C'est bien vrai qu'il a une drôle de dégaine : mais pendant son service militaire, qu'il vient tout juste d'achever, il s'est développé physiquement, il a grandi, et le costume du dimanche qui tombait si bien à son arrivée, deux ans plus tôt, est ridiculement court désormais. Un gaillard à l'air simple avec un costume qu'il aurait emprunté à son petit frère : pour Louise, ce n'est pas l'image de l'amant idéal.
Joseph enrage, se fâche, et rompt avec la belle méprisante. Le soir même, il revient à l'assaut, tente une nouvelle fois de convaincre Louise, qui le repousse. Alors il sort un revolver de sa poche, tire quatre balles sur son aimée avant de retourner le canon vers sa tête et de faire feu à deux reprises.
L'histoire pourrait en finir là… si Joseph était bon tireur. Mais aucune des balles ne s'avère mortelle, ni pour la victime ni pour son bourreau. Et la terrible histoire de Joseph Vacher commence.

L'enfance d'un monstre

Joseph Vacher est né le 16 novembre 1869 à Beaufort, en Isère, dans une famille de paysans. Avant-dernier enfant d'une fratrie de quinze, il perd son frère jumeau à un mois. Le climat familial est particulier, entre un père sévère, une mère dévote, victime de crises de mysticisme au cours desquelles elle dit voir des apparitions divines et cette impressionnante liste de frères et

de sœurs. Joseph, à cinq ans, croise la route d'un chien enragé. Bien qu'il prétendra toujours avoir été mordu (pour expliquer ses futurs agissements), il semble que l'animal, loin de l'avoir attaqué, se soit contenté de le lécher. Plus sérieusement, il attrape la typhoïde, une maladie souvent mortelle à l'époque, et survit. On sait que ce mal a souvent de graves effets sur la santé mentale des personnes qui en réchappent.

Joseph, violent depuis toujours, n'a pas besoin de la rage pour être dangereux. Il frappe ses frères comme ses sœurs, bat et tue des animaux. Comme son comportement bizarre lui vaut d'être victime de la méchanceté de ses camarades de classe, il se venge souvent durement. Quoi qu'il en soit, le jeune Joseph n'est pas complètement dénué d'intelligence : il sait lire, écrire et compter plus facilement que la plupart des autres rejetons d'agriculteurs.

À la mort de sa mère en 1883, Joseph devient ouvrier agricole. Par le biais d'une de ses sœurs, il trouve une place de valet chez les frères maristes, mais à dix-huit ans, il en est exclu quand on apprend qu'il initie ses camarades à l'onanisme, n'hésitant pas à prendre lui-même « les choses en main ». Adieu la vie en abbaye (même si, sa vie durant, le jeune homme restera farouchement attaché aux préceptes religieux que les moines lui ont enseignés), bonjour la vie à Grenoble. Demeurant dans le quartier « réservé » chez l'une de ses sœurs, une prostituée, il a tout loisir de goûter aux charmes des amies et collègues de cette dernière. Cela lui vaut une maladie vénérienne, qu'on ne peut soigner qu'en lui ôtant une partie d'un testicule. Cette opération castratrice aura, elle aussi, un effet sur l'attitude future de Joseph.

L'homme est instable, dans tous les sens du terme. Il n'a pas d'amis, sa famille le craint, et quand il lui arrive de trouver un emploi,

Les crimes de l'éventreur de bergères furent l'objet de nombreuses représentations à la fin du XIXe siècle, mais toujours avec un souci de ne pas choquer les lecteurs de ces illustrés, car les meurtres commis par Vacher n'ont rien à envier aux pires films gore de nos jours ! (Coll. Sylvain Larue.)

ce n'est jamais pour bien longtemps, car ses patrons finissent par le licencier tant il les effraie avec ses divagations mâtinées de religion et d'anarchisme.

Bon pour le service

Le jour de son vingt et unième anniversaire, après tirage au sort, sonne l'heure pour Joseph de commencer son service militaire. Comme partout ailleurs, il ne s'intègre pas : son comportement d'illuminé et son respect exagéré des lois provoquent quolibets et bizutages de la part de ses camarades. Vacher soupçonne une cabale et n'hésite pas à user de violence pour répondre à ses « ennemis ». Mais s'il ne peut devenir caporal aussi vite qu'il l'aurait désiré, c'est encore et toujours sa propre faute, car ses instructeurs, tout en reconnaissant son bon niveau théorique, l'estiment incapable d'être un meneur d'hommes : en apprenant cela, Vacher tente pour la première fois de se suicider. À l'infirmerie, après qu'on lui a fait passer un examen mental, son colonel vient lui rendre visite. Au terme d'une discussion sérieuse entre les deux hommes, l'officier se ravise et permet à Joseph de gagner ses galons de caporal, puis ceux de sergent !

Dès lors, dans l'esprit du nouveau sergent, son colonel prend une importance presque équivalente à celle de Dieu. Les soldats moins gradés qui ont à subir au quotidien les divagations du sergent Vacher ne partagent certainement pas cette reconnaissance. Si au moins c'était un gai compagnon, mais non ! Fi des femmes, des soirées arrosées, Vacher prône abstinence et sobriété…

Pourtant, un jour, il tombe amoureux. Louise a le même âge que lui, c'est une petite bonne plutôt délurée. Ce n'est bien évidemment pas ce qu'il faut au prude Joseph, pourtant, loin de le détromper, Louise, qui en aime un autre, se régale d'avoir à sa botte un soupirant aussi naïf. Rien de plus agréable pour elle que de voir le malheureux sergent la regarder avec des yeux de chien battu, ou bien lui jouer – fort mal – une complainte pleurnicharde sur son accordéon d'occasion ! Et comme Joseph est triste, il devient encore plus méchant et s'acharne sur ses soldats. À terme, ses supérieurs, lassés, finissent par lui signifier son congé. La vie militaire de Joseph prend fin au début de l'année 1893.

Et le voilà donc, peu après sa libération, conduit sur une civière à l'hôpital après avoir été rejeté une fois de plus par Louise. On l'opère, on parvient à retirer l'une des deux balles. La seconde est enfoncée trop loin dans le crâne pour qu'on puisse l'extraire. Son passé de suicidaire le conduit à être examiné à l'asile d'aliénés de Dôle, à compter du 16 juin 1893. Il est dur de s'imaginer l'aspect de ces hôpitaux psychiatriques d'alors : on y soigne les patients camisolés à coups de jet d'eau, et on les laisse vivre dans la crasse la plus ignoble. Joseph voit sa blessure à la tête soignée avec des injections d'extraits de valériane, censée agrandir l'orifice pour que la balle ressorte d'elle-même : un vrai discours de charlatan ! Ce n'est, bien entendu, qu'un placebo. Joseph souffre le martyre (aussi bien à cause de son cœur brisé que de sa plaie ouverte qui suppure), il a des accès de fureur qui conduisent les médecins à le déclarer dément, atteint d'un grave trouble de la persécution. Mais Joseph, aussi fou soit-il, n'est pas complètement hors des réalités, et cette expérience lui est si abominable qu'il est bien décidé à écourter son séjour. Après plusieurs tentatives d'évasion ratées, il attend qu'on le transfère dans un autre asile, celui de Saint-Robert, dans son Isère natale. Et là, il cesse ses crises mystiques, sa paranoïa… Modèle sur tous les plans, patient aisé à soigner, attentif et appliqué… Les médecins de Saint-Robert, après trois mois, déclarent le jeune homme guéri. Le 1er avril 1894, Joseph se retourne une dernière fois sur le seuil de l'hôpital pour saluer ses infirmiers et ses docteurs. Les portes de l'asile se referment derrière lui. La bête est en liberté.

L'enquête

Avril 1897. Émile Fourquet vient tout juste d'être nommé à Belley, dans l'Ain, comme juge d'instruction. Le jeune homme tombe

en arrêt sur un dossier non classé, laissé sur son bureau par son prédécesseur. En le lisant, il sent la nausée le gagner : un an et demi plus tôt, le 1er septembre 1895, à Bénonces, on a retrouvé le corps de Victor Portalier, un berger de seize ans. Les personnes ayant découvert le corps ont eu du mal à ne pas vomir. Une bête aurait fait moins de dégâts. On a éventré, égorgé le garçon, on a tranché ses parties génitales et il apparaît presque certain qu'on a abusé de lui ! Quel monstre peut avoir commis cela ?

Il y a bien eu des témoins, qui ont rapporté le passage d'un vagabond à l'allure bien étrange. Brun, hirsute, le visage difforme, la lèvre barrée de deux cicatrices, un œil presque exorbité… Un vrai faciès de phénomène de foire ! Ce chemineau a disparu le jour du crime sans laisser de traces.

Le problème, c'est que, des vagabonds, dans la France des années 1890, il n'en manque pas. Autant chercher une aiguille invisible dans une meule de foin haute de vingt mètres ! Il faut se rendre à l'évidence, la mort du jeune berger restera impunie.

Mais le 19 juin 1897, M. Fourquet apprend que, la veille, à Courzieu dans le département du Rhône, un adolescent de treize ans, Pierre Laurent, a été retrouvé éventré, mutilé et violé. Après s'être procuré le rapport d'autopsie, le juge est pris d'un effroyable doute : le *modus operandi* lui rappelle curieusement celui du meurtre de Victor Portalier, et d'ailleurs, des témoins rapportent le passage d'un vagabond défiguré dans les parages ce jour-là ! Se peut-il qu'il s'agisse d'un seul assassin pour les deux affaires ? Et est-il possible qu'il y ait plus de victimes qu'on ne le pense ? Sentant qu'il y a là matière à enquêter (et peut-être à gagner de l'importance dans les rangs de la Justice), le juge prend les devants et s'empresse de contacter ses homologues magistrats instructeurs aux quatre coins de la France pour leur demander s'ils n'ont pas des affaires criminelles non classées qui ressembleraient peu ou prou aux meurtres de ces adolescents.

Et l'information revient, terrible : plus d'une vingtaine de cas lui sont révélés d'un bout à l'autre du pays, concernant dans la majorité des cas des adolescents des deux sexes, plus deux veuves. Parmi les magistrats qui ont donné écho à son appel, il y a le procureur Fonfrède, en poste à Dijon. Six mois avant Fourquet, il a fait exactement le même constat. Ayant remarqué des points de similitude troublants entre un crime commis en Côte-d'Or en 1895, et deux meurtres perpétrés à Busset, dans l'Allier, en septembre 1896, et

à Varennes-Saint-Honorat, en Haute-Loire, en octobre 1896, il a envoyé des messages aux parquets du Sud-Est, ce qui lui a permis d'élaborer une liste de sept crimes fort ressemblants commis depuis 1890. Sept morts, toutes aussi abominables les unes que les autres : corps égorgés, éventrés, violés, sodomisés, des traces de morsures sur certains, abandonnés sur place, à peine dissimulés… Seul un monstre a pu agir ainsi ! Un ou plusieurs ? Le procureur ne put croire qu'il s'agissait là d'un seul et même prédateur, et il pencha pour un cas de folie contagieuse au sein des mendiants. Après tout, les meurtres commis par les vagabonds étaient chose commune, alors…
Face aux mêmes constatations, le juge Fourquet, donc, est abasourdi. Pourquoi n'y a-t-il jamais eu d'enquête concomittante pour toutes ces atrocités ? C'est simple : les maires, nantis du pouvoir d'officier de police judiciaire, ne disposent que de moyens d'action limités, les gendarmes ne peuvent travailler que localement, les communications

L'image d'Épinal du tueur de bergers, le monstre brandissant son long couteau face à la victime agenouillée, les bras écartés en signe de supplication. Jamais Joseph Vacher ne sut s'arrêter quand il était en crise meurtrière. (Le Petit Parisien, 24 octobre 1897.)

entre villes et villages sont encore à leur balbutiements, alors, c'est dire des communications entre départements... Bref, il suffit qu'un criminel sorte du territoire communal pour qu'on ne puisse plus rien faire, et comme il semble certain qu'il s'agisse d'un vagabond, une fois mêlé dans la masse de ses semblables, il est parfaitement introuvable ! Mais Fourquet est un homme borné. Ce tueur, cet éventreur de bergères sera le couronnement de sa carrière de juge, il se le promet. Alors, il envoie le portrait-type du tueur à ses collègues juges aux quatre coins de la France. Ce serait bien le diable s'il arrivait à passer à travers les mailles du filet !

C'est par une erreur que l'éventreur se fait prendre. En août 1897, alors qu'il passe à Champis, dans l'Ardèche, il remarque une paysanne, Marie-Eugénie Plantier, travaillant dans son champ. Le désir de la violer surpassant tout, il se rue sur elle et, tentant de la bâillonner d'une main, il tâche de lui arracher ses vêtements de l'autre. La jeune femme hurle : son mari Séraphin et des voisins, occupés dans un champ proche, accourent et maîtrisent le satyre avant de le conduire devant les gendarmes. L'homme au garde à vous se présente comme « sergent Joseph Vacher, reformé du service » et prend la chose à la légère : « Que d'histoires pour avoir voulu tirer un coup ! »

Le juge et l'assassin

La Justice ne partage pas son avis, et il est condamné à trois mois de prison pour tentative de viol. Mais le juge qui instruit l'affaire a, comme tous ses confrères, reçu le message de Belley, et en comparant le portrait de l'éventreur de bergères à celui de Vacher, un doute l'étreint. Et s'il avait mis la main sur le bon numéro ? Début octobre, le vagabond est envoyé en train dans l'Ain, sans qu'on lui explique vraiment les raisons de ce transfert.

Quand il se trouve pour la première fois en présence du juge Fourquet, Vacher examine avec méfiance ce bourgeois souriant… jusqu'à ce que ce dernier lui demande de parler de sa vie… tout du moins depuis 1893 : le juge affirme en effet qu'il a l'intention d'écrire un livre sur les vagabonds et que le témoignage de l'un d'eux lui serait des plus utiles.
Joseph se montre très prolixe.

Il a marché, et encore marché, de la Bretagne aux Pyrénées, en passant par la frontière belge et la Côte d'Azur, un immense arc de cercle, principalement à l'est de l'Auvergne. Il en a vu, du pays, en quatre ans : c'est ça d'être un coureur de routes ! Il faut dire que le vagabond est capable de parcourir soixante, voire soixante-dix kilomètres dans une journée. Parfois, il posait ses affaires ici ou là, trouvait un travail comme journalier, et quand il en avait assez, il partait aussi vite qu'il était arrivé. S'il n'avait pas envie de s'éreinter, il faisait l'aumône au nom de Dieu, son visage difforme suscitant à la fois peur et pitié. Une fois, en 1896, dans le Maine-et-Loire, après une rixe, il a passé un mois en prison. Mais c'est bien la seule occasion où il a eu maille à partir avec la Justice lors de sa vie de chemineau.
Le juge Fourquet écoute attentivement, mais n'est pas satisfait. Le diable d'homme que voilà n'a pas mentionné une seule fois un passage dans une ville où un crime a été commis ! Le magistrat va donc insister : « Êtes-vous passé par Bénonces à la fin du mois d'août 1895 ? »
Vacher répond par la négative, même quand Fourquet lui précise qu'il a été vu et reconnu par des témoins dignes de foi. À ce moment de l'interrogatoire, le tueur présumé cesse de parler, et le juge, à bout de patience, doit se résoudre à le renvoyer en cellule. Il n'apprendra rien de plus ce jour-là.
Fourquet, tout à son envie de prestige, agit alors en douce, et même hors de toute légalité. Tous les jours, il rend visite à Vacher pour

s'entretenir avec lui sans aucun témoin ; en même temps, il envoie des messages et des commissions rogatoires à tous ceux qui ont approché Vacher, histoire d'obtenir le plus d'informations possible sur l'individu qui peut faire faire un bond de comète à sa carrière ! Cependant, au grand dam du juge, nombreux sont ceux qui sont convaincus que Vacher est un fou irresponsable, et que sa place est à l'asile ! Le médecin de la prison est le premier à le dire, au vu de ses délires mystiques et de l'horreur de ses crimes. Fourquet n'en tient pas compte : Vacher est sain d'esprit, ce n'est qu'un simulateur ! Le 8 octobre, il obtient satisfaction : Vacher écrit une lettre adressée à la France et il y fait explicitement des aveux concernant tous les crimes qu'on lui a reprochés ! L'histoire n'a jamais pu révéler ce qui avait poussé Joseph à reconnaître ses atrocités, mais la thèse générale retient que le juge lui avait promis qu'il ne serait pas condamné à mort s'il disait la vérité ! La lettre de Vacher, à sa demande expresse, fut envoyée par Fourquet aux journaux les plus lus de la région. Le procureur de Belley, en voyant cela, sermonna violemment le jeune juge et lui fit part, lui aussi, de ses convictions : Vacher est un dément ! Une nouvelle fois, Fourquet n'en a cure. Il s'empresse de contacter l'un des plus éminents médecins légistes de l'époque, le docteur Lacassagne de Lyon, qui déclare, sans jamais avoir rencontré le suspect, que ce dernier est sain d'esprit ! Peu importe ses crises, peu importe le fait que le « spécialiste » ne soit pas psychiatre et qu'il soit partisan de la peine de mort : désormais Fourquet a un document de poids, qui va permettre à la Justice de s'occuper du cas Vacher en bonne et due forme. Les experts désignés n'osent pas contredire l'éminent Lacassagne, le juge somme les journalistes de ne pas traiter le suspect de « fou » dans leurs colonnes, Vacher n'est pas tenu informé de ses droits par un avocat digne de ce nom. La vérité, c'est que l'existence même de Vacher est intolérable dans une société décente. Il faut l'en retrancher, et le plus tôt sera le mieux.

Procès unique pour l'Éventreur

C'est le 26 octobre 1898, à Bourg-en-Bresse, que Joseph Vacher va répondre des crimes qui lui sont imputés. Enfin, pas de tous, car durant l'instruction, Vacher a lui-même mis le holà. Ainsi, il refuse de reconnaître trois meurtres de très jeunes filles commis en 1890 et en 1897 (les deux derniers lui étant attribués par la presse), ainsi que toute participation dans la mort d'un camarade vagabond retrouvé décédé à Lacaune, dans le Tarn. Mais à l'inverse, l'accusé en a avoué

Chronologie

- **16 novembre 1869 :** naissance de Joseph Vacher à Beaufort, en Isère.
- **1883 :** décès de sa mère.
- **Début 1893 :** Vacher, devenu sergent, se voit pourtant donner son congé de l'armée pour violences répétées. Sitôt revenu à la vie civile, il tente d'abattre une femme qui refuse de l'épouser puis il tente de se suicider à son tour.
- **16 juin :** il est examiné à l'asile d'aliénés de Dôle.
- **1er avril 1894 :** Joseph sort de l'hôpital de Saint-Robert dans l'Isère.
- **1er septembre 1895 :** le corps de Victor Portalier, berger de 16 ans, est retrouvé à Bénonces.
- **19 juin 1897 :** le corps de Pierre Laurent est retrouvé à Courzieu. Le juge Fourquet contacte ses homologues : plus de vingt cas s'avèrent semblables.
- **4 août :** flagrant délit de viol. Condamnation à trois mois de prison.
- **8 octobre :** Vacher reconnaît ses crimes dans une lettre à la France.
- **26-28 octobre 1898 :** procès à Bourg-en-Bresse : il est reconnu coupable de onze meurtres et condamné à mort.
- **31 décembre :** Vacher est guillotiné, place du Champs-de-Mars à Bourg-en-Bresse.

d'autres, en particulier son premier meurtre commis après sa libération, celui d'Eugénie Delhomme, vingt et un ans, qu'il avait étranglée et violée à Beaurepaire, dans son Isère natale le 19 mai 1894.
Sitôt entré dans le box des accusés, l'homme fait sensation, avec sa toque de lapin blanc, sa pancarte sur la poitrine qui dit « J'ai deux balles dans la tête », et sa manière de vociférer un cantique où il glorifie Jésus et Jeanne d'Arc ! « Le soleil me brûle les yeux ! Huissier, enlevez le soleil ! »
Le public raffole de l'affaire ; journalistes de France, mais aussi d'Angleterre et d'Amérique sont venus voir « le tueur du Sud-Est ». Vacher, entre deux délires, observe des moments de calme. Il reconnaît avoir un caractère qui le rend dangereux ; dès que quelque chose se produit qu'il n'a pas prévu ou bien qu'il ne veut pas, il est pris de crises de rage qui le poussent à agir en dépit du bon sens. « À chaque

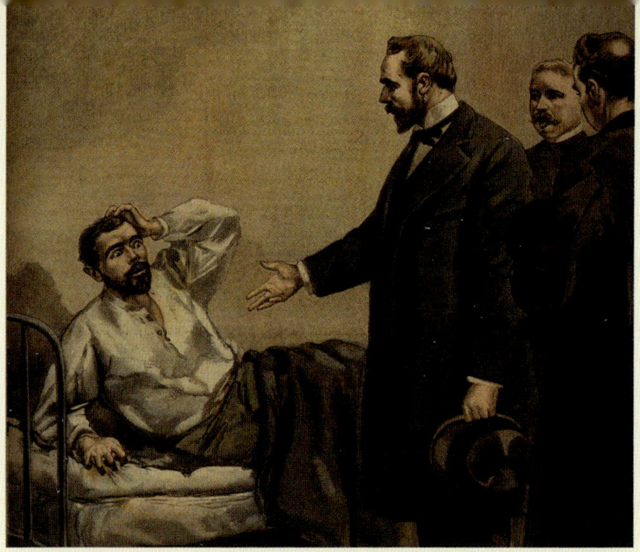

Un réveil peu enthousiasmant attendait Joseph à l'aube du 31 décembre 1898. Il fut conduit quelques minutes plus tard sur une place de Bourg-en-Bresse en direction de l'échafaud. Il fallut le porter pour l'installer sur la guillotine. (Supplément illustré du Petit Journal, janvier 1899.)

fois, je suis pris d'une espèce de fièvre, d'un tremblement nerveux, je ne veux pas tuer, ni violer, mais il faut que je le fasse.»
Cependant, il conclut ces propos en assurant que ses actes sont l'œuvre de Dieu : «Je suis un pauvre malade innocent, dont Dieu a voulu se servir pour faire réfléchir le monde, dans un but que nul humain n'a le droit de sonder.»

Pauvre mégalomane, plus ridicule que terrifiant désormais. Même ses crises de colère en pleine audience semblent dérisoires. Son avocat fera de son mieux devant cette affaire qu'il sait déjà entendue... Cela ne suffira pas. Le 28 octobre, Vacher est reconnu coupable de onze meurtres avec préméditation. Condamné à mort, l'éventreur maudit toute l'assistance et clame son innocence.
Il faudra à peine deux mois pour qu'on décide définitivement du cas Vacher. Tandis que, peu après Noël, Félix Faure accorde la grâce à un nomme Victor Mazoyer, condamné lui aussi à Bourg trois jours avant l'Éventreur, il « laisse la Justice suivre son cours » pour Joseph.
Louis Deibler reçoit la convocation dans la foulée : le vieux bourreau, atteint d'hématophobie depuis deux ans, espérait bien qu'on le laisse profiter des fêtes de fin d'année avec sa famille : il a posé sa démission quelques jours plus tôt. Mais pas question d'attendre.

Avant que 1899 n'ait sonné, Joseph Vacher doit être de l'histoire ancienne ! Le samedi 31 décembre 1898, place du Champ-de-Mars à Bourg-en-Bresse, la guillotine est prête à fonctionner. Dans sa cellule, Vacher est réveillé par le procureur. « Ça m'est égal, faites de moi ce que vous voudrez ! »
Croyant, Vacher n'est cependant pas disposé à entendre la messe de l'aumônier. « J'embrasserai Jésus-Christ tout à l'heure. Vous croyez expier les fautes de la France en me faisant mourir. Cela ne suffira pas, vous commettrez un crime de plus. Je suis la grande victime de cette fin de siècle. »
Pendant la toilette, il fait part de son intention de ne pas faciliter la tâche aux bourreaux : « Vous devrez me porter. Moi, je ne marcherai pas. »
Ce sera effectivement le cas. Quand on le fait descendre du fourgon, Vacher se raidit, et c'est presque à l'horizontale que le tueur de bergers est transporté vers la bascule. « Lâche ! Il ne sait même pas mourir proprement ! » Il est 7 h 20 quand le couperet s'abat sous les cris de mort de la foule.
Le surlendemain, Louis Deibler apprend la nomination de son fils Anatole comme successeur. La charge reste dans la famille. Le juge Fourquet, par son attitude, sera cruellement détrompé. Il espérait les honneurs : il n'obtiendra que le mépris et demeurera un petit magistrat de province sans gloire. Plus de soixante-dix ans après, en 1976, l'affaire donnera lieu à un film de Bertrand Tavernier, *Le Juge et l'assassin*, avec Philippe Noiret dans le rôle de Fourquet et un formidable Michel Galabru dans celui de Vacher, rebaptisé Bouvier (ce qui désigne le même métier, notons-le). L'interprétation magistrale de Galabru, à contre-courant de ses personnages comiques habituels, lui vaudra le César du meilleur acteur l'année suivante.
Enfin, il convient de dire que, comme nombre de tueurs multiples, fou ou non, Vacher n'avait qu'une chance infime d'échapper à la mort. En tout cas, le fait de le décapiter aussi rapidement interdisait toute instruction supplémentaire concernant les autres affaires dans lesquelles on soupçonnait sa culpabilité. Au total, cela représente dix-neuf homicides supplémentaires, et près d'une dizaine de tentatives de viol et de meurtres. Parmi ceux-là, quatre crimes de sang commis entre 1884 et 1890, donc bien avant la tentative de suicide de Vacher suite à sa déception amoureuse !
Quoi qu'il en soit, l'éventreur de bergères reste l'un des tueurs en série les plus prolifiques que la France ait connus.

Sylvain LARUE

Cour d'assises de la Meuse, juin 1908

La tueuse d'enfants Jeanne WEBER

LORSQU'ELLE DESCEND les escaliers du tribunal de Saint-Mihiel entourée de deux gendarmes, Jeanne Weber a les yeux dans le vague. Comme si elle n'était pas présente à son procès. Comme si quelqu'un d'autre l'avait déjà remplacée.

Petite femme un peu rondouillarde, elle traîne avec elle un terrible passé sur lequel la Justice n'a pas eu d'emprise. Jeanne, surnommée «l'ogresse», plus souvent encore «l'ogresse de la Goutte d'Or», du nom de l'endroit où elle a commis son premier crime d'enfant, a du sang sur les mains. Le sang de plusieurs innocents, des enfants qu'on lui a confiés. La nounou avait un appétit d'ogre, enfin d'ogresse.

Quand elle est conduite en voiture découverte au palais de Justice samiellois pour y être emprisonnée en attendant son procès qui doit se dérouler quelques jours plus tard, la foule la harangue et crie : «À mort, l'ogresse ! À mort, l'ogresse !» Pourtant, Jeanne demeure sourde aux invectives. Elle est même complètement indifférente à cette foule hostile. Les gendarmes doivent même la protéger pour éviter que les coups ne s'abattent sur elle. Elle a revêtu une grande cape noire qu'elle a nouée devant et a caché la raie de ses cheveux courts sous un chapeau de feutre noir. À Commercy, où elle a perpétré son dernier forfait, elle a échappé au lynchage de femmes qui guettaient sa sortie du restaurant Poirot, où elle a étranglé le fils de son patron, âgé de douze ans. Prise sur le fait par la mère de l'enfant, elle n'avait d'autre solution que d'avouer son crime. Quand l'affaire parvient aux oreilles des Parisiens, on se souvient du procès qui l'avait épargnée quelques années plus tôt.

Jeanne Weber entre les gendarmes. Une femme sans grâce, pas plus remarquable qu'une autre. Une folle qui "aimait" trop les enfants. (Photographie de René Dazy.)

"L'ogresse de la Goutte d'Or"

Plusieurs fois soupçonnée

Jeanne, née le 7 octobre 1874 à Kéritry, en Bretagne, est l'aînée d'une fratrie de douze enfants. Elle demeure au 8 bis, passage de la Goutte-d'Or à Paris, un quartier ouvrier du 18e arrondissement.
Ici, les toits des usines sont le seul horizon vers la gare du Nord que Jeanne aperçoit depuis sa fenêtre, quand elle n'est pas à regarder les enfants qui jouent dans la rue. Dans le voisinage, on aurait plutôt tendance à la plaindre, car son mari l'a abandonnée avec ses trois enfants en bas âge. Deux sont décédés précocement et le troisième, le petit Marcel, est toujours en très mauvaise santé. Un jour, Jeanne est sollicitée par sa belle-sœur pour garder ses enfants à leur domicile, rue du Pré-Maudit, pendant qu'elle va faire sa lessive au lavoir. À son retour, une fillette est morte, sans que le médecin puisse trouver une explication à ce décès. On surveille alors l'autre fillette avec beaucoup d'attention, après avoir surpris celle-ci en train de jouer avec une bouteille d'éther. Quelque temps plus tard, Jeanne est à nouveau sollicitée par sa belle-sœur pour garder la fillette. C'est alors qu'un accident survient avec la seconde enfant : elle meurt également d'une étrange maladie, qui a laissé des traces violettes à la base du cou. C'est pourquoi le médecin a refusé de signer le permis d'inhumer.
Pourtant l'autopsie ne confirme pas une hypothétique strangulation.
Un autre couple de la famille, les Léon, demandent aussi à Jeanne de garder leur enfant pendant qu'ils font leurs courses. À leur retour, l'enfant est mort et quelques jours plus tard, c'est au tour du propre fils de Jeanne Weber, le petit Marcel, qu'on savait de santé précaire, de succomber.
Une étrange maladie qui, en moins d'un mois, a causé la mort de quatre bambins par des sortes d'étouffements…

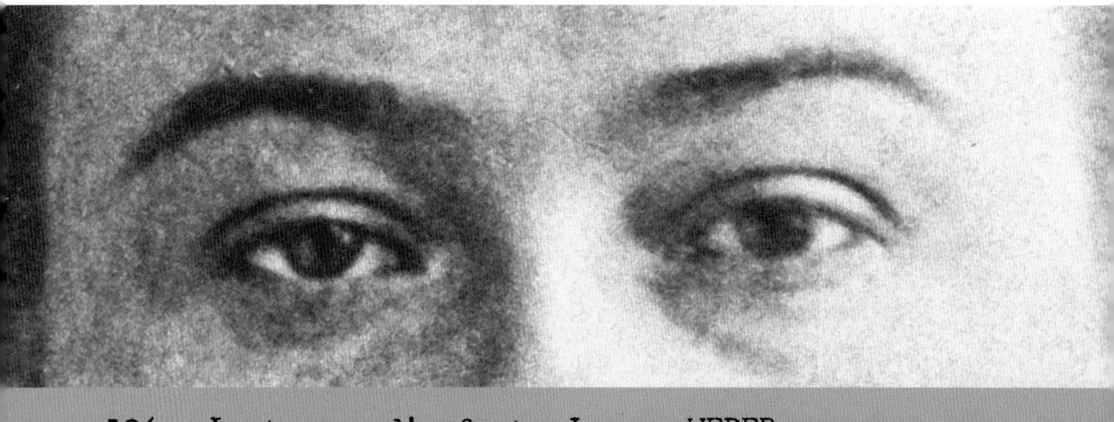

Des soupçons naissent alors, mais dans le quartier, on adore Jeanne parce qu'elle est touchante et qu'elle est toujours prête à rendre service en gardant les enfants des uns et des autres. D'ailleurs, ses neveux et nièces, c'est pour rendre service qu'elle les a gardés. Quel triste hasard qu'ils soient morts alors qu'ils lui étaient confiés ! Non, on ne peut croire à la culpabilité de Jeanne, une femme si malheureuse sur qui le sort s'acharne. Les experts, ceux que la presse qualifie bientôt de «pontifes de la faculté» – notamment un certain docteur Thoinot, médecin légiste de la faculté de Paris qui n'admet pas qu'on discute ses compétences –, sont par ailleurs incapables d'établir la cause exacte des étouffements et concluent à des morts naturelles.

«Les ecchymoses suspectes n'ont jamais existé que dans l'imagination des mères de famille !» affirme l'expert. Et puis le père et le grand-père des enfants décédés sont des alcooliques. Quoi de plus naturel que les enfants aient en eux ces gênes destructeurs qui leur coupent le souffle ! L'audience dure deux jours.

Certes, son entourage fait part de sa méfiance et lui reproche surtout un penchant pour la bouteille. Et puis, outre les quatre bambins pour lesquels elle comparaît, on n'ignore pas que deux de ses propres enfants sont morts en bas âge, et l'on se prend à douter qu'il se fût agi de mort naturelle. Six bambins en quatre ans !

Puisque à l'évidence, les preuves sont largement insuffisantes pour inquiéter Jeanne, le procureur abandonne l'accusation. Maître Henri Robert, un ténor du barreau parisien, ne fait qu'une bouchée de la chose devant les indécisions des légistes et autres psychiatres qui ne décèlent, quant à eux, aucune anomalie mentale chez Jeanne. La rumeur, qui a porté l'affaire sous le nez des policiers et déterminé l'ouverture d'une enquête, va maintenant prendre une autre dimension en donnant à Jeanne la stature de victime de la justice aux yeux des Français.

Des parents en pleurs en train de maudire
le monstre qui a pris leurs enfants...
Le Petit Journal, parfois, ne lésinait pas
sur le pathos pour impressionner ses lecteurs.
(Supplément illustré du Petit Journal
du 12 mai 1907.)

Jeanne est libérée, mais le scepticisme reste bien vif. Toutefois, des regards accusateurs la poursuivent. Certains voisins et certaines personnes de sa famille pour qui la suspicion est trop forte ne veulent plus entendre parler d'elle. On ne saurait décemment pas la considérer comme étant encore membre d'une famille qui pleure Georgette, dix-huit mois, Suzanne, trois ans, toutes deux filles de Pierre Weber, le frère de Jeanne, et Germaine, la plus petite, âgée seulement de sept mois, fille du couple Léon. La douleur des mères est trop vive pour prendre en pitié une femme qui aurait été accusée à tort et à qui la justice a rendu la liberté.

Nouvelle affaire à Châteauroux

Le temps n'efface rien et en 1908, Jeanne n'a plus d'autre solution que de quitter Paris. Elle se rend en province sous le nom de Mme Glaize. Elle se rend dans l'Indre et débarque à Chambon, une petite commune voisine de Villedieu dans l'arrondissement de Châteauroux.

Elle s'installe chez un jeune agriculteur, le sieur Bavouzet, avec qui elle a lié connaissance. L'homme, père d'un enfant de neuf ans, Eugène, et d'une fille de seize ans, a perdu son épouse. Il est lui-même un peu paumé et quand Jeanne lui raconte son histoire, il la prend en pitié. L'ensemble des Français, hormis sa propre famille, bien sûr, la considère toujours comme la victime d'une erreur judiciaire. Tout va maintenant pour le mieux.

Mais voilà qu'un jour Eugène est retrouvé mort. Une mort subite qu'on veut attribuer à la variole noire à cause de traces autour de son cou. Quelque temps après, alors qu'on pense l'affaire enterrée avec l'enfant, la sœur du petit Eugène s'en inquiète auprès de la police qui ouvre une enquête. Comment ! La femme Weber est là, près des enfants, dont un vient de mourir et on laisserait passer cela ?

Le médecin, dépêché par le procureur de Châteauroux pour examiner enfin le corps, décèle des traces qui pourraient être celles d'une strangulation et le juge d'instruction, mis au courant de la personnalité de Jeanne, est rapidement convaincu de la culpabilité de celle-ci. Un assassin idéal qui a échappé à la justice de Paris et qui trouverait ici le couperet nécessaire à faire cesser ses agissements, ce n'est pas pour déplaire dans la magistrature provinciale.

Mais à Paris, on a frisé le ridicule et Jeanne est déjà un emblème de l'erreur judiciaire. On ne va pas prendre de risques, surtout après l'affaire Dreyfus, qui trouve tout juste son ultime rebondissement avec la

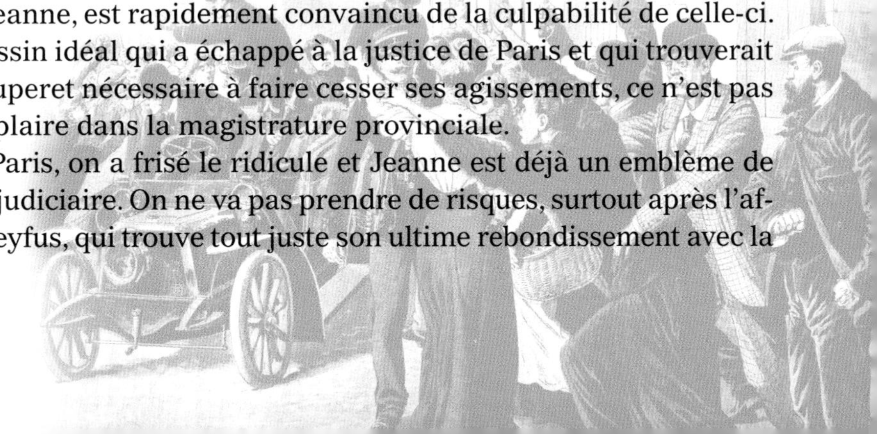

réhabilitation officielle du capitaine en juillet 1906. La justice civile ne saurait commettre les erreurs de la justice militaire. Alors les magistrats refusent de rouvrir le dossier de Jeanne Weber. Le même avocat défend Jeanne et le fait si bien, qu'on arrête les frais rapidement : une ordonnance de non-lieu est rendue, Jeanne reste libre et lavée de tout soupçon. Alors que l'opinion publique s'était émue et criait haro, voilà que la vindicte populaire change à nouveau à l'énoncé de l'ordonnance de non-lieu et, tout comme la presse, on plaint la jeune femme sur qui le sort s'acharne. Elle devient une victime à la limite du martyre. Jetée à la rue, elle s'en va errer dans la campagne.

Dernier crime à Commercy

Jeanne est désespérée, paumée. Est-elle la coupable dont on lui jette l'image à la figure ? Est-elle cette sauvage que tout le monde veut croire bientôt ? Elle ne supporte plus la vie qu'elle mène, elle est en pleine dérive, elle est même arrêtée pour vagabondage et quand on la relâche, elle se retrouve une nouvelle fois à la rue.

Alors elle monte à Paris, se rend dans un commissariat où elle avoue les crimes sur les enfants Weber. Mais l'affaire a été jugée, on ne peut plus lui imputer quoi que ce soit à ce sujet et on la remet dehors.

Elle fouille alors tout le courrier qu'elle a reçu, des lettres qui la soutiennent, qui l'encouragent à ne pas baisser les bras devant l'ignoble machine judiciaire qui s'est mise en marche pour l'écraser. Dans ces nombreux courriers, un homme, Joly, offre de l'accueillir, lui propose le gîte, le couvert et... l'amour !

Il vit à Lay-Saint-Rémy, en Meurthe-et-Moselle. Chez lui, elle se livre à la débauche, se donnant à tous les gars qui passent et finit par partir avec l'un d'eux, un dénommé Bouchery, un manœuvrier. Elle échoue ensuite à Commercy dans un hôtel-restaurant tenu par les époux Poirot. Ces braves gens ont deux enfants en bas âge. Quand elle les voit, Jeanne a des pulsions qu'elle ne maîtrise pas.

Une trogne mafflue mais pas monstrueuse... Les théories du docteur Lombroso, qui disait que le crime se lisait sur les visages des meurtriers, n'ont pas longtemps fait école. (Photographie de René Dazy.)

Son désir d'estourbir un gosse la reprend. Elle parvient à entrer dans les bonnes grâces de la famille, sous le nom d'emprunt de Jeanne Moulinet. Le moulinet, elle l'a dans la tête ! Ça cogite dur et elle trouve bientôt le moyen de se voir confier un des enfants du couple en prétextant que son mari (en fait son amant) rentrera tard dans la nuit et qu'elle n'aime pas rester seule, d'autant qu'il risque d'être violent à son retour et que la présence d'un enfant à ses côtés

la rassurerait et empêcherait son homme de faire des bêtises. C'est alors bien volontiers que le couple accepte de lui confier le plus jeune des deux bambins, Marcel. Madame Guirlet, la propriétaire de la maison, occupe la chambre voisine de Jeanne. Vers 10 heures du soir, Mme Guirlet, qui a l'oreille sensible, perçoit des bruits bizarres dans la pièce d'à côté et ne trouve plus le moyen de s'endormir. Elle descend avertir les époux Poirot qu'il y a du tapage et que cela la gêne. « J'ai crié à travers la cloison, mais ça ne s'est pas arrêté ! Faites cesser cela maintenant, je vous en conjure ! »
Le couple est inquiet car la chambre est celle où leur plus jeune gamin est censé dormir avec la brave Mme Moulinet. Le mari serait-il déjà rentré ? Ils montent, frappent à la porte et devant l'absence de réponse de la locataire, ils décident de l'ouvrir malgré tout... L'horreur qui s'offre à eux est à son comble ! Assise au milieu du lit, hébétée, les cheveux en bataille, Jeanne tient sur elle une couverture qu'elle tire jusqu'à son cou, comme pour cacher quelque chose.
« Eh bien, quoi ! Que se passe-t-il ? » interroge Poirot. Jeanne est comme pétrifiée. Les yeux exorbités, elle fixe le couple avec d'un air ahuri. La mère s'affole, crie : « Marcel ! Où est Marcel ? »

Pendant qu'on conduit en prison Jeanne Weber suite à son dernier crime, les gendarmes ont le plus grand mal à contenir la foule qui éprouve l'ancestrale envie de faire justice elle-même... "À mort l'ogresse !"
(Supplément illustré du Petit Journal du 24 mai 1908.)

Puis elle se jette sur Jeanne, tire la couverture et découvre le spectacle douloureux de son enfant sans vie. Il y a du sang ! « J'ai saigné du nez ! » rétorque aussitôt Jeanne. On s'aperçoit pourtant bien vite que le petit a la langue coupée ! Un médecin, appelé en hâte, va tenter le tout pour le tout pendant près de deux heures, en pratiquant des gestes qui pourraient ramener le petit à la vie, en vain. Les gendarmes qui viennent d'arriver fouillent la pièce et, au hasard, trouvent dans les vêtements de la femme Moulinet, une lettre d'un certain Me Moulinet, adressée à Jeanne Weber.
« Cette lettre vous est-elle destinée ? interroge un des gendarmes.

Chronologie

- 7 octobre 1874 : naissance de Jeanne Moulinet à Kéritry, en Bretagne.
- 1904 : deux enfants de Jeanne décèdent.
- 2 mars 1905 : début des infanticides perpétrés sur les filles de sa belle-sœur, d'un autre neveu et du troisième enfant de Jeanne, le petit Marcel.
- 5 avril : Jeanne est arrêtée.
- 29 janvier 1906 : premier procès et acquittement ; Jeanne part pour Châteauroux avec un nom d'emprunt.
- Avril 1907 : mort du petit Eugène Bavouzet, neuf ans.
- 27 juillet : réalisation d'une autopsie sur le corps d'Eugène Bavouzet.
- Septembre : le président de la Ligue des droits de l'homme adresse une lettre au garde des Sceaux, pour dénoncer l'attitude de « Belleau, le bourreau ».
- 1er novembre : étude minutieuse de tous les rapports.
- 6 janvier 1908 : non-lieu. Jeanne Weber quitte Châteauroux.
- 8 mai 1908 : à Commercy, Jeanne a étranglé Marcel, sept ans. Elle est arrêtée et incarcérée à la prison de Saint-Mihiel.
- 26 décembre 1908 : internement de Jeanne à l'asile de Fains-les-Sources.
- 5 juillet 1918 : décès de Jeanne à l'asile à la suite d'une crise de folie.

– Oui, j'ai été mariée à un Weber, autrefois.»
L'arrestation est immédiate, Jeanne est transportée à la prison municipale.

Est-elle folle ?

À Paris, quand on apprend son arrestation, les experts sont formels, ils ne se sont pas trompés. Pour les uns, les enfants sont bien décédés de mort naturelle ; pour les autres, on doit vérifier son état mental actuel, mais auparavant, elle était saine d'esprit !
On prétend même que la pauvre Jeanne, qui vient d'agir, l'a fait par autosuggestion, s'étant vue trop souvent accusée à tort. Un passage à l'acte dû par conséquent à des errances provoquées par des accusations infondées. Bref, on se défile ! En marge de l'affaire, un débat sur la nécessité de ne laisser pratiquer les autopsies et les analyses psychiatriques que par des experts va d'ailleurs se mettre en place.
Jeanne, dans la prison de Saint-Mihiel où elle est ensuite menée, ne souhaite plus faire appel à Me Robert. Elle a beau savoir mentir, elle ne pourra plus convaincre son avocat. Dans sa cellule, devant le juge d'instruction, et même au moment de son arrestation, elle continue de tenir la défense qu'elle a toujours tenue jusqu'alors et qui lui a parfaitement réussi : elle nie avoir tué Marcel Poirot. Elle a toujours nié, elle s'en est sortie à chaque fois. Or, cette fois, justement, il y a une différence.
«Vous ne pouvez nier que vous avez été prise sur le fait, le sang sur vos mains et vos vêtements n'était pas celui de votre nez. Vous n'avez jamais saigné du nez, les médecins l'affirment. C'est bien le sang de l'enfant, quand la langue a été coupée par ses dents au moment où vous lui serriez le cou, qui a taché vos habits ! »
Pourtant, elle répète obstinément, les yeux au sol, qu'elle n'a rien à voir dans cette affaire. Elle accepte Me Daupleix, qui a été commis d'office pour la défendre. Ce dernier demande immédiatement à ce qu'on l'enferme dans un asile d'aliénés pour la surveiller, vérifier son comportement et confirmer ainsi qu'elle est tout simplement folle. Les propos de l'avocat suscitent d'étranges réactions. À Paris notamment, où on s'émeut d'une telle demande : dire que Jeanne Weber, maintenant surnommée «l'ogresse», est folle revient à démentir les experts psychiatres parisiens qui l'ont examinée et déclarée saine d'esprit, ce qui reviendrait à jeter au clou non seulement leurs analyses, mais également leurs compétences. De cela, il n'est pas question. Alors on argumente et on essaie de convaincre

La prison Saint-Lazare, voisine des gares de l'Est et du Nord, la grande prison parisienne pour femmes du XIXe siècle. Elle fut désaffectée dans les années 1920 au profit de la Petite-Roquette. Parmi ses occupantes célèbres, Meg Steinheil, Mme Caillaux, Mata-Hari...

l'opinion en disant que si on l'enferme dans un asile, elle n'y restera que deux ou trois ans, qu'un psychiatre la déclarera bientôt guérie, quand elle finira de jouer la comédie comme elle sait si bien le faire, et qu'elle sortira de l'asile pour mieux recommencer. Alors, entre la cour d'assises et l'asile, quelle solution ?

Finalement, les deux solutions trouveront leur écho avec tout d'abord un jugement en cette année 1908, à l'issue duquel Jeanne Weber est déclarée irresponsable. Enfermée à l'asile d'aliénés de Fains-les-Sources, elle meurt en 1918 dans l'indifférence quasi générale lors d'une crise de folie. Car à cette date-là, on a d'autres chats à fouetter en Meuse : la Première Guerre mondiale n'est pas encore finie.

Alain FISNOT,
Les Nouvelles Affaires Criminelles de la Meuse,
2008.

ALORS, ENTRE LA COUR D'ASSISES ET L'ASILE, QUELLE SOLUTION ?

Cour d'assises de la Seine,
3-14 novembre 1909

L'affaire STEINHEIL

IL EST DES MANIÈRES diverses de laisser son nom à la postérité. Marguerite Japy, elle, devait faire figurer le sien dans l'histoire grâce à un parfum de mystère, de crime et d'érotisme...

Les débuts d'une courtisane

Marguerite Japy est née sur le territoire de Belfort le 16 avril 1869. Fille de bourgeois aisés, elle grandit dans le confort d'une belle demeure provinciale et à son entrée dans le « monde », à dix-sept ans, elle est de ces demoiselles sur le passage desquelles même les jeunes hommes les mieux éduqués se retournent.

Ce qui un jour devait arriver, arrive : la rousse Meg tombe amoureuse d'un fringant lieutenant. Comme dans les romans, M. Steinheil père s'oppose à l'union avec le garçon, de belle tournure certes, mais sans le sou.

Deux ans plus tard, après la mort de son père, Marguerite, en visite chez l'une de ses sœurs, Mme Herr, résidant à Paris, découvre la vie à la capitale. Dès lors, la province lui paraît bien terne. C'est pourquoi sa mère lui propose une solution pour s'installer dans la « ville Lumière » : épouser un ami des Herr, Adolphe Steinheil.

Marguerite hésite. L'homme n'est pas bien beau, il a presque vingt ans de plus qu'elle. Neveu de Meissonier, il est, lui aussi, artiste peintre, sans véritable talent : il n'est jamais que le neveu de son

Meg à dix-sept ans, pas encore la courtisane qu'elle deviendra une dizaine d'années plus tard, mais déjà une belle plante sur laquelle les regards des hommes s'attardent. (L'Illustration, 6 novembre 1909.)

Un voile noir de veuvage ne suffit pas à enlaidir Marguerite. Criminelle froide et subtile, ou bien victime ? Les jurés trancheront. (L'Illustration, 6 novembre 1909.)

"La belle Meg"

oncle, et leurs styles sont bien trop approchants pour que l'on puisse accorder quelque crédit à ses dons de barbouilleur. Après un long travail de sape, la belle Meg donne son accord. Les noces ont lieu en juillet 1890, et l'année suivante, une petite Marthe voit le jour. La maternité rend les charmes de Marguerite encore plus évidents. En 1895, elle qui n'a que vingt-six ans et compte déjà de nombreux amants, tous du meilleur monde, fait la rencontre d'un homme qui va faire d'elle une égérie de la IIIe République.

Il s'appelle Félix Faure : depuis l'assassinat de Sadi Carnot, il occupe les fonctions de président de la République. Quinquagénaire à la santé resplendissante, Faure fait la rencontre de la jeune et belle Marguerite lors d'une promenade en montagne, quatre ans plus tôt. Elle accompagne son artiste de mari venu croquer les paysages de la Vanoise. Lui, surveille des manœuvres de chasseurs alpins. Sous le charme de Meg, le président n'a de cesse de conduire la dame dans son lit. Mais que faire du mari trompé ? Il s'agit de jouer sur sa corde sensible. Alors, autant pour le dédommager de sa situation de cocu que pour

Il n'était pas beau, ni très talentueux, mais Adolphe Steinheil n'était surtout pas très regardant sur le comportement sexuel de son épouse. Peut-on imaginer que la belle Meg ait eu l'idée de tuer le cornard aux œufs d'or ?
(L'Illustration, 6 novembre 1908.)

La belle Meg ne manquait pas de prétendants. La chose ne pouvait échapper, évidemment, aux journalistes de l'époque. (L'Œil de la police, 1908.)

s'assurer de sa « coopération » silencieuse, Félix Faure fait de l'époux de sa maîtresse le peintre officiel de l'Élysée. Steinheil voit désormais ses tableaux figurer en bonne place dans les salons présidentiels, et sa reconnaissance est telle, que jamais il ne montrera de jalousie envers son prestigieux rival… si tant est qu'il ait connu son infortune un jour !

La "Pompe funèbre"

Pourtant, cette situation va prendre fin dans l'après-midi du 16 février 1899. Félix Faure est fatigué, il a subi plusieurs rendez-vous politiques éreintants ce jour-là – la plupart concernent l'interminable affaire Dreyfus –, à tel point qu'il abrège le dernier.

Dans un boudoir, Meg l'attend, élégante, un chapeau à voilette reposant sur son chignon roux. L'appel des sens emporte au loin robe apprêtée et coiffure soignée.

Soudain, domestiques et huissiers entendent des coups sourds, des hurlements féminins et se précipitent. La scène est des plus originales. En cheveux, la poitrine nue qu'elle masque de ses bras croisés, uniquement vêtue de ses dessous chics, Marguerite se précipite dans les bras de l'un des arrivants, qui en demeure interdit.

Devant eux, sur un divan, chemise ouverte et pantalon baissé, Félix Faure, le visage violet, s'étouffe. Dans sa main, une longue mèche de cheveux roux qu'il aura arrachée au cours d'un spasme. Quelques secondes plus tard, le président de la République meurt.

On reconduit discrètement une Meg choquée et effondrée, chez elle : choquée de la mort dont elle vient d'être témoin, effondrée de la fin brutale de sa période prestigieuse. L'oubli et l'anonymat préparent leur retour dans la maison Steinheil, au 6, impasse Ronsin. Les tableaux éblouissants du mari termineront probablement leur existence dans un débarras quelconque.

Enfin, pas tout de suite, car il est difficile de cacher au peuple les circonstances exactes de la mort du président. On s'en doute, cette fin en pleine extase attise la verve des chansonniers et également celle des membres de l'opposition.

Cette fellation fatale vaut à Félix Faure cette épitaphe de Clemenceau : « Il voulut être César et ne fut que Pompée... »

Meg, elle, devient pour tous la "Pompe funèbre", et l'on rit volontiers de ce dialogue entre deux huissiers de l'Élysée quelques secondes après la découverte du drame : "Le président a-t-il encore sa connaissance ?
- Non, on vient de la faire sortir par l'escalier de service."

Après les débuts d'Émile Loubet comme président, cette vague de plaisanteries de plus ou moins bon goût s'apaise, et Marguerite Steinheil rejoint, comme elle s'en doutait, les oubliettes de la renommée, de même que son mari, privé des juteux contrats proposés par l'Élysée. Pourtant, neuf ans après la fin croustillante de Félix Faure, Marguerite revient sur les devants de la scène, et cette fois, c'est par le biais d'un double assassinat.

Double homicide impasse Ronsin

Le 31 mai 1908, le valet de chambre, Rémy Couillard, fait, dès son lever, une terrible découverte. Pour tout dire, au départ, elle est juste marquante. Attiré par un gémissement sourd provenant de l'étage, il trouve sa patronne ligotée et bâillonnée sur son lit, roulant des yeux fous mouillés de larmes. Sa chemise de nuit est tellement en bataille qu'elle est quasiment nue. Pour Rémy, c'est une image qui restera gravée dans son esprit : à presque quarante ans, Meg reste vraiment attirante. Aussi, c'est après un certain temps de flottement qu'il se décide à la délivrer. La suite sera bien moins réjouissante pour le valet. Ayant appelé des voisins à la rescousse, il se fige devant le corps d'Adolphe Steinheil, ainsi que celui de sa vieille mère.

Face à l'importance – somme toute politique – de l'affaire, M. Hamard, le chef de la Sûreté en personne, se déplace impasse Ronsin. Steinheil a été étranglé ; le médecin légiste hésite, quant à sa mère, à dire s'il s'agit d'une asphyxie ou d'une strangulation, car elle a à la fois un cordon de rideau noué autour du cou et un morceau de coton dans la gorge.

Aussitôt, on entoure Meg. Seule survivante de la maison (sa fille, âgée de dix-sept ans, s'est installée chez son fiancé), elle a dû voir ses agresseurs. Après une crise de nerfs qu'on lui pardonne volontiers, la veuve Steinheil raconte qu'elle a été réveillée vers minuit par quatre personnes. Trois hommes barbus, vêtus de ces longs manteaux qu'on appelle « lévites », et une femme. La femme, surtout, l'a marquée : une rousse, très laide, à l'haleine pestilentielle, d'une vulgarité terrifiante, qui la tenait en joue avec un revolver. Ils l'ont interrogée brutalement pour savoir où elle cachait son

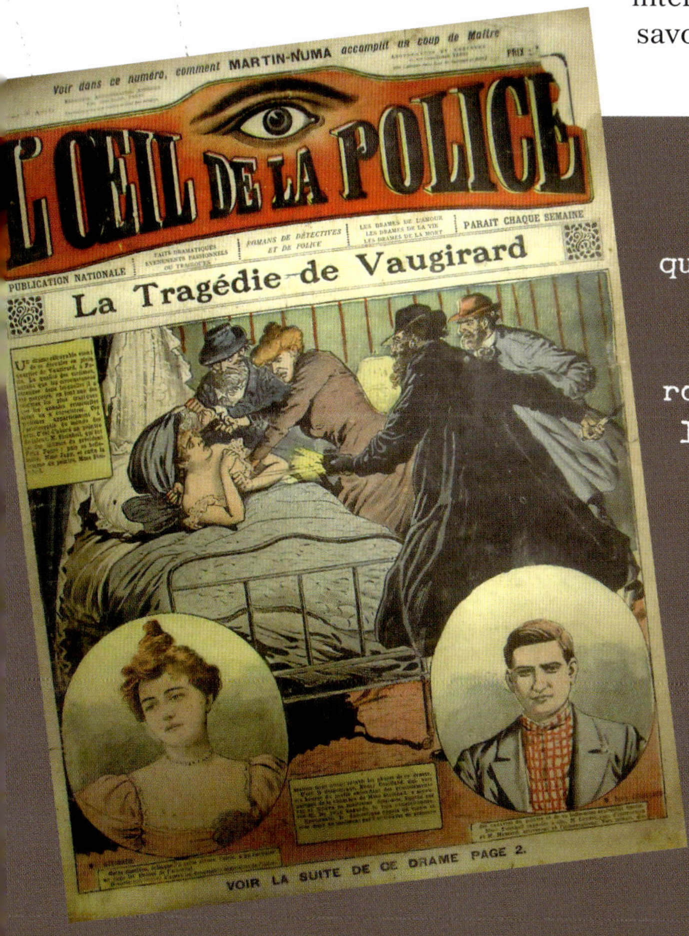

L'agression de Meg Steinheil telle qu'elle la raconta... Trois barbus et une affreuse femme rousse étaient venus l'assaillir pendant qu'elle dormait ! En médaillon, la belle Meg et son valet, Rémy. (Une du magazine L'œil de la police, 1908.)

argent et ses bijoux. Que voilà de beaux détails ! Le problème, c'est qu'il y en a un peu trop au goût des enquêteurs. De plus, les liens censés empêcher tout mouvement de Meg, s'avèrent bien lâches ; les traumatismes et les blessures provoquées par les coups qu'elle aurait reçus ne se réduisent qu'à quelques bleus et à des égratignures.

Une tache d'encre qui macule le tapis auprès du cadavre d'Adolphe trouve sa jumelle sur le genou de Mme Steinheil et l'on ne retrouve aucune trace des barbus et de leur meneuse rousse.

S'il y avait arme à feu, pourquoi avoir renoncé à cette méthode si rapide au profit de la strangulation, si longue ?

Les soupçons se font de plus en plus nets : et si la veuve était mêlée à ce crime ? La nomination du juge Leydet, ami de la charmante Meg, en tant que magistrat instructeur de l'affaire, n'apaise en rien les suspicions. Et c'est ainsi que le double crime de l'impasse Ronsin devient pour tous « l'affaire Steinheil ».

Confrontée à ces accusations, la veuve joue les désespérées, pousse des clameurs exagérées, accuse Rémy Couillard d'être complice des assassins de son mari, puis incrimine le fils de sa femme de chambre. Ces accusations sont toujours empreintes d'une théâtralité excessive.

Au final, les confrontations démontrent, s'il en est besoin, que ce ne sont que calomnies. Dès lors, le juge Leydet n'a d'autre solution que de faire incarcérer sa belle amie à Saint-Lazare, sous l'accusation de complicité de meurtre.

Procès pour crime sans mobile

Mais pourquoi ce crime ? Une idée des plus intéressantes est évoquée : lasse de rester avec cet époux sans richesse et qu'elle n'aime guère, toujours à la tête d'un cortège de courtisans plus ou moins influents, Meg aurait « précipité » sa liberté conjugale pour épouser un soupirant plus riche et plus épris que les autres.

Quant à la mère, outre le fait qu'elle pouvait constituer un obstacle au premier crime, sa mort rapportait 90 000 francs d'héritage à sa fille.

L'instruction n'est pas effectuée en un claquement de doigts : suite à la demande de M. Leydet, on confie l'affaire au juge André, lequel est non seulement un magistrat zélé, mais aussi un homme absolument imperméable aux tentatives de séduction de Meg. Aussi, quand on traduit la « veuve rouge » aux Assises de Paris le 3 novembre 1909, le dossier est épais d'au moins 15 000 pages !

Une vue de la salle d'audience, en novembre 1909, lors du procès de Marguerite Steinheil. L'affaire fit courir les foules plus pour la personnalité de l'accusée que pour les victimes.

Alternant les trémolos, les sanglots et les évanouissements de bon aloi, Marguerite Steinheil est aussi décidée à ne pas changer de version : on n'entend parler que de barbus et de cette affreuse rousse lors de la première audience, et le deuxième jour du procès, voilà qu'une lettre vient faire vaciller tous les préjugés de l'assistance.

Un homme, présent dans l'enceinte du palais de Justice, a fait parvenir une lettre à la Cour, dans laquelle il se dénonce et affirme avoir été « la femme rousse », affublé d'une perruque cette nuit-là. On le fait venir à la barre. Une rapide enquête permet de savoir qu'il s'agit d'un simple mythomane, un jeune acteur en mal de célébrité qui a cru trouver en ce prétoire la scène de son premier grand rôle.

Interrogés au cours des journées suivantes, le valet Rémy, la camériste, Mme Wolff, et son fils se montrent particulièrement acides envers leur patronne, en partie à cause de ses accusations mensongères envers eux. Et même si Wolff fils n'a pas un casier immaculé, force est de reconnaître qu'il n'est pour rien dans l'histoire.

Pourtant, ce qui se dégage de ce procès, malgré l'attitude haute en couleurs de l'accusée, c'est sa profonde intelligence pour passer de l'état de criminelle à celle de victime aux yeux de tous. Car le plus fort, c'est qu'elle y parvient. Avec sa façon de noyer le poisson, elle en ferait presque oublier ses divagations à l'instruction, quand elle se contredisait sans cesse et qu'elle accusait n'importe qui. D'ailleurs, sans ces mensonges, nombreux sont ceux qui sont sûrs qu'elle aurait pu gagner son procès en moitié moins de temps.

Chronologie

- **16 avril 1869 : naissance de Marguerite Japy à Belfort.**
- **Juillet 1890 : mariage de Meg avec Adolphe Steinheil.**
- **1895 : Meg devient la maîtresse de Félix Faure, président de la République.**
- **16 février 1899 : Félix Faure décède durant ses ébats avec Meg.**
- **31 mai 1908 : Meg est retrouvée bâillonnée, Steinheil et sa mère morts. Après enquête, Meg est accusée de complicité de meurtre et incarcérée.**
- **3 -14 novembre 1909 : procès de Meg Steinheil à l'issue duquel elle est acquittée.**
- **1917 : Meg épouse lord Robert Abinger.**
- **20 juillet 1954 : décès de Marguerite Steinheil à quatre-vingt-cinq ans.**

Le coup fatal du procès, c'est le procureur Trouard-Triolle qui le porte malencontreusement pendant son réquisitoire. Mais c'est un but contre son camp. Pour lui, pas de doute, il y a eu présence d'un complice, ou plutôt d'une complice. Nul doute qu'il parle de Mariette Wolff, qu'on a surprise en flagrant délit de contradiction dans ses propos à plusieurs reprises lors de sa venue à la barre.

Hélas, comme il s'abstient de prononcer le nom de celle qu'il accuse, Me Antony Aubin, le défenseur de Meg, le pousse dans ses derniers retranchements. Vaincu, refusant de répondre, l'avocat général se rassied, tandis que la salle croule sous les applaudissements.

L'affaire est gagnée d'avance, car si le ministère public manifeste de si graves suspicions à l'encontre de Mme Wolff, pourquoi ne l'a-t-on pas retrouvée aux côtés de sa maîtresse dans le box des accusés ? Dans cette affaire peu claire, le manque de sincérité du procureur devient la partie la plus obscure. Aussi, même s'ils couvent quelques doutes, les jurés n'ont pas besoin du plaidoyer brillant de Me Aubin pour décider. L'avocat ne ménage pourtant pas sa peine : il plaide de 3 heures de l'après-midi à 10 heures et demie du soir.

Histoire de, le jury prend deux heures et quart pour délibérer, dans la nuit du 13 au 14 novembre 1909. Il revient à 1 heure moins le quart et de déclarer : « Sur mon honneur et ma conscience, il a été répondu à toutes les questions : non. »

Ramenée dans le box pour entendre le verdict d'acquittement, Meg sourit, puis tourne de l'œil. Un flacon de sels plus tard, elle est libérée aussitôt, sous les acclamations de la foule, cette fois rangée pour de bon à l'héroïne du jour. Alors Marguerite regarde ces personnes qui la saluent, leur répond d'un geste de la main, et disparaît dans une voiture en direction de l'hôtel d'Orsay pour récupérer de toutes les émotions de ces deux dernières semaines.
Trois ans plus tard, installée en Angleterre, Marguerite fait publier ses Mémoires, sans ne révéler guère plus d'informations sur la mort de son amant le président et sur celle de son époux.
En 1917, elle devient lady en prenant pour époux lord Robert Abinger. Elle a réintégré un oubli qui lui sied désormais, et les rares curieux, comme ce journaliste qui se présente à elle en 1947, sont évincés sèchement par une vieille dame toujours élégante et coquette. Elle meurt le 20 juillet 1954, à quatre-vingt-cinq ans.
Pourtant, il y a lieu de se dire qu'elle n'est pas blanche comme l'agneau dans cette affaire. L'éminent professeur Locard a formulé une hypothèse sur cette histoire, dans laquelle il imagine les époux Steinheil criblés de dettes, Marguerite appelant à l'aide financière l'un de ses amants, en contrepartie de ses charmes. Cette dernière ne pouvant se donner pour des raisons de cycle menstruel, l'amant insatisfait serait venu faire du scandale chez sa maîtresse, finissant par tuer accidentellement le mari et sa mère. Face à cette tragédie, l'assassin, riche et puissant, et la femme, au carnet mondain surchargé, auraient fait appel à d'influentes relations pour étouffer l'affaire. Perspicace Locard : on est libre de se ranger à sa théorie.

Sylvain LARUE
Les Grandes Affaires Criminelles de Paris, 2007.

Meg dans les bras de sa grande fille. Le procès devait s'achever par un acquittement, et Mme veuve Steinheil retrouver à se marier dans les hautes sphères de la noblesse britannique. (L'Illustration, 28 novembre 1908.)

"Bonnot, Callemin, Garnier et cie..."

Cour d'assises de la Seine,
3-28 février 1913

La bande à BONNOT

IL ÉTAIT ARRIVÉ un soir d'automne à Romainville, en venant de Lyon. Seul, à bord d'une automobile en cette époque où il n'était guère fréquent de croiser ce genre de véhicules, et où les gens capables de les conduire sont aussi rares que les astronautes de nos jours. Il s'était présenté à la rédaction du journal *L'Anarchie*, dirigé par Victor Kibaltchiche et sa maîtresse, Rirette Maîtrejean. Ce voyageur de la nuit en tenue fourrée et en lunettes de pilote s'appelait Jules Bonnot.

Les habitués de L'Anarchie

Avant son arrivée, *L'Anarchie* n'était pas le repaire de brigands qu'on s'imagine. La majorité des occupants sont jeunes et idéalistes, ils détestent la domination bourgeoise, mais leurs méfaits les plus graves sont des vols, et rien d'autre… Carouy, derrière ses allures de grosse brute, cache un tempérament de rêveur. Raymond Callemin, ascète végétarien, émaille ses discours de citations, ce qui lui vaut le surnom de « la Science ». Soudy n'a que dix-huit ans, et sa vie ne tient plus qu'à un fil, à cause de la phtisie qui le ronge depuis son séjour en prison. Valet est le plus discret de la bande. Garnier est de loin celui qui a l'air le plus dangereux, avec sa belle petite gueule de séducteur. Mais la venue du Lyonnais va changer tout cela, et faire de ces simples révoltés des bandits purs et durs qui vont marquer l'imagination collective. Car Bonnot, ancien syndicaliste, fidèle à ses idées, a été fiché par la police rhodanienne comme

La journée du 25 mars 1912 fut de loin la plus "riche" de la bande à Bonnot : une voiture volée, 47 000 francs dérobés, deux morts et trois blessés.

étant quelqu'un de très dangereux. C'est pour se mettre au vert qu'il est remonté en Seine-et-Marne, chez ces gens qu'il ne connaît pas personnellement, mais dont tout bon anarchiste a entendu parler… Sauf que Bonnot n'est pas un anarchiste, il est un homme d'action plus que d'idées. Il faut frapper un grand coup pour marquer les esprits. Et s'il est possible de s'enrichir au passage, où est le mal, je vous le demande ?

D'abord, il convient d'avoir des armes, et de bonne facture si possible. Ensuite, il faut une voiture ! Bonnot, en bon pilote, pourra distancer les policiers qui, au mieux, circulent à bicyclette ! La bande à Bonnot vient de naître un soir de décembre 1911.

Les bandits en auto

La première attaque a lieu à Paris, dans le 18e arrondissement. Nous sommes le 21 décembre 1911 quand le garçon de recettes Caby descend du tramway rue Ordener et se dirige vers la succursale de la Société générale, sise au numéro 146. Difficile d'imaginer cible plus

Simple coïncidence ou bien rancœur secrète ? Le premier crime de la bande à Bonnot devait viser cette agence de la Société générale sise rue Ordener, dans le 18e arrondissement de Paris… Trois mois plus tard, une autre succursale de la même banque, à Chantilly cette fois, était prise d'assaut par les mêmes malfrats. (Musée de la Police, Paris.)

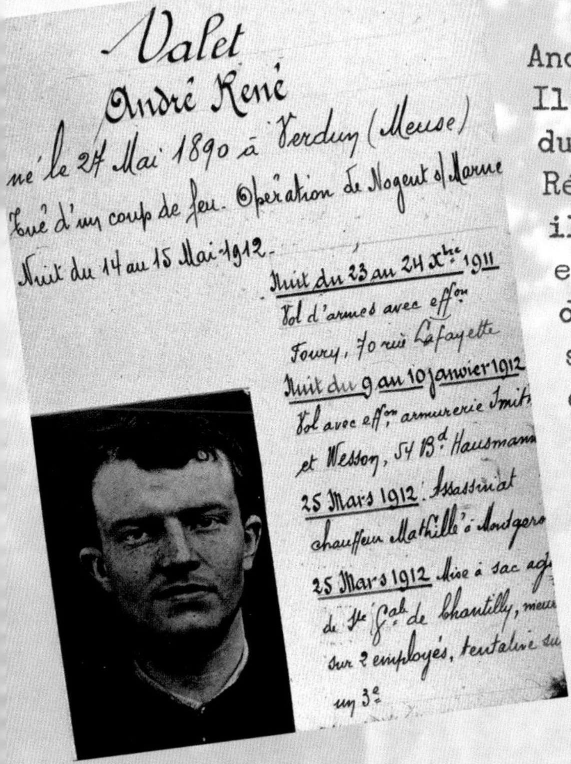

Valet
André René
né le 24 Mai 1890 à Verdun (Meuse)
Tué d'un coup de feu. Opération de Nogent s/Marne
Nuit du 14 au 15 Mai 1912.
Nuit du 23 au 24 Xbre 1911
Vol d'armes avec effon
Foury, 70 rue Lafayette
Nuit du 9 au 10 janvier 1912
Vol avec effon armurerie Smith et Wesson, 54 Bd Hausmann
25 Mars 1912. Assassinat chauffeur Mathillé à Montgeron
25 Mars 1912 Mise à sac ag[illegible] de Ste Gale de Chantilly, meur[illegible] sur 2 employés, tentative su[illegible] un 3e.

André René Valet (1890-1912). Il fut l'un des participants du hold-up du 25 mars 1912... Réputé fort dangereux, il ne devait pas se rendre, et mourut lors du siège d'un pavillon à Nogent-sur-Marne le 15 mai suivant, en compagnie de son ami Octave Garnier. Fiche de recherche de 1912.

Soudy
André
né le 21 février 1889 à Beaugency (Loiret)
dt 16 rue des Bourdonnais à Paris
Arrêté le 30 Mars 1912 à Berck en vertu : 1° Mandat arrêt. Mr Gilbert pr Vol et complicité
2° . . Senlis 30/3/12 Assassinat et Vol
25 Mars 1912 Assassinat du chauffeur Mathillé à Montgeron
Mise à sac de l'agence de la Ste Gle de Chantilly
Meurtre de 2 employés et blessures graves sur un 3e.
115.831

André Soudy (1892-1913), l'un des benjamins de la Bande. Surnommé "l'homme à la carabine", il fut guillotiné en compagnie de ses complices Callemin et Monier le 21 avril 1913 aux abords de la prison de la Santé. Fiche de recherche de 1912.

Eugène Dieudonné. Si de fait, il était lié à la bande à Bonnot, il est plus que probable qu'il ne s'agissait que d'un complice de second plan. Condamné à mort, gracié, il réussit à s'évader et, bénéficiant d'une mesure de clémence, mourut en liberté en France en 1944. (Détective, 8 novembre 1928.)

éclatante qu'un garçon de recettes de l'époque, avec son uniforme bleu clair à boutons de cuivre brillants et son bicorne !
Il est presque arrivé à destination quand un homme se place devant lui, un revolver à la main, et lui tire un coup de feu dans la poitrine. M. Caby tombe, mais tente d'empêcher le criminel de lui dérober sa sacoche : elle ne contient pas moins de 20 000 francs en titres ! Le bandit, dérangé par cette résistance, tire une seconde balle dans le dos du garçon de recettes, puis court, pactole à la main, grimpe dans une automobile stationnée un peu plus loin, laquelle démarre en trombe dans un bruit mêlé de moteur pétaradant et de coups de feu tirés par les passagers pour interdire quiconque de trop s'approcher.
Qui sont-ils, ces mystérieux bandits en auto ? Précurseurs de l'histoire du crime, leur geste stupéfie autant qu'il fascine. Mais pour la police, nouvelle méthode ou pas, les bandits restent des bandits qu'il faut arrêter. Par miracle, Caby est vivant et quand on lui montre des photos de suspects, il désigne sans hésiter le portrait de l'homme qui lui a tiré dessus : c'est Octave Garnier.
Ce dernier étant fiché comme anarchiste, on fonce à Romainville dans l'espoir de l'y dénicher. Évidemment – pas folle la guêpe –, ni Bonnot ni ses complices ne s'y trouvent, et ce ne sont pas Rirette et Victor qui vont les dénoncer aux « condés » !
Le 10 janvier 1912, les bandits refont parler d'eux en dévalisant une armurerie du boulevard Haussmann. Et c'est non loin de là, devant la gare Saint-Lazare, que le 28 février suivant, vers 7 heures du soir, la bande fait sa première victime. Une voiture dévale à toute allure la rue d'Amsterdam et manque d'écraser une femme au passage. Un agent siffle, se met à les poursuivre à pied ; l'automobile est bloquée peu après par un bus. Le policier grimpe sur le marchepied au moment où la route se dégage. Trois détonations éclatent, l'agent tombe foudroyé et des passants l'emportent hors de la chaussée dans un restaurant où il rend l'âme tandis que la voiture est déjà loin, place de la Concorde. Par un triple hasard, l'agent Garnier meurt dans le restaurant Chez Garnier, abattu – les témoins sont formels – par Octave Garnier.

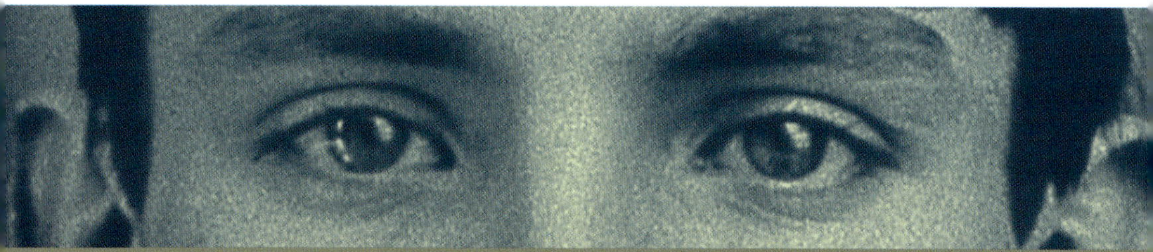

Une voiture, pensez-vous, en 1911, c'était une rareté devant laquelle n'importe quel badaud s'arrêtait ! Pourtant, c'est avec la plus grande discrétion que Bonnot vola cette automobile au mois de décembre 1911, avant de s'en servir en plein jour pour agresser un garçon de recettes. (Musée de la Police, Paris.)

Une enquête au ralenti

Colère de la population : mais alors, qui sont ces malfrats qui dament le pion aux policiers ? Les fins limiers auraient-ils trouvé adversaire plus fort qu'eux ? On attend beaucoup des brigades mobiles, les fameuses brigades du Tigre, créées à la demande de Georges Clemenceau en 1907, et qui se trouvent être elles aussi équipées d'automobiles. Mais pour l'heure, les policiers piétinent. Et pourtant, ce n'est pas qu'on n'a pas pu identifier les malfrats : le meurtre de Saint-Lazare a eu une foule de témoins, ce qui a permis de reconnaître Garnier, Callemin et Bonnot. Dans la foulée, on arrête même un nommé Dieudonné qui, bien qu'il jure s'être trouvé à Nancy le 21 décembre 1911, est reconnu par Caby comme son agresseur. Fragilité des témoignages humains !

Jouant de cette arrestation injustifiée, Garnier n'hésite pas à écrire à la presse, aux policiers et aux magistrats pour innocenter Dieudonné et se moquer des « progrès » de l'enquête ! Il a le culot de signer sa lettre par ses empreintes digitales avec le paraphe « Bertillon, mets tes lunettes ».

Le chef de la police scientifique chaussera ses binocles et identifiera les traces papillaires comme étant bel et bien celles de Garnier.
Mais c'est vrai qu'on peut – un peu tout de même – se moquer des efforts déployés par la police lors de ses investigations, car les tensions entre Sûreté et brigades mobiles, ainsi qu'un manque de communication entre chefs et subordonnés, font que les pistes patinent trop pour être suivies convenablement. Et la hargne à l'encontre des enquêteurs va encore s'accroître avec le prochain coup d'éclat des bandits en auto.
Le 25 mars, tragédie entre Montgeron et la forêt de Sénart. Une rutilante de Dion-Bouton est arrêtée au beau milieu de la route par trois hommes qui font signe au chauffeur avec des mouchoirs. Le chauffeur a le tort de s'arrêter. Il est criblé de balles, et son passager est très gravement touché et abandonné sur le bas-côté. Trois bandits

Fondées en 1907, les brigades mobiles (surnommées abusivement "brigades du Tigre") connurent leur première heure de gloire lors des arrestations des bandes armées connues sous le nom de "chauffeurs". La poursuite de la bande à Bonnot devait être leur coup d'éclat suivant. (Détective, 24 octobre 1946.)

En 1912, les fonctionnaires de la 1re Brigade mobile. Sous l'horloge, le commissaire Belin, alors inspect rejoignent les premiers : la voiture pleine à craquer fonce vers l'Oise, à Chantilly. Les bandits en auto ont-ils un grief particulier envers la Société générale ? Les voilà qui s'arrêtent devant la banque, dans laquelle quatre d'entre eux pénètrent tandis que les autres font le guet. Sans la moindre sommation, les malfrats tirent sur les caissiers. À l'extérieur, la présence de la voiture et les détonations ont attiré des badauds ; l'un des guetteurs s'arme d'une carabine et tire à vue sur la foule qui se disperse en hurlant ! Enfin, les acolytes sortent de la banque avec l'argent dérobé, et repartent sur les chapeaux de roues laissant derrière eux une ville entière sous le choc, un caissier mort et deux autres blessés. Tout cela pour 47 000 francs.

Cette fois, la coupe est pleine. La région parisienne vit une psychose de tous les instants, et les policiers en ont assez de se faire coiffer du bonnet d'âne à tout bout de champ. Monsieur Guichard, le chef de la Sûreté, s'y engage : on a les noms, les signalements. Maintenant, tout doit être mis en œuvre pour appréhender ces criminels !

Et par chance, les pistes portent enfin leurs fruits. Soudy, identifié comme l'homme à la carabine de Chantilly, est arrêté suite à une lettre anonyme, à Berck-sur-Mer. Carouy lui aussi se voit menotté suite à une dénonciation. Il faut préciser que les auteurs de ces lettres sont certainement motivés par l'espoir de décrocher la prime promise par la Société générale à qui permettra de mettre les bandits en auto sous les verrous : 50 000 francs, une petite fortune !

Le 7 avril, c'est au tour de Callemin d'être arrêté, porteur de 5 000 francs en billets et de trois revolvers. Malchance du cœur : ce garçon, d'une misogynie à toute épreuve (on dit qu'il s'agissait là d'une rancœur suite à un chagrin d'amour) s'est laissé séduire par une donzelle… celle-là même qui l'a dénoncé !

La mort héroïque de M. Jouin

Un à un, les bandits tragiques tombent entre les mains de la police. Parmi ceux demeurés introuvables restent les deux plus dangereux : Bonnot et Garnier. Le mercredi 24 avril 1912, le sous-chef de la Sûreté, M. Jouin, a décidé d'agir personnellement. À 6 h 30, assisté par les inspecteurs Colmar et Robert et par deux agents de police, il se présente à Belleville, au domicile d'Étienne Monier, dit « Simentoff », qu'on sait proche de Soudy, Carouy et compagnie. L'arrestation, faite au saut du lit, se déroule sans problèmes, et apporte aussi de nouvelles informations. Dans les poches du manteau de Monier, deux lettres à envoyer : toutes deux sont destinées à des anarchistes, Cardy et son ami Gauzy.

Il est suffisamment tôt : autant aller cueillir ces cocos-là rapidement. À Alfortville, chez Cardy, personne. Par chance, il se trouve à Ivry, dans la solderie de Gauzy ! Les policiers se frottent les mains : voilà une triple prise en quelques heures. Mais, par mesure de précaution, M. Jouin ordonne qu'on perquisitionne le reste du bâtiment, dans l'espoir d'y dénicher des titres volés à Chantilly, par exemple ! Et ce qui le conforte dans cette décision, c'est l'insistance de Gauzy à affirmer qu'il n'y a rien ni personne au premier étage.
Effectivement, à première vue, c'est le cas : l'escalier mène à une chambre vide, mais il y a bien une porte au fond de la pièce. Et quand on l'ouvre, c'est le chaos.
Trois détonations ont éclaté. L'inspecteur Robert, resté en retrait pour surveiller Gauzy, n'a pas le temps de comprendre ce qui s'est passé. Laissant son prisonnier derrière lui, il se précipite arme au poing dans la salle du fond. L'inspecteur Colmar est blessé ; M. Jouin est au sol, inanimé. Un inconnu gît sans connaissance à ses côtés.
Hâtivement, M. Robert décide de porter secours au blessé, qu'il entraîne vers un magasin proche pour qu'on lui fournisse des soins. Mais en remontant à l'étage, il découvre avec stupeur qu'il n'y a plus que M. Jouin, bel et bien mort. L'assassin, lui, a joué les défunts pour s'enfuir dès que possible.
Très vite, la dactyloscopie permet d'identifier le criminel : Jules Bonnot en personne ! Gauzy a beau prétendre qu'il croyait qu'il s'agissait d'un émigré russe, on a du mal à le croire. Désormais, ils risquent la peine de mort pour complicité de coups et blessures sur un magistrat dans l'exercice de ses fonctions.

"Fort Bonnot" à Choisy-le-Roi

Bonnot sait que ses jours de liberté sont comptés. La presse commente jour après jour la progression de l'enquête avec force détails. Quatre jours après l'attentat d'Ivry, le dimanche 28 avril, le chef de la Sûreté, Xavier Guichard, est certain d'avoir mis le doigt sur la bonne piste. Il existe à Choisy-le-Roi un garage, appartenant à un richissime excentrique prolibertaire, M. Fromentin. On sait que le gérant, Dubois, est un ami de Bonnot depuis quelques mois. Alors, il est permis d'espérer !
L'espoir, bizarrement, se manifeste sous la forme d'un coup de feu tiré depuis l'étage, dès l'arrivée des policiers devant le garage. Bonnot est bien là, à une fenêtre de l'étage et c'est lui qui a canardé le premier,

Construit sur le terrain d'un richissime libertaire (paradoxe), le garage Fromentin servit de dernier abri à Jules Bonnot durant les quatre ultimes jours de sa vie. (Musée de la Police, Paris.)

bien vite rejoint par Dubois, qui était en train de réparer une moto dehors et s'est précipité à l'intérieur pour récupérer son arme.
On assiste alors à une arrivée massive de la foule autour du garage. Certains sont armés et comptent prêter main-forte aux autorités, d'autres sont là en curieux.
Face à une destruction en règle du garage, perforé de milliers d'impacts de balle, les anarchistes ne ripostent qu'assez rarement. Les renforts arrivent régulièrement, mais même face à ce déploiement de forces sans précédent, on ne constate aucune volonté d'arrêter le combat de la part de Bonnot et de Dubois.
C'est le préfet de police, Louis Lépine, qui après plusieurs heures d'échanges de coups de feu, prend le parti de ne pas agir stupidement. Un assaut direct ne conduirait qu'à la mort de plusieurs policiers. Mieux vaut employer la manière forte, et faire sauter la baraque !

D'abord, les tentatives échouent. Derrière une carriole à bras chargée à ras-bord d'épais matelas, un volontaire, le lieutenant Fontan, doit renoncer quand il manque être touché par les balles qui perforent les matelas comme un rien. À l'abri d'une charrette de paille, le même lieutenant envoie plusieurs bâtons de dynamite sur le garage, mais faute de précision dans le lancer, les deux premières explosions ne provoquent que des dégâts mineurs. Ce n'est qu'à la troisième déflagration qu'un mur s'effondre. Dubois, réfugié derrière, n'y survit pas. Bonnot, lui, assommé par le choc et atteint à la tête et au bras par des éclats de pierre et des balles, manque de forces pour repousser les assaillants. Enroulé dans un matelas, il tire ses dernières balles sur Guichard et ses hommes, sans les atteindre. C'est bien la fin, et il le sait.
Comme une poupée de chiffon, le moribond est extrait de la maison en ruines et emporté à l'abri de la férocité populacière, direction l'Hôtel-Dieu. Il ne tarde pas à rendre le dernier soupir.

Sur place, les curieux ont beaucoup de mal à quitter les lieux. Tous veulent emporter un souvenir de la mort de Bonnot. Évidemment, on attribue une valeur infiniment plus importante à un objet dès lors qu'il a appartenu à l'anarchiste décédé ! Mais la police veille et les badauds en sont pour leurs frais. Pour l'instant du moins, car dès que les lieux seront vides de tout uniforme, le garage sera l'objet d'un pillage en règle, et les "marchandises" récupérées feront l'œuvre d'une vente aux enchères à Richelieu-Drouot !

Parmi les effets découverts par les policiers à côté de Bonnot, un document écrit de plusieurs lignes, rédigé en partie avec du sang. Il s'agit plus ou moins d'un testament, dans lequel le bandit disculpe certains de ses prétendus complices, se souvient de son ancienne maîtresse, et qu'il conclut ainsi : « J'ai le droit de vivre. Si vous me l'interdisez, tant pis pour vous. »

"Fort Valet et Garnier" à Nogent

La mort de Bonnot sonne le glas des bandits en auto. Coup de filet sur coup de filet, tous se retrouvent derrière de solides barreaux. Néanmoins, au rayon « grands absents » figurent Garnier et Valet, et eux non plus, on s'en doute, ne se laisseront pas facilement attraper, et d'ailleurs, on manque de renseignements pour savoir où ils se terrent ! C'est par un mystérieux appel téléphonique que, le 14 mai au matin, le préfet Lépine apprend que deux hommes répondant à leur signalement occupent la villa Bonhoure, sous le viaduc de Nogent.

Une déflagration à faire s'écrouler le viaduc de Nogent... Les matelas employés par Garnier et Valet en guise de protection ne suffirent pas à les sauver de l'explosion de leur pavillon. Bonnot en avait fait lui-même l'expérience quelques semaines auparavant. (Musée de la Police, Paris.)

Une rapide enquête de voisinage effectuée dans la journée permet de confirmer l'information : les bandits, reconnus sur photo, vivent bien à Nogent, en compagnie de leurs maîtresses respectives. Pas de temps à perdre : dès ce soir, la police doit faire le nécessaire.

À 6 heures du soir, le jour même, Xavier Guichard et ses hommes, dissimulés derrière des boucliers, se présentent villa Bonhoure. Comme à Choisy, ils sont accueillis par des coups de feu.

Presque aussitôt, Marie Schoofs, l'amie de Garnier, s'enfuit de la maison et se livre aux policiers, comprenant qu'il risque bien d'arriver la même chose à son amant qu'à Bonnot ! Elle apprend aux policiers que Anna Doudon, la compagne de Valet, est absente et que les hommes disposent d'un véritable arsenal ainsi que d'une réserve importante de nourriture, qui pourrait leur permettre de résister à un siège de longue durée !

Mais il n'est pas dans l'intention de M. Lépine d'attendre aussi longtemps. Un nouvel assaut est tenté, tout aussi inopérant que le premier, et au cours duquel deux policiers sont blessés.

Le quartier est bientôt cerné. Des zouaves, installés aux étages des villas voisines, tirent sans discontinuer sur le pavillon, tandis que gendarmes et agents de police mettent en joue depuis le viaduc.

La nuit durant, les coups de feu succèdent aux lancers de bâtons de dynamite ou de mélinite, et la scène déplorable du « spectacle » de Choisy se reproduit avec l'arrivée des journalistes et de gens qui, à peine sortis du théâtre ou du restaurant, viennent terminer la soirée sur un frisson !

À 2 heures du matin, l'explosion simultanée de plusieurs bâtons de mélinite ébranle la maison. Plus aucune riposte ne vient de l'intérieur. Avec d'infinies précautions, un groupe de zouaves et de gendarmes accompagnés de chiens entrent dans la place. C'était une ruse : Garnier et Valet sont toujours en vie, prêts à faire feu…

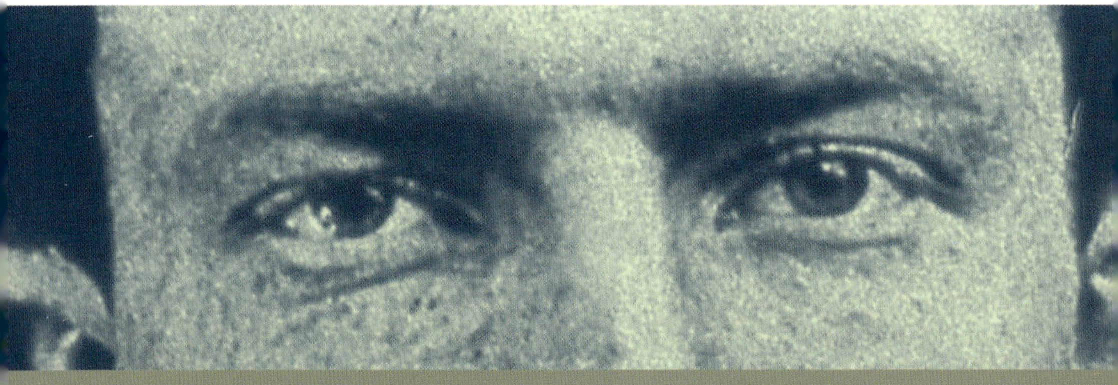

Chronologie

- Décembre 1911 : naissance de la « bande à Bonnot ».
- 21 décembre : attaque d'un garçon de recettes, dans le 18e arrondissement de Paris.
- 10 janvier 1912 : vol d'une armurerie, boulevard Haussmann à Paris.
- 28 février : première victime, l'agent de police Garnier.
- 25 mars : vol de voiture et assassinats des caissiers de la Société générale de Chantilly.
- 7 avril : Callemin est arrêté.
- 24 avril : Monier est arrêté à Belleville. L'enquête mène les policiers, le même jour, jusqu'à un entrepôt d'Ivry. Au 1er étage, M. Jouin est abattu par Jules Bonnot, qui s'évade. Garnier et Valet, encerclés le 14 mai, meurent dans la nuit du 15.
- 28 avril : assaut de Choisy-le-Roi. Bonnot y est tué.
- 14 mai : Garnier et valet sont localisés à Nogent. Ils périssent dans l'assaut de la villa Bonhoure.
- 3-28 février 1913 : procès aux Assises de vingt accusés. Peine de mort pour Soudy, Callemin, Dieudonné et Monier.
- 21 avril : exécution de Soudy, Callemin et Monier. Dieudonné est gracié.

Mais que peuvent-ils faire à deux contre vingt ? À 3 heures du matin, leurs corps criblés de balles sont transportés à la morgue.
On assiste alors à une vague de reproches (surtout provenant de la presse de gauche) destinés à la police quant à la mauvaise organisation des assauts de Choisy et de Nogent : policiers blessés par leurs collègues, délais de livraison des explosifs bien longs, manque de rigueur dans les barrages policiers destinés à retenir les curieux à l'écart... Et plus que tout, on accuse les autorités d'avoir fait un massacre d'arrestations qui auraient pu être menées en douceur, comme les précédentes !
Mettons cela sur le compte du ras-le-bol et du désir d'en finir avec ces malfrats, et passons.

Le procès

Pendant neuf mois, l'instruction se charge de répartir les accusations. Le 3 février 1913, le procès – procès fleuve, puisqu'on prévoit une quinzaine de séances, pas moins ! – des bandits tragiques et de leurs complices, au total vingt accusés, s'ouvre devant les Assises de la Seine. Parmi eux, sept risquent très gros. Raymond Callemin, qui fut de tous les hold-up, Soudy, Monier, Dieudonné, Gauzy, Carouy et Medge jouent leur tête.

Le 28 février, au terme du procès, le verdict tombe. Peine de mort pour Soudy, Callemin, Dieudonné et Monier. Travaux forcés à perpétuité pour Carouy et Medge. Les autres, y compris Gauzy, que le réquisitoire de l'avocat général a singulièrement épargné, sont condamnés à des peines allant de dix ans de travaux forcés à un an de prison. Trois femmes et un homme sont acquittés.

En quittant la salle d'audience, Carouy qui, de l'avis de l'assistance, a miraculeusement sauvé sa tête, murmure à un gardien : « Je ne me fais plus de bile. »

Ils n'étaient pas moins de vingt à venir répondre des crimes de la bande à Bonnot, courant février 1913, aux Assises de Paris. Évidemment, tous n'étaient pas des assassins... Les peines s'échelonnèrent de l'acquittement à la guillotine. (Musée de la Police, Paris.)

Quelques heures plus tard, dans sa cellule de la Conciergerie, on le retrouve, une mousse épaisse aux lèvres. Carouy a mis fin à ses jours en avalant une capsule de cyanure, laquelle était cachée dans le talon de sa chaussure depuis son arrestation.

En guise de lettre d'explication, ce simple mot à son avocat : « Je suis innocent. Monsieur Bertillon se trompe. J'aime mieux mourir que d'aller au bagne. J'ai trop souffert de la vie pour avoir peur de la mort. L'inaction et le besoin d'affection me rendent la prison insupportable. »

Les accusés les plus sévèrement punis se pourvoient en cassation, mais aucun n'en bénéficie. Marius Medge rejoindra l'île de Ré peu après, direction Saint-Laurent-du-Maroni, où il mourra en 1933, non sans être devenu le cuisinier particulier du gouverneur général de Guyane.

Des quatre condamnés à mort, seul Eugène Dieudonné bénéficie de la grâce présidentielle. Le 21 avril 1913, les trois autres sont conduits boulevard Arago. En descendant de fourgon, Soudy, plus pâle et l'air plus fragile que jamais (il est atteint de tuberculose depuis près de deux ans, rappelons-le), tremble : « Il fait froid... » Puis il salue ses camarades : « Allons, au revoir. »

Callemin, fidèle à l'image de « Raymond la Science », l'érudit sarcastique, lance à la foule un cynique : « C'est beau, hein, l'agonie d'un homme ? »

Monier, lui, se contente d'un « au revoir » à sa façon : « Adieu à vous tous, messieurs, et à la société aussi ! »

En trois chutes de couperet, une page de l'histoire criminelle française se tournait. La bande à Bonnot avait vécu.

Sylvain LARUE

Cour d'assises de la Seine,
21-25 juillet 1914

L'affaire Joseph CAILLAUX

UN VIEIL ADAGE dit : «La plume est plus forte que l'épée.» Sans prendre au pied de la lettre le dicton, il est évident que des mots couchés sur du papier peuvent parfois entraîner de bien plus terribles dégâts que ceux que peuvent causer un revolver.

Amour, adultère et politique

Chef du parti radical, Joseph Caillaux n'est pas un politicien des plus appréciés : c'est à lui que l'on doit l'entrée en vigueur de l'impôt sur le revenu, alors qu'il était ministre des Finances. Il vous est permis de le huer.
Mais c'était un pacifiste malgré tout, et donc un partisan de Jean Jaurès en ce début d'année 1914 où les tensions franco-allemandes allaient croissantes. Cela, plus que tout autre chose, lui vaut la haine d'une grande partie des hommes politiques de l'époque. C'est ainsi qu'allait naître une campagne de dénigrement de sa personne. Coups sous la ceinture autorisés.
En août 1906, on célèbre les noces de Caillaux avec Berthe Gueydan. L'épouse vient tout juste de divorcer d'un chef de cabinet du ministre Millerand. Mariage précipité, quand on y pense, puisque Caillaux confiera lui-même que, dès les premiers mois, l'union s'effrita.

La mort de Gaston Calmette, abattu par Henriette Caillaux... Ce n'est pas la première fois qu'une épouse se charge de tuer pour laver l'honneur bafoué de son mari et le sien. Trente ans plus tôt, Jeanne, Mme Clovis Hugues à la ville, avait fait la même chose. (Couverture du Petit Journal, 29 mars 1914.)

Le Petit Journal

ADMINISTRATION
61, RUE LAFAYETTE, 61
Les manuscrits ne sont pas rendus
On s'abonne sans frais
dans tous les bureaux de poste

5 CENT. SUPPLÉMENT ILLUSTRÉ 5 CENT.

25me Année — Numéro 1.219

DIMANCHE 29 MARS 1914

ABONNEMENTS

	SIX MOIS	UN AN
SEINE et SEINE-ET-OISE	2 fr.	3 fr.
DÉPARTEMENTS	2 fr.	4 fr.
ÉTRANGER	2 50	5 fr.

Tragique épilogue d'une querelle politique

Mme CAILLAUX, FEMME DU MINISTRE DES FINANCES, TUE A COUPS DE REVOLVER M. GASTON CALMETTE DIRECTEUR DU " FIGARO "

En 1907, il fait la connaissance d'une autre femme. Henriette Rainouard est l'épouse de Léo Clarette, un écrivain, dont elle a deux enfants. L'amour n'est plus qu'un souvenir, mais le divorce inenvisageable « à cause des enfants », justement.

De son côté, l'union de Joseph et Berthe bat de l'aile.

Dès qu'Henriette et Joseph font connaissance, c'est la passion, instantanément. Une relation cachée s'engage, faite de rendez-vous secrets et de mots doux aussitôt rangés sous clef.

Au début, Berthe ne nourrit aucun soupçon. Un jour qu'elle se trouve dans le cabinet de son époux, celui-ci reçoit une lettre d'amour signée : « Ta Riri ». Il la lui fait lire, prétendant qu'il s'agit d'une erreur.

Caillaux, ancien ministre des Finances, goûta à son tour à la prison de façon épisodique entre 1917 et 1920 pour intelligences supposées avec l'ennemi... Il sera amnistié en 1925.

Berthe ignore que son mari a une maîtresse et qu'elle s'appelle Henriette, pourtant, l'inquiétude naît.

Joseph finit par reconnaître sa liaison adultère en juillet 1909, sans mentionner l'identité de l'autre femme. Le voilà prisonnier entre son épouse légitime et sa maîtresse. Il faut dire qu'Henriette, en femme passionnée, insiste pour que le mariage de son amant prenne fin, afin qu'elle puisse, en toute liberté d'esprit, quitter à son tour Clarette.

Joseph, lui, préfère attendre les élections de 1910 pour agir.

La révélation d'un adultère pourrait être fatal à sa réélection comme député de la Sarthe. Par prudence, il prie sa maîtresse de lui rendre les lettres qu'il lui a adressées. Prête à tout pour le satisfaire, elle accepte. Le laps de temps entre l'annonce de l'infidélité et la date des élections permet à Berthe d'identifier avec certitude sa rivale.

Mme Caillaux n'est pas du genre à se laisser évincer sans faire de scandale. Elle aime profondément Joseph, et quand il parle de la quitter, sa douleur est vive. Alors, patiemment, elle envisage sa vengeance.

La revanche d'une délaissée

D'abord, elle hâte le divorce de son propre chef. L'époux infidèle, ne voulant surtout pas risquer son siège à la Chambre, la supplie de lui pardonner, renie Henriette, oublie le divorce et jure de brûler ces inconvenants messages échangés avec sa maîtresse en guise de traité de paix. Toutefois, les promesses de politiciens n'engagent que ceux qui y croient. Berthe est trop habituée pour s'y laisser prendre. Elle se méfie à juste titre : sitôt les élections terminées, Joseph quitte le domicile conjugal et lance la procédure en divorce. Il

y perd gros au passage, financièrement parlant, mais il s'en moque. Pas Berthe. L'argent ne répare pas l'affront.

Le 13 mars 1914, M. Caillaux manque s'étouffer en lisant *Le Figaro*. À la une figure la copie d'une lettre qu'il connaît. Et pour cause, il en est l'auteur. C'est une lettre personnelle, remontant à une dizaine d'années, signée « Ton Jo », et adressée à Berthe. La chose peut sembler anodine, mais sous couvert d'écrire à sa future femme, Joseph y évoque dans le détail le fait qu'il a « écrasé l'impôt sur le revenu en ayant l'air de le défendre ». Lui qui, quelques années plus tard, est le maître d'œuvre de sa réalisation, et que pour cela, il dit : « Je me suis fait acclamer par le centre et par la droite, et je n'ai pas trop mécontenté la gauche. »

Caillaux est surpris de la forme de l'attaque, mais pas de l'identité de son auteur. Évidemment ! Gaston Calmette, le directeur du quotidien, est un grand ami de Louis Barthou, l'ex-président du Conseil, son rival juré !

Alors que l'Allemagne se montre de plus en plus belliqueuse, Gaston Doumergue, nouveau président du Conseil, et ses acolytes, parmi lesquels Caillaux et Jaurès, plaident pour l'abandon de la loi militaire votée quelques mois plus tôt et qui renforce considérablement les forces armées.

Depuis la chute de Barthou, en décembre, Calmette entretient une campagne de dénigrement acharné contre Caillaux et contre lui seul. Il mentionne des financements occultes de son parti, des affaires fleurant la prévarication. D'autres documents pourraient, quant à eux, précipiter cette entrée en guerre qu'on sent inéluctable mais qu'on cherche à retarder le plus possible. Calmette est en mesure de produire ces textes, apparemment, et ça, il n'en est pas question.

Il faut remédier à la situation : Raymond Poincaré, président de la République, agit en faisant appel aux bons sentiments de Louis Barthou en personne. Ce dernier parvient à tempérer les piques de Calmette et Joseph peut retrouver un peu de sérénité. Juste un peu, car il devine que *Le Figaro* dispose d'un lot de documents de nature à ruiner sa crédibilité et sa carrière politique. Il y a surtout un document, dit « Fabre », concernant l'affaire Rochette.

En 1911, ce banquier marron, mouillé dans le scandale de Panama, devait être jugé pour malversations. Il bénéficia de l'aide de Caillaux pour que son cas soit exceptionnellement prescrit par le procureur Fabre, en échange de quoi, il puise dans les ressources de sa banque : 68 000 000 de francs directement dans la caisse du parti.

Il y a aussi les «verts», ces télégrammes échangés entre le ministère des Finances et l'Allemagne. Ils prouvent que, la même année, Caillaux a fait des promesses aux Allemands sans passer par la voie ministérielle classique. C'est presque assimilable à de l'espionnage. C'est certain, le document Fabre, le journaliste le garde sous le coude pour l'instant. Il a sauté sur l'occasion de publier la lettre « Ton Jo ». Mais comment l'a-t-il obtenu ? Caillaux a l'intime conviction que Berthe, sa première épouse, n'y est pas étrangère. N'aurait-elle pas détourné des lettres privées dans l'intention de nuire à son ex-mari ? Les lettres qu'il a échangées, voici six ans, avec Henriette quand ils n'étaient encore qu'amants ? Possible, mais impossible à prouver. Quoi qu'il en soit, l'article du 13 mars n'est que le coup de semonce. Comme en janvier, Caillaux se rapproche de Poincaré, mais cette fois, il est impossible de faire taire les rumeurs grondantes.

Parmi les hommes du jour, en haut à gauche, Joseph Caillaux... Un politicien qui aurait mieux fait de se casser une jambe le jour où il eut l'idée de créer l'impôt sur le revenu. Qu'il aille au diable ! (Couverture des Hommes du jour, 21 février 1920.)

La goutte d'eau qui fait déborder le vase

Le 14 mars, une seconde lettre privée paraît. Joseph a peur. On se charge de le rassurer : Calmette censure pudiquement tous les passages intimes pour ne mettre en valeur que les paragraphes aptes à le compromettre. Le directeur du *Figaro* le hait, certes, mais il n'est pas du genre à s'abaisser à publier une correspondance réellement scabreuse.

De cela, Caillaux n'en est pas sûr, et Henriette non plus.

Joseph reste mortifié de se faire ainsi traîner dans la boue. Le 16, après la parution d'un quatrième article, son épouse va, dans l'heure, s'adresser au président des Assises, M. Monier, qui lui apprend qu'il n'existe aucune loi qui protège les citoyens de la calomnie journalistique. Informé de cette absence de droit, Joseph jure devant son épouse que si *Le Figaro* ne cesse pas, il ira casser la gueule de Calmette.

Henriette, elle, va se montrer plus expéditive. Il faut attaquer le mal à sa source. Dans l'après-midi, elle va chez l'armurier Gastine-Renette et achète un revolver. De retour chez elle, elle se change, laisse un mot à son époux où elle exprime son ras-le-bol et sa décision d'agir une bonne fois pour toutes au nom de son mari, pour éviter que sa carrière personnelle n'en pâtisse. Elle, elle n'est que « la femme de » : tout ce qui lui importe, c'est le bonheur de Joseph.

Arrivée au siège du journal à 5 heures et quart, elle est reçue par Calmette dans son bureau une heure plus tard. Le directeur ignore la raison de sa visite : il va très vite être fixé. Henriette sort son revolver de son manchon, et vide le chargeur. Atteint par quatre balles, Gaston s'effondre sur le plancher. Désarmée par les huissiers accourus au bruit, elle murmure : "Il n'y a plus de justice en France. Je me suis fait justice moi-même."

Opéré en urgence, Gaston Calmette meurt à l'hôpital dans la soirée ; Henriette, elle, est incarcérée à la prison Saint-Lazare. Il est également rare qu'on voie des personnes aussi prestigieuses rendre visite à une criminelle en cellule. Les amis et les proches de la détenue viennent régulièrement s'entretenir avec elle. L'instruction est menée tambour battant. Henriette fournit comme mobile la protection de sa vie privée menacée par la publication de documents touchant à l'intimité de son couple.

Un procès sous haute pression

Quand s'ouvre le procès, le 21 juillet 1914, on hésite encore à qualifier l'affaire de crime politique ou de crime passionnel. Si on se fie à ce que dit l'accusée, on peut comprendre son geste – encore qu'elle prétende qu'elle ne voulait en aucun cas tuer, mais juste faire peur –, pourtant, on n'oublie pas que c'est la femme de Caillaux, que c'est une orgueilleuse et presque à coup sûr une manipulatrice.
Dès le second jour, Me Chenu, avocat de la partie civile, attaque Joseph Caillaux, qu'il tient pour unique responsable de la tragédie. Ce n'est pas la publication de lettres intimes qui terrifie le ministre, c'est l'impression du document Fabre !
Un rapide récapitulatif de l'affaire Rochette conduit la salle à se scinder en deux camps. Les premiers rangs, fidèles à Joseph (et spécialement encadrés par un chef de la sécurité et ses hommes de main corses qui lui sont entièrement dévoués) huent Me Chenu. Derrière eux, on entend : « Vendu, escroc ! » Sommé de venir s'expliquer à la barre, Caillaux fait front aux accusations. Il reconnaît bien être responsable du crime de sa femme. Il n'a pas su la protéger des attaques, il n'a pas vu à quel point ces pamphlets lui faisaient mal. Son discours, empreint de l'amour qu'il lui porte, captive même les plus farouches opposants de Caillaux. Ensuite, il commet l'erreur de dire qu'avoir étouffé l'affaire Rochette n'est pas une chose dont il ait à rougir, puisque le taire a, selon lui, empêché une aggravation de la panique financière qui agitait alors le pays ! Enfin, il provoque un véritable tollé quand il fait la comparaison de ses richesses personnelles, estimées à 1 200 000 francs, en les comparant à celles de Calmette, qui laisse 13 000 000 de francs derrière lui ! La presse de droite s'offusque : comment a-t-il accédé au testament du défunt, sur lequel le secret doit normalement être absolu ?
Le cas de l'accusée et de son époux s'aggrave encore lors de la déposition de M. Latzarus, un rédacteur du *Figaro*, qui fut l'un des

Chronologie

- **Août 1906 : mariage de Joseph Caillaux, chef du Parti radical et ancien ministre des Finances, avec Berthe Gueydan.**
- **1907 : Caillaux rencontre sa maîtresse, Henriette Rainouard, et vit une relation passionnée.**
- **Juillet 1909 : Joseph avoue sa liaison à son épouse. Il demande à Henriette de lui rendre ses lettres. Berthe identifie Henriette et demande le divorce.**
- **1911 : affaire Rochette : Caillaux fait prescrire les malversations de Rochette, banquier véreux, contre le financement de son parti.**
- **13 mars 1914 : M. Caillaux découvre son billet dans *Le Figaro* dont le directeur, Gaston Calmette, est l'un de ses opposants. Le « billet » est un message privé de lui à Henriette, quand elle était encore sa maîtresse.**
- **14 mars : publication d'une seconde lettre.**
- **16 mars 1914 : entre passion et politique, Henriette Caillaux va assassiner Calmette au siège du *Figaro*.**
- **21-25 juillet 1914 : à l'issue du procès, Henriette Caillaux est acquittée.**

premiers sur place lors de l'assassinat de Calmette. Lui affirme qu'en faisant l'inventaire des documents que la victime conservait sur lui, il n'a trouvé aucune lettre licencieuse, mais bien les fameux « verts ». Cependant, de façon incompréhensible alors que le cours du procès pourrait en être changé, Me Chenu préfère changer de sujet quand il interroge le témoin. Maître Labori, avocat de la défense, prend très mal la chose. « Cet homme en a dit trop ou trop peu. J'exige qu'il vienne s'expliquer ! » Il est aussitôt suivi dans les protestations de Joseph Caillaux, qui réclame qu'on lise ces documents s'ils existent. Acculé, M. Latzarus prétend que c'est impossible et que Calmette lui-même les tenait secrets à la demande de hauts responsables. Pourtant, il finit par craquer et révèle que ces documents sont désormais en possession du président Poincaré, à qui ils ont été remis par le frère de Calmette. C'est désormais un secret d'État, et c'est pour ça que Me Chenu ne peut les employer librement comme preuves.

Connaissant l'amitié qui unit Poincaré et Caillaux, ça sent l'énorme coup fourré.

Maître Labori, voyant que l'affaire tourne à son désavantage, joue les offusqués : même si les documents sont propriété du gouvernement, il demande leur saisie immédiate, ou du moins une explication digne de ce nom, sous peine de ne pas plaider. Il y parvient.

Dès le lendemain, c'est sur une aberration que le procès recommence. Le procureur général fait un discours au sujet des documents secrets, et conclut en affirmant que ces «verts» ne sont que «des copies de documents n'existant pas». Après quoi, il déclare l'affaire close et vante le patriotisme de Caillaux, d'une propreté sans taches. Maître Chenu est furieux, mais faute de pouvoir prouver l'existence de ces documents, il ne peut rien y faire.

On revient sur le sujet des lettres intimes tandis que Berthe Gueydan se présente à la barre. Oui, c'est elle qui a donné la lettre «Ton Jo» à Calmette, mais en ce qui concerne la correspondance entre Joseph et Henriette, c'est une autre affaire. Elle refuse de produire lesdits documents, précisant qu'elle ne les a jamais fournis à quiconque, et certainement pas à Gaston Calmette. C'est à se demander ce qu'elle comptait en faire. Maître Chenu lui fait habilement sentir qu'en agissant ainsi, elle ne protège pas uniquement son ancien amour, mais aussi sa rivale. L'argument convainc Berthe, qui sort les lettres de son sac. Caillaux réagit brusquement. L'argument de défense d'Henriette, c'est qu'elle a tué pour que ces lettres restent secrètes. La décence interdit donc de les montrer.

Le jury se laisse gagner par l'idée. Les lettres sont donc absolument inutiles dans ce procès. D'autorité, Me Labori, qui en a assez de ce petit jeu, se saisit des lettres et en fait une lecture publique. Beaucoup de bruit pour rien ! De simples petits mots d'amour, comme tous les hommes en écrivent à l'être aimée, et c'est tout. Henriette pleure de voir son petit jardin secret déballé devant tout le monde. Furieux, Joseph quitte la salle. On a bien du mal à voir en ces mots doux une raison suffisante pour commettre un meurtre !

Verdict contesté, conséquences fâcheuses

Le 25 juillet, dernier jour du procès. L'attitude dirigiste de Joseph Caillaux achève de le rendre antipathique : sa popularité s'effondre jour après jour. Maître Chenu s'en félicite. La situation l'aide à plaider la théorie du complot orchestré par le mari et exécuté par la femme. Évidemment, ce n'est pas pour camoufler des lettres d'amour, mais pour éviter une révélation qui montrerait à tous que Caillaux n'est qu'un politicien pourri. Toutefois, comme il ne s'agit que d'une resucée de propos qu'il a tenu tout au long des audiences, son discours intéresse peu.

En homme qui sait virer de bord quand il le faut, Chenu change le cours de sa plaidoirie et passe à une description de Caillaux assez sévère : intelligent, sans scrupule, ambitieux, mais lâche au point de laisser faire le sale boulot à sa femme pour éviter sa propre déchéance.

À ces mots, Caillaux blêmit et sa femme s'évanouit avec fracas. Alors, on assiste à une scène incroyable : le ministre se précipite vers son épouse, la relève, l'assied, la prend dans ses bras et sort la tête haute, digne sous l'injure. À quoi tient la réussite ou l'échec d'une plaidoirie !

L'attitude respectable du ministre, même dans pareille situation, réduit en miettes l'argumentation de Me Chenu. Ce dernier parle encore quarante-cinq minutes en sachant pertinemment que personne ne l'écoute vraiment. En désespoir de cause, il finit par demander qu'on vote la culpabilité « au nom de la justice et de la vie humaine ».

Maître Labori, qui envisage toujours le meurtre de Gaston Calmette comme un geste « d'amour et d'amour-propre », étoffe ses propos par l'évocation d'autres faits similaires quoique plus anciens, notamment le cas de Mme Clovis Hugues, trente ans plus tôt. Il enfonce le clou en précisant que lors de cette affaire, *Le Figaro* avait applaudi la criminelle. La mort de Calmette n'a été qu'un accident provoqué par un excès de stress chez Henriette.

C'est la fatalité. Il faut voter l'acquittement. Une heure plus tard, le jury lui donne satisfaction. Henriette Caillaux est acquittée à l'unanimité. Les frais de justice devront être réglés par les héritiers Calmette.

La salle se répand en récriminations. Les militants d'extrême droite saccagent les rues, renversent les kiosques à journaux et y boutent le feu, frappent à grands coups de canne les têtes des policiers venus les maîtriser en hurlant : « À mort Caillaux ! Caillaux, assassin ! »

Lors de sa plaidoirie finale, Me Labori conclut : « Gardons notre colère pour nos ennemis du dehors. Allons toujours unis vers les périls qui menacent et auxquels il n'est que temps de faire face au terme de ces trop longs débats. » Il s'agissait d'une manière à peine déguisée de demander qu'on en finisse pour que Caillaux aille faire ce qu'on attend de lui, c'est-à-dire retourner à la Chambre et mener le combat contre la guerre.

L'Allemagne est en pleine mobilisation, Jaurès ne suffit plus à calmer l'humeur combative. Le leader socialiste a besoin d'un puissant allié de centre-gauche pour convaincre, de chaque côté du Rhin, que l'entrée en guerre est néfaste et inutile. Mais l'allié en question est volontairement coincé au palais de Justice, et le procès a duré plus qu'il ne fallait.

Caillaux, dont la carrière sort grandement affaiblie de cette affaire, est resté trop longtemps absent des débats, et ce, à l'heure où l'on avait le plus besoin de lui. Le 31 juillet, Jaurès est assassiné.

Seul, le ministre des Finances ne parviendra pas à rétablir l'ordre dans la Chambre. Il n'y a plus rien à faire. La Première Guerre mondiale peut commencer.

Sylvain LARUE

Les Grandes Affaires Criminelles de Paris, 2007.

Épouse d'un ministre largement déprécié, Mme Caillaux ne faisait évidemment pas l'unanimité, et les "largesses" dont elle bénéficia durant son incarcération en firent une cible idéale pour les opposants politiques de son mari.

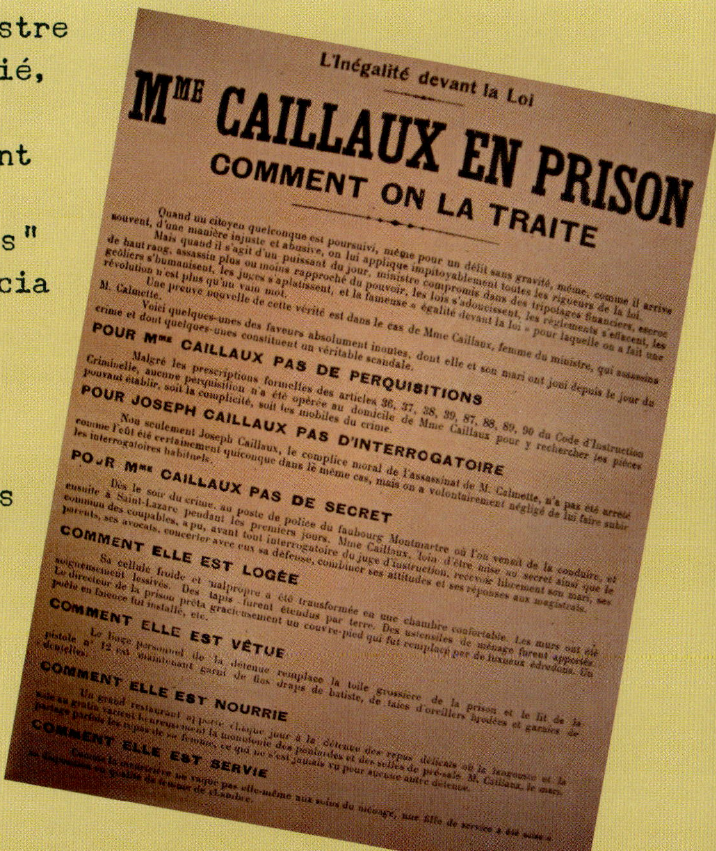

Cour d'assises de la Seine,
24-28 mars 1919

L'assassin Raoul VILLAIN

31 JUILLET 1914, FIN D'APRÈS-MIDI.
Dans son bureau du journal *L'Humanité*, Jean Jaurès met la dernière touche à un article. Le directeur relit les lignes qu'il vient de rédiger, hoche la tête d'un air satisfait et repose la feuille. D'ici quelques heures, l'article commencera un long acheminement jusqu'aux rotatives, et le lendemain, à leur réveil, les lecteurs de *L'Humanité* pourront lire à la une le texte le plus polémique depuis Zola et son *«J'accuse !»*

La mort d'un antibelliciste

C'est que l'actualité est des plus chargées, en ce temps-là. Depuis près d'un an, la vieille haine franco-allemande s'est rallumée, et la guerre semble imminente. L'assassinat de l'archiduc Franz-Ferdinand et de son épouse, à Sarajevo le 28 juin 1914 par l'anarchiste Prinzip, n'a fait que rajouter de l'huile sur le feu de cette situation déjà tendue.

En France, le Président Raymond Poincaré se montre farouchement belliciste, tout comme Aristide Briand et une majorité d'hommes politiques influents de l'époque. Jaurès, lui, tâche d'aplanir les colères et prône la paix ; ce comportement raisonnable lui vaut la haine de beaucoup de Français qui l'appellent «traître», «vendu aux Boches» et toutes sortes de qualificatifs aussi peu délicats.

Mais qui a tué Jaurès, demanda un jour Jacques Brel ? La justice classique décida que ce n'était pas Raoul Villain et prononça un scandaleux acquittement : la justice du peuple se chargea d'exécuter une sentence méritée dix-huit ans plus tard.
(Musée de la Police, Paris.)

"Mais qui a tué Jaurès ?"

L'heure est déjà avancée quand Jaurès réunit rédacteurs et journalistes pour planifier le programme des jours à venir, les articles politiques à rédiger… Pour conclure la réunion, il invite ses collaborateurs à aller se restaurer en sa compagnie. Le travail est loin d'être fini, une nuit blanche s'annonce au sein de la rédaction : on ne peut pas réfléchir correctement le ventre vide. Justement, à deux pas des bureaux, il y a la Chope du Croissant. Cette brasserie est un agréable lieu de restauration : sa devanture promet aux affamés « choucroute à toute heure », et aux assoiffés, « bière à emporter ». Le repas est des plus nourrissants, et c'est nécessaire pour affronter une nuit de travail ! Entre deux bouchées, Jaurès évoque son inquiétude, ses rivaux, les bellicistes, l'article qu'il vient de rédiger. Enfin, c'est le moment du dessert. Avec plaisir, Jaurès déguste une belle part de tarte aux fraises. Un de ses collaborateurs sort son portefeuille et sort la photo de sa petite dernière.

Jaurès se penche, regarde la photo et complimente l'heureux papa. Derrière lui, une main écarte le rideau, un revolver pointe son canon par l'interstice… Deux coups de feu, Jaurès s'effondre, le nez dans sa part de pâtisserie. Il est 9 h 45 du soir. Le dernier des remparts français contre la guerre est mort. Son assassin, lui, reste planté comme un piquet sur le trottoir, vite entouré, vite maîtrisé puisqu'il ne se défend pas. Conduit devant la police, il déclare s'appeler Raoul Villain. Un nom bien choisi, si j'ose dire.

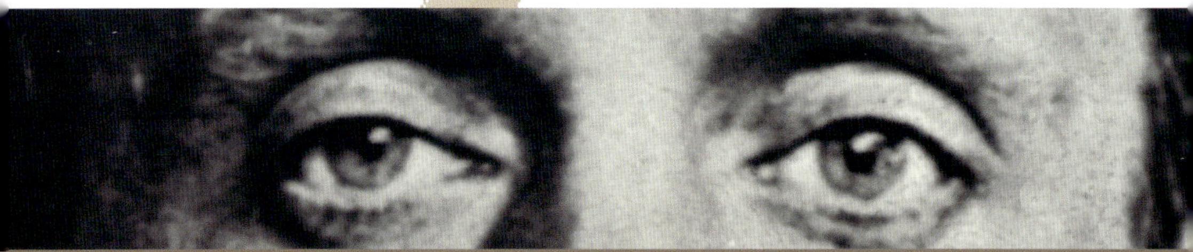

Quatre ans de réflexion

Enfermé dès le lendemain à la Santé, Villain apprendra par la presse le processus qu'il vient d'actionner. Le 1er août, l'Allemagne déclare la guerre à la Russie, et le 3 à la France. Ce n'est pas sans plaisir qu'il apprend la nouvelle de la mobilisation générale, à laquelle il échappe ! Ils sont des centaines de milliers à partir pour cette guerre, qu'on dit la « Der des ders », en chantant, le sourire aux lèvres et la fleur au fusil. Ils sont certains qu'avant Noël, ils seront rentrés chez eux ! La suite, on la sait.

« Quand un soldat revient de guerre, il a
Simplement eu d'la veine, et puis voilà. »

Le 11 novembre 1918, après la signature de l'armistice, l'heure du bilan est venue. Plus de quatre ans de morts, de tranchées, de folie et de boue. Près de huit millions de vies détruites des deux côtés dans l'enfer du front. En France, 1 400 000 soldats ne sont pas revenus, ce qui représente 27 % des hommes français âgés de dix-huit à vingt-sept ans, la tranche d'âge dont fait également partie Raoul Villain. Parmi ces défunts, morts pour la France, Louis Jaurès, fils unique du leader socialiste, tombé au combat le 3 juin 1918. Ajoutons à ces morts le double de blessés, et on aura un tableau assez représentatif des conséquences entraînées par les coups de feu de Raoul Villain…

Et où est-il, celui-là ?

Pendant que ses semblables finissaient en chair à canon, Villain a passé son temps dans une cellule de la Santé, à l'abri, logé, nourri et pour l'heure impuni. Pour une raison ou une autre, on n'a pas cru bon de juger l'assassin de Jaurès pendant la guerre, alors que nos tribunaux de droit commun n'ont pas clos leurs portes durant le conflit ! Mais une fois l'armistice signé, on se souvient de lui et on prépare enfin la date de son jugement.

Le crime n'était pas banal, le procès ne le sera pas moins.

Le minable

24 mars 1919 : devant le palais de Justice de Paris, sur l'île de la Cité, la foule se presse derrière des haies de gardes à cheval. On voit tout ce que Paris compte comme dames élégantes et beaux messieurs, mais cette masse humaine n'a rien de bruyant. Non, non, c'est même d'un calme rare. Mais, en ce premier jour, les seuls qui pourront assister à quelque chose, ce sont les journalistes. Et ces messieurs de la presse ne sont pas éminemment satisfaits en voyant l'assassin de Jaurès pénétrer dans le box des accusés. L'un d'eux ne peut se contenir :

« C'est ÇA qui a tué Jaurès ? »
Oui, la phrase est insultante, mais il faut dire que l'allure de Villain n'a rien de très pittoresque : petit blondinet malingre, au teint pâle entretenu par près de cinq ans de prison, il n'a vraiment rien du criminel bon teint qui fait fureur dans les journaux à la rubrique faits divers.
D'une voix atone, il répond aux questions du président concernant son enfance : son parcours a tout du *loser*. Second fils d'un greffier rémois qui n'a que peu d'affection pour lui, il n'a même pas de secours de la part de sa mère, atteinte de folie. De même que sa grand-mère, d'ailleurs. Bien lourde hérédité qui pourrait peser dans la balance. Mais nous y reviendrons plus loin.
À l'adolescence, il a des rêves de voyages à l'étranger, et son père lui paye des déplacements en Grèce, en Italie, en Allemagne. C'est sensiblement à la même époque qu'il devient un catholique pratiquant, et même intégriste. Les seules femmes qu'il ait jamais aimées, ce sont Jeanne d'Arc et la Vierge Marie. Non, le sexe est mauvais, c'est la plus impure des pensées. Alors pour chasser ce « démon » à l'âge où tous les garçons ne rêvent que de jeter leur gourme, il se plonge dans l'étude de la Bible. Il fera partie un temps du mouvement Sillon,

En mars 1919, Raoul Villain répondait du meurtre de Jaurès après presque cinq ans de prison préventive. Il avait ainsi échappé à la guerre des tranchées, un chaos qu'il avait lui-même précipité ! (Une du Journal, 25 mars 1919, avec un croquis de Sem (1863-1934))

EDITION DE 5 HEURES DU MATIN

LE JOURNAL

DIX centimes le numéro (9676) — Mardi 25 Mars 1919.

La devise de M. Klotz : « Apporte ! » — La devise de M. Loucheur : « Remporte ! »

La paix demande une France nouvelle

TERRIBLE NOYADE EN SEINE
UN BAC SOMBRE à la Grande-Jatte
VINGT MORTS. PLUSIEURS BLESSES

Villain, l'assassin de Jaurès, devant la Cour d'assises

Le soir du crime

un parti social-chrétien, mais c'est principalement par attachement envers le «leader» du mouvement, Marc Sangnier, en qui il trouve une image fraternelle, et surtout avec Mme Sangnier mère, qui jouera quelque temps un rôle de maman de substitution pour Villain.
Mais Sillon est un parti plutôt gauchiste, et de ce fait, le pape le condamnera. À cette occasion, Villain quitte Sillon et adhère à la Ligue des jeunes amis de l'Alsace-Lorraine. Nous tombons cette fois-ci dans un parti d'extrême droite car parmi les membres honoraires, on peut trouver les noms de Jules Siegfried, Paul Déroulède et surtout Maurice Barrès, les grands partisans de L'Action française.
Tout en étant militant actif, Villain connaît échec sur échec dans sa vie professionnelle : surveillant au collège Stanislas, il en est renvoyé pour « manque d'autorité » ; ingénieur agronome, il est licencié pour incompétence. Quand il abattit Jaurès, il était étudiant à l'École du Louvre.
Premier point de contestation de l'accusé : il nie toute implication politique de sa part.
«Je n'ai jamais fait de politique, monsieur le Président ! J'ai cela en horreur ! La Ligue ? Bah, une simple association d'étudiants désireux de voir la guerre arriver pour pouvoir remettre la main sur l'Alsace et la Lorraine qui faisaient cruellement défaut à la France depuis plus de quarante ans !
– Vous saviez bien que vouloir ou non la guerre, c'était faire de la politique !
– Non, monsieur le Président, seule la patrie me préoccupait ! Je pensais que tous les Français avaient la même attitude que moi, et c'est précisément en découvrant dans un journal que ce M. Jaurès était contre la guerre que la colère m'a pris. Pour moi, il ne pouvait s'agir que d'un traître ! J'ai décidé de le tuer.»
Après une description du crime, le président interroge à nouveau Villain : aurait-il quelque information inédite, quelque commentaire à faire ?
«Oui, monsieur le Président ! J'ai des sentiments très religieux et pourtant, aucune objection ne s'est présentée dans ma conscience au moment où j'ai tiré : je vous le répète, je ne pensais qu'à la patrie !»
Là, le président emploie le terme de «colère patriotique», qui va ravir les folliculaires et surtout Villain, tout content qu'on ait compris les vraies motivations de son geste.

Des témoignages qui n'avancent à rien

25 et 26 mars 1919 : deuxième et troisième journée de procès. Mais franchement, on a bien du mal à reconnaître le déroulement

classique d'une session d'Assises. En général, les témoins viennent accabler ou disculper l'accusé, apporter une pierre importante à l'audience. Là, rien de tel. On oublie presque Raoul Villain dans son box, pendant que dix-sept témoins de la partie civile viennent la main sur le cœur faire profiter les spectateurs de tout le bien qu'ils pensaient de Jaurès ! C'est tout !
On évoque aussi, dans des discours d'une flagrante inutilité, tout ce qu'aurait fait Jaurès s'il n'avait pas été abattu ce jour d'été 1914. Évidemment, vu que l'intéressé n'est pas là pour confirmer, c'est vraiment parler pour ne rien dire, en d'autres termes, ce que savent faire le mieux les hommes politiques ! Mais on donne à Jaurès des rôles qu'il n'a jamais occupés : apôtre de la paix, habile stratège... Des identités bien éloignées du vrai leader et orateur syndicaliste qu'il était. D'ailleurs dans le public, on se montre plutôt hostile à ce genre d'hommage. Les seules fois où on parle vraiment de Raoul Villain, c'est par la bouche de ses proches qui avouent ne pas comprendre comment un garçon aussi calme et gentil que lui a pu en arriver à de telles extrémités !
Il est également important de noter la composition du jury : un vétérinaire, un artisan, trois industriels, deux rentiers, un négociant, un propriétaire, deux représentants de commerce et un employé de commerce. Donc, douze jurés, un seul salarié et onze « bourgeois » ! Idéal, en effet, pour juger l'assassin d'un représentant du peuple !

Une tête à l'image de son nom : l'assassin de Jean Jaurès devait, incroyablement, être acquitté ! Les Républicains espagnols se chargèrent de rendre la justice eux-mêmes dix-sept ans plus tard.

Mais rien ne semble correctement se dérouler dans ce procès, à tel point qu'à la fin du deuxième jour, un des gardes ne peut s'empêcher de dire : « Si ça continue comme ça, ils vont finir par le faire acquitter ! » Non, ce qui ressort de ces audiences, ce ne sont que querelles politiques. Querelles entre nationalistes et socialistes, mais aussi entre branches socialistes dissidentes (la SFIO éclatera quelques années plus tard en donnant naissance au Parti communiste français) ! L'ambiance est proprement lamentable !
Et les discussions continuent : Villain est-il fou ? Non, simplement « malade de la volonté », pour reprendre les mots d'un de ses avocats, Me Henri Géraud.

Un verdict scandaleux

Le 27 mars, les avocats de la partie civile commencent leurs plaidoiries. Les paroles de Me Paul-Boncour n'ont de but que de défendre la mémoire de Jaurès, pas d'accuser Villain. Dans le cas de son confrère, Me Ducos de La Haille, c'est différent. Il est bien le seul à avoir, depuis le début de l'audience, évoqué l'affaire traitée de façon claire. On juge ici un assassin, un point c'est tout ! Il parle de liens entre Villain et L'Action française, d'éventuels complices, avant d'achever son propos sur les défauts de l'enquête. Enfin, il parle de la punition :
« Quelle peine doit-on prononcer contre l'assassin ? Si elle devait être proportionnée au crime, elle ne pourrait consister que dans la mort ! »
Me Géraud est furieux :
« Vous n'avez pas le droit, vous n'êtes pas l'avocat général ! »
J'avoue ne pas comprendre cette réaction, il est fréquent que l'avocat de la partie civile fasse passer son sentiment quand au châtiment encouru dans les procès d'Assises.
Maître Ducos de La Haille augmente sa voix et explique que cette peine, il ne la réclamera pas, parce que Jaurès, grand partisan de l'abolition, ne l'aurait pas souhaitée !
Le lendemain, on arrive enfin à l'aboutissement de ce procès étrange. L'avocat général Béguin, suivant ce qu'a dit Me Ducos de La Haille, ne se sent pas capable de réclamer la peine capitale pour Villain. Non, il demande un « verdict de condamnation atténuée » à cause des raisons politiques du crime ! Et face à cela, on n'observe aucune réaction de protestation dans le public, pas plus que chez les jurés ! Les avocats peuvent alors commencer leur défense : Me Zévaès,

Chronologie

- **31 juillet 1914 : assassinat de Jean Jaurès par Raoul Villain dans une brasserie du 2e arrondissement de Paris.**
- **1er août : l'Allemagne déclare la guerre à la Russie et, le 3, à la France.**
- **24-27 mars 1919 : procès de Villain au palais de Justice de Paris ; il en sort acquitté en arguant d'une « colère patriotique ».**
- **Printemps 1937 : Raoul Villain est abattu par des partisans de Durutti à Ibiza.**

ancien ami de Jaurès et ex-député de la SFIO, insiste sur cette notion de crime patriotique pour excuser la mort de feu son camarade. Maître Géraud, lui, plaide la pitié pour un geste de démence et le pardon pour les cinquante-six mois de détention préventive.

À 7 h 30 du soir, après une délibération de trente minutes à peine, le jury déclare Raoul Villain non coupable par onze voix contre une. Le président Boucart prononce l'acquittement, puis condamne Mme veuve Jaurès, partie civile, à régler les frais du procès.

C'est «abracadabrantesque», pour reprendre le néologisme de Jacques Chirac ! Il suffit, pour se rendre compte de l'iniquité de ce verdict, de connaître le sort auquel a été voué Émile Cottin, à peine deux semaines plus tôt.

Le 19 février 1919, ce dernier tire sur Georges Clemenceau alors que celui-ci se rend au ministère de la Guerre. Le « Tigre » n'est atteint que par une seule balle, qui ne met pas sa vie en danger, à tel point qu'il refuse toute extraction.

Cottin, un ouvrier-ébéniste de vingt-deux ans, est traduit devant le 3e conseil de guerre le 14 mars 1919. Les motifs de son geste sont clairement expliqués : en mai 1918, il voit les gardes municipaux charger et tirer sur les grévistes des usines de guerre et dans les réunions anarchistes auxquelles il participe, on crie souvent : «À bas Clemenceau, le briseur de grèves !» Que fait donc cet esprit faible ? Il décide de couper le mal à sa source. De plus, il estime que Clemenceau est un des principaux responsables de la guerre, et qu'il n'est que justice qu'il connaisse à son tour le sort des Poilus. Malgré le talent de son avocat, Me Bloch, Émile Cottin est condamné à mort par fusillade.

LES DERNIÈRES PLAIDOIRIES

Les défenseurs demandèrent l'acquittement. Me Paul-Boncourt, la veille, avait été académique. Me Zévaès fut grandiloquent et habile. Il ne contesta point que les conceptions militaires et diplomatiques de Jaurès eussent donné lieu, même de la part de ses propres amis, à des interprétations erronées. Mais puisque, dans les milieux socialistes et syndicalistes, on traduisait inexactement la propre pensée du grand tribun,

M. R

Me ZÉVAÈS (Croquis de Radiguet.)

Paru dans le Journal du 30 mars 1919, un croquis de Maurice Radiguet (1866-1941).

À la fin du mois de mars, le journal anarchiste *Le Libertaire* rédige ainsi sa une : « L'assassin de Jaurès : acquitté. Cottin, qui n'a pas tué : condamné à mort. » La campagne de presse est virulente. Parfaitement rétabli, Clemenceau lui-même, abolitionniste notoire, exprime son refus d'un tel verdict. Cottin sera gracié, sa peine commuée à dix ans de réclusion : il sera libéré en 1924.

Épilogue

La même année, les cendres de Jaurès sont transférées au Panthéon. Pendant ce temps, Villain, abandonné de tous, vivote d'escroqueries avant de se réfugier à Ibiza, dans les Baléares où il fabrique des articles de bazar en verre destinés à la vente aux touristes. Le soir, il prie devant une statue de Jeanne d'Arc.

1936 voit naître la guerre civile d'Espagne. Dans les rangs républicains, en septembre de cette année-là, on retrouve un certain « Milou » Cottin, lequel mourra courageusement à Saragosse le 8 octobre suivant, fauché par une rafale en pleine bataille.

Quelques jours plus tôt, le 14 septembre 1936, à Ibiza, les partisans de Durutti se souviennent de l'étrange verrier… Son identité n'est pas restée secrète bien longtemps. Il est grand temps que justice se fasse. Un jour de printemps, il est arrêté dans sa maison, conduit à l'abri des regards et abattu.

Ainsi mourut Raoul Villain, celui que la justice française a reconnu comme n'étant pas le tueur de Jean Jaurès.

Sylvain LARUE

Les Nouvelles Affaires Criminelles de Paris, 2008.

Cour d'assises de Seine-et-Oise,
7-30 novembre 1921

Les carnets noirs de LANDRU

EN CETTE FIN d'année 1918, Marie Lacoste est inquiète. Elle n'a pas eu de nouvelles de sa sœur depuis plus d'un an. Elles étaient pourtant très proches et Célestine Buisson aurait dû lui écrire depuis tout ce temps. Marie ne sait même pas si cette dernière a reçu les lettres qu'elle lui a envoyées. Elle n'a jamais aimé Lucien Frémyet, le fiancé de Célestine, qui, à son avis, n'a pas des intentions honorables. Elle a essayé de la prévenir à plusieurs reprises, mais sa sœur était tellement amoureuse qu'elle n'entendait rien.

Les recherches de Marie Lacoste

Là, elle ne peut plus rester à attendre. Elle a appris que le fiancé avait vendu tous les biens de Célestine. Or ce n'est pas le genre de cette dernière de laisser quiconque gérer son argent et ses meubles. Marie veut être sûre que tout va bien. Si sa sœur ne veut plus lui écrire, le maire de Gambais, lui, le fera. Elle adresse donc une lettre à ce dernier en lui demandant de bien vouloir lui confirmer l'adresse où vit sa sœur. Marie étant venue voir Célestine à Gambais durant l'été 1917, elle décrit avec précision au maire la villa « Tric », située un peu en dehors du village. La réponse du maire est étonnante. Personne ne vit à Gambais sous le nom de Frémyet ou de Buisson, et la villa « Tric », en bordure de la nationale 183, qui longe la forêt de Rambouillet, est louée par un M. Dupont, habitant Rouen…
Mais le plus étrange est qu'une certaine Mme Pellet a également envoyé une lettre au maire, en octobre 1917, concernant sa sœur

Lucien Guillet, Frémyet, Dupont : tous des pseudonymes employés par l'escroc assassin de femmes esseulées. L'un de ces noms d'emprunt passera à la postérité : M. Tartempion.

"Le Barbe-Bleue de Gambais et Vernouillet"

Anna Collomb, dont elle était sans nouvelles depuis le 26 décembre 1916. Elle recherchait les coordonnées d'un certain M. Cuchet ou Frémyet habitant dans la commune. Cette année-là, en pleine guerre, le maire avait d'autres chats à fouetter. Des disparus, il y en avait tous les jours. Il n'avait donc pas pris le temps de répondre à la demande. La lettre adressée par le maire à Marie se poursuit ainsi : « Je vous engage à prendre contact avec la famille Pellet, peut-être auront-ils de nouvelles pistes ? »

Marie Lacoste contacte immédiatement des proches d'Anna Collomb. La ressemblance des deux affaires est troublante : les deux femmes ont répondu à une petite annonce matrimoniale parue le 1er mai 1915 dans *Le Petit Journal* : un ingénieur de quarante-cinq ans recherchait une compagne pour vivre à la campagne.

Jeanne Cuchet fut la première des victimes supposées de Landru. Elle et son fils adolescent se volatilisèrent au cours d'un séjour dans la villa du pseudo M. Diard, à Vernouillet, en février 1915. Anna Collomb, veuve, dactylo, croyait avoir rencontré l'homme de sa vie... Elle disparut à Gambais en décembre 1916. (Détective.)

Toutes les deux sont tombées rapidement folles amoureuses de leur amant et ont disparu après un séjour à Gambais. Dans les deux cas, de manière surprenante, elles ont autorisé leur fiancé, considéré comme leur futur époux, à administrer leur fortune respective. Et de la même manière, peu de temps après leur disparition, leurs biens ont été vendus. Devant tant de similitudes, les deux familles portent plainte contre X. Une enquête est ouverte et on essaye d'identifier le locataire de Gambais. On ne retrouve aucune trace d'un M. Dupont à Rouen, mais on apprend que son courrier est réexpédié chez M. Guillet, demeurant boulevard Ney, à Paris, lieu où habitait Célestine Buisson.

Un premier rebondissement

L'enquête patine, mais un rebondissement inattendu va l'accélérer prodigieusement. En avril 1919, dans une boutique de faïences parisienne, une amie de Marie Lacoste, Laure Bonhoure, va tomber face à face avec le fiancé indélicat, accompagné d'une nouvelle inconnue. Elle suit le couple et le voit disparaître à Châtelet, dans un bus. Prévenue, la police va chez le commerçant pour essayer d'identifier l'acheteur. Par chance, le client est inscrit pour une livraison à son domicile, au numéro 76 de la rue de Rochechouart, à Paris. Il dit se nommer Lucien Guillet.

À l'adresse indiquée, la concierge de l'immeuble apprend aux inspecteurs Belin et Braunberger que Guillet n'est pas chez lui. Ils organisent donc des planques en bas de son domicile. Six jours plus tard, il est de retour. Les deux hommes attendent le petit matin pour aller le cueillir. Ils sonnent à la porte de l'appartement et le suspect arrive rapidement.

Très calme, il écoute les policiers et les regarde procéder à une fouille de son appartement. Ils vont ainsi tomber sur des petits carnets reprenant dans le détail tous les faits et gestes ainsi que des comptes très précis de celui qui se fait appeler M. Frémyet, Dupont, Guillet ou Cuchet et prendra pas moins de quatre-vingt-dix pseudonymes. L'homme se nomme en fait Henri-Désiré Landru, comme le prouveront des papiers trouvés sur place. Une femme, Fernande Segret, la maîtresse du suspect depuis deux ans, ne comprend pas ce que fait la police chez elle et de quoi son amant est suspecté…

Le pedigrée chargé de l'homme

Les policiers s'aperçoivent vite que Landru a un passé judiciaire chargé. Il a déjà été condamné à plusieurs reprises. Cela a commencé

avec la création d'une fabrique de bicyclettes qui lui a permis d'accepter des acomptes, mais les vélos n'ont jamais été livrés. Ensuite, il a monté des affaires d'escroqueries sous différents faux noms et s'est fait attraper par la police régulièrement.
Les condamnations se suivent et se ressemblent. En 1902, il a pris trois ans de prison, puis deux ans en 1904. Il a alors été emprisonné, les deux peines ont été confondues et il est resté deux ans incarcéré. Il a récidivé dès sa sortie. En 1906, deux peines d'emprisonnement de treize mois et trois ans sont tombées.
Libéré en 1909, il est passé à l'escroquerie au mariage et a écopé de trois nouvelles années de détention. À peine sorti de prison, en 1914, la condamnation décisive est tombée : quatre ans de prison, mais, comme c'est un récidiviste, il y a à la clé la relégation à Cayenne. Condamné par défaut, il n'a pas effectué sa dernière peine, préférant vivre sous des faux noms dans la clandestinité pour éviter le bagne.
Interrogée, sa maîtresse tombe des nues : elle le croyait dans le contre-espionnage et pensait que sa femme était morte de tuberculose. Le choc de l'arrestation de son compagnon est donc profond.

Ce sont les carnets noirs de Landru qui fascinent l'inspecteur Belin. Il sent que la clé de l'énigme est là. Son impression se confirme lorsqu'il y découvre le nom des deux disparues. Il peut aussi voir celui de nombreuses autres femmes.
Dix d'entre elles ont eu le droit à un aller simple à la campagne, à Gambais ou Vernouillet. Toutes les dépenses engagées avec ses victimes, même les plus minimes, y sont consignées. Cela va de l'aumône faite à l'église en passant par l'achat de bonbons. Belin apprend aussi que Landru a des locaux à Clichy.

Les policiers y trouvent des vêtements, des malles et des lettres. Il explique qu'il est brocanteur et marchand de meubles. Les locaux

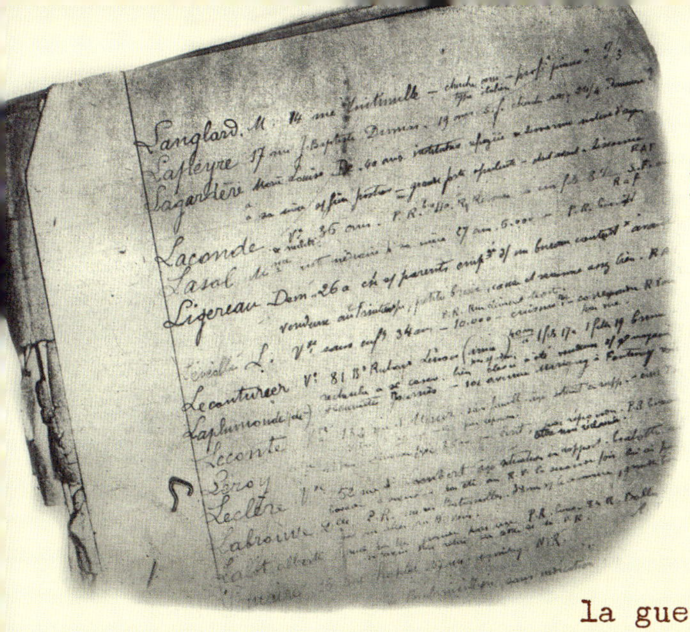

Méticuleux, propre comme un petit fonctionnaire, Landru conserva - chose qui devait le trahir - la trace écrite de l'ensemble des femmes qu'il rencontra durant la guerre dans de petits carnets. Fait curieux : son bourreau, Anatole Deibler, agissait de façon similaire en comptabilisant les condamnés qu'il exécutait dans d'autres carnets.

servent à entreposer ses stocks. Le lendemain, un second entrepôt à Neuilly est perquisitionné et, en plus des meubles et des vêtements appartenant aux disparues, des dossiers avec les noms de deux cent quatre-vingt-trois femmes sont retrouvés. Landru est interrogé.
« Nous avons trouvé des papiers personnels des disparues, des dentiers, leurs robes, que font ces objets chez vous ?
– Elles n'ont emporté que le minimum avant de partir.
– Comment croire qu'elles se sont absentées en temps de guerre sans rien avoir à se mettre et surtout sans papiers ?
– Ces femmes avaient visiblement envie de changer de vie, de disparaître et tout vendre.
– Elles répondaient tout de même à vos annonces matrimoniales où vous leur promettiez le mariage, non ?
– Ces annonces étaient purement commerciales, je voulais attirer un certain type de clientèle, mais lorsque je les voyais, je ne leur promettais rien.
– C'est vrai que vous agissiez à grande échelle. D'après vos carnets, vous pouviez voir plus de dix femmes par jour. Vous jugiez de leur fortune et décidiez ainsi si vous continuiez à les voir. Vous en avez quand même vu plusieurs centaines. »
Landru devient sarcastique : « Et je n'en aurais tué que dix ! »

Les recherches reprennent à Gambais et plus de quatre kilos d'ossements, des boutons d'attaches de jarretelles et des taches de sang sont retrouvés dans le jardin, la buanderie et la cuisinière.
Des tests sont effectués dans cette dernière afin de déterminer si elle se prête ou non à des incinérations. La réponse est oui : brûler de gros morceaux de viande se révèle très facile tant le tirage est bon. L'analyse des os se révèle accablante pour le suspect : pas moins de quarante-sept dents, trois crânes, cinq pieds et six mains sont identifiés.
À Vernouillet, au numéro 47 de la rue de Mantes, dans la villa « The Lodge » où Landru a vécu, les fouilles ne donnent rien, alors que trois femmes n'ont plus donné signe de vie après y avoir effectué un séjour. La maison était située en plein centre-ville et l'épaisse fumée noire qui s'y échappait de temps en temps dérangeait les voisins. Ayant peur d'attirer l'attention, Landru a donc préféré déménager à Gambais, en août 1915. Les habitants de Gambais ont des choses à raconter sur leur étrange voisin :
« Il faisait du feu même en plein été…
– Il arrivait avec des femmes toujours différentes et repartait à chaque fois seul…
– On aurait dit qu'il brûlait de la carne….
– On l'a vu rôder à côté de l'étang des Bruyères… Il aurait jeté dedans quelque chose de lourd… »
L'étang est dragué sans résultat. On retrouve aussi de nombreuses factures dans les dossiers de Landru, en particulier d'achats de scies entre 1914 et 1918. L'instruction durera plus de dix-huit mois. Et encore, lorsque le juge Bonin clôt son dossier, il a plus de cinq mille pièces, mais aucun corps et pas la moindre preuve. Landru n'a rien avoué malgré des mois d'interrogatoires. Il estime que c'est à la police de faire la preuve de sa culpabilité et de retrouver d'éventuels cadavres. Pour lui, les noms indiqués sur son carnet ne sont que des contacts commerciaux et les inspecteurs, en l'imaginant en monstre sanguinaire, fabulent. Il n'arrête pas de clamer que la seule chose dont il s'occupait était de vendre les biens de ces femmes et de faire un bénéfice dessus. Il se moquait de savoir ce qu'elles devenaient ensuite.
Devant l'évidence, il reconnaît être un escroc, il admet avoir dépouillé ses victimes, mais il refuse d'être un meurtrier récidiviste. Quand on lui demande de dire où sont les disparues, il se retranche derrière le secret de la vie privée de ses victimes. Le juge Bonin calcule combien lui ont rapporté ses crimes : 35 642,50 francs.
Toutes ces femmes l'ont laissé disposer de l'intégralité de leurs biens.

Première audience

La première audience du procès commence à Versailles, le 7 novembre 1921. L'avocat général Godefroy demande à Landru s'il a quelque chose de neuf à apprendre à la Cour. L'accusé prend alors la parole : « Je proteste vivement. Je suis innocent. On m'accuse sans preuve. »
On évoque son enfance et son parcours avant les crimes. Il a été sous-diacre dans sa jeunesse. Il s'est marié avec Marie-Catherine Remi, avec qui il a eu quatre enfants. Il s'est fait escroquer et a exercé une dizaine de métiers. Il n'a jamais eu une place stable jusqu'en 1900, date à laquelle il a décidé de basculer dans la malversation. Ses tentatives d'extorsions se sont mal terminées, puisque les gens ont porté plainte et qu'il s'est retrouvé condamné. Examiné par des médecins, Landru est déclaré responsable de ses actes. Il clame d'ailleurs que cela prouve qu'il est innocent puisque seul un fou aurait pu commettre des crimes aussi horribles. L'attitude de l'auditoire est étonnante. Il ne montre aucune pitié pour les victimes qui se sont fait plumer et les considère comme des femmes un peu écervelées. Le public a du mal à croire qu'elles aient pu être dupes, imaginer qu'il allait se marier avec elles. Il estime que les torts sont partagés entre les disparues et le vil séducteur qu'était Landru. Les audiences suivantes mettent en évidence la répétition du mode opératoire de Landru. Pour ferrer ses proies, Landru passait des

La villa "Tric", à Gambais. Devenue restaurant sous le nom douteux du "Grillon du Foyer", la maison est désormais occupée par des particuliers. La cuisinière où l'assassin faisait brûler les restes de ses victimes serait actuellement la propriété de l'animateur Laurent Ruquier, auteur d'une pièce de théâtre à succès sur le célèbre criminel. (Détective, 3 janvier 1929.)

annonces matrimoniales. Ensuite, il sélectionnait celles qui avaient peu de famille et d'amis proches, mais surtout de la fortune.
Puis, il leur promettait le mariage, se fiançait et devenait administrateur de leurs biens. Dès qu'il n'avait plus d'argent, il les emmenait à la campagne et les faisait disparaître.
Sans cadavre, la manière dont il se débarrasse de ses victimes demeure incertaine. Vu qu'il possède des livres sur les poisons, l'empoisonnement est envisagé. Finalement, sur la base du témoignage d'une rescapée, qui restera anonyme, l'hypothèse de l'étranglement a gain de cause : « Je suis donc venue à Gambais passer quelques jours. Après le dîner, je me suis couchée avant mon compagnon. J'ai bougé par inadvertance son oreiller et y ai trouvé dessous une corde avec un nœud coulant. Je n'imaginais pas qu'il puisse me tuer, mais plutôt qu'il avait des perversités sexuelles inavouées. Prise de peur, je me suis rhabillée et enfuie. »
Ce témoignage, s'il est exact – ce qui n'est pas établi formellement –, laisse penser qu'il étranglait ses victimes pendant leur sommeil. Ensuite, il découpait les corps et faisait brûler les têtes et les membres dans la cuisinière. Une inconnue : que sont devenus les troncs des victimes ? Certainement enterrés quelque part ou jetés dans un étang autour de la maison. En temps de guerre, impossible d'aller très loin pour se débarrasser des cadavres. Ce que personne ne comprend,

À son procès, en novembre 1921, Landru fit le bonheur des spectateurs et des journalistes par ses répliques et ses bons mots. Par exemple : "Vous parlez toujours de ma tête, monsieur l'avocat général. Je regrette de n'en avoir pas plusieurs à vous offrir !"

c'est comment cet homme barbu, petit et chétif a réussi à embobiner ces femmes qui n'ont rien d'ingénues. A-t-il hypnotisé ses victimes afin qu'elles le désignent administrateur de leurs biens ? Son côté séducteur de bas étage est clairement perçu par l'entourage de ses fiancées, mais ces dernières ne veulent rien voir. Elles parlent de la gentillesse et des bonnes manières de Landru. Elles croient à ses promesses de mariage, et sont persuadées de partir avec lui à l'étranger ou à la campagne.

Débuts criminels

Tout commence en 1914. Landru a un garage à Malakoff et André Cuchet, quinze ans, cherche un petit travail. L'enfant est passionné de mécanique et demande à Landru de l'embaucher, ce qu'il ne peut faire sans l'autorisation de sa mère. Il se présente donc à Jeanne Cuchet comme un commis ambulant des Postes, sous le nom de Raymond Diard. Jeanne a trente-neuf ans et a élevé seule son fils. Elle possède un petit atelier de couture et a 5 000 francs de côté. Il la séduit et l'installe dans un deux pièces à la Chaussée-par-Gouvieux.

> Un jour, elle tombe par inadvertance sur le livret militaire de son amant, mais aussi sur les lettres de son épouse, de ses enfants et de nombreuses autres femmes. Elle le quitte. Sa famille se renseigne et apprend vite que c'est un escroc notoire. Landru se rend rapidement compte qu'elle a découvert son identité et qu'elle peut être dangereuse.

Il la reconquiert quelques jours plus tard et, sans prêter attention aux mises en garde de son entourage, elle part habiter en février 1915, dans la villa « The Lodge », à Vernouillet. Obligé de tuer la mère et le fils, il sera à l'avenir attentif à ne plus se lier avec des femmes ayant des enfants à charge. Pour éviter que les proches de Jeanne n'entament des recherches, il rencontre l'une de ses amies pour l'informer du départ de Jeanne et son enfant en Angleterre.

Ensuite, Landru vend tous leurs biens et négocie leurs titres. Thérèse Laborde-Line est la seconde victime de Vernouillet. Elle est née en Argentine et a épousé un aubergiste bordelais. Veuve, âgée de quarante-six ans, son fils vient de se marier et elle se sent seule. Elle répond, comme Marie Guillin, Anna Collomb et Célestine Buisson, à une petite annonce parue le 1er mai 1915 dans *Le Petit Journal*. Toutes ces femmes mettent en avant leurs économies, leur désir de convoler et de recommencer une nouvelle vie.
Thérèse rencontre donc Landru, alias « M. Cuchet », le 27 mai. Une idylle commence et le même scénario se répète dans des délais très courts, puisqu'elle rompt avec sa famille et ses amis et ne donne plus signe de vie à partir de juin. Monsieur Cuchet vend ses avoirs en juillet de la même année.
Enfin, la dernière proie de Vernouillet, Marie-Angélique Guillin, a quarante-six ans. Ancienne gouvernante, elle a hérité 32 000 francs de son précédent employeur. Landru la voit le 15 juin et lui explique qu'il va être nommé au consulat d'Australie. Elle succombe rapidement à ses charmes, puis va à plusieurs reprises à Vernouillet. Elle aperçoit des vêtements de femme par le trou de la serrure d'une pièce fermée à clé. Elle s'emporte, accusant son amant d'avoir une maîtresse. Landru calme sa fiancée en lui disant que la pièce est un lieu où il conserve les souvenirs de sa mère défunte. Ils se réconcilient et l'organisation du mariage est lancée. Elle disparaît début août. Un certain M. Petit s'occupera de vendre ses biens.
Lors des perquisitions, les policiers trouvent une pièce à conviction accablante pour Landru : les faux cheveux de Marie. Le président lui demande des explications. Il s'exclame : « Je lui ai tout acheté en vrac. Je n'ai pas regardé si l'une de ses perruques traînait dans un tiroir ! »
Ensuite, Landru déménage pour Gambais. Le président Gilbert interroge le prévenu sur les raisons de son départ de Vernouillet. Ce dernier reste pragmatique.
« Vous vouliez partir parce que le voisinage devenait trop curieux ?
– Pas du tout. Je suis parti pour des raisons financières. Le loyer de Vernouillet était deux fois plus cher que celui de Gambais.
– Les voisins se sont tout de même plaints des odeurs de votre cheminée qui marchait en plein été… »
Landru ne répond pas. Le président insiste :
« Lorsque vous vous êtes installé à Gambais, vous vous êtes fait livrer trois cents kilos de charbon. Cela fait beaucoup pour quelqu'un qui n'y passait que de temps en temps ? »

Le fait divers du Barbe-Bleue de Gambais passionna les foules à un point difficile à envisager. Ainsi, on affublait les barbus du sobriquet de "Landru" dans la rue, et aux législatives de 1919, on ne comptera pas moins de quatre mille bulletins de vote à ce même nom ! (Magazine Le Rire, 19 novembre 1921.)

COMMENT LA GRANDE PRESSE CONCOURT A L'ÉDUCATION DU PEUPLE

Toujours aucune réponse de l'intéressé. Berthe Héon est la première disparue de Gambais. Son histoire est tragique. Âgée de cinquante-quatre ans, elle a perdu deux maris, ses trois enfants et ses deux gendres. Elle se sent bien seule. Elle répond à l'annonce parue le 12 juin 1915 dans *Le Petit Journal.*

En septembre, c'est sous l'identité de M. Petit, ingénieur, que Landru annonce leur départ pour la Tunisie. Berthe vend tous ses biens et quitte son appartement début octobre. Landru explique qu'il ne lui a pas acheté ses meubles, mais qu'il s'est occupé de la transaction.

Quand le président lui demande des preuves, Landru s'emporte :

« J'ai été emprisonné pendant des mois et des perquisitions ont eu lieu sans que je ne sois présent. Si tel avait été le cas, tout aurait bien été classé…

– Vous étiez son fiancé ?

– Non. Je la laissais me présenter comme cela pour des raisons de convenance, mais cela n'a jamais été le cas. »

Berthe Héon s'installe à Gambais et disparaît en décembre 1915.

Comme à l'accoutumée, le président lui demande pourquoi ces femmes ont disparu après un séjour dans sa maison de campagne. Landru a des réponses toutes faites à ces questions, adaptant son discours selon les cas :

– « Je ne connaissais pas leur date de retour et souhaitais leur laisser la possibilité de rester plus longtemps que moi sur place.

Pour ma part, je devais revenir pour affaires sur Paris. »

– « Je ne souhaite pas répondre à cette question, il s'agit de leur vie privée. »

– « Je n’y suis pour rien si ces personnes se sont fâchées avec leur famille et souhaitaient refaire leur vie ailleurs. »

Et le crime continue

Anna Collomb est l’une des plus célèbres victimes de Landru, puisque c’est grâce à elle que l’affaire a éclaté. Lorsque plusieurs personnes de sa famille passent à la barre pour raconter son histoire, l’émotion gagne l’auditoire pour la première fois. La mère d’Anna reconnaît formellement le fiancé de sa fille. Cette dernière a quarante-quatre ans quand elle rencontre son assassin. Veuve, elle travaille comme dactylo aux assurances et a un amant lorsqu’elle répond à l’annonce du 1er mai 1915. Landru étant occupé à séduire d’autres femmes plus intéressantes à ses yeux, leur relation reste assez épisodique en 1915. Elle ne découvre Gambais qu’au mois de mai 1916. Elle résilie son bail et démissionne de son poste en décembre 1916, expliquant à son employeur qu’elle part habiter dans le Midi. Elle part pour Gambais le 26 décembre. Elle est attendue par ses proches le lendemain, ils ne la reverront jamais.

La disparue suivante est atypique. Andrée Babelay est jeune – dix neuf ans – et sans fortune. Elle travaille en tant que domestique. Elle est en pleurs dans le métro lorsqu’elle rencontre son tueur. Elle quitte sa place en mars et annonce à tout le monde qu’elle a accepté un remplacement à la campagne. Elle part à Gambais à la fin du mois. Des habitants du village attestent de sa présence. Landru explique qu’il a été touché par le désespoir de la jeune fille et a accepté qu’elle passe quelque temps chez lui avant de prendre un autre poste. Elle ne donne plus signe de vie dès le mois d’avril.

L’accusation pense qu’elle aurait trouvé des preuves de la culpabilité de Landru et que celui-ci aurait été obligé de la tuer. D’autres pensent qu’elle voulait le mariage et que Landru, se sentant en danger, l’avait fait taire à sa manière.

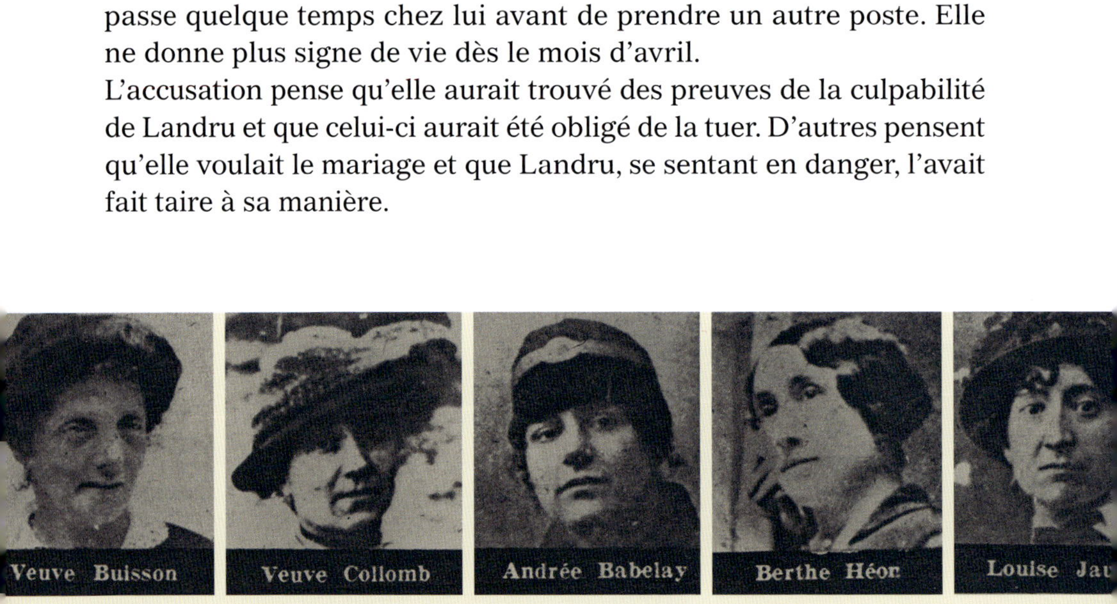

Louise Jaume et Marie-Thérèse Marchadier, respectivement disparues en novembre 1917 et en janvier 1919. La première était en instance de divorce ; la seconde, une ancienne mère maquerelle : deux des onze victimes d'un meurtrier à qui elles n'apporteront qu'un bien maigre profit...

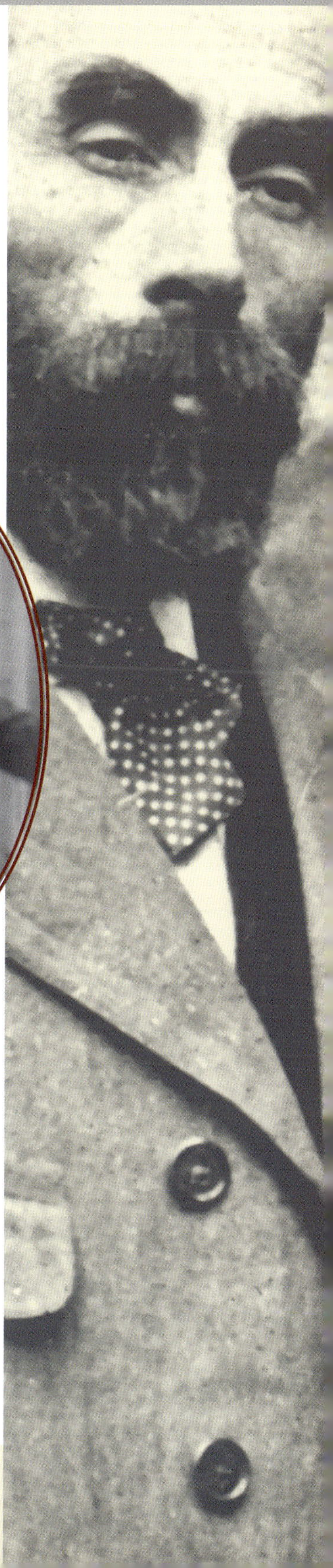

En mai 1915, Célestine Buisson envoie quant à elle à son futur tortionnaire une longue lettre pleine de fautes d'orthographe où elle se livre totalement. Âgée de quarante-quatre ans, veuve avec un fils de dix-neuf ans sur le front, elle possède un capital de 12 000 francs. Landru, sous le pseudonyme de M. Frémyet, industriel du Nord, la rencontre le 14 mai 1915.

Tout comme Anna, Landru la fera attendre un an avant de la courtiser activement. Elle sait qu'il a des aventures et fait comme si elle ne voyait rien. Elle excuse ses longues absences et l'accueille toujours avec le sourire lorsqu'il revient. Elle va à Gambais pour la première fois en juillet 1917 et sa sœur, Marie Lacoste, la rejoint en août. Elle est éliminée à la fin du mois et, pour que personne ne s'inquiète, Frémyet explique à ses proches qu'elle est partie tenir une cantine en province pour les Américains.

Le président ne croit pas un mot de cette explication : « Elle serait partie sans aucune affaire ? Nous avons retrouvé une de ses malles dans un de vos hangars ! »

La réponse de Landru fuse : « En temps de guerre, on ne voyage pas avec des malles ! »

La disparue suivante s'appelle Louise Jaume. Elle n'a pas le profil idéal. Elle vit séparée de son mari : catholique pratiquante, elle n'a pas encore divorcé. Elle n'envisage pas de se remettre en couple sans repasser devant M. le maire.

"Rameau corrompu et pourri de l'arbre social", comme l'appela l'avocat général Godefroy, Landru ne faillit jamais à sa règle du silence et garda, tout au long du procès, la discrétion la plus totale sur ses crimes.
(Le Petit Journal, 20 novembre 1921.)

Croquis d'audience de M. André Galland.

Une cause sensationnelle

Après avoir fourni un sujet inépuisable de plaisanterie, Landru suscite, tant par l'habileté de sa défense que par la monstruosité des crimes dont on l'accuse, une curiosité unanime.

Elle a répondu à une petite annonce parue le 2 mars 1917 dans *L'Écho de Paris*. Quand elle rencontre Landru, au printemps 1917, elle a trente-huit ans. Son amoureux dit se nommer Lucien Guillet, et être ingénieur. En juillet, elle entame les démarches du divorce qui sera prononcé en octobre. En novembre, elle déménage dans la villa « Tric ». Le même mois, son amant vend ses titres.
Toujours en mars 1917, Anne-Marie Pascal, trente-six ans, veuve, couturière, répond à l'annonce matrimoniale de Louis Forest de Barzieux, la nouvelle identité de Landru. Ce dernier se fait moins pressant lorsqu'elle revient de Toulon avec sa nièce. Elle tombe malade début 1918. Landru réapparaît alors. Il s'occupe d'elle, lui fait des petits cadeaux. En avril 1918, elle déménage et s'installe à Gambais. Elle disparaît presque aussitôt. Landru tentera de rassurer ses proches en leur envoyant des lettres après avoir imité son écriture. Enfin, l'effroyable liste des victimes de celui que l'on surnomme Barbe-Bleue se termine avec Marie-Thérèse Marchadier. Elle n'a pas non plus le profil habituel de ses recrues. Âgée de trente-huit ans, l'ancienne prostituée a mis de côté 8 000 francs.
En décembre 1918, elle loue des chambres et veut les céder. C'est comme cela qu'elle rencontre un acheteur : Landru, qui s'appelle pour l'occasion Lucien Guillet. Elle n'a donc pas répondu à une annonce. L'affaire est rondement menée : en à peine un mois, elle part à Gambais et ne donne plus de nouvelles.
À la demande du procureur, Landru donne quelques explications concernant la macabre découverte de trois cadavres de chiens enterrés dans le jardin de la villa « Tric », ces animaux appartenant à Marie-Thérèse.
« Je les ai pendus à la demande de leur maîtresse. Leur nourriture coûtait trop cher.
– C'est très surprenant quand on connaît l'attachement qu'elle avait pour ses chiens et surtout le fait que l'un d'entre eux appartenait à l'une de ses amies. »

En tant que l'un des plus célèbres criminels que la France ait connus, Landru a souvent eu droit aux honneurs de la presse, même des années après son procès. (Détective, 3 octobre 1929.)

Chronologie

- **12 avril 1869 :** naissance d'Henri-Désiré Landru à Paris 19e.
- **1909 :** Landru sort de prison à la suite d'une série de petites escroqueries.
- **1914 :** il est condamné à quatre ans de prison pour escroquerie au mariage. Part pour la clandestinité car condamné au bagne par peine de relégation. Premier meurtre.
- **1er mai 1915 :** Marie Guillin, Anna Collomb et Célestine Buisson répondent à son annonce dans *Le Petit Journal*.
- **14 mai :** Landru rencontre Célestine Buisson.
- **12 juin :** Berthe Héon répond à une seconde annonce.
- **Décembre 1916 :** disparition de Berthe.
- **26 décembre :** Anna Collomb s'installe à Gambais et ne se rend pas chez ses parents qui l'attendent le lendemain.
- **12 avril 1917 :** Andrée Babelay disparaît.
- **Juillet :** Célestine Buisson va à Gambais. Elle disparaît le 1er septembre.
- **26 novembre :** Mme Jaume disparaît.
- **5 avril 1918 :** Mme Pascal disparaît.
- **Avril 1919 :** Landru est aperçu dans une boutique et dénoncé par Laure Bonhoure.
- **7-30 novembre 1921 :** procès de Landru.
- **25 février 1922 :** le pourvoi en cassation et la demande de grâce lui sont refusés. Exécution.

Comme à chaque fois qu'on lui posera des questions gênantes, Landru en appellera au « mur de sa vie privée ». Le président insiste : «Avouez que c'est quand même bizarre que toutes ces femmes se soient volatilisées après vous avoir rencontré ?»
Celle qu'on appelle «la rescapée de Gambais» vient ensuite déposer. Il s'agit de la maîtresse de Landru, Fernande Segret, artiste lyrique, avec qui Landru était depuis deux ans. Elle est très émue lors de sa déposition. Elle raconte ses fiançailles sans fin, la mésentente de son amant avec sa famille, les cadeaux qu'il lui offrait, ses séjours à Gambais pour fuir les bombardements :
« Avez-vous cuisiné là-bas ?

– Oui, j'ai utilisé plusieurs fois la cuisinière et je n'ai rien remarqué d'anormal. »
Il ne supportait pas qu'elle fouille dans ses papiers et elle respectait son souhait. Elle savait juste que ses revenus provenaient de son garage et de son métier de brocanteur.

La parole est aux avocats

Le 26 novembre, Mes Surcouf et Lagasse, avocats de la partie civile, prennent la parole. Pour eux, Landru ne peut bénéficier d'aucune circonstance atténuante, il doit être condamné avec la plus grande sévérité. Expérimentés, les avocats font une plaidoirie qui retient toute l'attention du jury et du public, ce dernier applaudissant leur déclaration, comme au théâtre, attitude vivement réprimandée par le président.
L'avocat général Godefroy fait ensuite son réquisitoire. La salle est bondée et les policiers complètement dépassés. Il reprend le cas des onze disparus, rappelle les faits puis s'enflamme, appelant à « la suppression radicale de ce rameau corrompu et pourri de l'arbre social ».
Pour lui, Landru est un criminel cruel et sans pitié, enregistrant dans son petit carnet les bénéfices obtenus par ses assassinats commis de sang-froid. Il rappelle que, s'il n'y a pas de cadavres, il y a quand même des ossements, l'usure complètement anormale de la cuisinière, les biens de toutes les victimes revendus par Landru ou

La salle d'Assises de la Seine-et-Oise, à Versailles, pendant le procès Landru. À plusieurs reprises, le palais de Justice fut le théâtre de procès sensationnels où foule et célébrités se pressaient sans distinction de classe.

retrouvés dans l'un de ses hangars. Il finit en demandant la condamnation suprême pour l'accusé : la mort.

Godefroy obtient l'effet espéré : alors que, au début du procès, l'auditoire trouvait presque Landru sympathique, la tendance s'est maintenant complètement inversée.

La défense, par la voix de Me Moro-Giafferi, cherche à faire naître un doute dans l'esprit des jurés afin d'éviter l'échafaud à son client. L'avocat met en avant le spectre de l'erreur judiciaire, rappelle qu'un absent n'est pas un mort : « Que, demain, une seule de ces femmes revienne… [et] un revenant glacé vous dira : "Je n'ai pas tué et vous m'avez tué." » Il étaye sa plaidoirie : en vingt audiences, aucune preuve n'a été apportée. Il rappelle que l'accusé n'a jamais avoué et qu'une conviction de culpabilité n'est pas une preuve. L'avocat se met en scène. Il n'hésite pas à manœuvrer l'auditoire : « Messieurs les jurés, votre conviction n'est pas faite ! Si je vous disais maintenant : "Regardez cette porte ! Elles attendent pour rentrer, les prétendues victimes de Landru… La porte va s'ouvrir !" »

Tout le monde – sauf Landru, il faut le noter – tourne alors la tête pour regarder la porte, ce qui laisse entendre que personne n'est convaincu qu'elles soient mortes. Va-t-il y avoir un rebondissement totalement inattendu ?

"Monsieur le curé, c'est inutile... Ne faisons pas attendre plus longtemps ces messieurs", dit Landru à l'aumônier pendant qu'on le préparait au greffe, le 25 février 1922. (Musée de la Police, Paris.)

Le président donne ensuite la parole à l'accusé qui, comme il l'a toujours fait, persiste à affirmer qu'il n'a commis aucun des assassinats dont on l'accuse. Avant même que la Cour n'ait rendu son jugement, Moro-Giafferi demande à Landru de signer son recours en grâce pour le soumettre au jury. Son client n'est pas d'accord avec lui : « Je vais demander un pourvoi en cassation, mais je ne veux pas la pitié du président de la République.» Son avocat ne l'écoute pas et obtient une demande de grâce des jurés et de la partie civile en invoquant les problèmes de santé du prévenu. Après deux heures et demie de délibérations, le jury rend son verdict : l'accusé est déclaré coupable, sans circonstance atténuante. Landru jure une fois de plus qu'il est innocent.

Une exécution pour l'Histoire

Après que le pourvoi en cassation et la demande de grâce ont été refusés, dans la nuit du 24 au 25 février 1922, des forces de police impressionnantes envahissent les alentours de la prison Saint-Pierre. La nouvelle de l'exécution du condamné s'est répandue. Pour éviter des mouvements de foule, le transport des bois de justice ne s'est pas fait par le chemin de fer comme à l'accoutumée. L'affaire a un tel retentissement que l'administration a décidé qu'ils seraient apportés à Versailles en fourgon. À 3 heures du matin, Anatole Deibler et ses aides arrivent et, en une heure, montent la guillotine sur la place des Tribunaux, à quelques mètres de la porte de la prison. À 4 heures, les cafés aux alentours ouvrent et le public s'y installe.
À l'aube, le substitut du procureur général réveille Landru et lui souhaite bonne chance. Landru s'indigne et proclame une fois encore son innocence. Il remercie son avocat. Ce dernier le supplie de lui dire la vérité : a-t-il tué ou pas ? Landru ne lui répond pas. Il refuse la messe, ne voulant «pas faire attendre ces messieurs».
À 6 h 10, il est exécuté.

L'affaire Landru fascinera de nombreux cinéastes.
En 1947, Charles Chaplin, avec l'aide d'Orson Welles, l'adaptera librement avec son film *Monsieur Verdoux*.
En 1962, Claude Chabrol réalisera *Landru*.
Plus récemment, en 2005, un téléfilm de Pierre Boutron a été diffusé sur TF1, avec Patrick Timsit dans le rôle principal.

Nathalie MICHAU

Les Grandes Affaires Criminelles des Yvelines, 2007.

3e année - no 76 **1 fr.** 8 Mai 193

POLICE MAGAZINE

SEZNEC EST INNOCENT !

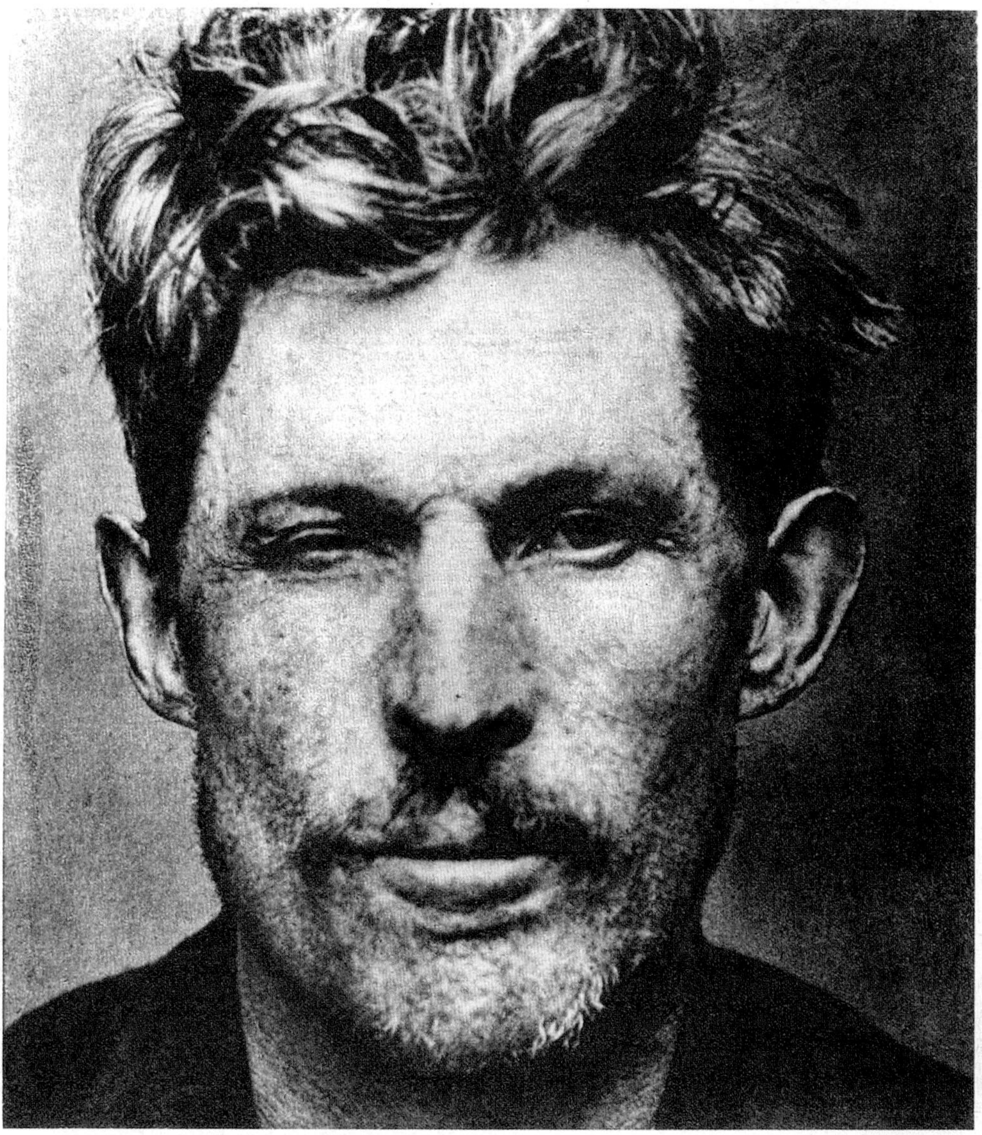

Lire, page 10, l'article sensationnel où

MAURICE PRIVAT ACCUSE ET PROUVE

Cour d'assises du Finistère,
4 novembre 1924

L'affaire Guillaume SEZNEC

L'AFFAIRE SEZNEC ! L'une des plus grandes énigmes judiciaires du XXe siècle ! Elle a passionné des générations d'apprentis détectives et continue de susciter moult interrogations.

La principale étant : Guillaume Seznec a-t-il assassiné Pierre Quémeneur avec qui il se rendait à bord d'une Cadillac, de Bretagne à Paris ? Sa route passait par le nord de l'Eure-et-Loir. Bien que le corps de Quémeneur, alors conseiller général du Finistère, n'ait jamais été retrouvé, Guillaume Seznec fut condamné le 4 novembre 1924 aux travaux forcés à perpétuité par la cour d'assises du Finistère. Il passa une vingtaine d'années au bagne de Cayenne (Guyane), avant d'être gracié le 2 février 1946 par le général de Gaulle. Le survivant de l'enfer guyanais ne goûta pas longtemps sa liberté : le 14 novembre 1953, il était renversé par une mystérieuse camionnette dont le conducteur avait pris la fuite. Le 13 février de l'année suivante, Guillaume Seznec mourait des suites de ses blessures, à l'âge de soixante-seize ans. Il emportait avec lui son secret, même si pour beaucoup, et notamment ses proches dont quatre générations se sont battues pour laver son honneur, il était innocent. La justice française a finalement révisé son procès le 5 octobre 2006 : après deux mois d'audiences, le 14 décembre, la cour de révision a refusé d'annuler la condamnation de Seznec, donc de le réhabiliter. Ainsi s'achève une procédure judiciaire longue de… quatre-vingt-trois ans.

Le spectre de l'erreur judiciaire, soulevé déjà au moment de l'instruction de l'affaire Quémeneur, devait prendre de l'ampleur au fil des années passées par Seznec au bagne, et ce sous la plume d'éminents reporters de l'époque. Maurice Privat n'hésite donc pas à titrer "Seznec est innocent" dans Police Magazine du 8 mai 1932 (photographie anonyme).

Des zones d'ombre demeurent cependant dans une affaire riche en rebondissements. Le passage en Eure-et-Loir des deux protagonistes du drame mérite d'être raconté dans ses moindres détails. La vérité ne s'y cacherait-elle pas, au détour d'un virage, lors d'une étape ?

C'est dans ce département que leurs chemins respectifs se sont séparés et c'est à Houdan (Yvelines) que Quémeneur a été vu pour la dernière fois. Beaucoup n'hésiteront pas à suivre la «piste de Lormaye», pour tenter d'éclairer le mystère. Ce joli village jouxte Nogent-le-Roi ; selon certains indices et certaines déductions, Quémeneur aurait pu y être assassiné. Et non par Guillaume Seznec…

Une mystérieuse affaire

En 1923, Guillaume Seznec, maître de scierie à Morlaix (Finistère), marié et père de quatre enfants, s'est mis en affaires avec un ami, Pierre Quémeneur, négociant à Landerneau (Finistère).

Il s'agit de gagner de l'argent en revendant des Cadillac abandonnées par l'armée américaine après la Première Guerre mondiale. L'Administration les revend à des prix très bas. Il y a, du côté de l'URSS notamment, des occasions commerciales intéressantes.

Pour les deux hommes, la revente des véhicules américains se présente comme une affaire juteuse. Mais il faut assurer la livraison, venir chercher les voitures à Paris. Quémeneur pense à Seznec pour l'aider dans cette entreprise. Les deux hommes se donnent rendez-vous à Rennes (Ille-et-Vilaine) le 24 mai à 2 h 30 de l'après-midi. La Cadillac fourguée par un intermédiaire américain est en très mauvais état. Quémeneur, par ailleurs conseiller général, parti de Morlaix, a perdu beaucoup de temps en raison de pannes multiples. À 7 h 30 du soir, il retrouve enfin Seznec. Comme il est tard, les deux hommes passent la nuit à Rennes. Le lendemain, à l'aube, ils repartent en direction d'Ernée (Mayenne), traversent Pré-en-Pail (Mayenne), Mortagne (Orne).

De nouvelles avaries rendent le voyage interminable. Il est aux alentours de 4 heures quand les automobilistes rejoignent Dreux par la rue Parisis. C'était alors la RN 12. Une nationale en plein centre-ville ! Quelques hectomètres plus loin, à l'entrée de la rue d'Orfeuil, place Sainte-Barbe, l'un des pneus rend l'âme. Les deux voyageurs poussent le véhicule jusqu'à un garage que connaît

Marie-Jeanne Seznec ne crut jamais à la culpabilité de son mari et fit tout ce qu'il était en son pouvoir pour obtenir la révision du procès. Mais sa santé ne devait pas résister à l'épreuve et elle mourut en 1931. Son époux apprit la nouvelle en sortant de six mois de cachot sur l'île Saint-Joseph. (Détective, 13 décembre 1928.)

Quémeneur. Pendant que le garagiste s'affaire à la réparation, les deux Bretons vont se désaltérer dans un café, place Rotrou.
L'après-midi est bien avancé quand la Cadillac, remise en état de rouler, est rendue aux deux voyageurs. Seznec et Quémeneur redémarrent en direction de Paris. À Cherisy, premier village après la sortie de Dreux, la Cadillac cahote dangereusement sur les pavés. Une autre roue est à plat. Décidément, la chance est aux abonnés absents ! Quémeneur décide de gagner Paris par le train. Seznec, avec qui il adopte volontiers une attitude de patron, s'occupera de la énième réparation.
Là commence le mystère. On peut également dire que là débute le chemin qui conduira Guillaume Seznec dans l'enfer du bagne.
Première question : où Seznec a-t-il déposé Quémeneur ? À Houdan ou à Dreux ? Le choix de l'une ou de l'autre gare est plausible. Dans une déposition, Seznec parlera d'une « rue de la gare en pente ». Mais à Houdan comme à Dreux, c'est le cas !
Conduit par les enquêteurs à la gare de Dreux, Seznec ne reconnaîtra pas les lieux. La gare où il s'est séparé de Quémeneur pourrait donc être celle d'Houdan, localité des Yvelines, située aux portes de l'Eure-et-Loir. Cette hypothèse demeure la plus probable

Le procès de novembre 1924, devant les Assises du Finistère. Seznec devait être condamné à perpétuité pour un crime où aucune preuve formelle n'avait été retenue contre lui. (Détective, 13 décembre 1928.)

puisque les deux hommes ont été vus, ce soir-là, au restaurant Le Plat d'étain. Quémeneur y a même téléphoné. Nous y reviendrons… Puis il disparaît. Définitivement. Au terme d'un procès pour le moins bâclé, Seznec sera déclaré coupable de l'avoir assassiné.

Le mystère s'épaissit

Le lendemain du départ de son associé pour Paris, Guillaume Seznec regagne Morlaix pour effectuer une réparation complète de la voiture. Elle en a grandement besoin ! Il arrive à Morlaix dans la nuit du 27 au 28 mai. C'est justement cette nuit-là que des ouvriers travaillant sur l'estuaire du Trieux entendent des cris et des coups de feu provenant d'un manoir, le Traou-Nez, appartenant à… Quémeneur. La propriété doit être vendue à Seznec.

Quémeneur a disparu. Les proches du conseiller général, inquiets, vont questionner Seznec :

« Qu'est devenu Pierre ?

– Je l'ai quitté à la gare de Dreux. Il ne voulait pas manquer un rendez-vous important à Paris. »

Le 1er juin, Seznec gagne la capitale, à la recherche de Quémeneur qui demeure introuvable. On retrouve plus tard sa trace, au travers d'un télégramme qu'il aurait expédié du Havre (Seine-Maritime) à sa sœur Jenny qu'il rassure : il compte bientôt revenir.

Toujours au Havre, une semaine plus tard, on découvre sa valise contenant la promesse de vente de son domaine de Traou-Nez pour le prix de 35 000 francs ! La valeur du manoir est estimée à plus de 100 000 francs ! Le document, tapé à la machine à écrire, une Royale, éveille les soupçons. D'autant qu'une Royale du même type est dénichée chez Seznec, le 6 juillet, lors d'une perquisition à son domicile.

Bien que tout confirme sa présence en Bretagne le 13 et le 20 juin, il est inculpé le 30 juin pour faux en écritures et assassinat.

On connaît la suite…

Beaucoup moins connus sont les événements survenus après la crevaison de Cherisy. Alors que l'affaire divise et passionne la France, une rumeur persiste du côté de Nogent-le-Roi. Dans la nuit du 25 au 26 mai 1923 – nuit qui a vu la disparition de Quémeneur –, un témoin, Georges Viet, aurait aperçu un certain Jean Quemin jeter un corps dans la rivière.

Le 26 juillet 1928, L'*Action républicaine*, journal dirigé par Maurice Viollette, relance l'affaire Seznec sous la plume de son rédacteur en chef, Raymond Gohon. Il interviewe Jean Quemin.

Celui-ci se défend avec l'aplomb d'un homme sûr de lui : « Moi, tuer un homme ! Par exemple. Dieu merci, non, je n'aurais jamais fait cela. Tenez, venez donc voir la rivière dans laquelle on m'a vu jeter un corps. La voilà, la rivière d'Auge ! Vous vous étonnez de ne point voir d'eau ? Il n'y en a jamais. Parfois cinq ou six centimètres en plein hiver. C'est là, et non dans la rivière toute proche que j'aurais jeté le cadavre, sans doute pour être sûr qu'on me voie bien du pont ? Cela ne tient pas debout. »

Quemin s'explique encore : « C'est une histoire montée par trois ou quatre individus que je vais démasquer et poursuivre. »

Un journaliste de *L'Ère nouvelle*, intrigué par cette nouvelle piste, enquête sur place. Veut-il « vendre du papier » ou est-il convaincu que la vérité est là ? Sans doute obéit-il aux deux motivations. Toujours est-il que ses conclusions sont claires : Quémeneur a été tué à Lormaye, commune du département de l'Eure-et-Loir.

Un rebondissement que la justice ne prend pas en compte, bien que le parquet de Chartres ait ouvert une nouvelle enquête. Les fouilles des gendarmes ne donneront rien. Mis en cause, Jean Quemin porte plainte et le journaliste est condamné pour diffamation en 1929.

Il décédera quelques années plus tard. Qu'avait-il découvert ?

Il a d'abord acquis la certitude que Quemin et Quémeneur se connaissaient. Ce dernier fut marchand de bestiaux, comme Quemin. Les deux hommes se sont rencontrés à La Villette, lieu d'abattage des bêtes où tous les maquignons se retrouvent pour faire la fête. Le localier s'est ensuite aperçu que le témoignage de Georges Viet, petit homme simple et affublé d'une timidité maladive, n'a jamais été pris au sérieux par les enquêteurs. Qu'avait vu ce maraîcher jusque-là sans histoire ?

Dans la nuit de la disparition de Quémeneur, Viet revient au clair de lune de chez un neveu qu'il a l'habitude de visiter chaque vendredi. En passant à vélo devant le 20 de la rue de Verdun, il est surpris par un remue-ménage inhabituel. Il regarde machinalement et aperçoit « la forme d'un corps que l'on passe par-dessus les grilles de la ferme ». Puis il perçoit « le bruit d'un corps jeté dans la rivière d'Auge ». Ce cours d'eau n'est autre qu'un fossé alimenté par l'Eure quand celle-ci est en crue.

Viet rentre chez lui, non sans avoir la sensation qu'il a été suivi. Le lendemain matin, il se rend à l'endroit où il croit qu'un corps a été jeté et y trouve… un épouvantail à moineaux. Sous le pont, la terre est fraîchement remuée. Viet ne fait pas état de sa découverte aux gendarmes. Il en parle seulement à quelques proches.

Un visage buriné par le soleil et les travaux forcés. Tel était Guillaume Seznec à son retour de Guyane en 1948, quand il confia ses souvenirs à un magazine policier à grand tirage... (Détective.)

Pourquoi ce silence ? L'intéressé lui-même ne peut répondre à cette question. C'est dommage. Intimidation, timidité ? Allez savoir !
Des années plus tard, un journal est glissé sous sa porte. Une petite annonce entourée de rouge attire son attention : « M. Viet pourra-t-il dire quand il a vu M. Quémeneur pour la première fois ? » Viet se décide enfin à contacter la gendarmerie. Sans guère plus de conséquences sur l'affaire. Son témoignage trop tardif n'est pas pris en compte.
Les années passent et l'affaire Seznec suscite autant de passions.

Une infâmie judiciaire ?

Le spectre de l'erreur judiciaire hante les consciences. Le 10 novembre 1992, une journaliste de *L'Express*, habitant à Chaudon, à côté de Nogent-le-Roi, publie dans *L'Action républicaine* les conclusions de la minutieuse enquête qu'elle a menée après avoir recueilli les témoignages des derniers survivants de l'époque. Sous le titre *Enquête sur un citoyen au-dessus de tout soupçon*, elle dresse un portrait peu flatteur de Jean Quemin.
Âgé de cinquante-neuf ans en 1923, ce maquignon a des moyens financiers importants. Il habite au 20 de la rue de Verdun à Lormaye, dans une belle propriété agricole, en compagnie de sa seconde femme, épousée en 1920.
Lorsqu'il est interrogé par les journalistes locaux, Quemin sert un argument imparable : celui de son aisance financière.
« Pourquoi aurais-je tué Quémeneur ? Par besoin d'argent ?
Allons donc... J'avais à ce moment-là beaucoup d'argent en banque... »
On n'en saura pas plus car l'épouse de Quemin a exigé que la « fortune » du ménage ne soit pas détaillée dans les colonnes de la presse.

Chronologie

- 1er mai 1878 : Joseph-Marie-Guillaume Seznec naît à Plomodiern.
- 18 juillet 1906 : Seznec épouse Marie-Jeanne Marc ; ils auront quatre enfants.
- 1923 : Pierre Quémeneur, conseiller général, et Guillaume Seznec, son ami, se mettent en affaires.
- 24 mai : Seznec et Quémeneur ont rendez-vous à Rennes pour convoyer une automobile.
- 25-26 mai : Quémeneur disparaît.
- 27-28 mai : Seznec arrive à Morlaix.
- 1er juin : Seznec part à Paris chercher Quémeneur.
- Mi-juin : la valise de Quémeneur est retrouvée au Havre.
- 30 juin : Seznec est inculpé.
- 6 juillet : perquisition chez Seznec.
- 4 novembre 1924 : condamnation de Guillaume Seznec aux travaux forcés. Déporté en 1927, il va passer dix-neuf ans au bagne des îles du Salut, en Guyane française.
- juillet 1928 : interview de Jean Quemin dans *L'Action républicaine*. Réouverture de l'enquête.
- 15 septembre 1928 : reconstitution.
- 14 mai 1931 : décès de Marie-Jeanne Seznec.
- 2 février 1946 : Seznec est gracié par un décret du général de Gaulle.
- Juillet 1947 : retour en France.
- 14 novembre 1953 : il est renversé par une camionnette à Paris.
- 13 février 1954 : il meurt des suites de ses blessures. Plainte pour assassinat déposée par Robert Badinter.
- 9 juin 1977 : dépôt d'une requête en révision auprès du garde des Sceaux.
- 10 novembre 1992 : publication d'une enquête sur Jean Quemin.
- 5 octobre 2006 : révision du procès.

L'enquête de voisinage renvoie également l'image d'un Quemin dont les gens se méfient : « C'était un petit homme râblé, au visage carré. Les Quemin sont connus comme des violents. »

Autre témoignage recueilli par la journaliste Liliane Langellier, auprès d'une institutrice à la retraite qui a passé toute son enfance à Lormaye :

« Lorsque Quemin menait ses vaches, il avait toujours un gourdin en main, et un jour, en croisant mon oncle, il l'a sauvagement agressé et roué de coups. »

Certificat médical, plainte : il n'y a jamais eu de suites judiciaires à cette agression. De même, Quemin aurait conduit pendant vingt ans sans permis et sans être l'objet du moindre procès-verbal !

Beaucoup à Lormaye ont pensé et pensent encore qu'il était indicateur de police et qu'à ce titre, il jouissait d'une impunité certaine.

Ainsi, alors que Georges Viet s'est enfin décidé à parler après avoir reçu d'un anonyme le journal et sa petite annonce, une reconstitution est organisée le samedi 15 septembre 1928. Six terrassiers sont chargés de creuser le fossé. Et au moment même où Viet va demander que l'on fouille également sous le pont – sous l'œil hagard de Quemin qui lève par trois fois ses bras de désespoir –, le maire, Alexandre Goislard, va dire : « Pour satisfaire la population de Lormaye, je demande que l'on fouille sous le hangar à cochons. »

Il n'y aura donc pas de fouilles sous le pont. Mais pis, on va discréditer le témoin principal, le pauvre Georges, en insinuant « qu'il aimait bien arroser ses dîners ».

Liliane Langellier le rappelle dans son article, un autre témoignage sera occulté : celui de Jean-Louis, un ouvrier agricole travaillant dans la ferme du fils Quemin. Le jour du meurtre, il a entendu le moteur d'une voiture qui arrivait, suivi d'une vive discussion que conclut…

Le 13 février 1954, Guillaume Seznec rendait l'âme. Sur son lit de mort, sa famille fit la promesse de rendre l'honneur perdu à l'ancien bagnard. Malgré toutes leurs tentatives, cela n'a pas encore abouti. (Détective, 22 février 1954.)

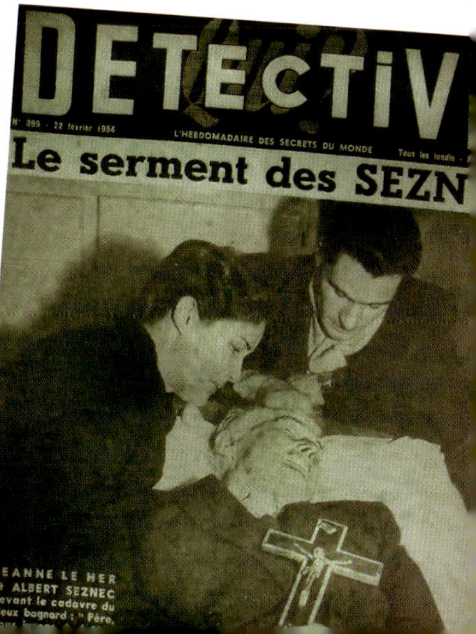

un coup de feu ! Jean-Louis a le tort d'être polonais, de manier difficilement le français. Il est pris pour un faible d'esprit. Son collègue, Pierre Patrice, raconte à son tour que ce soir-là, Jean-Louis Quemin a interdit à ses ouvriers de sortir dans la cour de sa ferme.

À l'été 1928, le garde des Sceaux se résout à rouvrir l'enquête qui ciblera, cette fois-ci, le village de Lormaye. Les investigations restent sans suite.

En 2003, intimement convaincue de la culpabilité de Quemin, Liliane Langellier se replonge dans l'affaire, accumule les indices mais bute sur un point important : l'endroit exact où devaient avoir lieu les travaux que le maçon Georges Martin avait à réaliser.

Était-ce dans la ferme du fils Quemin (Jean-Louis) à Chandres, route de Maintenon, ou dans celle de Quemin père ? Sans preuves formelles, il est impossible d'entamer des fouilles. Au fait, de quels travaux de maçonnerie s'agit-il ?

La journaliste, décidément pugnace, a la preuve que Georges Martin fut embauché par les Quemin en juin 1923 pour installer les fondations d'une porcherie. Quand il s'est présenté à la ferme, on lui a interdit le chantier. En outre, les fondations étaient déjà coulées, et le maçon fut réglé sur-le-champ pour des travaux qu'il n'avait jamais ni entamés ni effectués. On connaît les vertus du béton, matériau employé par certains pour faire disparaître un corps. À tout jamais !

Se pose, aujourd'hui, comme hier, la question essentielle : pourquoi n'a-t-on pas fouillé au « bon » endroit ? Révélations de Liliane Langellier : «Les Quemin appartenaient à “la Secrète”, ils bénéficiaient de protections.»

Parmi ces protections circule un nom : celui de Pierre Boni, inspecteur de police à la réputation sulfureuse, lui aussi affilié à «la Secrète». Boni a toujours su se rendre indispensable. Au ministre de l'Intérieur, comme, plus tard, aux agents de la Gestapo. Il sera fusillé à la Libération. Ce collaborateur était connu pour sa cruauté envers les résistants. En prison, il aurait avoué : «Je ne regrette qu'une seule chose, avoir envoyé un innocent au bagne.»

Reste le mobile. Quel intérêt avaient Quemin et Boni à tuer Quémeneur ? L'affaire, toujours selon Liliane Langellier, mêlerait crapulerie et politique. Derrière tout ça se cacherait l'ombre d'un personnage important de l'époque : Camille Chautemps, ministre de l'Intérieur en 1924, coiffant ou tolérant un vaste et juteux trafic de matériel américain, dont les fameuses Cadillac. Quémeneur aurait eu vent de ce trafic. Dès lors il était condamné.

Les arguments des partisans de la «piste de Lormaye» sont évidemment troublants. Pourquoi n'ont-ils pas « troublé» la justice ? Parce que, au dire de certains, s'il fallait « couvrir » Quemin, les enquêteurs avaient trouvé en Seznec le coupable parfait. Et si des investigations plus poussées, comme celles de journalistes curieux et déterminés, n'ont pu secouer l'inertie de la justice, c'est parce qu'il n'y a pas de pire aveugle que celui qui ne veut pas voir...

Ultime questionnement : si Quemin a été payé pour faire disparaître Quémeneur, comment aurait-il pu l'attirer à Lormaye, alors que seuls les aléas du voyage ont amené Quémeneur et Seznec à s'arrêter à une vingtaine de kilomètres de là ? Liliane Langellier pense que le coup de fil passé par Quémeneur au restaurant Le Plat d'étain à Houdan était destiné à Quemin. Quémeneur avait besoin de liquidités. Son «ami» Quemin a-t-il saisi l'occasion ? Le secret de l'affaire Seznec est peut-être caché là, à Lormaye. La lumière surgira-t-elle un jour de la terre de l'Eure-et-Loir ?

«On doit exiger que je cherche la vérité, mais non que je la trouve !» écrivait Diderot. Tous ceux qui se sont penchés sur l'affaire Seznec ont obéi à cet impératif.

Gérald MASSÉ
Les Grandes Affaires Criminelles d'Eure-et-Loir, 2007.

La tradition veut que les détenus de Guyane portent une tenue rayée blanche et noire. Il n'en est rien : l'uniforme que Seznec dut porter tout au long de son séjour au bagne, à l'instar de tous les autres forçats, était rouge délavé et blanc. (Musée de la Police, Paris.)

Cour d'assises de la Haute-Vienne,
29 mai-7 juin 1929

Le jeune BARATAUD

IL N'AIMAIT PAS ce travail, et c'est à contrecœur, qu'il avait accepté de partir couvrir ce procès à Limoges pour le compte de son journal, *le Petit Parisien*, un des grands titres de la presse parisienne. Le rédacteur en chef lui avait vanté les charmes sulfureux de la « ville noire », révélés par cette double affaire criminelle. Ce dont il doutait fort, lui, André Salmon, l'ami de Picasso, de Max Jacob et d'Apollinaire, lui qui a présenté au public pour la première fois cette toile si étonnante, *Les Demoiselles d'Avignon*. Aussi, en cette soirée du 27 mai 1929, l'ancien critique d'art, l'un des résidents du bateau-lavoir, le presque quinquagénaire Parisien, traînait sa valise et faisait porter sa malle de voyage par un porteur du P.O., les chemins de fer du Paris-Orléans, qui la trimbalait sur un diable. Il arpentait les quais de la gare d'Austerlitz, espérant apercevoir quelques collègues journalistes de l'un des quotidiens de la capitale. Dans son compartiment, il ne trouva en guise de compagnon de voyage, que deux militaires en permission qui quittaient la Rhénanie pour rejoindre Toulouse, et un voyageur de commerce éreinté et somnolent. Il sortit sa pipe, son tabac, puis les notes qu'il avait réunies avant son départ au sujet de l'affaire. Une histoire complexe, qui avait eu lieu près d'un an et demi plus tôt, dans la capitale de la porcelaine. Son journal avait largement couvert les rebondissements de ce double meurtre, et il essaya de faire le point, avant de débarquer à Limoges. Le procès en cour d'assises débutait deux jours plus tard…

Les deux visages de Charles Barataud ;
à droite, le play-boy, le dandy insouciant.
À gauche, le visage mangé de barbe, l'accusé attendant que justice soit rendue à son procès.
(Détective, 6 juin 1929.)

Année - N° 32 1 FR. 25 - TOUS LES JEUDIS - 16 PAGES 6 Juin 1929

DÉTECTIVE

Le grand hebdomada

Barataud

DEUX PORTRAITS DU BEAU CHARLEY :
L'insouciant dandy de Limoges,
l'homme traqué dans le box des accusés

(Pages 8 et 9, les articles et les documents de nos envoyés spéciaux)

Une malencontreuse course de nuit

Tout avait commencé le jeudi 12 janvier 1928. Vers 5 heures et demie, par un après-midi gris et maussade, Étienne Faure, chauffeur de taxi se trouvant stationné place Jourdan, est prévenu par Frugier, le garagiste de la rue du Maupas, qu'il a reçu un coup de fil pour lui commander une course de nuit, à deux cents kilomètres de Limoges. Peu après, aux alentours de 7 heures, le chauffeur de taxi dîne chez lui, rue Bernard-Palissy. Il a tout de même fait part, tant à sa femme qu'au garagiste, de son étonnement d'avoir reçu cet appel téléphonique alors qu'il se trouvait justement au garage peu de temps auparavant, et que nul n'était censé savoir qu'il s'y trouvait. La personne à l'autre bout du fil s'est présentée sous le nom de Roux, qu'il ne connaît pas. Après le repas, Étienne Faure quitte sa femme et ses deux fils pour rejoindre le chemin de Corgnac où il a rendez-vous avec son client pour cette fameuse course de nuit. On ne le reverra plus vivant. Le dimanche 15 janvier, Mme Faure, inquiète de la disparition de son mari, se rend successivement au garage et chemin de Corgnac, où personne n'a commandé de taxi, puis elle écrit au procureur de la République de Limoges.

En vertu d'une réquisition du procureur, deux gendarmes se rendent à son domicile et recueillent tous les renseignements utiles à l'enquête

Le pont de la Varogne, surplombant le Vincou. Ce fut là que, selon toute vraisemblance, le corps du chauffeur Faure fut jeté à l'eau... (Détective, 20 juin 1929.)

sur la disparition du chauffeur de taxi. Sa déposition, reprise par la presse quotidienne, tenait en ces quelques mots que Salmon avait notés sur son carnet de journaliste : « Sa femme, prise de désespoir, nous dit qu'elle a l'horrible pressentiment de son assassinat. » Il avait recopié l'article du *Populaire du Centre* : « Mon mari, Étienne Faure, trente-six ans, né à Limoges le 24 décembre 1891 de père inconnu et de Marie Faure, disparu depuis le jeudi 12 janvier [...] Cheveux châtains, yeux bleus, figure allongée, petite moustache châtain clair. Vêtu d'un complet gris, d'un pardessus raglan gris foncé, coiffé d'une casquette grise, chaussé de sabots montants à lacets, ferrés en caoutchouc, porte au bras gauche un brassard de deuil, une chemise blanche en flanelle coton à rayures roses, col mou, une cravate noire. Un pull-over beige à rayures marron foncé. »

Où l'on découvre le taxi d'Étienne Faure

Dans la nuit du dimanche 15 au lundi 16 janvier, de nouveaux événements liés à l'affaire se produisent du côté d'Argenton-sur-Creuse, à un peu moins de cent kilomètres au nord de Limoges.

De retour du cinéma, une famille argentonnaise aperçoit, non loin de la rampe d'un embarcadère, des faisceaux de lumière semblables à deux phares d'auto sortant des eaux de la rivière. Au même instant surgit inopinément de l'obscurité un homme vêtu d'un pardessus et coiffé d'une casquette sombre, qui leur signifie : "Je vais chercher du secours", avant de disparaître aussi vite qu'il était apparu.

Cet homme pressé est ensuite aperçu arrivant en courant à la gare d'Argenton, à l'instant précis où le train en provenance de Paris entre en gare. Alors l'homme au pardessus va à la rencontre d'un groupe de trois personnes semblant l'attendre impatiemment. Il est minuit passé de 3 minutes et l'express pour Limoges et Toulouse embarque le mystérieux quatuor : trois hommes et une femme. À Limoges, près d'une heure trois quart après (André Salmon, *Le*

secret de Barataud, 1934, p. 51.), gare des Bénédictins, l'homme au pardessus et à la casquette est vu par un témoin, qui l'identifie comme étant Charles Barataud. Le lundi 16 janvier au petit matin, les gendarmes d'Argenton-sur-Creuse retirent de la Creuse une Chenard & Walcker conduite intérieure, immatriculée 2961-K-3. Il s'agit bien là du taxi d'Étienne Faure. Le véhicule, vide et non accidenté, a été arrêté dans sa chute par une des barques à quai.
Le commissaire central de Limoges, Édouard Fressard, prévenu en fin de matinée, envoie deux policiers prévenir Mme Faure, à son domicile.

Charles Barataud entre en scène

Après avoir entendu le garagiste Frugier témoigner de l'étonnement de Faure au sujet de l'étrange appel reçu au garage et du fait qu'une demi-heure auparavant, il avait aperçu Faure converser avec Barataud, les deux gendarmes se présentent chez ce dernier, au n° 4 de l'ancienne route d'Aixe (NDA : actuelle rue François-Perrin. Le domicile donne sur cette première rue et sur la rue Armand-Dutreix), non loin de la place des Carmes. Ils voient alors deux policiers embarquer sous leur nez celui qu'ils viennent chercher. Les deux enquêtes diligentées par le procureur et le commissaire ont abouti aux mêmes conclusions.
En effet, prévenue par le commissaire que la voiture de son mari a été retrouvée, « Mme Faure, avec une rare intuition, fit connaître au commissaire qu'il lui serait peut-être intéressant d'entendre un jeune homme que son mari avait l'habitude de conduire, souvent de nuit, à Brive, à Poitiers ou à Périgueux, et qui avait vu Étienne Faure jeudi, dans la carrosserie de la rue du Maupas, où le client du nom de Roux devait téléphoner quelques minutes après. Elle confirma que son mari avait sur lui une somme de 1 700 francs. »
Les deux policiers conduisirent alors immédiatement le jeune homme devant le commissaire central. André Salmon faisait mentalement le point dans le train sur le faisceau d'indices, à ce moment-là de l'affaire, juste après l'arrestation de Charles Barataud, le lundi 16 janvier 1928,

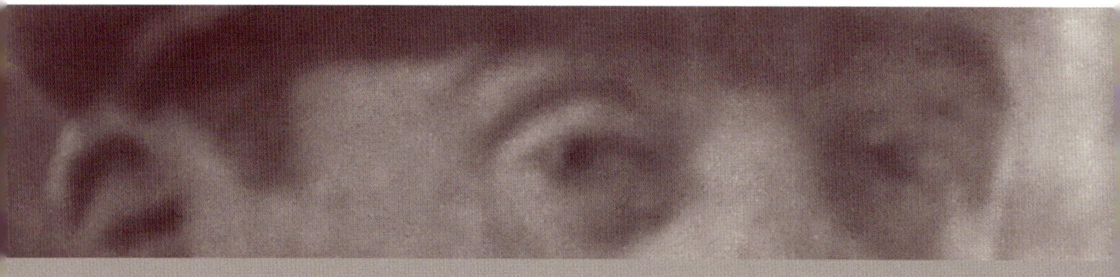

entre midi et 1 heure. Il avait été vu conversant avec Faure peu avant le coup de fil, puis on l'avait aperçu dans le hall de la gare de Limoges Bénédictins la nuit même, peu après l'arrivée de l'express de Paris, alors qu'un homme coiffé et habillé semblablement avait été vu après avoir tenté de faire disparaître la voiture de Faure à Argenton. Voiture dont la plaque avait été enlevée pour être maladroitement cachée dans le coffre, avec des plans d'architecte. Soixante-douze heures s'étaient écoulées, un peu plus même, entre le départ de Faure et l'embardée de son véhicule à moins de cent kilomètres de Limoges. Qu'avait-il alors déclaré ce suspect, doublement désigné par sa propre femme et le garagiste de la rue du Maupas ? Car ses déclarations avaient changé, et ce à plusieurs reprises.

«Première version de Barataud, avait écrit André Salmon, sur son carnet, celle du lundi 16 janvier, devant M. Fressard, un bon myope vêtu avec le soin de quelqu'un à qui l'on fait plaisir en le traitant, comme il le mérite, de "magistrat distingué" (André Salmon, *op. cit.* p. 58.) :

« Au cours de la nuit de jeudi à vendredi, vers 3 heures du matin, se rendant en automobile à Fleuret (Indre), il tomba en panne à une vingtaine de kilomètres de Limoges, près du village du Buis, sur la route de Poitiers. À ce moment-là, vint à passer un taxi conduit précisément par Étienne Faure. Ce dernier s'arrêta et le jeune homme le connaissant, lui demanda de l'aide. N'arrivant pas à dépanner l'auto, le jeune homme prit place dans le taxi et revint avec Étienne Faure à Limoges. Arrivés rue de la Mauvendière, en face de la caserne des pompiers, le jeune homme fit stopper la voiture et informa le chauffeur qu'il avait besoin d'une auto pour le conduire à Poitiers avant 8 heures du matin. Il demanda à Étienne Faure de lui prêter son taxi et lui offrit 150 francs. Ce dernier aurait accepté en disant de lui ramener son taxi soit devant l'hôtel de Bordeaux, soit rue des Tanneries devant le domicile d'un autre loueur d'auto. [Il] aurait alors été prendre, à leurs domiciles, deux marchands de biens, dont l'un s'appelant M. Roux, et dans l'intention d'aller voir des propriétés boisées. Il aurait avec eux repris le chemin de Poitiers et, en cours de route, il aurait de nouveau essayé de dépanner sa voiture. »

La "version" de M. Roux

Cette première version ne pouvait coller, tant les incohérences étaient nombreuses et surtout, au vu de l'endroit où le corps du chauffeur de taxi allait être retrouvé trois jours plus tard. Le commissaire de police fit alors venir M. Roux, le marchand de biens en question. La version donnée par Roux, corroborée ensuite par le second témoin, M. Lascaux, donnait ces éléments d'information : « Quelques jours auparavant, le jeune homme avait proposé de lui faire connaître un riche propriétaire des environs du Dorat, ayant l'intention de vendre des domaines d'une valeur de 1 500 000 francs. Si l'affaire réussissait, [il] demandait comme commission 100 000 francs comptant. Il se refusait de donner le nom et l'adresse du propriétaire, de crainte que M. Roux ne traitât le marché sans lui. Il fixa rendez-vous à MM. Roux et Lascaux, marchands de biens à Brive, le vendredi à 4 heures du matin. À l'heure convenue, M. Roux l'attendit devant son domicile. [Il] lui fit savoir que son auto était en panne près de Bellac, il allait en chercher une autre et le pria d'aller attendre M. Lascaux à l'hôtel de Bordeaux, où il irait les rejoindre. Une demi-heure plus tard, [il] faisait monter les deux marchands de biens dans une superbe Chenard, qui n'était autre que le taxi de M. Étienne Faure, que MM. Roux et Lascaux ne connaissaient pas. Ces derniers avaient averti le jeune homme que si la vente des propriétés était passée, ils tenaient à sa disposition un billet reconnaissance de 100 000 francs, qu'ils lui montrèrent. De son côté, [il] leur déclara qu'en cours de route, au village du Buis, il prendrait un de ses amis qui les présenterait au propriétaire en question. Vers 4 heures et demie, [il] fit stopper le taxi à l'endroit où son auto était en panne. Celle-ci était tombée dans un fossé et un arbre se trouvait couché sur le capot. Comme pour soulever l'arbre il fallait de puissants leviers, [il] s'absenta pendant cinq minutes, et au lieu de revenir avec un pieu, il tenait dans une main une hache. Il expliqua aux marchands de biens que, par hasard, il avait trouvé cet instrument. Monsieur Roux s'en saisit aussitôt et essaya en vain de dégager l'auto. N'y parvenant pas, le trio remonta en taxi, et la randonnée se poursuivit. Au village du Buis,[il] descendit et priant les deux marchands de l'attendre, il leur dit qu'il allait chercher son camarade. Il revint peu après déclarant qu'il ne l'avait pas trouvé et s'excusa de les avoir dérangés. L'auto fit demi-tour. À Limoges, [il] quitta les deux marchands à la gare des Bénédictins et abandonna le taxi, rue des Tanneries, sans se préoccuper de son propriétaire. »

Les aveux de Barataud

Cependant, cette version abracadabrante de la soirée, décrite par Barataud, même si elle se recoupait par certains points avec le témoignage de Roux, faisait peser plus de soupçons que nécessaire sur lui-même.

À gauche, le chauffeur Étienne Faure ; à droite, Bertrand Peynet. Les deux victimes de Barataud, deux crimes qui le conduisirent au palais de Justice de Limoges au printemps 1929. (Détective.)

Le mardi 17 janvier, au petit matin et après une première nuit passée au poste de police, Charles Barataud, pressé de questions par les policiers, passa aux aveux.

« Deuxième version », avait écrit André Salmon sur une nouvelle page de son carnet : « Tout étant contre moi, dit-il aux enquêteurs, je vais vous dire la vérité […] Au cours de la nuit de jeudi à vendredi, [me] rendant dans [mon] auto Panhard à Fleuret (Indre), [je] tombai en panne près du Buis, à trente-cinq kilomètres de Limoges. Ne pouvant repartir,[je] vis venir de la direction de Poitiers, un taxi conduit par Étienne Faure que [je] connaissais. Le chauffeur [me] prit dans sa voiture. [Je] le priai alors de [me] conduire à Eygurande (Corrèze). L'auto se mit en route. Après avoir dépassé Razès, [je] fus pris d'une crise de folie. »

André Salmon découpa également un article du quotidien modéré du département de la Haute-Vienne, *le Courrier du Centre*, paru le 18 janvier 1928 :

« Arrivé au village de Chanteloube, route de Paris, je sortis, je ne sais pourquoi, mon revolver. Je tirai sur Faure une seule fois, le tuant d'une balle dans la tête. Je trouvais que le chauffeur n'allait pas assez vite. Il fut atteint à la tempe gauche. La voiture parcourut encore quelques mètres. J'ai saisi le volant, j'ai freiné. J'ai jeté le cadavre sur la route. Je l'ai précipité dans une carrière m'appartenant, non loin des maisons, dans un trou profond de trois mètres. Je ne l'ai pas fouillé. J'ai repris, avec la voiture, le chemin de Limoges. Je l'ai laissée rue de la Mauvendière. Depuis, je ne sais ce qu'elle est devenue. Je ne suis pour rien dans l'affaire d'Argenton. L'auto a dû être volée par des rôdeurs. J'étais fou et j'étais seul.»

Cette deuxième version de Charles Barataud ne tenait pas, et de nombreux points l'avaient démontré depuis. Le chauffeur de taxi avait été retrouvé non loin du lieu où la Panhard avait été accidentée et non vers Razès. Il n'avait pas été tué d'un coup de revolver, mais par un coup mortel. De surcroît, il était peu vraisemblable que ce ne soit pas lui ou un de ses complices qui ait emmené l'auto dans divers endroits successifs, pour finalement tenter de faire disparaître le véhicule le dimanche soir. «À moins que ces aveux n'aient d'autre but que de lui permettre de conclure un singulier marché avec le commissaire central Fressard.» (André Salmon, *op. cit.*, p. 107.)

"Troisième version", écrit André Salmon

Car là commençait la seconde affaire criminelle... Après ses aveux, Charles Barataud demanda à être assisté de Me Allégret, devant qui il confirma ses aveux. Avant d'être déféré au parquet, Charles Barataud fut conduit par deux agents de la sûreté à son domicile, pour y prendre du linge et écrire une lettre. Arrivé dans sa chambre, au 1er étage de l'immeuble de l'ancienne route d'Aixe, il y retrouva son ami, Bertrand Peynet, un étudiant de dix-neuf ans, domicilié 1 bis, avenue du Pont-Neuf, qui, à ce stade de l'enquête, apparaissait pour les policiers comme son probable complice.

Que se passe-t-il alors entre eux ? Peu de temps après, un coup de feu retentit et les agents découvrent Charles Barataud dissimulé derrière un paravent et armé d'un fusil de guerre à chargeur. [...] Après avoir maîtrisé l'impétrant, ils retrouvent Bertrand Peynet «étendu sur une peau de tigre». Le jeune homme portant une blessure à la tempe et ne donnant plus signe de vie. Conduit en prison dans l'après-midi, le prisonnier se rétracte et confie que ses deuxièmes aveux avaient pour but d'abuser la confiance du commissaire, afin de pouvoir retrouver son ami. «Troisième version», avait encore écrit André Salmon sur une nouvelle page de son carnet : «Je n'ai pas tué Faure, je ne sais pas où est son cadavre. Je suis innocent. Nous avons voulu nous tuer, Peynet et moi, pour sauver notre honneur.»

En effet, au-delà des liens singuliers unissant les deux hommes qu'André Salmon avait consignés sur un autre carnet de notes, Charles Barataud, avant de tirer sur son ami, passe un coup de fil à son avocat, lui révélant leur double décision suicidaire. S'il se rate, c'est selon lui parce que les cartouches mouillées n'ont pas percuté.

Un jeune homme qui sent le soufre

Le chroniqueur judiciaire, qui allait découvrir sous peu la capitale porcelainière que les feux des usines teintaient de couleurs rougeoyantes, avait scrupuleusement découpé toute la série d'articles écrits par ses « modestes collègues de province » une fois Bertrand Peynet assassiné et Charles Barataud en prison au champ de foire. La presse s'en était donnée à cœur joie et il lui fallait établir le profil des deux jeunes gens. André Salmon ouvrit son second carnet, dans lequel se succédaient les fiches correspondantes aux différents protagonistes de l'affaire.
« *Primus inter pares*, l'inculpé, fils d'un père industriel dans la porcelaine, homme avare sinon avaricieux, qui avait su faire d'habiles placements immobiliers. Si le père Barataud passait soudain le seuil d'un de ces cafés du centre de Limoges, le Café de la Comédie, sur la place de la République, le Café de Paris ou le Café Victor cher aux sportifs, sur la place Denis-Dussoubs, qu'aurait-il vu ? « Liliane d'Abrémont » ou « Liliane d'Armont », ou encore « la Comédienne », car tels étaient les surnoms donnés à Charles Barataud dans un milieu festif, décadent, dévoyé, fait de jeux et de plaisirs. Un jeune homme qui avait des dettes auprès de la blonde et opulente maîtresse du Lion d'Or, l'indulgente Lucette, successeur de Nana.

La presse socialiste et plus encore celle communiste avaient même rivalisé dans une peinture au vitriol de l'intéressé. «“Fils d'une famille bourgeoise, grand amateur de tennis et de football, il était joueur et homosexuel, s'adonnait aux stupéfiants, fréquentait les maisons de nuit et avait, dit-on, des dettes de jeu”, pouvait-on lire dans le quotidien de la SFIO, *le Populaire du Centre*. « La charge du quotidien régional communiste était rude, appliquant à la lettre, la tactique classe contre classe : « “La bourgeoisie tarée. Le crime crapuleux d'un bourgeois dépravé [...] L'assassin, Charles Barataud, trente-trois ans, bourgeois tel qu'en fait le régime, ancien officier, joueur, opiomane, pédéraste, tout ce qu'il faut pour représenter dignement la classe bourgeoise. Mais il y a des complices... Ceux-là, soyez sûrs qu'ils ne seront pas de sitôt à l'ombre. Ce sont des fils de bourgeois, des fils à papa et l'impossible sera fait pour éviter la "souillure" à d'honnêtes "familles bourgeoises" [...] On cherche les complices, mais ils se trouvent, paraît-il trop haut placés. On ne peut les atteindre. Des bruits circulent avec persistance. Des noms de "femmes du monde" et de bourgeois cossus sont mis en avant [...] Il semble cependant que la police était parfaitement renseignée sur la personnalité de Barataud et de ses intimes ; tout un monde de jeunes dévoyés bourgeois, de pervertis, d'homosexuels, de "tapettes", de blasés chercheurs de sensations fortes dans les stupéfiants [...] À part la pauvre victime, Faure, sacrifiée aux vices des fils de bourgeois de Limoges, tout le reste semble s'être passé dans cette partie pourrie de la société bourgeoise, parmi les fils à papa, les viveurs, les jouisseurs, les catins de la haute." « Deuxième personnage, héros malgré lui, de cette histoire, le jeune Bertrand Peynet, dit "Mimi la teinture", amant de Charles et d'une femme du monde originaire de Corrèze et épouse d'un notable de cette ville. Bertrand, devenu son amant à dix-sept ans, partageait sa vie entre cette femme mariée et Charles. Pour *le Travailleur du Centre*, "Un jeune bourgeois dépravé et de 'mœurs spéciales', fils du teinturier millionnaire de Limoges". En 1926, Charles Barataud, trente et un ans, rencontre Bertrand Peynet, dix-sept ans, à qui il présente Bernadette Brel, épouse Frénay, vingt-quatre ans, la femme du notable. Le couple à trois se forme. Le trio se désagrège puis se reforme à l'automne 1927, avec des visites très fréquentes de Bertrand à Charles, chez qui un lit est aménagé au rez-de-chaussée pour les amours adultérines des deux autres. Le jeudi 19 janvier, deux jours après son assassinat, a lieu l'enterrement de Bertrand, en l'église Sainte-Valérie, dans le Limoges rive gauche, non loin du séminaire.

« Troisième personnage, Bernadette Brel, originaire d'Argentat en Corrèze, qui a rencontré son futur époux lors d'un pèlerinage à Lourdes. Ce dernier, de quatorze ans son aîné, est venu occuper le poste d'ophtalmologiste à Limoges où il s'installe avec sa femme boulevard de Fleurus. Rencontrée en juin 1923, dans le compartiment du train les emmenant en pèlerinage, le mariage intervient en juillet, à Argentat entre René Frénay, trente-six ans, paralysé d'une partie du visage et Bernadette Brel, vingt-deux ans le mois suivant. Bernadette, dite "Mimi", part le week-end du 14 et 15 janvier 1928 avec Bertrand, en amoureux, pour vivre leurs amours clandestines dans

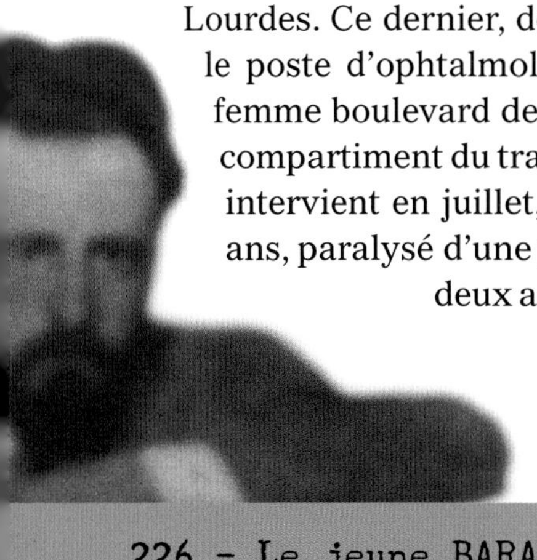

L'un des abris des amours de Peynet et de Barataud. Charles n'hésitait pas à faire venir ses amants des deux sexes chez lui 4, route d'Aixe à Limoges... C'est également là qu'il abattit Bertrand Peynet alors que les policiers l'attendaient en bas dans la rue. (Détective, 13 juin 1929.)

un hôtel de Brive. C'est Charles qui doit venir attendre Bertrand à son retour en gare de Limoges, prétexte qu'il avance pour justifier sa présence dans la nuit de dimanche à lundi dans le hall des Bénédictins. L'époux de Bernadette, de garde à l'hôpital le jour du meurtre de Bertrand, surpris de trouver un familier du couple pénétrer à la morgue une balle dans la tempe, rentre précipitamment à son domicile. Il est atterré de trouver sa femme en proie à un chagrin insurmontable et reçoit les aveux de leur liaison. Mimi lançant à la face de son mari : "Mon pauvre ami ! Tu étais bien le seul à ignorer que Bertrand était mon amant depuis trois ans !"
« Quatrième catégorie, la bande des amis de Charles Barataud, toute une jeunesse dorée attirée par cet homme sportif, élégant et régalant plus qu'à son tour ces jeunes gens dans les cafés, les cabarets et les tavernes. « Albert, le fils du juge, [...] le carabin Sicot, un élégant costaud, [...] tous ceux que tu avais entraînés, car ton pouvoir sur la jeunesse n'était que trop réel, ont tremblé [...] Combien de malheureux garçons, rien que coupables d'avoir partagé tes nuits de sale noce, durent se compromettre un peu plus

pour convaincre les juges qu'ils n'avaient aucune part dans tes crimes ? » (André Salmon, *op. cit.*)

Mais aussi Jean Marcland, étudiant en médecine, ou Fred Escorne, le fils et petit-fils de médecin, qui se fait arrêter le lendemain du crime, à Paris, pour avoir tabassé deux étudiants chinois et injurié copieusement des policiers. « Cinquième protagoniste, l'affaire dans l'affaire. Le marchand de biens, Pierre Roux. Âgé de quarante-cinq ans, ce personnage n'était pas blanc bleu, avec un passé de condamné de la cour d'assises en août 1914, après une fausse tentative de suicide, et surtout après avoir poussé sa maîtresse – une artiste lyrique allemande – par la fenêtre !

C'est dans ce camion baché qu'on procédait au transport de l'accusé Barataud durant son procès. Les spectateurs, eux, n'étaient pas dupes pour autant. (Détective, 13 juin 1929.)

Employé "modèle" à la Trésorerie Générale profitant de son poste pour truquer les comptes et détourner des sommes considérables, appelé en tant qu'officier lors de la mobilisation générale de l'été 1914, comprenant que ses faux en écriture allaient être découverts, il tente ce vrai-faux suicide et passe six ans en prison, après avoir été dégradé de ses titres militaires. Il est libéré de prison en 1920, ayant échappé au conflit qui vient de se terminer. »

Flash-back

Pour l'heure, André Salmon reprit son autre carnet, celui qui narrait le fil des événements, car après le meurtre de Peynet, le 17 janvier, les recherches du corps du chauffeur de taxi, sur la route de Bellac, avaient repris. Le témoignage d'un conducteur se rendant à la foire du Dorat révèle qu'il a vu dans la nuit, une Panhard grise stationnée vers le pont de la Varogne, sur le Vincou.
L'endroit est à deux kilomètres du lieu où Charles Barataud a conduit les deux marchands de biens pour tenter de dépanner en vain la Panhard. Deux kilomètres plus au nord, non loin du village où il a ensuite conduit les mêmes marchands. Et non loin du village de Berneuil, où, nouveau témoignage, la Chenard & Walcker de Faure a été aperçue le jeudi 12 janvier vers 10 heures du soir. Toute une série d'indices convergents, qui amènent en ce jeudi 19 janvier trois hommes, un entrepreneur de travaux publics, un cantonnier et un garde particulier d'une propriété privée, à rechercher dans ce secteur. Au-dessus du Vincou, qui coule dans une vallée assez encaissée, ils aperçoivent un corps flottant sous un fagot. Dans ses poches, ses papiers d'identité et la somme de 425 francs. Il s'agit bien d'Étienne Faure. « À 5 heures du soir, au pont de la Varogne, nous avons constaté le décès d'Étienne Faure, paraissant remonter à six jours, domicilié à Limoges, âgé de trente-six ans, né à Limoges, le 24 décembre 1891, chauffeur, fils de Marie Faure. « Dressé le 19 janvier 1928, à 8 heures sur la déclaration de Jean Paquet, trente-huit ans, huilier, domicilié à Berneuil, qui lecture faite, a signé avec nous, Jean Moreau, maire de Berneuil. » Le crépuscule ayant laissé place à la nuit, deux gendarmes gardent le corps sur place jusqu'au petit matin. Le vendredi 20 janvier dans l'après-midi, Charles Barataud, encadré de gendarmes, de Me Charlet pour la famille Faure et de Me Allégret pour sa défense, sont sur les lieux où a été retrouvé le cadavre, de même que le substitut du procureur, le juge d'instruction et des inspecteurs de police. L'inculpé proteste de son innocence une nouvelle fois. Sur un troisième carnet,

enfin, André Salmon avait consigné les va-et-vient multiples des trois véhicules principaux, la Chenard de Faure, immatriculée 2961-K-3, la Panhard de Barataud, et sa moto bloc.
Il ressortait que la Panhard était restée immobilisée de la nuit du 12 au 13 janvier jusqu'à son dépannage le 14. Nul ne savait si c'était Barataud ou l'un(e) de ses ami(e)s qui l'avait amenée à cet endroit-là, à deux kilomètres du lieu où fut retrouvé le cadavre. Le taxi avait été vu dans la soirée du 12, non loin de Berneuil, puis réapparaissait, conduit par Barataud le vendredi 13, entre 4 heures et 6 heures du matin. Puis il était entreposé au « Bon Abri », la propriété des parents de Peynet, toute la journée du 13, avant d'être déplacé dans un chemin près du Vigen, jusqu'au samedi 14 après-midi, en début de soirée. Puis il était vu en Creuse, dans un autre chemin. Le véhicule finissait dans la Creuse dans la nuit du 15 au 16. La moto bloc sortait du garage où elle était remisée après le 13.
Étrange ballet de véhicules, d'où il ressortait que Barataud et Peynet avaient pu « ordonner » ces déplacements multiples.
Le train était arrivé en gare de Limoges et André Salmon eut ces pensées : « Le voyageur que son itinéraire amène en gare de Limoges aux environs de 2 heures du matin, peut, si l'arrêt du train l'a brusquement arraché au sommeil, se demander s'il rêve encore ou bien si quelque train-fée ne l'a pas porté bien au-delà, en quelque station du centre de l'Europe. Un modernisme achevé a fait de la nouvelle gare de Limoges un modèle de perfection internationale. Les bois clairs sont soutenus de nickel. Le vieux velours vert des salles d'attente l'a cédé à des cuirs tendres. Fer et ciment dominent d'audacieuses courbes de cathédrale industrielle. Par-dessus tout, le spectacle des voies à l'infini, semble-t-il, a de quoi réconcilier dans l'identique admiration l'ingénieur au cerveau farci d'algèbre et l'artiste le plus rebelle aux formes trop convenues. » (André Salmon, *op.cit.*)
Au sortir de la gare, dans la cour, il trouva un confortable taxi, et un chauffeur le conduisit vers un des hôtels de la place. Le procès débutait le surlendemain et il devait récupérer, être d'attaque, pour ce marathon judiciaire.

Toute la presse est présente au procès

Mercredi 29 mai 1929, André Salmon avait pris place aux côtés de ses confrères du *Matin*, du *Petit Journal*, du *Populaire de Paris*, de *l'Écho de Paris*, son ami Pierre Bénard de *l'Œuvre*… Quarante titres en tout, côtoyant non sans morgue leurs humbles collègues de

province. Il avait vu défiler à la barre, durant les premiers jours, les deux marchands de biens, un seul des amis de Barataud, le dénommé Sicot et surtout Mimi, qui, partie vivre en Allemagne après son divorce, avait cru devoir demander s'il était bien nécessaire qu'elle paraisse devant le tribunal, Francfort-sur-le-Main étant éloigné de Limoges.
Après avoir tenté d'obtenir un certificat médical pour se défiler, elle témoigna de manière « ingénue » de son ignorance complète de l'affaire. Certes, elle avait bien été rejointe par Bertrand durant le week-end du 14 et 15 janvier, insistant sur le fait qu'elle ignorait la nature de la conversation téléphonique entre Charles et Bertrand passée du dimanche au lundi, alors qu'il se trouvait avec elle à Brive.
Charles sembla espérer un instant une révélation de sa part, mais rien ne venant, il comprend là qu'il n'a plus rien à espérer.
Elle repartit, coiffée d'une demie tête noire, son renard jeté sur l'épaule et son gros diamant au doigt.

Ce fut par ces hommes, les jurés, que le sort de Charles Barataud fut scellé le 7 juin 1929. À l'incompréhension générale, l'accusé fut condamné aux travaux forcés à perpétuité. (Détective, 13 juin 1929.)

Chronologie

- **1926 : Charles Barataud rencontre Bertrand Peynet.**
- **12 janvier 1928 : Étienne Faure part pour la course de nuit. Il disparaît.**
- **14-15 janvier : Bernadette Brel et Bertrand Peynet partent en week-end à Brive.**
- **15 janvier : Mme Faure signale la disparition de son mari. Charles Barataud est aperçu à Argenton-sur-Creuse, puis à Limoges.**
- **16 janvier : la voiture du taxi est retirée de la rivière à Argenton-sur-Creuse. Barataud est arrêté.**
- **17 janvier 1928 : Barataud avoue. Conduit chez lui par la police, il y tue Bertrand Peynet.**
- **19 janvier : le corps d'Étienne Faure est retrouvé flottant sur le Vincou.**
- **29 mai 1929 : ouverture du procès à Limoges.**
- **7 juin 1929 : Barataud est condamné aux travaux forcés. Émeutes populaires à l'annonce du verdict. Barataud meurt libre à Cayenne le 23 avril 1961.**

Le 5 juin, commença le temps des plaidoiries. Tout d'abord, celle de la partie civile, Me Charlet, pour la veuve du chauffeur de taxi. Puis Mes Chautemps et Charreyron pour la famille Peynet, et Mes Allégret et Masse pour l'accusé.

Il apparut assez rapidement que l'engagement politique des deux avocats du barreau de Limoges, Gaston Charlet et Paul Allégret, renvoyait davantage encore cet affrontement de prétoire en heurt simulé aux allures de lutte des classes. Au-delà du deuxième crime passionnel, il était clair pour André Salmon, que l'appartenance du prévenu à un milieu qualifié de « décadent, inverti, dévoyé », définissait, aux yeux du public et de la presse, la bourgeoisie désœuvrée, jouisseuse et exploiteuse d'un monde ouvrier forcément honnête.

Maître Charlet était un militant socialiste, assurément promis à un bel avenir, tandis que Me Allégret était un homme du centre-droit, conseiller général modéré élu en 1928 dans l'un des quatre cantons de Limoges contre un adjoint au maire de Limoges, un « très proche » de

Après le verdict, la foule se réunit devant l'entrée de la prison, ce lieu où nombreux espéraient venir un matin prochain voir tomber la tête de Barataud. (Détective, 13 juin 1929.)

l'inamovible Léon Betoulle (NDA : Gaston Charlet prendra sa revanche en 1934, en battant aux élections Paul Allégret, et lui ravissant ainsi son siège de conseiller général). Dans sa plaidoirie, Gaston Charlet brocarda en ces termes l'accusé : « Celui qui passe sa journée dans le lit d'un amant et la moitié de ses nuits en compagnie de filles de joie et de pédérastes. » L'impression qui dominait était bien celle d'un affrontement simulé aux allures de lutte des classes, entre un monde du travail incarné par le chauffeur de taxi, et une bourgeoisie dénoncée comme oisive représentée par Barataud et ses amis. Pour ma part, et comme je l'écris dans l'ouvrage que je prépare, « je fus, dans l'atmosphère des Assises, de ceux qui pensèrent qu'un complice te faussa vraiment compagnie dans le bois, près de la route de Bellac. Quelqu'un qui n'était pas au rendez-vous fixé [...] Étais-tu seul au pont de la Varogne ? Seul pour assassiner le chauffeur Étienne Faure ? Seul pour précipiter, deux jours plus tard, le cadavre dans les joncs de la rivière ? Une âme damnée t'a-t-elle assisté dans ton premier forfait ? Cela, je ne le pense pas. » (André Salmon, *op. cit.*, p. 83.)

Un verdict trop clément ?

Au moment du verdict, après dix jours de procès, la confusion au moment de la question des circonstances atténuantes, attribuées pour le second crime dans l'esprit du jury, mais confondues avec le premier, permit à Charles Barataud de sauver sa tête. L'annonce d'une peine de travaux forcés pour l'accusé, en lieu et place de la peine de mort, eut pour effet de troubler les milliers de curieux rassemblés, place du Tribunal.

Harangués par les responsables du parti communiste Perrin et Fronsac, les plus jeunes commencent à s'échauffer. Face aux risques d'émeute, Léonard Betoulle en personne est obligé de se déplacer, le soir même pour faire cette déclaration : "Je comprends l'émotion profonde de la population lorsqu'elle a appris le verdict du jury. L'horrible forfait de Barataud méritait aux yeux de nos honnêtes citoyens un châtiment exemplaire !"

Puis il conclut en ces termes : « Oui, si vous le voulez, libérez votre conscience. Si vous croyez devoir crier : "À mort Barataud !", criez aussi et surtout : "Vive Limoges ! Vive la classe ouvrière !" »
Ce même soir, les militants et les curieux présents, échauffés par la campagne de presse agressive menée les jours précédents contre l'accusé, se lancent à l'assaut de la prison, place du champ-de-Foire. André Salmon nota : « On commença d'arracher les pieux. C'était pour enfoncer les portes de la prison, enlever Barataud et faire justice. La justice du peuple ! [...] La garde mobile à cheval chargea sans sommation. Les cafés devinrent autant d'ambulances. Des chevaux saignés au poitrail crevaient en travers des rues. Des gardes s'éreintèrent sur le pavé, désarçonnés par des fils [de fer], abattus à hauteur propice par les manifestants. » (André Salmon, *op. cit.*, p. 124.)
Un groupe d'une trentaine de jeunes gens a en effet réussi à arracher de ses fixations une des barres de fonte qui sert d'ordinaire à lier le

bétail les jours de foire et en fait usage comme bélier pour forcer la porte de la prison. Les commissaires, débordés, demandent l'aide des gardes mobiles à cheval tandis que le jardin d'Orsay, comme en 1905, sert de camp retranché aux manifestants.
En dépit de l'intervention du maire, la situation est jugée de plus en plus inquiétante par les autorités militaires. Une barricade commence à être édifiée rue de l'Amphithéâtre, et tous les lampadaires des environs sont brisés à coups de pierre.
Un escadron du 20e dragon et une compagnie d'infanterie viennent secourir les gardes mobiles, pour prendre d'assaut, sous une pluie de projectiles, le jardin d'Orsay et la barricade. Soixante-douze arrestations ont lieu, dont celle de Burguet, candidat communiste aux législatives de 1928.
Tandis que Charles Barataud tentait de trouver le sommeil à l'intérieur de la prison, André Salmon nota encore sur son carnet : « Le prolétaire de Limoges n'est pas pareil aux autres. Ses élus socialistes qui tiennent la mairie sont, peut-on dire, au-dessous de son sentiment politique. Pourquoi n'a-t-il pas voté plus dru pour les communistes ? Le prolétaire limousin force de beaucoup songer aux vieux de la CGT à Paris. Au temps des "bons bougres" et de "Mamzelle Cisaille." Au temps que le "général" Hervé serrait la main, au nez du père Lépine, au camarade Pataud et au compagnon Yvetot […] Limoges est moins près du Paris d'après la guerre que du Barcelone des pistoleros. Limoges a un vieux fond anarchosyndicaliste. Limoges est une ville libertaire nourrie par des bouchers scrofuleux et millionnaires. » (André Salmon, *op. cit.*, p. 123 et 124.)

Vincent BROUSSE
et Philippe GRANDCOING
Les Grandes Affaires Criminelles de la Haute-Vienne, 2008.

L'une des dernières photos prises de Barataud regagnant la maison d'arrêt de Limoges. (Détective, 13 juin 1929.)

Cour d'assises de la Seine,
4-8 juin 1928

L'escroc MESTORINO

LE MERCREDI 29 FÉVRIER 1928, des chauffeurs livreurs s'arrêtent au bord d'une route, en pleine forêt d'Armainvilliers. Une fumée s'élève du fossé, une odeur ignoble se répand aux alentours… C'est un cadavre en train de brûler ! Avec un peu d'eau stagnante, l'un des livreurs éteint le sinistre avant de se rendre à la gendarmerie. Aux premières minutes de l'enquête, l'identité de la victime est connue : on vient de retrouver Gaston Truphème.

Sur l'air des bijoux

Deux jours plus tôt, au soir du 27 février, Mme Van Severen, bijoutière, est venue quai des Orfèvres signaler la disparition de son parent et courtier Gaston Truphème. Ce lundi matin, à 9 heures, il est parti avec 100 000 francs de bijoux dans un sac, ainsi qu'une traite de 30 000 francs destinée à un client. Pour la police, le métier du disparu n'augure rien de bon. Soit il est parti en détournant des pierres précieuses, soit on peut imaginer qu'on l'a enlevé pour le voler. Les cas d'employés de banque assassinés pour un peu d'argent sont si fréquents, alors, pourquoi pas un courtier en or et diamants ?
Donc, deux jours plus tard, surplombant cette fosse puante où le cadavre vient d'être retrouvé, les policiers savent déjà qu'ils avaient raison de s'inquiéter. L'homme, jambes brisées et mains crispées, a été proprement attaché dans une couverture, elle-même rangée et nouée dans un lourd sac, et on a versé de l'essence dessus pour le faire disparaître. La prudence relative de l'assassin n'a pas été suffisante, car le

Les autorités policières entrent dans l'immeuble du 29, rue Saint-Augustin, à la façade duquel s'affiche une plaque gravée au nom du bijoutier assassin. (Détective, 10 octobre 1929.)

"La mort d'un bijoutier"

défunt porte un gilet brodé à son nom. Un autre petit détail vestimentaire qui suffit à Mme Van Severen pour confirmer qu'il s'agit bien de Truphème.
Vu que celui-ci était parti pour voir un client, il s'agit de savoir le nom de cette personne. Madame Van Severen tient ses registres parfaitement à jour. Le redevable en question se nomme Charles Mestorino, lui aussi est vendeur en bijouterie, au 29 de la rue Saint-Augustin.
Mestorino est accablé car la victime était, outre une relation professionnelle, un ami. Oui, Truphème est bien passé chez lui à 10 heures, et il lui a remis la traite susdite. Quel malheur, tout de même, de se dire qu'il est l'un des derniers à l'avoir vu vivant ! Le chagrin de Charles fait peine à voir. Le brigadier Mougel repart : désormais, il s'agit de retracer l'emploi du temps de la victime et aussi de s'intéresser à sa vie privée !

Trop polis pour être honnêtes

Gaston Truphème n'avait rien d'un nabab. Vieux garçon, sans fortune, il fréquentait les restaurants à prix modérés et s'habillait en prêt-à-porter (ou en « confection », comme on disait à l'époque). Et ces derniers temps, son cœur battait pour une jeune Suzanne Charnaux… qui n'est autre que la sœur d'Alice Mestorino ! Autant le dire tout de suite, la donzelle n'est pas intéressée. Suzanne, autant qu'Alice, est une femme vénale qui n'aime que le luxe et pour qui un courtier ne possèdant pas d'automobile constitue le summum de la médiocrité. Cependant, il ne convenait pas de contrarier Gaston, lequel, par son amabilité, se montrait apparemment des plus conciliants en affaires avec Mestorino !
Quelques jours plus tard, le 5 mars, alors qu'ils reviennent tout juste des obsèques de la victime, M. et Mme Mestorino reçoivent la visite du brigadier Mougel et de l'inspecteur Février. Ces derniers viennent remettre une citation au bijoutier, lequel doit les suivre pour répondre, en tant que témoin, à des questions sur la disparition de son ami. Pris au dépourvu, les époux semblent assez mal à l'aise, mais Charles suit bien vite les deux policiers.
Ils sont trois hommes dans le bureau, à regarder Charles Mestorino. Debout contre le mur est le commissaire Gabrielli ; assis à un bureau un peu plus loin, l'inspecteur Massu ; et au milieu, le commissaire Marcel Guillaume. Le bijoutier a du mal à dissimuler son chagrin, et quand il parle du défunt, il pleure. Comme on lui parle de ses propres soucis, il n'hésite pas à fournir plus de précisions. Il est arrivé peu

Une odeur méphitique faite d'essence, de tissu et de chair brûlés, une haute flamme. Telle fut la découverte de ces camionneurs un matin de février 1928, sur le bord d'une route paisible de Seine-et-Marne. (Le Petit Journal, le 11 mars 1928.)

après la Grande Guerre de son Italie natale. Doué pour les affaires, il a réussi à se faire une place et un nom, et jusqu'en 1926, rien de mauvais ne lui était arrivé. Son mariage avec Alice Charnaux, néanmoins, l'a poussé à faire des dépenses importantes, car la belle ne rêve que de luxe et de palaces. Alors, pour satisfaire les caprices de son épouse, et vu que les affaires vont moyennement depuis deux ans, il a dû faire des emprunts, mais qui peut dire qu'il vit sans souci financier, de nos jours ?
Pourtant, malgré son attitude correcte, réservée, il n'est pas un seul policier dans la pièce qui le croit. Trop poli pour être tout à fait honnête, peut-être ? Sans une erreur, sans hésitation, Mestorino répond aux questions. Il sait juste que Truphème avait rendez-vous à midi, et qu'il est probablement tombé dans ce piège dont il n'est pas ressorti vivant. À terme, le commissaire Guillaume lui fait signer un procès-verbal de déposition et le laisse repartir. Mais sitôt la porte refermée derrière Charles, il s'enquiert de l'avis de ses hommes.

Et tous s'accordent à dire que, derrière cette façade attristée, la sincérité faisait cruellement défaut au témoignage.
On ne peut pas arrêter quelqu'un parce qu'on trouve qu'il manque de sincérité. Aussi, le commissaire Guillaume décide d'interroger Mme Alice Mestorino, dès le lendemain. Et après quelques minutes d'entretien, une question anodine prend soudain une belle importance :
« La victime ne vous a-t-elle jamais fait de confidences sur sa vie privée ?
– Non, jamais… »
Puis la dame se ravise :
« À bien réfléchir, je me souviens qu'il avait mentionné une fois qu'il avait une maîtresse, à Tournan. »

Alice Charnaux. Pour elle, Mestorino paya, s'endetta et tua. La femme vénale ne fut pas inquiétée car dans l'histoire, son seul crime était de trop aimer le luxe. (Détective, 10 octobre 1929.)

Il était venu d'Italie après la Grande Guerre et il avait réussi son destin : Mestorino eut simplement le malheur d'épouser une femme trop exigeante qui devait, d'une certaine manière, causer sa perte. (Détective, 10 octobre 1929.)

La véritable scène du crime... C'est sous les yeux de ses employés et surtout en présence de sa jeune belle-sœur Suzanne que Charles Mestorino assassina Truphème. (L'Illustré, 17 juin 1928.)

L'information semble de taille, car Tournan est tout à côté de la forêt d'Armainvilliers... Mais les policiers ne sont pas idiots. Cela ressemble plus à une façon de détourner l'attention sur une piste sans intérêt qu'à autre chose.

Aussi, après avoir laissé tranquilles quelques jours les époux Mestorino, Guillaume renvoie ses hommes à la bijouterie du suspect, lequel, après un très bref instant de surprise, suit, agacé, ses cicérones jusqu'à la police judiciaire. Cette fois, l'interrogatoire porte sur la voiture du bijoutier. Mestorino affirme que le 26 février, celle-ci était en atelier pour être repeinte, ce qui est confirmé par le garagiste. De même, la confrontation entre les garagistes de Brie-Comte-Robert qui ont vendu l'essence utilisée pour faire flamber le corps et Mestorino n'apporte rien. Le bijoutier s'en va, satisfait, un peu trop ouvertement peut-être. Le commissaire Guillaume a néanmoins pu voir sur son front goutter de la sueur en quantité...

Témoins sans vérité

Le commissaire Guillaume dispose d'une information assez intéressante. En effet, bien que Mestorino n'ait pas caché avoir des problèmes financiers, sitôt après la mort de Truphème, il est allé mettre au crédit municipal pour 100 000 francs de bijoux ! D'où sortent-ils donc ?
De là, nouveau témoin convoqué : Suzanne Charnaux, belle-sœur de Mestorino, mais également secrétaire de ce dernier. La jeune femme semble fragile et très impressionnable, à tel point qu'Alice Mestorino est autorisée à l'accompagner durant l'interrogatoire. Mais comme Alice se met en tête de répondre un peu trop à la place de sa sœur cadette, Guillaume la prie de sortir.
«Avez-vous vu Truphème apporter l'argent à votre beau-frère ? Avez-vous vu Mestorino remettre l'argent à Truphème ?»
Suzanne ne répond pas, elle se balance sur sa chaise, mais c'est plus pour cacher son malaise que par véritable arrogance. D'ailleurs, quand le commissaire se met à adopter un ton paternaliste, elle le prie, les larmes aux yeux, de ne pas pousser plus loin cet interrogatoire.
«Ne me demandez rien !», supplie-t-elle, à deux doigts de la crise de nerfs.
Après qu'elle soit sortie, les employés de l'entreprise de Mestorino viennent déposer à leur tour. Ils ont vu Truphème repartir à 10 h 30 ce matin-là, et leur patron n'est sorti qu'à 11 heures pour aller déjeuner. Cependant, ils fournissent tant de détails précis que le commissaire se rend compte qu'il a affaire à une bande de «bons élèves», à qui on a fait la leçon et qui récitent par cœur ce qu'on leur a appris. À peu de choses près, ils utilisent les mêmes mots que Mestorino quand il a fourni son emploi du temps du 27 février !

L'ultime confrontation

Neuf heures du matin, le 14 mars. Mestorino entre pour la troisième fois dans le bureau du commissaire Guillaume. Immédiatement, on parle de cette traite de 30 000 francs concernant une pierre de cinq carats.
« Qu'est devenue cette pierre ?
– Je ne peux vous répondre… Secret professionnel, c'est un homme marié qui l'a achetée pour l'offrir à sa maîtresse. »
L'attitude embarrassée du suspect ravit le commissaire, qui sait déjà ce qu'il est advenu du brillant : Mestorino l'a vendu au rabais quatre jours après son achat, en perdant au passage 10 000 francs !
« J'étais gêné, j'avais des échéances en retard.

Police, badauds... La rue Saint-Augustin en proie à une agitation rare : les enquêteurs viennent perquisitionner la bijouterie de Charles Mestorino. (Détective, 10 octobre 1929.)

– Et si c'est le cas, comment avez-vous réussi à payer à Truphème ces 30 000 francs ?
– J'ai emprunté… »
Pendant que Février et Mougel se rendent auprès des créanciers cités par Mestorino, Guillaume poursuit son interrogatoire.
« Quand eurent lieu ces emprunts ?
– Le 26.
– La veille du crime ? En êtes-vous sûr ? Attention, dans une affaire pareille, une erreur d'un jour peut avoir des répercussions fâcheuses !
– Je vous jure que je vous dis la vérité. »
Seulement, en début d'après-midi, quand les « prêteurs » vinrent témoigner en présence du bijoutier, tous s'accordèrent sur une date : le 5 mars. Même Mme Mestorino mère, qui avait prêté 10 000 francs, confirma le mensonge de son fils. Pris en flagrant délit de tromperie, Charles signe un nouveau procès-verbal qui mentionne ses incohérences passées, un document que le commissaire va aussitôt porter au juge d'instruction. Le magistrat, cependant, ne voit pas là un motif suffisant d'arrestation ou même de perquisition, et le commissaire Guillaume doit poursuivre l'interrogatoire du suspect, en espérant que celui-ci va enfin passer aux aveux. Pour cela, il prie son secrétaire, Massu, de s'occuper de la dernière partie de la garde à vue. Massu n'ayant pas posé la moindre question durant la journée, il est possible que Mestorino acceptera de se confier à lui pendant que les autres iront dîner.
Quand Guillaume et ses hommes reviennent du restaurant, ils trouvent le suspect et le secrétaire fumant tranquillement dans le bureau.
« Ah, patron, il m'a tout raconté !
– Il a avoué qu'il a tué Truphème ?
– Mais non ! C'est un brave homme, il a juste profité de cette disparition pour conserver la traite, ce n'est là qu'un abus de confiance. Six mois de taule, et peut-être le sursis.

Chronologie

- **27 février 1928 : Mme Van Severen signale la disparition de Gaston Truphème.**
- **29 février : le corps de Gaston Truphème est retrouvé.**
- **8 juin : Charles Mestorino est condamné aux travaux forcés à perpétuité.**
- **4 mars 1930 : Mestorino décède vraisemblablement à Saint-Laurent-du-Maroni où se trouvait un hôpital pénitentiaire.**

– Il a signé un procès-verbal ?
– Le voici. »
Avec ce document, le commissaire peut enfin procéder à une perquisition chez le bijoutier. Mais il ne peut se contenter de cet abus de confiance, alors il ordonne brutalement à Mestorino de lui montrer ses jambes. L'homme sursaute, sans pour autant obtempérer. Les policiers remontent son pantalon : les mollets sont recouverts d'ecchymoses.
« Visiblement, tu t'es battu avec Truphème, donc, avant de le tuer. »

En guise de réponse, une odeur infecte envahit les lieux. Terrifié, pris au piège, Mestorino n'a pu se contrôler. Après qu'on l'ait autorisé à se rendre aux cabinets, il nie encore deux bonnes heures, mais peu à peu, sa belle assurance disparaît, et il finit par reconnaître le meurtre de Truphème après quelque vingt-huit heures de garde à vue.

« Il est passé à la bijouterie à 10 heures, avec le bijou et la traite. Je l'ai prié de revenir dans l'après-midi, et vers 4 heures, il était de retour. J'ai dû reconnaître que je n'avais pas l'argent pour payer la traite. Il m'a traité de dégoûtant, ce qui m'a fait voir rouge, alors je lui ai envoyé mon poing dans la figure. Il est tombé par terre, il saignait du nez, il criait au secours. Pour qu'il se taise, je lui ai enfoncé un tampon de ouate dans la bouche, puis comme il a cessé de bouger, je l'ai caché dans un placard, enroulé dans une couverture. J'ai attendu que mes employés s'en aillent, vers 6 h 15 du soir, pour ficeler le corps et le mettre dans ma voiture. Je l'ai laissé dans le coffre toute la nuit, puis le lendemain, à l'aube, je suis allé en direction de Provins, j'ai acheté l'essence et dès que j'ai trouvé un endroit qui me semblait propice, j'ai sorti le corps et j'y ai mis le feu… »

Cela, on le vit au cours du procès, n'était pas complètement vrai. Car non seulement, Mestorino finit par reconnaître qu'il avait employé un triboulet (un outil métallique en forme de cône qui sert à forger les bagues) pour tuer Truphème, et le crime était donc un meurtre, et pas un homicide involontaire, mais en plus, les cris de la victime avaient attiré les employés de la bijouterie dans le bureau du patron. Aucun d'eux n'intervint. Même Suzanne eut l'occasion de voir son soupirant se faire tuer alors qu'il lui criait : « Suzanne, tu ne vas pas laisser assassiner un homme pour 30 000 francs ! » Elle le fit.

Le 8 juin 1928, la cour d'assises condamna Charles Mestorino aux travaux forcés à perpétuité. Privé de sa vie confortable et de ce monde rupin où il était comme un poisson dans l'eau, l'assassin de Truphème ne supporta pas longtemps le climat tropical rude de la Guyane française, et il mourut à son tour, le 4 mars 1930.

Le commissaire Guillaume, et en particulier le rôle qu'il joua dans cette enquête, devait inspirer à un jeune journaliste belge du nom de Georges Simenon un personnage de policier bourru et efficace : Jules Maigret.

Sylvain LARUE

Les reconstitutions ont toujours attiré les foules… Elles ont l'impression en secret d'assister à la mise en scène d'un crime. Dans l'affaire Mestorino, le public ne fit pas défaut. (Détective, 10 octobre 1929.)

Cour d'assises de la Seine,
25-27 juillet 1932

Les affaires BOYER et GORGULOFF

LE VENDREDI 6 MAI 1932 était une journée comme une autre. Pourtant, le destin de trois hommes allait se croiser... Deux assassins, une victime, un mort pour un autre...

Un après-midi de printemps

Ce 6 mai 1932, dans une cellule de la Santé, Eugène Boyer vit ses dernières heures, il en est plus ou moins conscient. Condamné à mort avec son frère aîné le 30 janvier pour l'assassinat d'une vieille rentière, il a appris, de la bouche d'un gardien maladroit, que son frère a été gracié la veille. Si ce n'est pas le cas pour lui, c'est que le président de la République, M. Paul Doumer, a décidé de « laisser la justice suivre son cours ». Et cela ne peut être qu'une question de jours. Sans qu'il le sache, son avocat, Me Henriquet, a reçu un message laconique l'invitant, le 7 mai, à venir à la prison de la Santé pour assister à l'exécution de son client. Ce soir, au cours du repas, on donnera à Boyer du bromure pour lui permettre de dormir comme une masse... Et à l'aube, tout sera fini.

Cet après-midi-là a lieu un salon du livre, organisé par l'Association des Écrivains combattants, rue Berryer, à l'hôtel Salomon-de-Rothschild. Grand, fort, portant un complet gris défraîchi, le deuxième homme est arrivé vers 14 heures et s'est inscrit sous le nom et l'intitulé de "Paul Brède, écrivain russe".

Pages
FRANC

NUMÉRO SPÉCIAL

Samedi
7 Mai 19

DÉTECTIVE

L'assassin !

"Trois hommes et un destin"

aul Gorguloff vient d'être arrêté. La police eut le plus grand mal à le soustraire à la vindicte populaire.

(Lire et voir, dans nos pages intérieures, le reportage complet sur l'attentat.)

Il a passé la nuit à écrire ses mémoires dans une chambre minable d'un hôtel de passe ; au déjeuner, il n'a absorbé que du cognac et du vin rouge, et pour l'instant, il fait signer un livre à Claude Farrère, l'un des auteurs du salon.

Il est 14 h 55 quand l'écho se fait entendre. Des chapeaux sont ôtés. Le troisième personnage fait son entrée en scène. M. Paul Doumer, président de la République française depuis un peu moins d'un an, est un homme timide et de visage triste. C'est une habitude qu'avaient déjà ses prédécesseurs de se rendre dans ce salon. D'ailleurs, d'un point de vue strictement personnel, cette association de combattants le touche plus qu'il n'y paraît : n'a-t-il pas perdu ses quatre fils dans les tranchées de la Grande Guerre ? Dans les allées, il se rend de stand en stand, saluant les auteurs intimidés par la présence du chef de l'État. Autour de lui, on se découvre, et soudain, plusieurs détonations éclatent. La première balle ne touche personne, les deux suivantes atteignent le président sous l'aisselle et derrière l'oreille gauche. La quatrième balle part, quand Paul Guichard, le directeur de la police, tord le poignet du criminel : le projectile va se loger dans le bras de Claude Farrère !
Le président Doumer, la main sur sa poitrine, s'écrit : « Je suis touché ! » Pendant qu'on emmène à l'extérieur le chef de l'État pour le conduire à l'hôpital, le forcené au complet gris est pris à partie par la foule : auteurs, ministres, agents de sécurité sont gagnés par un instinct rageur, et c'est le visage bouffi, méconnaissable et tuméfié de coups que l'homme est traîné au commissariat, criant : « Russie, Sainte Russie, tu es vengée ! »

Le fou qui venait du froid

Au quai des Orfèvres, l'homme donne son véritable nom : Paul Gorguloff, trente-sept ans, russe, médecin à Prague, demeurant il y a deux jours encore à Monaco, et président du « parti national panrusse ». Enfin, plutôt seul et unique fidèle d'une idéologie aux théories fascisantes. Car Gorguloff est un dément qui motive son geste ainsi : « J'ai tiré sur le Président parce que la France aide les bolcheviks ! »

L'attentat vient d'avoir lieu. L'entourage du président tente, tout en sortant le blessé de l'hôtel, d'empêcher les journalistes de prendre des clichés. (Détective, 7 mai 1932.)

Il ne hait pas que la France, mais aussi l'Europe entière, l'Amérique… Tout le monde est contre la Russie, sa mère patrie tombée aux mains des communistes. Sur lui, on retrouve des coupures de journaux concernant les derniers livres parus et les prochains déplacements de Paul Doumer, ainsi qu'un plan de Paris et le carnet vert qui contient les délires politico-paranoïaques de l'assassin.

Ainsi, on apprend qu'il a cherché à abattre le président de la Tchécoslovaquie, M. Masaryk, mais qu'il s'est abstenu au dernier moment en voyant la jeune épouse de sa victime potentielle et le bébé qu'elle portait dans les bras. Il a voulu, en 1930, tuer Gaston Doumergue. Encore plus fou, il écrit qu'il est l'un des véritables responsables du kidnapping du petit Lindbergh !

Le président de la République, conduit à l'hôpital Beaujon, sortira de l'inconscience un bref instant, vers 1 heure du matin, le 7 mai. On invente une histoire d'accident de la circulation, puis il tombe dans le coma… pour n'en plus sortir.

Doumer meurt, Boyer vit

Pendant ce temps, Me Henriquet, l'avocat de Boyer, fait des pieds et des mains à la Chancellerie pour sauver son client in extremis, car jusqu'à ce qu'il trépasse, le Président est en mesure de modifier son choix concernant le condamné. Il faut surseoir à l'exécution… Si le Président décède, ce sera automatique !

Il est 4 h 10 quand Paul Doumer pousse son dernier soupir. Boulevard Arago, la guillotine était déjà prête à fonctionner !

Grièvement atteint, Paul Doumer est transporté à l'hôpital Beaujon. (Détective, 7 mai 1932.)

C'est avec ce pistolet que Gorguloff, le 6 mai 1932, abattit le président de la République... L'arme est conservée au Musée de la Police. (Détective, 7 mai 1932.)

Le soleil est déjà haut quand Eugène Boyer ouvre les yeux. Tiens, nous sommes samedi matin, et il est encore en vie… Compte-t-on lui laisser un dimanche de répit ? Comme il entend du bruit dans la cellule voisine, la numéro 5 du quartier des condamnés à mort, il s'enquiert : qui s'y trouve ?
« C'est un Russe, il a tué le président de la République hier ! »
On a beau être un criminel soi-même, il est des nouvelles qui vous stupéfient ! Il songe, tout de même, que c'est d'assez mauvais augure

Paul (et non Nicolas) Gorguloff, dernier criminel à avoir réussi à abattre un président de la République française. Par la suite, tous les attentats commis contre les chefs d'État ont échoué.

"Comment cela a-t-il pu se produire ?". La sécurité pêchait considérablement en ce 6 mai 1932 dans ce salon du livre. Rassurez-vous : désormais, avec l'armée de vigiles qui canalisent les entrées dans ces mêmes salons, il est hasardeux de s'introduire porteur d'un simple couteau suisse... (Détective, 7 mai 1932.)

pour le Russe de se retrouver dans une cellule de condamné à mort sans avoir été jugé au préalable. Le jour même, Boyer reçoit la visite de son avocat, qui lui explique la situation. Le successeur de Doumer ne peut, moralement s'entend, entamer son mandat en faisant trancher un cou. Le 13 mai, Albert Lebrun gracie donc Eugène Boyer, passé à une demi-heure de l'exécution, qui ira purger sa peine en Guyane. Il mourra dans des conditions assez suspectes une fois revenu en France en 1963.

Le procès et l'exécution d'un dément

On ne perd jamais de temps à juger l'assassin d'un Président. Deux mois et demi après l'attentat contre Paul Doumer, le 25 juillet 1932, Gorguloff, assisté par Me Henri Géraud, comparaît devant les Assises de la Seine. Très vite, on réalise qu'on n'avait pas exagéré son étrangeté. Il continue à prétendre avoir agi pour libérer le peuple russe, et entre deux digressions, le voilà qui ne cesse de répéter : «Tuez-moi, prenez ma vie, mais sauvez mon idée !»
Évidemment, avec un pareil numéro, la défense remet des conclusions mettant en doute la validité des experts psychiatres, qui ont déclaré Gorguloff responsable de ses actes. Ces conclusions sont

Chronologie

- 29 juin 1895 : **naissance de Paul Gorguloff à Labinskaia (Kouban, sud de la Russie).**
- Septembre 1931 – mai 1932 : **Muni d'un passeport Nansen, il séjourne à Monaco.**
- 30 janvier 1932 : **condamnation à mort des frères Boyer.**
- 5 mai : **Eugène Boyer apprend la grâce de son frère.**
- 6 mai : **Paul Gorguloff tire sur le Président Paul Doumer.**
- 7 mai : **date prévue pour l'exécution d'Eugène Boyer. Paul Doumer décède.**
- 13 mai : **Albert Lebrun, nouveau président de la République, gracie Eugène Boyer.**
- 25-27 juillet : **procès de Gorguloff ; condamnation à mort.**
- 14 septembre : **Gorguloff est guillotiné boulevard Arago à trente-sept ans.**

immédiatement rejetées par la Cour. Car à la vérité, c'est plus un acte de vengeance personnelle que politique qui est jugé là. Gorguloff, anticommuniste, n'a pu obtenir ni l'asile ni la nationalité française, alors que tant d'autres Russes blancs l'ont eue, eux !

«Un fou ? Non pas. Un fanatique, si vous voulez, mais à coup sûr un assassin. Il doit répondre de son crime », affirme le procureur Donat-Guigue. Me Henri Géraud, lui, compare son client à d'autres assassins politiques : «Gorguloff, comme Charlotte Corday, comme Villain, a commis un crime passionnel, mais sans haine ! »

Cela ne suffira pas. Quarante ans plus tôt, Caserio n'avait pas été pardonné. Gorguloff ne le sera pas non plus. Par dix voix contre deux, la condamnation à mort est prononcée le 27 juillet à 20 h 30. Gorguloff réagit, somme toute, assez calmement.

«Pas déshonoré, bon soldat russe. Vous avez droit à mes remerciements. J'ai lutté pour servir la France. Il faut me tuer comme soldat, par le fusil, au champ d'honneur. Je vous ferai le salut militaire, mais pas le bourreau, non, pas le bourreau.»

On ne peut, évidemment, lui accorder satisfaction : pour le condamné de droit commun, pas de peloton, seulement la guillotine.

Gorguloff quitte le prétoire en s'écriant : «Russie ! Russie ! Oh, ma patrie ! Je t'aime jusqu'à la mort ! »

Minuit, l'heure du crime ?
Pas toujours. Ici, en l'occurrence,
il était 14 h 55 quand Gorguloff
tira sur le président Doumer...
(Détective, 7 mai 1932.)

Le 14 septembre 1932, il est 5 h 15 quand on vient réveiller Gorguloff dans sa cellule. Il comprend aussitôt les raisons qui conduisent ces hommes à venir si tôt. Calmement, docilement, il se laisse habiller avant que le pope Gillet ne vienne à ses côtés pour le confesser. Puis il s'adresse à ses avocats : « Dites à ma femme que je l'aime beaucoup. Je meurs pour le triomphe de mes idées. Que mon fils [son épouse est enceinte, et presque à terme] soit élevé dans la haine du bolchevisme et qu'il reçoive une éducation religieuse. Je pardonne à mes ennemis, je demande pardon à tous. »
Puis il avale deux verres de rhum et la toilette se passe rapidement. Devant la guillotine, il crie « Sainte Russie ! » puis, une fois basculé en avant, un dernier « Pardon à tous ! »
Une anecdote concernant l'exécution, particulièrement atroce, fleurira rapidement dans la presse grâce aux avocats de la défense. Ainsi, il aurait fallu faire tomber trois fois le couperet sans parvenir à trancher complètement le cou, et pour faire taire Gorguloff, dont le hurlement envahissait le boulevard Arago, l'assommer à coups de clé anglaise !
Peut-être n'était-il pourtant pas opportun, même pour les abolitionnistes, d'ajouter à la violence des faits la mention, invérifiée, d'un carnage lors de l'exécution.

Sylvain LARUE

Le 14 septembre 1932,
vers 6 heures du matin,
la dépouille décapitée
de Paul Gorguloff rejoint
le carré des suppliciés
du cimetière d'Ivry.
Plus d'une centaine
de guillotinés y furent
inhumés entre 1874 et 1972.
(Détective, 22 septembre 1932.)

Le premier hebdomadaire des faits divers
5e Année - N° 201 1 FR. 50 - TOUS LES JEUDIS - 16 PAGES 22 Septembre 1932

DÉTECTIVE

Le carré des suppliciés

Ce document sensationnel a été pris quelques instants après l'exécution de Gorguloff. Le corps décapité du supplicié, que les aides du bourreau sont venus livrer au cimetière d'Ivry, a quitté le panier sinistre pour un mince cercueil de bois blanc... C'est, au petit jour, l'inhumation provisoire dans le coin désolé des condamnés à mort où nulle croix, nulle fleur ne sont tolérées.
(Lire, pages 3, 4 et 5, les dramatiques révélations de Luc Dornain et de Marcel Montarron.)

Le premier hebdomadaire des faits-divers

· Année - N° 224 1 FR. 50 - TOUS LES JEUDIS - 16 PAGES 9 Février 19

DÉTECTIVE

Les brebis enragées

"Les liens criminels du sang..."

Deux anges? Non! Deux monstres qui, au Mans, arrachèrent les yeux de leurs patronnes. Orbites vides, crânes défoncés, mais vivantes encore, les victimes moururent après une atroce agonie.

(Lire, pages 3 et 7, l'enquête hallucinante de notre envoyé spécial F. Dupin.)

Cour d'assises de la Sarthe,
29 septembre 1933

Les sœurs PAPIN

PERPLEXES, LES DEUX GENDARMES manceaux se tiennent devant le numéro 6 de la rue Bruyère. À leurs côtés, le propriétaire, Me Lancelin, ancien huissier de justice, assisté de sa fille aînée et de son gendre, Me R., s'escrime à presser le bouton de la sonnette que tous les cinq entendent résonner distinctement. Mme Lancelin, Geneviève leur fille cadette et les deux bonnes au service de la famille depuis sept années, doivent pourtant s'y trouver. Or, la maison est inexplicablement plongée dans le noir à cette heure tardive, 20 heures sonnées, ce 2 février 1933. Seul Me R. a cru discerner, lors d'une précédente tentative, une faible lueur se déplaçant au second étage, dans la chambre des domestiques. Une bougie, pense-t-il. Une bougie ? Mais l'électricité fonctionne, la sonnette en est la preuve !

Genèse d'un crime

Une ultime fois, Me Lancelin introduit sa clef dans la serrure : «Vous voyez, rien à faire dit-il en prenant les agents à témoin ; le verrou est poussé de l'intérieur ! » Conformément aux instructions reçues, l'un des pandores décide de passer par la maison d'à côté. Le temps de se faire ouvrir, de donner quelques explications succinctes aux occupants et l'agent Vérité disparaît derrière la porte. Guidé par la voisine, il débouche dans le jardin attenant à celui des Lancelin.

L'image la plus classique des sœurs Papin (Léa à gauche, Christine à droite). Le film Les Blessures Assassines (Jean-Pierre Denis, 2000) qui relate l'affaire reproduisit ce même portrait avec les actrices Julie-Marie Parmentier et Sylvie Testud. (Détective, 9 février 1933.)

« Non, susurre la vieille dame, je n'ai rien entendu. Rien de spécial. À part le chat qui miaulait depuis 2 heures dans la buanderie. Cela m'a paru curieux que personne ne lui ouvre la porte. Tiens, maintenant que j'y songe, on ne l'entend plus… »
C'est à ce moment que l'agent Vérité, qui en a pourtant vu et entendu d'autres au cours d'une carrière de terrain bien remplie, ressent pour la première fois un drôle de frisson, comme des picotements de feu lui traversant l'échine. « Ben ça, pense-t-il tout en habituant ses yeux à l'obscurité, je deviens impressionnable… Comme un vieux… » À la vague clarté des lumières de la ville renvoyées par les nuages, il a déjà repéré une petite échelle rustique qu'il dresse contre le mur mitoyen. Gravissant un à un les barreaux en prenant soin, doutant de leur solidité, de poser les pieds au plus près des montants, il atteint le sommet du mur, passe la tête et marque un temps d'arrêt pour scruter

la demeure des Lancelin, tout autant plongée dans les ténèbres de ce côté-ci. Rien ne bouge, tout est silencieux. Un silence mortel...

À nouveau, le frisson inaccoutumé lui mord l'échine. Cette fois, l'agent Vérité a compris le signal : il va devoir affronter, dans cette bâtisse bourgeoise qu'il ressent toute chargée de haine, la pire situation et, sans doute, un danger extrême.

Mais déjà, son côté professionnel, ce qu'il nomme «le métier», reprend le dessus. D'un rétablissement, il se hisse sur le mur et, s'assurant qu'il surplombe une plate-bande, se laisse prestement retomber – à Dieu va – de l'autre côté.

À présent, il s'avance doucement sans emprunter l'allée gravillonnée, sans détourner les yeux de la maison, essayant d'embrasser dans son regard toutes les fenêtres à la fois. Il parvient devant la porte de service, simplement fermée à clef. D'un seul coup d'épaule adroit, il en fait sauter le pêne. La porte pivote violemment, heurtant le mur, dévoilant un rectangle noir.

Le gendarme renifle à plusieurs reprises : aucune odeur de gaz, voilà une hypothèse écartée. Jusqu'ici, il a évité d'utiliser sa torche électrique, mais il lui faut bien à présent se résoudre à la faire fonctionner, offrant une cible parfaite, si d'aventure...

Il préfère d'abord sortir son revolver et même, en dépit de la consigne de rigueur, l'armer. Le doigt sur la détente, il allume sa lampe et entre dans le couloir avec la certitude que « quelque chose », quelque chose d'incommensurable, l'attend quelque part. Peut-être là, dans le salon que balaie sa torche, réveillant un instant chacun des meubles cossus, la comtoise, les fauteuils, le canapé, faisant luire les cuivres, frappant le miroir qui lui renvoie sa silhouette tordue. Tous les sens en alerte, il explore la salle à manger, la cuisine, parvient devant l'escalier.

Ce silence... « S'il y a vraiment quelqu'un là-dedans, qu'a-t-il pu se passer ? Je vais jeter un coup d'œil au premier étage, et puis j'irai leur ouvrir... » Mais il se doute – il le redoute – que là-haut se trouve la clef de l'énigme.

Le crime des soeurs Papin fut d'une atrocité peu commune, leurs victimes ayant eu les yeux arrachés avant d'être massacrées à coups de couteau, de marteau et de pot... Cette férocité valut à ces soeurs le surnom de "brebis enragées". (Détective, 9 février 1933.)

Découverte d'une tragédie

Il doit se faire violence pour entamer la montée, éclairant loin devant lui. Toujours cette sensation de danger... La maison n'est pas vide, il en est certain maintenant. Quatre, cinq, six marches... À pas de loup, foulant l'épais tapis... Conscient qu'il révèle néanmoins sa progression par de légers craquements... Huit, neuf... Il découvre dans le faisceau de sa lampe le haut de l'escalier, la rampe du palier, quand sa chaussure gauche « crisse » sur... une épingle à cheveux. Tiens ! une autre sur la marche suivante... Dans une maison avec deux domestiques, cela lui paraît incongru.

Il gravit les dernières marches. Soudain, à ses pieds... L'agent Vérité ramène à nouveau sa torche et la braque par réflexe... "Vain Dieu !" Il reste là, pétrifié, incrédule, fixant l'objet, la... chose... qui le regarde aussi : car cette... chose gluante et flasque, posée sur la marche devant lui, c'est un œil, un œil humain !

Réprimant avec peine un mouvement de panique, une folle envie de dégringoler l'escalier et de se précipiter dans la rue, l'agent Vérité est sauvé par la sourde colère qu'il sent monter en lui : « Une monstruosité pareille... Qui a pu ? Le salaud ! Je parie... » Surmontant sa répulsion, il enjambe la marche et achève son ascension sans plus de précaution, le doigt crispé sur la gâchette de son revolver. Il s'attendait au pire : le pire est là, sur le palier. Madame et Mlle Lancelin gisent affalées tête bêche, dans une mare de sang et de débris humains. L'une des femmes est couchée sur le ventre, jupe et jupons retroussés, cuisses tailladées ; l'autre, sur le dos, la tête fracassée, offre l'épouvantable vision d'un visage aux yeux arrachés.
« Vain Dieu ! » L'agent Vérité détourne son regard brouillé par la sueur, s'essuie le front d'un revers de la main gauche, ce qui projette le faisceau de sa lampe tout autour de lui. Son instinct de conservation se manifeste : « Celui qui a fait ça est cinglé, un fou furieux... Rien ne me dit qu'il a filé, qu'il n'est pas en train de m'observer...

Les bonnes doivent être quelque part dans le même état…» À reculons, collé au mur, enjambant la première marche fatidique sans cesser de braquer torche et pistolet vers le haut, le gendarme redescend l'escalier, traverse le vestibule, franchit le porche et, repoussant le verrou, se trouve nez à nez avec les trois hommes et la jeune femme qui s'impatientaient dans la rue.

«Eh bien ? s'enquiert Lancelin en faisant mine de rentrer chez lui.

– Il y a eu un malheur, répond sobrement Vérité. Pour le moment, je vous consigne formellement dans le salon. Mon collègue va prendre faction au pied de l'escalier pour interdire toute retraite… et toute montée. Arme au poing», ajoute-t-il avec un regard appuyé vers le gendarme qui a déjà saisi la gravité de l'affaire.

Sourd aux questions et aux supplications comme aux menaces de ces malheureux protagonistes fous d'inquiétude, Vérité trouve le commutateur, rétablit l'électricité et se précipite sur le téléphone pour demander du renfort. S'étant ensuite assuré que Lancelin, sous la garde de son gendre et de sa fille, ne bougera pas du salon, les deux agents prennent d'assaut l'escalier et, jurant en contournant les corps, fouillent rapidement les quatre pièces du premier étage.

BREBIS ENRAGÉES

Mais au moment de grimper au second, ils constatent que l'électricité n'y fonctionne pas.
C'est donc à la lumière blafarde des torches électriques qu'ils l'investissent, ouvrant rageusement les portes l'une après l'autre, buttant sur la dernière, fermée à clef !

Les sœurs Papin

«Police ! Ouvrez !», clament les gendarmes qui martèlent et secouent la porte. Aucune réponse, aucun bruit ne filtre. Vérité examine la serrure et le chambranle. «Du costaud. Je ne risque pas de la faire sauter d'un coup d'épaule, celle-là ! File me chercher le serrurier de la rue Gougeard», murmure-t-il à l'oreille de son collègue.

Petite femme dolente entre des hommes en uniforme ou criminelle féroce ? Léa Papin était les deux à la fois, preuve que n'importe qui peut basculer dans l'horreur si les circonstances l'y poussent...

Une demi-heure plus tard, l'artisan s'affaire. Les gendarmes se tiennent prêts, rejoints entre-temps par un brigadier, le commissaire et un journaliste de *La Sarthe*. Sur un signe du serrurier qui se recule, Vérité tourne la poignée, ouvre brusquement la porte d'un coup de pied et tout le monde bondit à l'intérieur !
Stupéfaction : à la lueur convergente des torches et d'une bougie tremblotante posée sur la table de nuit, les deux bonnes supposées trucidées apparaissent couchées dans l'un des lits, serrées l'une contre l'autre, les épaules dénudées sortant des draps, les cheveux en bataille.
« Ce… C'est vous qui avez fait le coup ? demande le commissaire, sidéré.
– On s'est battues. On a eu leur peau avant qu'elles aient la nôtre », répond avec aplomb la plus âgée.
Dans la petite chambre envahie par les quatre hommes, le serrurier se tenant dans l'encadrement de la porte, un dialogue surréaliste s'instaure auquel le commissaire ne veut pas renoncer : c'est parfois lors de ces premiers instants que la vérité se fait jour. Mais il est clair que les deux meurtrières se sont concertées. Le regard haineux, maniant la bravade, leurs réponses ne tendent qu'à partager les responsabilités.

"Vous vous expliquerez devant le juge d'instruction. Levez-vous !"
Le commissaire doit répéter son injonction à plusieurs reprises avant que, rabattant le drap, les deux filles ne se dressent nues, semblant avoir renoncé à toute pudeur. Les gendarmes devront même les rudoyer pour qu'elles acceptent de se vêtir, enfilant uniquement leurs bas et leur peignoir. C'est dans cette tenue qu'elles rejoindront le commissariat central, avant d'être incarcérées à la prison du Vert-Galant.

L'affaire Papin vient de commencer. Comme le fit l'enquête, reconstruisons à présent l'itinéraire des deux sœurs, ce qui va nous amener à en trouver une troisième !

Des sœurs... un peu particulières

Car Émilia est née en février 1902, quatre mois après le mariage de ses parents. Gustave, le père, est décrit comme un brave homme, timide et doux mais dur au travail et pour cela estimé, très épris de sa femme qu'il a épousée en dépit de la mise en garde de ses proches et des bruits qui circulent présentant sa belle comme dévergondée, et plus si affinités. La personnalité de Clémence sera toujours perçue très négativement par les historiens, au point de lui faire endosser une bonne part de responsabilité dans le drame qui se nouera trente années plus tard. Toutefois, il existe toujours plusieurs lectures d'une histoire. Si l'on refuse de se laisser influencer, si l'on remet à plat les faits et les circonstances, rien que les faits et les circonstances dans leur contexte des Années folles, le personnage de Clémence nous apparaît plus ambigu.

Oui, cette belle fille au caractère fier, autoritaire, au regard insolent, coincée dans son bourg de Saint-Mars-d'Outillé, a joué de son unique pouvoir, sa séduction. Oui, elle a « fauté », selon la rumeur, avec des gars du village et, en tout cas, avec Gustave qu'elle a dû épouser pour s'éviter le déshonneur d'une naissance illégitime.

Rappelons que nous sommes en 1902, qu'elle a vingt-deux ans et lui vingt-six. La jeune femme sait déjà qu'elle n'aime pas vraiment son mari. Elle le suit en 1904 à Marigné, où elle accouche, le 8 mars 1905, d'une seconde fille : Christine.

Oui, elle se sépare rapidement du nourrisson. Mais les mêmes biographes qui condamnent le geste admettent que le jeune couple est alors logé « en une pièce unique, insalubre, suintante d'humidité, à l'odeur irrespirable ». L'enfant est confiée à la sœur de Gustave, une jeune fille de vingt-huit ans demeurant au bourg, qui élèvera la fillette véritablement avec amour, jusqu'à ses sept ans.

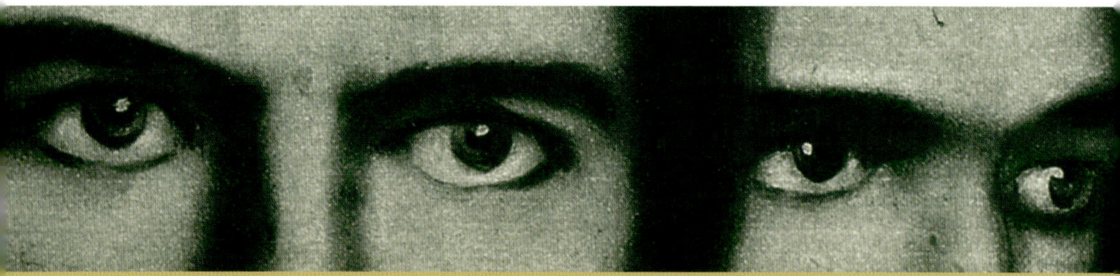

Le poste où les deux sœurs furent amenées, après que le crime fut découvert.

Le commissaire de police Dupuy qui procéda à l'arrestation des forcenées.

Détective fit bien sûr plusieurs articles richement illustrés de l'affaire Papin, sans aller toutefois jusqu'à exposer les photos des victimes, trop horribles à publier. D'autres journaux, à l'impression de moindre qualité, l'ont fait.

On reproche à Clémence ses trop rares visites, et il est évident que la jeune femme n'a pas la fibre maternelle. Par la suite, lorsque Gustave lui fait part de son souhait de reprendre leur fille, le couple aménageant dans un logement convenable, Clémence refuse. Elle veut travailler et trouve effectivement un emploi dans une épicerie : «Émilia est assez grande pour manger à la cantine, Christine est bien chez sa tante, je vais enfin pouvoir me faire plaisir.» Qui lui jetterait la pierre ?

Il y a l'épisode d'août 1910 où Clémence, à la fête du village, danse un peu trop près (beaucoup trop, dira-t-on) avec un inconnu. Irruption de Gustave. Altercation. Bagarre devant les yeux d'une fillette de cinq ans venue là avec sa tante. Christine crie, témoin pour la première fois de la violence qui régit parfois les rapports des êtres.

Mais Gustave aime sa femme. Le couple se reforme, s'en va au Mans. Clémence en rêvait qui se retrouve dans une petite chambre

mansardée des faubourgs, rue du Tertre-Saint-Laurent. Nouvelle désillusion. Promesse : un autre logement, bientôt, sitôt les premières économies. Promesses susurrées sur l'oreiller, et voilà Clémence à nouveau enceinte ! Pas plus désirée que ses sœurs, Léa voit le jour le 15 septembre 1911.
Son arrivée précipite le dénouement. Après avoir opportunément récupéré Christine, Clémence demande le divorce et obtient la garde de ses filles. Il lui faut à présent payer le prix de son indépendance en assurant sa subsistance et celle de ses trois filles, nonobstant son minuscule foyer. Elle ne trouve pas d'autre solution que de confier la petite Léa à son frère et de placer Christine (huit ans) et Émilia (onze ans) au Bon-Pasteur.

L'orphelinat du Bon-Pasteur

Tenu par des religieuses, l'orphelinat manceau du Bon-Pasteur sert également de maison de redressement, ce qui lui vaut sa mauvaise renommée. La discipline y est rude, les châtiments corporels y ont cours, comme dans tous les établissements de ce genre. Toutefois, les gamines y suivent leurs études jusqu'au certificat et, surtout, y apprennent la cuisine et les travaux ménagers utiles à leur vie professionnelle future, un certain nombre d'entre elles fournissant le contingent de « bonnes à tout faire » nécessaire à la bourgeoisie locale. Ainsi, les indéniables talents à l'aiguille de Christine seront-ils fort appréciés de ses employeurs.

Les deux sœurs trouvent chacune un réconfort dans la présence de l'autre. Elles se rejoignent en récréation, au réfectoire et au dortoir, l'aînée, mieux notée, au caractère bien trempé, protégeant en quelque sorte sa cadette. De fait, Christine, intellectuellement plus faible, subit l'influence d'Émilia, tant comme elle parviendra, elle-même, à imposer la sienne à Léa. Pour le pire...

En 1914, le fracas de la Grande Guerre résonne jusque dans les murs de l'orphelinat. On sait, depuis les travaux de Drewermann, qu'elle suscitera une avalanche de vocations religieuses pour toute une génération de petites filles grandissant dans un climat d'inquiétude constant, tremblant pour la vie de leur papa, comme Émilia, toujours très proche de son père. « Priez, ma fille », est la réponse de la Supérieure à qui elle confie son angoisse. Gustave survit. Alors, Émilia, dont le vœu a été exaucé, décide de prendre le voile. Au grand dam de sa mère : « Faut bien que je cède, mais ça me fait grand dépit. C'est comme si je portais ma fille en terre ! »
Deux années plus tard, Clémence retire sa seconde fille du Bon-Pasteur et la place dans une maison bourgeoise, boulevard Négrier. À partir de ce moment, Christine, qui va vers ses seize ans et dispose d'une petite partie de ses gages (versés, jusqu'à sa majorité de vingt et un ans, à sa mère), prend à cœur son rôle de grande sœur. Elle a toujours un cadeau en réserve pour les sorties dominicales et Léa, qui vient d'avoir neuf ans et se trouve vite conquise, puis subjuguée. Au fil du temps, Christine renforce son ascendant, ascendant qu'elle manifeste surtout lors des promenades du dimanche en présence (ou non) de leur mère.

La vie de bonne

En 1924, à son tour, Léa entame son labeur chez un bourgeois de Tuffé. Clémence garde la haute main sur ses filles, n'hésitant pas à les déplacer lorsqu'elle essuie un refus d'augmentation de salaire, au regret des employeurs, car les deux sœurs donnent toujours satisfaction. Mais le travail, si médiocrement payé soit-il, ne manque pas, et Clémence tente de faire jouer la concurrence, au risque de déstabiliser ses filles qui passent ainsi de place en place, parfois de mois en mois. Il est vrai que la tâche est toujours la même : laver le linge, le repasser, le repriser, balayer et chasser partout la poussière, astiquer les cuivres et l'argenterie, cuisiner et assurer le service, assister Madame ou Mademoiselle à leur toilette du matin…
… Et faire les courses, ce qui permet aux centaines de petites bonnes mancelles de s'aérer un peu l'esprit et de nouer quelques contacts, voire de sympathiser avec un jeune employé de commerce dont on finira par accepter un rendez-vous pour une promenade sur le Quinconce des Jacobins, alors très fréquenté le dimanche après-midi.
Pour Christine, les contacts se limitent aux strictes nécessités commerciales, quant aux amitiés masculines, elle a gravé dans son

esprit les recommandations reçues de sa tante dans la première partie de sa vie, la plus heureuse : « Méfie-toi des bonshommes, quels qu'ils soient, et ne crois jamais ce qu'ils te diront. » À vingt-sept ans, au moment où elle commettra l'indicible, on ne lui connaîtra aucune liaison, pas plus que sa sœur Léa, à qui elle aura su transmettre le message.

Dans ce contexte, l'épisode qui se produit à Pâques 1925 prend tout son sens : pour la première fois, Christine et Léa vont travailler ensemble. Leur patronne, Mme de Dieuleveult, remarque tout de suite l'affection que se portent les deux sœurs et l'emprise de l'aînée sur la cadette. Au printemps 1926, elles sont engagées par la famille Lancelin, Christine comme cuisinière, puis Léa, en tant que femme de chambre.

René Lancelin, un avoué de cinquante-six ans, et son épouse du même âge habitent en compagnie de leur fille Geneviève, vingt et un ans, un appartement situé place de la Préfecture. Mme Lancelin se montre certes exigeante sur le service mais juste, le salaire et autres avantages sont corrects : « L'on était en somme assez bien traitées et assez bien nourries », confessera Christine. Les deux sœurs disposent même de deux heures l'après-midi, pendant lesquelles « elles cousent pour elles, dans leur chambre », selon M. Lancelin.

Passée la période d'observation réciproque, les relations entre « maîtres et domestiques » – termes employés par Monsieur – se stabilisent. Christine et Léa n'ont à faire qu'à Madame qui régente et inspecte, pratiquement sans rien trouver à redire. Sauf pour le bonjour et le bonsoir qui ouvrent et concluent la journée, Monsieur et Mademoiselle ne s'adressent jamais à elles. L'emploi du temps des Lancelin étant à peu près immuable, une fois rôdée l'organisation du travail, Madame se contente de donner quelques consignes le matin et de remettre l'argent nécessaire aux dépenses prévues, ne parlant plus guère à son personnel le reste du jour. L'été, la famille part confiante en villégiature, les deux sœurs se transformant en gardiennes de la maison, avec un labeur très allégé. Et ainsi passent les années, à l'apparente satisfaction générale.

Léa et Christine s'entendent parfaitement. En revanche, à partir de 1929, alors que les Lancelin déménagent dans une belle maison de la rue Bruyère, les relations avec leur mère se brouillent, sans doute à cause d'une histoire d'argent. Majeure depuis 1926, Christine dispose désormais de ses gages, qu'elle dépose ponctuellement

sur son carnet de Caisse d'épargne, les pourboires suffisant à ses dépenses usuelles. En revanche, Léa doit toujours transmettre son salaire à Clémence. Il s'agit là d'une coutume – et d'un droit – que de nombreux parents mettent à profit (le mot est juste), estimant normal de récupérer ainsi une part de l'argent déboursé pour l'éducation et la formation de leur enfant.
Vers la fin de cette année 1929, une scène violente semble avoir eu lieu lors d'une visite dominicale rendue à leur mère. Christine lui aurait vertement reproché ce « détournement » mensuel des gains de Léa. Surprise, Clémence aurait protesté qu'elle plaçait l'argent sur un livret dont Léa disposerait à sa majorité puis, devant l'insistance de son aînée, se serait à son tour emportée, lui signifiant qu'elle n'avait aucun compte à lui rendre. Scène plausible, éclairant singulièrement la suivante qui a eu lieu vers la fin août 1931 dans le bureau du maire, à qui les deux sœurs sont venues demander audience !

Une salle d'assises pleine à craquer pour assister aux procès des sœurs meurtrières... Le crime des sœurs Papin fut probablement l'affaire criminelle la plus fameuse que la Sarthe ait connue. (Détective, 16 novembre 1933.)

Arsène Le Feuvre, artiste de notoriété, maire du Mans depuis cinq ans, reçoit les deux jeunes filles en compagnie de son secrétaire général. Léa ne prononcera pas un mot. Quant à Christine, elle ne parvient pas à expliquer clairement le but de sa démarche, s'embrouille, gesticule, parle de persécution, d'émancipation et, finalement, accuse le maire de ne pas vouloir les aider !

À bout de ressources, Le Feuvre renvoie ses interlocutrices vers le commissariat qu'il prévient par téléphone. Une demi-heure plus tard, le commissaire reçoit les deux jeunes filles, Léa prostrée et Christine qui, cette fois, incrimine sa mère tout en étant incapable de préciser ses griefs. En fait, l'aînée avait imaginé, dans sa candeur, que le maire était susceptible d'émanciper sa cadette afin qu'elle puisse disposer de ses revenus. À tout hasard, une enquête de proximité sera diligentée, n'apportant aucun élément à charge envers Clémence, très bien notée dans son quartier. Cette dernière, évidemment prévenue, réagira brutalement envers Christine, ce qui interrompra les relations entre les deux sœurs et leur mère, en dépit des correspondances que celle-ci adressera à ses filles pour tenter de renouer les liens.

Le commissaire convoquera René Lancelin pour le mettre au courant. L'ex-avoué, désormais à la retraite, estimant un peu hautement que les démêlés familiaux de ses employés ne le concernent pas, s'attirera cette réplique prémonitoire :

« Maître, vous êtes seul juge, mais ces deux filles me paraissent inquiétantes. Si je les avais à mon service, je ne les garderais certes pas... »

Christine et Léa Papin vont pourtant rester au service de la famille Lancelin. Grâce à l'accord de leur père, Clémence ne s'y opposant pas, Christine parviendra même à faire émanciper Léa.

Mais leur comportement change.

Elles deviennent sombres, maussades, irritables. Elles se replient sur elles-mêmes, ne quittent plus leur chambre le dimanche.

Est-ce à partir de la rupture avec leur mère qu'elles prennent l'habitude d'appeler, entre elles, Mme Lancelin "maman" ?...

Une année et demie va s'écouler, qui ne sera troublée d'aucun incident notoire, jusqu'au soir du jeudi 2 février 1933, où se déroule le double meurtre et où commence l'enquête... Reste la question primordiale : que s'est-il réellement passé, ce soir-là, dans la maison de la rue Bruyère ?

Un effroyable procès

Le procès ne fera pas toute la lumière. Notons que l'avocate, commise pour défendre Christine (Léa ayant choisi un défenseur tourangeau), n'est autre que Me Germaine Brière. Lors de l'instruction, Christine et Léa se sont d'abord appliquées à partager les responsabilités, depuis les causes « une provocation de Mme Lancelin, des gestes menaçants » assurent-elles, jusqu'aux actes commis : à chacune son meurtre !

Par la suite, l'enquête ayant révélé un certain nombre d'incohérences, il s'est avéré que Christine avait probablement tué les deux femmes, Léa ayant porté des coups de marteau et de couteau post-mortem – ces blessures n'ayant pas saigné – pour prendre part à l'action homicide de sa sœur et partager son sort.

Le 29 septembre 1933, à 13 h 30, le procès s'ouvre au palais de Justice du Mans. Une petite frange du public, se pressant devant l'entrée, a pu accéder à la salle d'audience où se tiennent des soldats, baïonnette au canon. À l'extérieur, deux cents agents de police sont réquisitionnés pour parer à tout débordement. L'ensemble de la presse nationale est présente.

Les faits sont précisés par les accusés d'une voix si faible que les avocats devront souvent répéter leurs paroles. On comprend pourquoi. Le 2 février vers 18 heures, Léonie Lancelin et sa fille sont rentrées chez elles. Un peu plus tôt, un court-circuit sur le fer électrique avait fait disjoncter l'électricité au second étage. Madame Lancelin aurait reproché l'incident à Christine qui, après un violent échange verbal, aurait assommé sa patronne à l'aide d'un pot d'étain, s'attaquant ensuite à sa fille. Arrivée à ce moment-là, Léa, sur les furieuses injonctions de sa sœur, aurait arraché les yeux

Le procureur Riéger,
en un discours impitoyable,
demanda la mort pour Christine,
l'aînée des sœurs Papin.
Il fut entendu en ce sens
par le jury sarthois.

de Léonie Lancelin à l'agonie, pendant que Christine faisait subir le même horrible sort à Geneviève Lancelin.
Le rapport du médecin légiste du Mans conclut qu'aucune lutte véritable ne s'est déroulée : « Les victimes ont été assaillies avec violence sans avoir la possibilité de se défendre, puis tuées avec acharnement et un raffinement inimaginable de cruauté », témoigne le docteur Chartier, confirmant qu'elles ont été énucléées avec les doigts, alors qu'elles étaient encore vivantes.
À défaut de pouvoir reproduire le lourd silence qui suivit, dans la salle d'assises, l'évocation publique de ce cauchemar, on nous permettra de laisser sur le papier quelques lignes blanches intercalaires...

Comme les jurés (rien que des hommes préalablement tirés au sort), il nous faut bien surmonter le dégoût et l'émotion qui saisissent tout être humain normalement constitué. Et l'on en arrive, précisément, aux aspects psychiques – que nous mettons au pluriel – de l'affaire. Est-il concevable qu'une « crise de folie », partie d'un fait anodin, se soit ainsi emparée de Christine et instantanément propagée chez Léa, débouchant sur un pareil délire meurtrier ?
Les trois experts psychiatres s'accordent sur la responsabilité pleine et entière des accusées. Le docteur Schuztenberger, directeur de l'hospice des aliénés du Mans, décrit Christine « d'une intelligence moyenne, ne présentant aucun trouble de la mémoire, reconnaissant la gravité de son acte, ne développant aucune obsession particulière.

Tout porte à éliminer le diagnostic d'épilepsie, affirme-t-il : pas de crise (!), pas de manifestation larvée, pas d'impulsions, pas de fugues ». Singulièrement, comme le relève Sophie Darblade-Mamouni dans son ouvrage *L'Affaire Papin*, le médecin tire exactement les mêmes conclusions concernant Léa : « Avec deux personnalités très différentes, il est pour le moins étrange de trouver des comportements similaires. » Mais pour le psychiatre, les sœurs Papin ne souffrent d'aucune maladie mentale susceptible d'atténuer leur discernement, et donc leur responsabilité.

Les deux autres experts, qui n'ont vu les accusées que très brièvement, ont entériné les conclusions de leur confrère. En revanche, le docteur Logre, une sommité nationale, requis par la défense, souligne certains points troublants ; ainsi "l'absence de motif apparent, en contraste avec la férocité de l'agression, cette double énucléation sans précédent dans les annales judiciaires, et l'extraordinaire duo moral que forment les deux sœurs, la personnalité de la jeune étant absolument annihilée par celle de l'aînée". Il évoque certaines connotations sexuelles, dans le crime comme dans l'attitude ultérieure de Christine en prison.

Un mot est lâché, que ne voudront entendre ni la presse, ni l'opinion, ni les jurés. Un mot qui, en 1933, renferme tous les tabous de la société. Et, sans doute, la clef du drame...

L'internement des deux sœurs

Dans son remarquable ouvrage *Le Diable dans la peau* paru en 1966, la romancière Paulette Houdyer a fait œuvre d'historienne, au terme d'une enquête de trois années. Trente ans après les faits,

Chronologie

- 8 mars 1905 : naissance de Christine.
- 15 septembre 1911 : naissance de Léa.
- 1913 : divorce de Clémence et Gustave Papin. Christine et Émilia sont placées au Bon-Pasteur, orphelinat faisant office de maison de redressement.
- 1916 : Christine est placée comme domestique dans une maison bourgeoise.
- 1924 : Léa est placée chez un bourgeois de Tuffé.
- Pâques 1925 : Christine et Léa travaillent ensemble chez les Dieuleveult.
- Printemps 1926 : elles sont engagées par les Lancelin au Mans.
- 1929 : les Lancelin déménagent rue Bruyère.
- 2 février 1933 : assassinat de Mme et Mlle Lancelin.
- 29 septembre : ouverture du procès. Christine sera condamnée à mort et Léa à dix ans de travaux forcés.
- 22 janvier 1934 : le président Albert Lebrun commue la peine de Christine en travaux forcés à perpétuité.
- Mai : Christine est admise à l'asile de Saint-Méen, à Rennes.
- 18 mai 1937 : elle y meurt d'une tuberculose due à la malnutrition à l'âge de trente-trois ans.
- 2001 : Léa décède le 24 juillet 2001, à Nantes à l'âge de quatre-vingt-neuf ans.

elle put développer une thèse (autres temps, autres mœurs) qui fut effleurée par le docteur Logre et littéralement occultée par le docteur Schuztenberger, ce dernier se bornant à noter que « l'affectivité de Christine comportait certaines particularités, en ce sens qu'elle était en quelque sorte élective et uniquement portée sur sa jeune sœur Léa ». Il se refusa à aller plus loin, concluant au contraire « qu'on ne saurait déceler aucune explication équivoque », peut-être victime lui aussi des puissants mécanismes qui structurent la pensée d'une époque.

Il avait pourtant connaissance des épisodes qui suivirent l'internement des sœurs Papin, trouvées serrées l'une contre l'autre nues dans un même lit et qui, dès le lendemain du crime, protestèrent très agressivement lorsque les surveillantes s'avisèrent de les faire coucher dans deux cellules séparées.

En ce sens, le témoignage des codétenues logées avec Christine s'avérait accablant : «Au cours de ses crises, elle se lève brusquement et se précipite à la recherche de Léa qu'elle réclame à grands cris, tout en prononçant des paroles obscènes et en relevant ses jupes devant nous. Elle demande aussi son mari et son enfant... » Il avait fallu, à plusieurs reprises, lui passer la camisole de force.

Ces crises, qui s'étaient renouvelées périodiquement, avaient connu leur apogée dans la nuit du 12 au 13 juillet. Christine, se levant d'un bond, s'était cramponnée aux barreaux de la fenêtre, vociférant des demandes de pardon avant de tenter de s'arracher les yeux. Pour essayer de la calmer, les gardiennes avaient pris l'initiative de faire venir Léa : «Quand elle l'a vue, elle l'a prise dans ses bras et l'a serrée à l'étouffer. Puis, s'étant assise sur le bord du lit avec sa sœur, elle a tenté de lui enlever sa chemise. Dans un état d'exaltation croissante, elle lui disait : "Dis-moi oui, dis-moi oui !", en demandant aux surveillantes de les laisser seules.»

Léa, prête à défaillir, ayant commencé à se débattre, il avait fallu les séparer et recourir, une fois de plus, à la camisole pour Christine. Celle-ci avait évidemment perçu la réticence de Léa, qui avait ensuite quitté la cellule aux bras d'une surveillante... «De ce moment et jusqu'à sa mort, écrit Paulette Houdyer, Christine ne prononcera plus son nom.»

Léa aurait ensuite avoué à la surveillante que sa sœur était dans un état identique au moment des meurtres, lâchant finalement : «Ce soir-là, on a été dérangées... »

Dès son arrivée à la centrale de Rennes, l'état mental de Christine se dégrada. Elle entamait son long chemin de croix, refusant de s'alimenter et de travailler, restant prostrée des jours durant, murée (sans doute réfugiée) dans un mutisme complet. Espérant une réaction salutaire, le médecin de la prison décida de la mettre en présence de Léa : « Ce n'est pas ma sœur, murmura Christine, indifférente aux gestes de tendresse que lui prodiguait sa cadette. C'est une autre. Elle est gentille, mais ce n'est pas Léa... »

«Christine Papin est inadaptable à la vie en prison», admit le médecin dans son rapport. Dès le mois de mai 1934, elle fut transférée dans la section psychiatrique de l'asile de Saint-Méen de Rennes. C'est là qu'elle mourut, le 18 mai 1937, «d'une atteinte pulmonaire consécutive à sa malnutrition».

L'histoire des sœurs Papin, celle d'un crime abominable commis par deux jeunes filles tellement ordinaires (mais quel Mr Hyde sommeille en chacun de nous ?) serait achevée s'il ne nous restait à rédiger une conclusion mettant en scène « nos prédécesseurs » qui, inspirés par ce fait divers, l'ont traité… en fonction de leurs préoccupations, sans guère y ajouter d'explications convaincantes.

Ainsi au lendemain du procès, le journal *L'Humanité* se distingua en présentant le crime comme si les victimes étaient les sœurs Papin, évoquant « l'enfer que vivaient les deux domestiques dans cette famille bourgeoise [...] pour qui les exploités sont des chiens que l'on doit cingler à coups de fouet ». Plus sérieusement, en décembre 1933, le psychanalyste Jacques Lacan parla de paranoïa, de « délire à deux, l'une des formes les plus anciennes de psychose », sans écarter, ni affirmer, une éventuelle homosexualité. Au fil des décennies, d'autres médecins ou psychiatres formulèrent leur thèse en se basant sur les seules pièces auxquelles ils avaient eu accès, donc partielles.

En 1963 par exemple, Louis Le Guillant estimait que la condition domestique recelait un pouvoir pathogène : « Leur autorité acceptée, les patrons peuvent se montrer attentifs et bienveillants. De son côté, la bonne à la fois s'oppose et s'identifie à Madame, au décor et aux autres personnages du milieu où elle est présente et étrangère. [...] Cette contradiction est au cœur de la condition des domestiques, elle les lie étroitement, les marque presque toujours et souvent les trouble. Elle ne leur laisse parfois qu'une seule issue : la violence. » Mais on pourrait sans doute étendre cette constatation à toute relation de supérieur à subordonné, tout en notant l'extrême rareté, au XXe siècle, des actes criminels imputés à des domestiques.

Les philosophes ne furent pas en reste de commentaires, et, selon le mot de Paulette Houdyer, beaucoup de «sottises» furent écrites. En 1939, Sartre avait disséqué deux photos de chacune des sœurs, l'une avant, l'autre après le crime, pour étayer sa théorie de « haine sociale ». Exercice qui paraît aujourd'hui surréaliste. Par la suite, il récupéra *Les Bonnes*, pièce de Jean Genêt en assurant y reconnaître les sœurs Papin... en faisant fi de la dénégation de l'auteur ! Mais le pire émane de Simone de Beauvoir qui, dans son optique de lutte des classes, osa écrire en 1960 : «La tragédie des sœurs Papin nous fut tout de suite intelligible. Au Mans (et peut-être même parmi les mères de mes élèves), il y avait certainement de ces femmes qui retiennent sur les gages de leur bonne le prix d'une assiette cassée, qui enfilent des gants blancs pour déceler sur les meubles des grains de poussière oubliés : à nos yeux, Mme et Mlle Lancelin méritaient cent fois la mort.»

Léa Papin, libérée le 2 février 1943, devait se réfugier dans le silence le plus complet, mais sans changer de nom pour autant. Femme de chambre dans un hôtel, puis couturière, elle fut retrouvée à la fin des années 1990 pour les besoins d'un documentaire sur l'affaire... Elle mourut à Nantes, le 24 juillet 2001, à l'âge de quatre-vingt-neuf ans. Elle repose désormais au cimetière de la Bouteillerie, aux côtés de sa mère.

Alain MORO

Les Grandes Affaires Criminelles de la Sarthe, 2008.

A-t-on condamné deux folles, demande ce magazine ? Christine l'était probablement : elle mourut démente dans un asile quatre ans après le procès. (Police Magazine, 12 novembre 1933.)

Cour d'assises de la Seine,
8-11 octobre 1934

La jolie Violette NOZIÈRES

« BANDE DE SALIGAUDS sans pitié ! Vous me dégoûtez ! » Ce hurlement, ce cri du cœur, c'est une jeune femme qui vient de le prononcer. Le genre d'insulte qu'une adolescente lance à ses amis lorsqu'ils lui ont fait une farce de mauvais goût, ou bien – mais plus discrètement – envers ses parents, quand ils la privent de sortie.
Ici, l'injure est adressée à douze hommes : les jurés de la Seine qui viennent, en ce 11 octobre 1934, de la condamner à mort pour crime de parricide. Violette Nozières a dix-neuf ans et tout pourrait bien s'achever pour elle dans quelques mois.

La vie rêvée d'une petite mythomane

En 1933, Violette vit avec ses parents au 9, rue de Madagascar. La famille Nozières est sans fortune, mais pas sans argent : Baptiste Nozières travaille comme cheminot à la compagnie ferroviaire Paris-Lyon-Méditerranée ; Germaine, quant à elle, reste au foyer.
Tous deux sont originaires d'un village de la Nièvre, Neuvy-sur-Loire. Violette y a vu le jour en 1915. Elle n'est pourtant pas plus attachée que cela à son lieu de naissance. La vie parisienne lui plaît beaucoup plus. Car en grandissant, la fillette est devenue une adolescente délurée. Dans une société qui considère encore la virginité comme un gage de réussite d'un mariage, elle a son premier amant à seize ans. Son premier, certes, mais sûrement pas son dernier.

"Violette rêvait de belles robes de pain frais, de belles robes de sang pur..." Le cas de la jeune empoisonneuse passionna les surréalistes, dont Paul Éluard, qui écrivit à son sujet le poème précité. (Magazine Vu, 6 septembre 1933.)

"Violette a menti..."

De nombreux étudiants badent la jolie Violette lors de ses promenades dans le quartier Latin. Ils jouent les gentlemen en lui payant un café pour se faire remarquer en bien. Violette, en plus, est menteuse : son père ignore que, pour tous les camarades de sa fille, il n'est pas un simple conducteur de locomotives, mais un ingénieur de renom.

Pour mener cette vie insouciante, Violette a besoin d'argent, et ce n'est pas le métier de cheminot – pardon, d'ingénieur – qui y suffit. Alors la belle, pas farouche, n'hésite pas à pratiquer le plus vieux métier du monde. Sa clientèle est triée sur le volet : pas d'ouvriers désargentés, que du beau linge qui n'hésite pas à payer rubis sur l'ongle pour quelques instants de caresses. Inconvénient grave : Violette attrape la syphilis.

Pour ses parents, à mille lieues d'envisager la vie secrète de leur fille, c'est un choc. L'habile demoiselle parvient néanmoins à calmer leurs angoisses en se faisant délivrer, par le médecin de famille, un certificat attestant de sa virginité. Dès lors, la petite vérole n'est plus l'insidieuse maladie sexuellement transmissible contractée dans le stupre, mais un mal héréditaire.

C'est à cette époque que Violette va tenter d'empoisonner ses parents. En mars 1933, elle donne à ses parents une poudre blanche qu'elle rapporte de chez le médecin : il s'agirait d'un produit destiné à combattre la contagion syphilitique. En fait, il s'agit de Véronal à haute dose. Un peu de ce produit autorise les insomniaques à passer une bonne nuit. Violette espère que le sommeil, cette fois, sera éternel. Pour plus de sûreté, dès que ses parents se sont écroulés sur le lit, elle met le feu à un rideau, mais prévient aussitôt les pompiers. Les gémissements poussés par ses parents en pleine léthargie l'ont empêchée d'aller plus avant. De toute façon, la dose de somnifère, aussi grosse fut-elle, n'était pas suffisante.

On apprend de ses erreurs, dit-on. La jeune fille, confrontée à cet échec, met de côté ses idées homicides.

Au mois de juin, elle rencontre un jeune homme de vingt ans. On peut se demander ce qui l'a séduite chez Jean Dabin. Il n'est pas

Jean Dabin, le grand amour de Violette. Elle rêvait de faire sa vie avec lui, il ne voyait en elle qu'une coucherie sans avenir. (Détective, 5 octobre 1933.)

très intéressant, c'est un étudiant en droit, certes, mais il gagne à peine trois sous en vendant à la criée *l'Action Française*. Dabin est un camelot du roi. La politique, chez Violette, passe après tout le reste. C'est le grand amour, ou du moins, ça y ressemble. Pour se permettre des virées toujours plus fréquentes avec lui, Violette donne un coup d'accélérateur à sa carrière de prostituée occasionnelle – en secret de son amant, bien entendu.

Une mise en scène peu crédible

Le 17 août, Jean part en vacances en Bretagne. La séparation est cruelle pour Violette qui promet de le rejoindre. Mais seule à la gare, la voilà qui réalise qu'elle ne pourra pas partir aussi facilement. Mineure sous tutelle parentale, sans argent : impossible de fuir. Le 21 août, elle prend la décision finale. Elle va tuer ses parents, prendre les 180 000 francs d'économies qu'ils conservent et commencer une nouvelle vie avec Jean.

Dans sa chambre, elle réduit trente-six cachets de Véronal en poudre, et verse le médicament dans des sachets de papier. Prudente, elle prépare pour elle-même un placebo, qu'elle prend soin de ranger dans un sachet un peu différent des deux autres.

Puis, une fausse lettre du médecin de famille à la main, la voilà qui offre à ses parents le poison.

Toujours sans méfiance, Baptiste et Germaine avalent les barbituriques. Quelques heures plus tard, Violette n'entend plus les désagréables gémissements d'agonie provenant de la chambre de ses parents. Une inspection rapide des lieux la déçoit : à la place des 180 000 francs souhaités, il n'y a que 3 000 francs à voler.

L'inhumation de Baptiste Nozières, au petit cimetière de Neuvy. Fut-il vraiment un monstre incestueux ou une victime innocente ? (Détective, 7 septembre 1933.)

Sitôt l'argent en poche, Violette s'enfuit pour ne revenir que le lendemain soir. Il s'agit de voir si tout a bien fonctionné. Surprise : si Baptiste est bien mort, Germaine, qui est tombée du lit, respire encore. Elle est plongée dans le coma. Pour parachever son acte, Violette veut faire croire à un suicide. Elle hisse tant bien que mal sa mère dans le lit, à côté du père, ouvre le gaz en grand puis court réveiller les voisins. La thèse du double suicide ne tient pas longtemps : la police constate, dès son arrivée, que les Nozières n'ont fait qu'une consommation normale de gaz ces derniers mois. De plus, Germaine, qui vit toujours, porte les traces caractéristiques d'un empoisonnement. Violette, sentant le vent tourner, s'enfuit. Cinq jours plus tard, sur le Champ-de-Mars, un passant croise la jeune femme. Elle ne le connaît pas, mais il lit la presse et l'identifie aussitôt comme étant la parricide dont le portrait fait la une des journaux.
Violette est arrêtée dans l'heure. Il est temps pour elle de s'expliquer. La raison de son crime n'est, selon elle, pas celle qu'on croit. Loin de toute idée de profit, c'est une vengeance. Violette clame haut et fort que son père a abusé d'elle depuis qu'elle est âgée de douze ans. En ce cas, alors, pourquoi empoisonner sa mère ? Elle ne peut le dire. Or donc, quand l'instruction se termine à l'automne 1934, certains points restent particulièrement sombres. On espère beaucoup du procès pour aider à y voir clair.

Le procès de la parricide

Le 8 octobre, la salle des Assises est comble. Tout le monde veut comprendre les vrais dessous de l'affaire. C'est que l'histoire a un retentissement national : la presse en fait ses choux gras ; la politique voit en Violette Nozières l'expression de la dépravation de la jeunesse ; les surréalistes, eux, en font une muse.

Si André Breton la qualifie de « métaphysique jusqu'au bout des ongles », Paul Éluard, dans un poème, l'imagine rêvant « de belles robes de sang pur » et cherchant, dans une analogie à l'inceste, à défaire « l'affreux nœud de serpents des liens du sang ».

C'est une Violette les yeux baissés, enveloppée dans un manteau à col de fourrure et coiffée d'un chapeau noir qui entre dans le box des accusés. Son allure de petite jeune fille discrète, tellement en contraste avec sa vie d'autrefois, ne rend pas le président Peyre moins incisif. Chacune de ses phrases, chacune de ses questions est une condamnation en soi. Comment admettre un inceste consommé six ans durant sans que sa mère n'en ait rien su ?

Violette maintient ses accusations, mais prie de ne pas insister sur ce point. C'est sûr, il y a une part de comédie dans son attitude, mais il n'en demeure pas moins qu'un procès d'Assises est une situation pénible à vivre. Violette perd son calme à plusieurs reprises, elle s'évanouit. Malheureusement, on prend cela pour l'expression de sa lâcheté, et sa souffrance n'en fait pas une victime, mais une criminelle encore plus impardonnable. Le 10 octobre au matin, le président fait lever l'audience. La veille, à Marseille, le roi de Yougoslavie et le ministre Louis Barthou ont péri sous les balles d'un oustachi. Qu'importe à l'assistance.

Eux sont venus pour le procès Nozières, pas pour rendre hommage à un monarque et à un homme politique assassiné. L'interruption n'est que temporaire, à la satisfaction générale : ce jour-là, on doit entendre Germaine Nozières et Jean Dabin. La victime survivante et l'amant pour qui Violette a commis l'irréparable : un beau moment en perspective.

Que va dire la mère ? Confrontée à sa fille sitôt sortie du coma, n'a-t-elle pas prononcé ces paroles terribles : « Je te pardonnerai quand tu seras morte » ? Germaine a brillé par son absence les deux premiers jours du procès. Devant la Cour, elle affirme qu'elle s'est portée partie civile pour défendre la mémoire de son époux. Elle ne peut tolérer qu'on le diffame ainsi, même si la souillure vient de sa propre fille. Pour elle, le crime n'a que l'argent comme mobile. Pourtant, son cœur de mère saigne, elle jure qu'elle n'a plus de haine envers Violette. Avant de quitter la barre, comme l'accusée s'adresse à elle en pleurant, elle répond : « Je ne peux oublier que tu es ma fille. Ce que tu as dit de ton pauvre père est atroce et faux, mais je ne peux pas oublier que tu es mon enfant. » Puis elle se retourne vers les jurés, joint les mains et supplie : « Pitié ! Pitié, pour mon enfant ! »

Violette adolescente, peu de temps avant qu'elle ne devienne la jeune délurée qui, un jour de 1933, gava ses parents de somnifères. (Détective, 1933.)

Violette Nozières, une parricide de dix-neuf ans aux vraies motivations obscures... (Détective, 7 septembre 1933.)

Le premier hebdomadaire des faits-divers
Année - N° 255
1 FR. 50 - TOUS LES JEUDIS - 16 PAGES
14 Septembre 1933
DÉTECTIVE
VIOLETTE A MENTI! m'a dit Mme Nozières
Le seul témoin qui, d'un mot, pouvait balayer l'accusation perfide portée par Violette contre son père, « Détective » a voulu l'entendre. Et ce fut le cri d'une mère révoltée sous l'outrage.

L'affaire Nozières fit la une des journaux à sensation pendant des mois, rebondissement après rebondissement. (Détective, 14 septembre 1933.)

On a eu droit au moment d'émotion. Après le témoignage des psychiatres, qui ne trouvent aucun signe d'aliénation mentale chez la jeune femme ni aucune trace de mythomanie, mais ne parviennent pas à expliquer ses mensonges, passons maintenant au scandale, en la personne de Jean Dabin. Pourquoi diable Violette s'est-elle amourachée de ce crétin ?

En tenue militaire, car il s'est engagé dans l'armée et est en poste en Tunisie, Dabin a belle allure, mais son comportement froid et désinvolte le rend antipathique à tous. Il a beau dire qu'il se sent responsable du crime de Violette, son ton laisse clairement entendre le contraire. Il a l'air de trouver naturel que, lors de leur relation, ce soit elle qui règle les frais tels que la chambre d'hôtel, et qu'elle lui donne 50, voire 100 francs tous les jours. Pour un peu, sachant que l'argent vient des cinq à sept de Violette, on pourrait presque l'accuser de proxénétisme. Fausse accusation, bien sûr, mais rien que pour gommer l'air narquois qu'il arbore sur le visage et pour le punir de ses haussements d'épaules face aux reproches, on serait tenté de faire exception. Le procureur se charge de lui passer un mémorable savon, concluant ainsi : «Vous ne relevez pas de la justice, et c'est regrettable. Vous relevez du mépris général, soyez-en persuadé ! »

Dans son box, Violette ne dit rien. Elle a compris quelque chose : Dabin ne l'a jamais aimée. Pour lui, elle n'a été qu'un coup en passant, une manière de se faire de l'argent facilement, et rien de plus.

Au dernier jour du procès, Me Boitel, représentant la partie civile, déclare qu'il va s'abstenir de plaider. Germaine Nozières a retiré sa plainte. Il lui est donc inutile de demander autre chose que la pitié envers l'accusée.

"VIOLETTE A MENTI!"

L'avocat général Gaudel, lui, n'en a rien à faire des revirements de situation entre membres d'une même famille. Son travail consiste à faire condamner une criminelle, et il va s'y appliquer. Quand il demande la mort de Violette, celle-ci s'évanouit. Revenue à elle, la jeune femme promet qu'elle se tuera avant qu'on ne l'exécute.

Soudain, avant les plaidoiries, la défense demande à ce qu'on entende un dernier témoin. C'est un étudiant en droit, M. Ronflart, fils de consul et ami (pas amant) de Violette. Jamais celle-ci n'en avait parlé par le passé. Et voilà que le garçon jure que Violette, deux ans plus tôt, lui a parlé des relations contre nature que son père entretenait avec elle. Ses propos sont immédiatement mis en doute par le procureur, ce qui mécontente grandement le témoin : « On ne croit donc, ici, que les témoins à charge ! »

Le problème, c'est qu'il n'y a rien de nouveau qui découle de ces faits. On trouve que cette irruption a quelque chose de fabriqué, de peu crédible, et finalement, cette intervention de dernière minute ne sert strictement à rien. Tentative d'un jeune avocat : Me de Vésinne-Larue n'est guère plus âgé que sa cliente, et c'est son premier procès d'Assises. Loin de prêter crédit aux accusations d'inceste, puisqu'il sait que personne n'y croit plus, le défenseur axe son discours sur la démence.

Quoi qu'on en dise, Violette a un problème mental. Et les experts, alors ? Ce fameux docteur Truelle, dont c'est la trois mille trois cent soixante troisième expertise judiciaire ? Maître de Vésinne-Larue en fait la cible de ses attaques : c'est ce même docteur qui, un an plus tôt, est venu témoigner au Mans de la parfaite santé mentale des sœurs Papin, ces bonnes qui ont massacré leurs patronnes, et qui se sont vu détromper au bout de quelques semaines quand l'aînée des sœurs, Christine, a dû être internée après avoir été reconnue folle.

Pour en revenir à Violette, l'avocat voit en la syphilis une influence sur l'état psychiatrique de sa cliente. Il y ajoute les tourments inhérents à l'adolescence – faut-il rappeler que Violette avait dix-huit ans au moment des faits – et en mélangeant le tout, on obtient un esprit tourmenté, une personnalité confuse et égarée qui devrait revenir à la normale avec le temps, si on lui laisse une chance. Les jurés, eux, ne laisseront pas de chance à Violette. La mort, par la majorité des voix. Et c'est une condamnée furieuse qu'on ramène à la Petite-Roquette pour y attendre une éventuelle cassation ou le bon vouloir présidentiel.

DÉTECTIVE

LE CHATIMENT DE VIOLETTE NOZIERES

Violette Nozières vient de connaître pire que de végéter, en prison, de la vie sans espoir des recluses : ce fut de subir, rue de Madagascar, la formidable huée vengeresse du peuple de Paris.

(Voir, page 10, notre pathétique reportage photographique sur cette redoutable confrontation.)

C'est par un hurlement de haine que Violette accueillit sa condamnation à mort le 11 octobre 1934. Mais il n'était plus dans les mœurs de la IIIe République de laisser exécuter une femme, fut-elle une parricide. (Détective, 23 novembre 1933.)

Rien n'est terminé

Dès son retour en cellule, on s'empresse de lui faire savoir qu'elle ne risque pas grand-chose. Cela fait plusieurs décennies qu'on n'exécute plus les femmes, un fait, signalons-le, que le procureur Gaudel mentionne dans son réquisitoire.

C'est vrai. Depuis l'exécution de Georgette Thomas à Romorantin en 1887, aucun président de la IIIe République n'a consenti à laisser guillotiner une condamnée à mort, son crime fût-il gravissime.

Chronologie

- **11 janvier 1915 :** naissance de Violette Nozières à Neuvy-sur-Loire dans la Nièvre.
- **1933 :** à Paris, Violette multiplie les aventures, attrape la syphilis et, en mars, tente d'empoisonner ses parents.
- **Juin :** rencontre avec Jean Dabin, avec qui c'est le grand amour.
- **21 août :** empoisonnement de ses parents aux barbituriques. Sa mère survit.
- **26 août :** Violette est arrêtée.
- **8-11 octobre 1934 :** procès, la peine de mort est prononcée.
- **24 décembre :** la peine de mort est commuée en prison à perpétuité.
- **1940 :** elle est transférée de Haguenau à Rennes.
- **1942 :** Pétain lui signe sa première remise de peine.
- **29 août 1945 :** Violette est libérée.
- **16 décembre 1946 :** Violette épouse Pierre Garnier, avec qui elle aura cinq enfants, et qui décède en 1961.
- **16 mars 1963 :** Violette est réhabilitée.
- **28 novembre 1966 :** Violette décède d'un cancer à cinquante et un ans.

Aussi, Violette Nozières bénéficie d'une commutation de peine le 24 décembre 1934.
Joli cadeau de Noël pour la jeune femme. Ses avocats ne manquent pas de lui laisser espérer des remises de peine et une libération probable d'ici douze ou quinze ans. Violette s'en moque un peu : elle a promis aux sœurs qui se chargeaient de sa surveillance, à la Roquette, de prendre le voile sitôt sortie de prison.
À Haguenau, Violette Nozières est une détenue calme, sage même. L'avis reste le même à Rennes, la seconde centrale de femmes, dans laquelle elle est transférée en 1940, suite à l'invasion allemande. Entre-temps, elle apprend le décès de Dabin, mort de maladie. « Le pauvre » sera son seul éloge.
Le temps passe, la première remise de peine espérée arrive, signée le 6 août 1942 par le Maréchal Pétain. Elle est de taille : c'est une commutation à douze ans de travaux forcés, à compter de la date

d'écrou. C'est-à-dire que Violette est libérable en 1945. De plus, le directeur la dispense désormais de travailler à la lingerie pour devenir assistante du comptable de la prison, M. Garnier. Violette suit une formation immédiate et devient une employée fiable et dévouée.

Le 29 août 1945, Violette est libre. Elle a trente ans. Malgré ses promesses d'antan, l'idée d'un couvent ne la tente plus guère. En prison, elle fait la connaissance d'un homme. Non pas d'un détenu – nous ne sommes pas dans un milieu mixte, s'il est besoin de le rappeler –, mais de Pierre Garnier, le fils du comptable, un cuisinier de quatre années son cadet qui réside avec son père au-dessus de son bureau. Lui ne l'a pas regardée comme un monstre, il l'a vue comme une jeune et belle femme. Les sentiments ont été réciproques ; les rencontres, de plus en plus régulières. Violette, après avoir changé de nom, épouse son soupirant le 16 décembre 1946. Les noces ont lieu à Neuvy : l'hostilité d'une partie des villageois est manifeste. Qu'importe : Violette prend sa mère avec elle et son nouvel époux pour aller vivre ailleurs. Elle l'a promis : le grand public n'entendra plus parler d'elle, en mal bien sûr. Sa vie ne sera pas la plus heureuse qui soit. Il ne faut pas y voir de châtiment divin. C'est le lot de tout homme et de toute femme. Mère de cinq enfants, elle a la tristesse de devenir veuve à quarante-cinq ans. Son mari, victime de deux accidents de la circulation à quelques années d'intervalle, finit par succomber en 1961 des suites d'hémorragies internes toujours plus importantes.

Le couple eut le temps d'acheter un hôtel-restaurant dans l'Orne, puis près de Rouen. Violette a néanmoins connu un évènement qui atténue quelque peu son deuil : chose extrêmement rare dans la justice, l'ancienne condamnée à mort voit son cas réhabilité le 18 mars 1963. Désormais, la trace de son crime passé n'existe plus : son casier judiciaire est redevenu intact, vierge.

Le 28 novembre 1966, après trois ans de combat contre le cancer, Violette meurt. Elle a cinquante et un ans. Ses enfants apprendront la vérité la concernant par la presse : un vrai coup de massue, mais aucun d'eux n'éprouvera de honte à ce sujet. Violette la maman était une tout autre personne que Violette la parricide. Et c'est probablement pour cela qu'on la fit enterrer, sans arrière-pensée, dans le caveau familial de Neuvy-sur-Loire, aux côtés de son mari Pierre, et surtout de son père Baptiste. Une réconciliation posthume, en somme.

Sylvain LARUE

Les Grandes Affaires Criminelles de Paris, 2007.

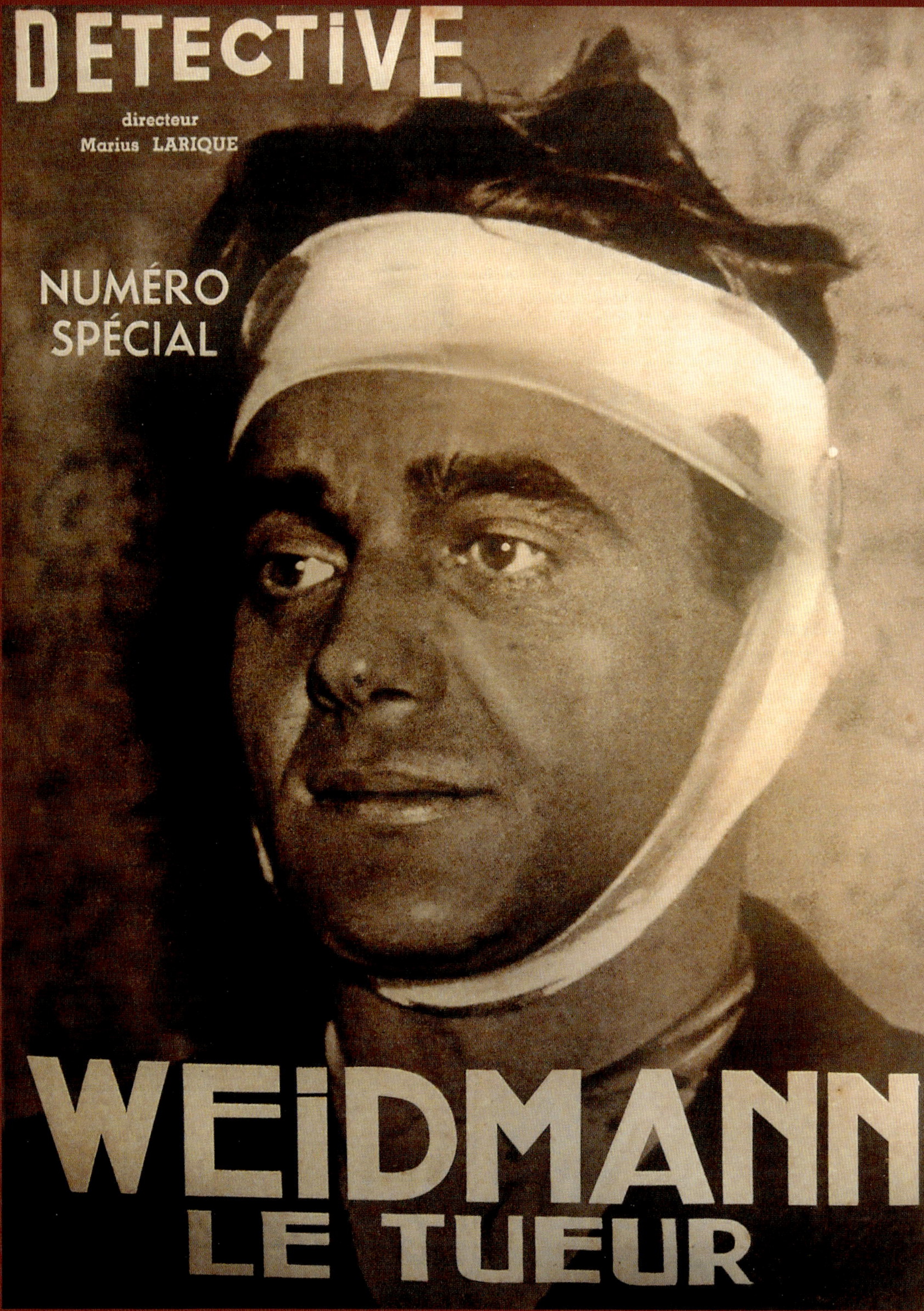

"Dernière exécution sur la place publique"

Cour d'assises de Seine-et-Oise, 10-31 mars 1939

L'Allemand Eugen WEIDMANN

EUGEN WEIDMANN arrive à Paris le 15 mai 1937, après être passé clandestinement en France. Il a fini de purger sa peine de prison le 2 décembre 1936 à Preungnesheim, en Allemagne.

Âgé de vingt-neuf ans, l'Allemand a déjà à son actif quelques années en maison de redressement et deux condamnations : une première de quelques mois en 1926 au Canada, pays dont il a ensuite été expulsé ; une seconde de cinq ans et huit mois en Allemagne en 1932. Il n'a finalement fait que la moitié de sa dernière peine, ayant été libéré plus tôt pour bonne conduite. Dès son arrivée en France, il retrouve Roger Million et Jean Blanc qui l'attendent depuis quelques mois sur place. Il a rencontré ses deux amis en prison, où ils purgeaient une peine de un an et six mois pour trafic de devises. Weidmann n'envisage pas un instant de se ranger et d'avoir un travail honnête. Au contraire, il se dit qu'en France l'argent est facile à obtenir avec l'Exposition universelle de 1937, où un tas de riches touristes pourront être dépouillés.

Projets criminels

Weidmann est froid, intelligent et surtout beau garçon. Élégant, gentleman et charmeur, il ne lui est pas difficile de donner confiance à ses futures proies. Il parle plusieurs langues sans accent et se fait engager comme interprète à l'Exposition universelle, sous le nom de Karrer, ce qui lui permet de repérer ses prochaines victimes.

Son nouveau projet est simple : il enlèvera ses clients et exigera une rançon contre leur libération. Il explique à ses acolytes que c'est une méthode très utilisée aux États-Unis pour se faire de l'argent. En juin 1937, il loue, toujours sous le nom de Karrer, la villa « La Voulzie » à La Celle Saint-Cloud. Roger Million, sa maîtresse Colette Tricot, et Jean Blanc y passent souvent. Depuis six mois, Colette a quitté la maison où elle vivait avec son mari et son fils de dix ans, rue Mattéoti, à Houilles.

Eugen n'a pas loué cette villa par hasard. Il estime qu'elle est parfaitement adaptée pour enfermer des otages. Il commence alors sa chasse dans les grands hôtels parisiens. Dans le hall de l'hôtel Ambassador, le 13 juillet 1937, il aborde Jean de Koven, une jeune Américaine, en voyage à Paris pour aller voir l'Exposition universelle.

Elle intéresse Eugen car elle est riche, même si elle présente l'inconvénient d'être accompagnée. En effet, elle est venue avec sa tante, Ida Sackheim. Ils discutent un long moment ensemble.
Il se présente comme « Bobby », le fils d'un industriel de la chimie. Rapidement, il comprend que le chaperon de la jeune fille n'est pas très présent et qu'il ne sera pas une entrave à ce qu'ils se revoient. Eugen et Jean conviennent d'un nouveau rendez-vous le lendemain. Il veut l'attirer dans la villa « La Voulzie » et demander une rançon. Il va agir seul, sans l'aide de ses amis.

Eugen Weidmann avait l'intelligence, la séduction, la culture... Il s'en servit de la moins bonne façon qui soit. Six personnes devaient mourir de sa main.
Portrait d'Eugène Weidmann le 9 mars 1939. (Photographie anonyme.)

Pour parvenir à ses fins, lorsqu'il revoit la jeune fille, le 14 juillet, il lui ment. Il lui explique qu'un ami doit lui ramener sa voiture à La Celle Saint-Cloud dans la soirée. Ils passeront ensuite la prendre et il l'emmènera dans un grand restaurant. Son plan fonctionne parfaitement. À la fin de la journée, Jean se retrouve, comme prévu, dans la villa. Eugen lui propose de prendre l'apéritif et lui tend un verre dans lequel il a mis un somnifère : du véronal *(NDA : L'auteure a choisi de retracer la disparition de Jean de Koven avec la version de l'accusé. On le verra plus tard, le juge d'instruction pense que les choses se sont passées différemment. Le doute subsiste toujours aujourd'hui sur la manière dont Jean est morte.)*. La drogue agit en moins d'une demi-heure. Dès qu'elle est endormie, il l'attache. Ensuite, fatigué, il ferme toutes les issues à double tour et part dormir.
Des bruits de pas le réveillent au milieu de la nuit ; il réalise que sa victime a réussi à se détacher et cherche à sortir de la villa. Lorsqu'il essaye de l'attraper, elle braque un revolver vers lui et, sans hésiter, tire mais rate sa cible. Après une lutte acharnée, il arrive à l'immobiliser, la désarme et perdant son sang-froid, l'étrangle. Il l'enterre ensuite dans le jardin.
Dès le lendemain, l'Allemand s'organise : il a besoin de complices. Il met au courant Roger Million : « Je suis sur un coup important et je dois aller récupérer une rançon pour un kidnapping commis par des amis américains. » Devant l'air dubitatif de son acolyte, il précise : «Tiens, voilà 200 francs, c'est une avance qu'ils m'ont donnée.» Il omet juste de dire à Roger que Jean est morte. Million est convaincu, car il sait pertinemment qu'Eugen n'avait plus un sou en poche la veille. Il s'est donc bien passé quelque chose. Roger ignore que les billets proviennent du porte-monnaie de l'Américaine. Les deux hommes envoient un télégramme au nom de Jean à sa tante pour la rassurer et, quasiment en même temps, une demande de rançon de 500 dollars. Ils ordonnent à la tante de ne pas prévenir les forces de l'ordre, sinon ils tueront la prisonnière. Ils lui demandent de passer une annonce dans le *Herald* une fois qu'elle aura l'argent. Ida Sackheim va immédiatement trouver la police. Les enquêteurs ne croient pas à un kidnapping, mais plutôt à une fugue avec un nouveau fiancé. Ils trouvent le montant de la rançon dérisoire. Non ! Cela ne paraît pas inquiétant.
La tante parle alors du sérieux de sa nièce, de son fiancé américain, mais on ne l'écoute que d'une oreille distraite. Devant son insistance, le commissaire cède un peu de terrain et lui dit de passer l'annonce

demandée par le kidnappeur, et de se rendre au lieu de rendez-vous. Il lui affirme qu'elle sera sous surveillance policière et que tout se passera bien.

La pression monte

Ida passe l'annonce dans le journal le dimanche suivant. Weidmann met deux jours pour la contacter. Il veut faire monter la pression. Méfiant, il donne rendez-vous à la tante de Jean devant le Studio-Hôtel, rue du Vieux-Colombier à Paris, où les deux femmes avaient prévu de passer leurs vacances. « Vous remettrez l'argent à un taxi. » L'Américaine est bien présente au lieu de rendez-vous. Elle voit arriver le taxi, mais elle refuse de lui donner les billets, car sa nièce n'est pas dans la voiture. « Mon client a dû oublier sa monnaie d'échange. Retournez le voir. » Weidmann est installé à quelques pas de là et aperçoit toute la scène. Il regarde le taxi redémarrer et une voiture de police banalisée le suivre. Il est en colère et il appelle Ida : « Vous n'avez pas respecté les règles. Tant pis pour vous... »
La tante s'affole :
« J'ai l'argent. La police m'a obligée. Pouvons-nous trouver un moyen de nous voir discrètement ?
– Je vous rappellerai. »
Il retrouve Million à La Celle Saint-Cloud. Lui aussi a vu la filature et il ne s'est pas montré pour récupérer le butin. Les kidnappeurs reprennent contact avec la tante de Jean le vendredi 30 juillet. La méthode de remise de l'argent est différente. Une enveloppe contenant la rançon doit être déposée dans un café proche de la place Clichy le soir même. Ils s'engagent à ce que Jean soit de retour à son hôtel une demi-heure après la transaction. Cette fois-ci, c'est Fritz Frommer, un ami avec qui il a repris contact dès son arrivée dans la capitale, qu'Eugen met dans la confidence. Il a connu ce dernier lors de son emprisonnement en Allemagne : Fritz a été condamné pour distribution de tracs antinazis en 1934 et est sorti de prison en mars 1937. Eugen lui avoue la vérité et le meurtre de la jeune femme. Il lui demande de s'installer dans le café et de vérifier si la police est sur le coup. Il fait bien car la police, persuadée qu'il ne s'agit pas d'un rapt mais d'une aventure sentimentale, envoie deux de ses hommes remettre l'enveloppe au bar du café et met ce dernier sous surveillance. Le lundi 2 août, une complice de Weidmann fait des achats chez Lancel et Guerlain avec des chèques de voyage de Jean. Deux jours plus tard, à la banque Diamant, la même femme se présente pour échanger l'un des chèques contre de

l'argent. Elle utilise le passeport de Jean et, après contrôle, sa signature est très ressemblante à celle de la disparue. Cela recommence le 4 août à la Banque française du tourisme, puis, le lendemain, à la Banque transatlantique.

Le 5 août, la presse française et la presse américaine se mettent à couvrir l'affaire. Les policiers sont obligés de prendre leur enquête un peu moins à la légère. Le frère de la disparue, Henry, arrive à Paris le 7 août. Il se met en relation avec les journaux et n'arrête pas de harceler la police. La famille de Jean n'a pas de nouvelles des ravisseurs pendant plusieurs jours. Depuis que la presse est au courant, ces derniers ont compris qu'ils ne toucheront jamais leur butin. Le 17 août, ils envoient une nouvelle lettre à la famille de Koven, l'informant que désormais ils ne négocieront plus et qu'ils garderont la fille, qui est toujours vivante. La police se met sur la piste d'une traite des blanches qui ne donnera, on s'en doute, pas de résultats. Henry et Ida se résoudront à rentrer aux États-Unis un mois plus tard, faute d'avoir eu de nouvelles pistes.

L'argent se met à manquer rapidement et, le 8 septembre 1937, une nouvelle proie est ferrée. Weidmann organise le coup seul. Il a ciblé un homme, cette fois-ci. Il s'appelle Joseph Couffy et travaille comme chauffeur pour riches touristes. Sous le nom de Dixon, l'escroc réserve la voiture pour aller visiter les châteaux de la Loire.

Entre Olivet et Vierzon, le chauffeur fait une pause, le long de la route, pour satisfaire ses besoins naturels. Weidmann en profite pour l'abattre d'une balle en pleine tête, en rase campagne. Il récupère 2 000 francs et une belle voiture qu'il repeint et dont il change les plaques immédiatement. La Renault Vivastella familiale lui permettra de s'introduire facilement dans les belles demeures de la région, sans attirer l'attention.

Weidmann se remet alors en quête d'une nouvelle victime. Ce sera Jeanine Keller. Elle vient de quitter son mari et souhaite partir s'installer à l'étranger. Pour cela, elle répond à une petite annonce de M. Brown, alias Eugen, qui est intermédiaire et lui propose de rencontrer les Wender, des Argentins, qui recherchent une employée. Il passe la prendre à son hôtel, avec Million qui officie en tant que chauffeur. Les deux truands ont prévu d'emmener la victime dans la forêt de Fontainebleau, de la tuer, puis de l'enterrer dans la « Caverne des brigands ». *(NDA : Située dans la forêt de Fontainebleau, dans le département de Seine-et-Marne, cette caverne a hérité de ce nom car elle a été le repaire de brigands sous Louis XV. Elle se situe non loin des gorges d'Apremont.)*

Weidmann, en gentleman, propose à Jeanine de s'arrêter pour visiter la célèbre caverne située sur leur route. Pas méfiante, la jeune femme accepte avec le sourire. Elle suit Eugen dans la grotte.

Million, qui ferme la marche, sort un revolver et l'abat d'une balle dans la nuque.

La victime était censée avoir avec elle tout son argent. Les deux complices se rendent compte que, en fait, ils l'ont tué pour 2 200 francs. Roger est fou de rage, il a commis un crime pour deux fois rien.

Colette est chargée d'encaisser le mandat de 1 200 francs de Jeanine avec son livret de famille, et récupère les bijoux de la victime.

Million regrette rapidement son coup de sang. Weidmann lui en veut car Roger s'est mis à crier dans la forêt et, s'il y avait eu des marcheurs, ils auraient pu se faire prendre.

Pour se racheter, Million lui propose une autre façon de se faire de l'argent. Ils ne vont plus passer des annonces, mais répondre à celles faites par les personnes qui cherchent des associés. Pour se racheter de son attitude à Fontainebleau, il s'engage à éliminer la future proie. Le piège se met en place.

Le 8 octobre, Million contacte Roger Leblond, un impresario. Ce dernier veut se lancer dans les affaires au plus vite. Il annonce qu'il peut mettre 10 000 francs sur la table. L'escroc le met en confiance et, rapidement, ils doivent se retrouver pour contractualiser leur accord.

Le 15 octobre, sous le prétexte de faire valider les clauses du contrat avec son beau-frère, Million entraîne l'impresario à « La Voulzie ». Il se propose d'aller chercher du café. Pour cela, il passe derrière l'homme d'affaires et, comme il l'a convenu avec Weidmann, sort son pistolet et tire dans la nuque de la victime.

Cependant, tout ne se passe pas comme prévu. Million est tellement tendu qu'il tremble et ne fait que blesser l'homme d'affaires qui tombe à terre. Il perd alors complètement ses moyens et c'est à l'Allemand d'achever le blessé d'une balle. Ils dépouillent ensuite le cadavre et récupèrent ainsi la somme de 8 000 francs. Puis ils chargent le corps dans le coffre de sa voiture qu'ils laissent à Neuilly.

Le 27 novembre 1937, une fois de plus, l'Allemand n'a plus un sou. Il demande à Fritz Frommer de lui donner un coup de main. *(NDA : Là aussi, l'auteure a choisi de présenter la version de Weidmann. Au procès, Frommer ne sera pas accusé du meurtre de Lesobre.)*

Ce dernier a aussi besoin d'argent et accepte à condition que ce soit Weidmann qui se charge de l'exécution.

Leur cible est un agent immobilier de Saint-Cloud, Raymond Lesobre. Ils prennent rendez-vous avec lui pour aller visiter une maison à louer à Vaucresson, et Weidmann le tue d'une balle dans la nuque. L'homme venait de passer à la banque et ils récupèrent 5 000 francs de butin.

Quelques jours plus tard, Eugen abat son complice, de peur que celui-ci le dénonce à la police, et l'enterre à La Celle Saint-Cloud.

L'enquête policière progresse rapidement

Dès le lendemain, une enquête commence. Contrairement aux autres meurtres, les deux hommes ont laissé des traces. La secrétaire de l'agence immobilière remet aux policiers la carte de visite laissée par Frommer. Le truand a manqué de prudence car il a pris l'identité de son oncle. Interrogé, ce dernier se rappelle d'ailleurs fort bien lui avoir donné une carte de visite. Les policiers contactent alors l'autre oncle de Fritz, qui les informe que, à sa connaissance, son neveu a pour ami un autre Allemand appelé

Sauerbrey, qui vit en banlieue, pas loin de Saint-Cloud, sous le faux nom de Karrer. Les enquêteurs retrouvent alors rapidement la villa « La Voulzie », louée sous ce dernier pseudonyme.

Le 8 décembre 1937, deux policiers en planque devant le domicile du suspect le voient arriver, tranquillement, à pied. Weidmann remarque les deux hommes, mais ne s'affole pas. Il leur demande ce qu'ils font devant l'entrée de sa maison et ils se font passer pour des agents des impôts.

Les enquêteurs constatent que dans le jardin, il y a la même voiture que celle de Lesobre. Or, la sienne n'a pas été retrouvée.

Un indice supplémentaire qui leur permet de se dire qu'ils sont peut-être enfin sur la bonne piste.

Dans la maison, tout se complique au moment où les deux faux agents fiscaux montrent leur carte de police. Eugen sort son arme et tire deux coups. Les policiers ne sont pas blessés et essayent de l'immobiliser. Trois coups supplémentaires partent. L'un blessera un des enquêteurs à l'épaule, et l'autre touchera le second à l'arcade sourcilière. Les policiers maîtrisent finalement le forcené en l'assommant, et l'arrêtent.

Weidmann après son arrestation.
Il fallut l'assommer pour en venir à bout,
ce qui explique le bandage qui entoure sa tête.
(Photographie de Safra, 1939.)

Colette Tricot, la maîtresse de Jean Blanc (ici au dernier rang), fut inculpée elle aussi dans le procès Weidmann. Son rôle peu important lui valut d'être acquittée.

Le juge d'instruction Jean-Georges Berry prend le temps de mener son enquête avec soin car le contexte politique de l'arrestation de Weidmann est particulier. En effet, fin 1937, la France est en pleine montée anti-germanique. L'enquête ne sera close qu'en février 1939. L'assassin se met à table sans qu'on ait à le prier bien longtemps. Il semble comme soulagé d'être tombé dans les mains de la police. Il avoue spontanément ses meurtres et indique précisément où sont enterrés les corps. Dès le lendemain, une perquisition a lieu dans la villa et les enquêteurs mettent au jour les corps de Jean dans le jardin et celui de Fritz dans la cave, comme prévu.

Vers la découverte de la vérité

Les trois complices de Weidmann – Colette Tricot, Jean Blanc et Roger Million – se constituent prisonniers dès que la presse annonce l'arrestation d'Eugen. Ils nient tous les trois avoir participé aux meurtres, même s'ils admettent avoir eu connaissance de certains d'entre eux.

Cependant, la version des faits de Weidmann diffère de celle de Million. Eugen accuse Roger d'avoir commis le meurtre de Jeanine Keller et participé à celui de Roger Lesobre. En revanche, Million proteste énergiquement : il nie avoir été dans la forêt de Fontainebleau. Mais le témoignage de Colette l'accable : elle raconte qu'elle l'a vu se laver les pieds ce jour-là et qu'ils étaient pleins de sable. Vexé que ses paroles soient remises en cause et pour prouver sa bonne foi, Eugen indique l'endroit où ils ont caché la pelle qui a été utilisée pour enterrer le cadavre sur place. Sur la pelle, figurent bien les empreintes des deux prévenus.

Million n'accepte pas non plus d'être impliqué dans le crime de Roger Leblond. Il a une tout autre histoire à raconter : il était juste un intermédiaire, à la demande de Weidmann. L'Allemand pensait qu'un Français ferait plus facilement confiance à quelqu'un de la même nationalité que lui. Il jure qu'il était persuadé que cette affaire était honnête. Il avait pris un faux nom, certes, mais juste pour éviter que son interlocuteur ne découvre qu'il avait fait de la prison.

Malheureusement pour lui, tous les indices donnent une fois de plus raison à Weidmann, car ce sont bien deux armes différentes qui ont servi à abattre l'impresario et l'une de ses armes appartient à Million. De plus, d'après les analyses balistiques, l'une a été utilisée par un gaucher – Weidmann – et l'autre par un droitier – Million.

Le juge Berry ne croit pas, en revanche, à l'histoire que Weidmann raconte sur la disparition de Jean de Koven. Il pense que la jeune femme a eu le coup de foudre pour le séducteur et qu'ils ont eu une aventure. La jeune femme ne se sentait pas capable d'annoncer son idylle à sa tante. Les deux tourtereaux ont donc décidé de simuler un enlèvement et ont fait ensemble la demande de rançon.

Berry est donc persuadé qu'elle n'a pas été tuée le jour de son arrivée à la villa, mais plusieurs jours plus tard. Elle aurait été la complice de son futur meurtrier avant qu'il ne l'élimine. Concernant l'utilisation

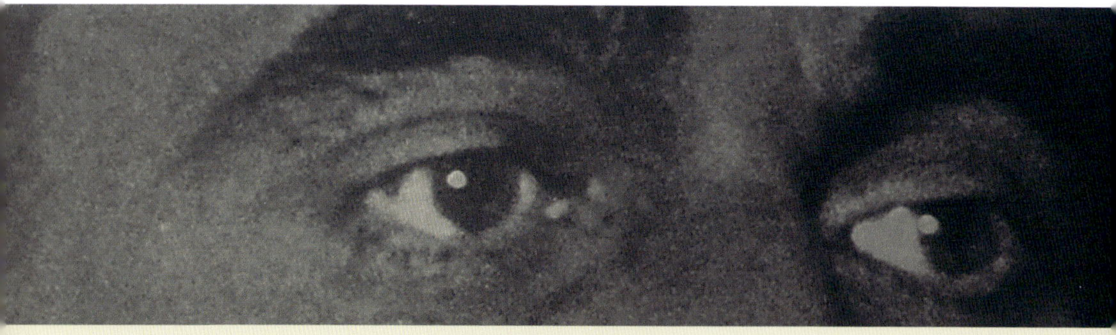

Le procès Weidmann dura presque un mois et attira des foules comparables à celles venues assister au jugement de Landru, dix-sept ans plus tôt au même endroit. Le principal avocat de la défense se trouvait être le même dans les deux cas : Me Vincent de Moro-Giafferi.

des chèques de voyage, les analyses graphologiques confirment que certaines signatures étaient manifestement fausses, mais n'arrivent pas à se prononcer sur la totalité d'entre elles. Quant aux guichetiers des banques et les vendeuses, ils n'ont jamais reconnu formellement Jean, même si la ressemblance entre la femme brune qui était venue les voir et la photo que leur présentait la police était « flagrante ». Colette Tricot ne ressemblant pas du tout à Jean, elle est rapidement mise hors de cause. Eugen explique qu'il avait demandé à l'une de ses maîtresses, dont il refuse de donner le nom, d'utiliser les chèques et de tirer l'argent. Il lui aurait dit que cet argent provenait d'un cambriolage.

Mourir guillotiné

Weidmann ne comprend pas les doutes du magistrat. Il jure ne pas mentir. Au vu de tous les meurtres qu'il a avoués, il sait qu'il va mourir guillotiné. Il n'a donc rien à cacher, sa peine ne sera pas, de toute manière, alourdie ou allégée. Il est devenu mystique depuis son arrestation et veut dire toute la vérité pour alléger sa conscience avant de mourir.

Chronologie

- **5 février 1908 :** naissance d'Eugen Weidmann à Francfort en Allemagne.
- **2 décembre 1936 :** Eugen Weidmann sort de prison à Preungnesheim en Allemagne.
- **15 mai 1937 :** Eugen Weidmann arrive à Paris.
- **Juin :** il loue « La Voulzie » à La Celle Saint-Cloud.
- **13 juillet :** il aborde Jean de Koven, touriste américaine, qu'il assassine et enterre dans le jardin le lendemain.
- **2 août :** des chèques de Jean sont utilisés pour effectuer des achats de luxe.
- **5 août :** la presse s'empare de l'affaire.
- **17 août :** Weidmann abat Joseph Couffy sur la route des châteaux de la Loire.
- **3 septembre 1937 :** Jeanine Keller est abattue dans la « Caverne des brigands ».
- **15 octobre :** Roger Million abat l'impresario Roger Leblond à « La Voulzie ».
- **27 novembre :** Raymond Lesobre, agent immobilier, est assassiné.
- **20 novembre :** Eugen tue Fritz Frommer, son complice. Une enquête est ouverte.
- **8 décembre :** sur les traces de Frommer qui a laissé la carte de visite de son oncle derrière lui, deux policiers se rendent chez Weidmann pour l'arrêter.
- **31 mars 1939 :** à l'issue du procès, la peine de mort est prononcée contre Weidmann et Million.
- **15 juin :** Albert Lebrun gracie Roger Million.
- **17 juin :** exécution d'Eugen Weidmann à l'âge de trente et un ans devant la prison Saint-Pierre.
- **24 juin :** décret d'Édouard Daladier interdisant la publicité des exécutions.

Le visage de l'innocence ? Sûrement pas. À seize ans, Eugen Weidmann était déjà un délinquant particulièrement actif, et ce n'était que le début ! (Détective, 1937.)

Le bâtonnier Planty s'est autodéclaré avocat commis d'office, se faisant aider de Renée Jardin et Jean Raoult. Mais la famille de Weidmann mandate en plus Me Floriot, avocat reconnu à Paris, pour assurer la défense du prévenu. Eugen lui préfère finalement Me de Moro-Giafferi. Ce dernier n'aime pas l'accusé, mais accepte de le défendre car, pour lui, Weidmann n'est qu'une victime du fascisme hitlérien. Il tente donc de politiser le débat pour obtenir des circonstances atténuantes qui permettront peut-être au criminel d'éviter l'échafaud.

Le procès se tient du 10 au 31 mars 1939.

Les accusés sont inculpés d'assassinat et de vol pour Weidmann et Million, de complicité et recel pour Colette et Jean. Enfin, l'instruction ayant établi que Frommer a été assassiné le 20 novembre, Fritz est par conséquent disculpé pour ce dernier assassinat.

Les audiences vont s'attacher à décrire chacune des victimes par ordre chronologique et le déroulement de chaque crime sera attentivement analysé.

De Moro-Giafferi fait une longue plaidoirie politique antifasciste, arguant que son client n'est que le produit de ce régime. L'auditoire écoute l'orateur, mais n'adhère pas à son analyse : Weidmann est un meurtrier et il doit payer.

Maître Géraud, qui représente Million, essaye de démontrer que ce dernier s'est fait manipuler par son complice, mais l'assistance n'est pas dupe une seconde.

La Cour condamne finalement Weidmann et Million à la peine de mort, Blanc à vingt mois de prison et acquitte Colette Tricot.

Le pourvoi en cassation des deux condamnés à mort est rejeté deux mois plus tard. Le 15 juin, le président de la République Albert

Lebrun gracie Million. Le 16 juin 1939, les journaux annoncent que l'exécution de Weidmann aura lieu le lendemain, au petit matin, devant la prison Saint-Pierre.
En raison de l'importance de l'affaire, de nombreux journalistes et photographes se pressent sur les lieux, se cachant même dans les immeubles donnant sur la place. La foule attend depuis 23 heures dans les cafés aux alentours, restés ouverts pour l'occasion.
Le bourreau Jules-Henri Desfourneaux est en charge de la décapitation. Le précédent exécuteur en chef, Anatole Deibler, est mort le 2 février et c'est la troisième fois que Desfourneaux le remplace.
Un peu avant 3 heures du matin, la guillotine est montée. Prévue à l'aube, à 3 h 50, l'exécution commence finalement avec trois quarts d'heure de retard. Or, à cette période de l'année, à 4 h 30, il fait grand

Le 17 juin 1939, devant la prison de Versailles, Weidmann était guillotiné avec quarante-cinq minutes de retard. Effectuée en plein jour, l'exécution fut l'occasion de multiples prises de vues dont le rôle ne fut pas négligeable dans l'abolition des exécutions publiques, une semaine plus tard !

jour. Les photographes prennent plus d'une centaine de clichés, la scène de la mise à mort sera même filmée. Weidmann ne semble pas conscient de toute cette désorganisation lorsqu'il sort par la porte de la prison.

Desfourneaux n'est pas un bourreau connu pour sa rapidité.
L'exécution s'éternise, il s'écoule douze secondes entre le moment où le coupable est immobilisé et celui où la lame tombe, alors que, normalement, une exécution ne prend que dix secondes après la sortie du condamné de la prison.
Le corps de Weidmann est ensuite enterré immédiatement au cimetière des Gonards.

Des images au-delà de l'imaginable

Dès le 22 juin, la diffusion des photos et du film de la décapitation fait scandale. Les journaux colportent les bruits les plus fous sur le comportement inacceptable du public. Des femmes auraient trempé leurs mouchoirs dans le sang de la victime ; la foule, se croyant à la foire, se serait mal comportée ; les forces de police auraient été dépassées… Les principaux acteurs de l'exécution ne confirmeront jamais ces rumeurs, mais le mal est fait. L'image de la France à l'étranger en prend un coup. Les partisans de l'abolition de la peine de mort ont de nouveaux arguments.

Le président du Conseil Édouard Daladier, horrifié par ce qu'il entend, remet le 24 juin un décret-loi en signature au président de la République, Albert Lebrun. Ce décret interdit la publicité des mises à mort.
Désormais, les condamnés seront guillotinés au sein des prisons…

Nathalie MICHAU

Les Grandes Affaires Criminelles des Yvelines, 2007.

Cour d'assises de la Seine,
18 mars-4 avril 1946

Le destin de PETIOT

LE 18 MARS 1946, s'ouvre le procès du plus célèbre meurtrier d'après-guerre. Landru et ses onze victimes sont battus : Marcel Petiot, docteur en médecine, est accusé de vingt-sept crimes, bien que lui-même en revendique soixante-trois !

Génèse d'un psychopathe

Né à Auxerre en 1897, Marcel Petiot, dès son plus jeune âge, révèle à la fois une intelligence exceptionnelle et des instincts pervers prononcés. Tortionnaire d'animaux, voleur, pornographe, le tout avant qu'il n'ait atteint la puberté. À douze ans, justement, il subtilise à son père facteur une clef pour ouvrir les boîtes aux lettres et, prenant connaissance de la correspondance privée qu'il y a trouvée, joue les corbeaux avec un certain succès dans la malveillance. Pris en flagrant délit, il échappe à la maison de correction, certes, mais ne peut se soustraire à une punition méritée. Son ego en est profondément vexé car Petiot ne rêve que de réussite pour impressionner ses proches. Après avoir passé son bac, Marcel quitte le lycée en pleine guerre. Une prestigieuse carrière militaire serait-elle à son goût ? Bon soldat, il se bat avec courage jusqu'en 1917. Un éclat d'obus l'atteint au pied, il est hospitalisé. Mais Marcel est un paresseux, et ce séjour hospitalier lui a ôté toute envie de retourner au combat. Alors, pour pouvoir faire durer le séjour, il s'invente une pathologie mentale qui l'envoie dans un asile et lui permet, à lui, le simulateur, de toucher une pension bien plus conséquente que celle qu'il aurait perçue pour son pied.

Marcel Petiot, docteur en médecine,
homme politique et tueur en série.
(Coll. Sylvain Larue.)

"L'effroyable docteur"

Une fois libéré, il choisit d'orienter ses talents dans la médecine. En 1921, il obtient son diplôme auprès de la faculté de Paris, mention très bien, ratant l'excellence à cause de ses mauvaises notes en dissection.
Plus fier que jamais, il retourne dans son Yonne natale et en réponse au chaleureux accueil de ses proches, il se montre puant et glacial. Attaché à sa région, il s'installe à Villeneuve-sur-Yonne. À ses débuts, la clientèle manque car il apparaît trop jeune dans un pays constitué en majorité de personnes mûres et aux habitudes bien établies. Mais au fil des semaines, il se fait une solide réputation de générosité, ne faisant pas payer les pauvres qui le consultent.
En 1926, il commet, selon toutes vraisemblances, son premier crime. Deux ans plus tôt, il a engagé une jeune fille du coin, Louisette, comme domestique. Il est jeune et beau parleur ; elle est brune et

Une vue de la chaudière dans laquelle Petiot faisait brûler les restes découpés de ses victimes. Ce fut à cause de la fumée puante que la combustion dégageait que les voisins finirent par s'alarmer, un jour de 1944. (Photographie tirée du Sudost Illustrierte, Zagreb, avril 1944.)

fraîche. Ils deviennent rapidement amants. Peu après avoir appris sa grossesse, Louisette s'évapore mystérieusement et à jamais. Les détracteurs de Petiot disent que ce dernier l'a forcée à avorter, voire qu'il a pratiqué l'opération lui-même et qu'elle n'a pas survécu. Faute de preuves, pas de plainte, pas d'enquête. Petiot, ne voulant prendre aucun risque, confie quelques mois plus tard à sa nouvelle maîtresse que Louisette l'a quitté en laissant une partie de ses affaires, ainsi que de l'argent, et que si d'aventure elle repassait en son absence, il ne faudrait pas lui refuser de récupérer ses biens. Habile stratagème qui le disculpe définitivement.

En 1927, Petiot se fiance avec la fille d'un charcutier aisé d'Auxerre et entame sa carrière politique. Maire à l'âge de vingt-neuf ans, il tient tout Villeneuve sous sa coupe. Tout ? Non.

La moitié des habitants ne lui font guère confiance. En 1930, une laiterie part en fumée, et sa propriétaire avec. Crime crapuleux, sûrement, mais la pauvre femme était tout de même une adversaire de Petiot. Un témoin de l'incendie, lui aussi rival du maire, n'hésite pas à déclarer avoir vu le docteur errer dans les parages de la laiterie le soir de la tragédie. Il meurt quelques jours plus tard, suite à une piqûre soi-disant sédative, injectée par le docteur Petiot !

Devenu conseiller général l'année suivante, Petiot se voit contraint de démissionner pour utilisation illicite de l'électricité communale : Petiot a branché son compteur sur celui de la ville !

Désormais *persona non grata* dans l'Yonne, c'est à Paris qu'il ambitionne de poursuivre son existence. Dès son installation dans son cabinet du 66, rue Caumartin, Petiot fait imprimer des tracts pour s'auto-promouvoir. Le texte est digne des plus grands marabouts promettant des résultats immédiats, qu'il s'agisse de troubles de l'érection ou de problèmes financiers.

Son comportement ne l'empêche pas de passer aux yeux de tous pour un homme presque parfait. Bon père de famille qui se laisse aller à chanter des chansons paillardes, docteur généreux qui s'occupe des enfants scolarisés dans le 9e arrondissement et fraudeur du fisc, tous ces éléments lui composent une bonne nature apparente.

Les vaccins du bon docteur

Un après-midi de 1936, devant la librairie Gibert, dans le quartier Saint-Michel, il vole un livre. Surpris par un employé, il le frappe. Cela lui vaut de comparaître devant un juge auquel il explique qu'il a emporté le livre par inadvertance, car il avait l'esprit occupé à

inventer une pompe auto-aspirante pour combattre les effets de la constipation ! L'affaire se solde par un non-lieu, mais Petiot a eu le tort d'exhiber son état de fou, via sa pension d'invalidité. Il est alors interné à l'asile d'Ivry pendant plus de six mois. À sa sortie, les psychiatres considèrent son état de santé comme « amélioré », mais lui n'est pas guéri. Doux euphémisme quand on constate les suites de l'affaire !
Huit ans après, le 11 mars 1944, les pompiers sont à pied d'œuvre devant l'hôtel particulier du 21, rue Le Sueur. Une fumée noire et puante envahit le quartier. En l'absence du propriétaire des lieux, un certain docteur Petiot, les pompiers n'ont d'autre solution que de forcer leur entrée dans l'immeuble par une fenêtre. Là, ils tombent sur un spectacle digne d'un film d'épouvante : pas de brasier en train de ravager les appartements, mais des corps en décomposition, partout, des morceaux de cadavres dépecés en train de brûler dans un calorifère !
Les soldats du feu répriment à grand-peine la nausée qui les saisit et font part de leur découverte aux agents du quartier. Soudain, survient un homme à bicyclette. Il se présente comme étant le frère du docteur Petiot : ce dernier, prévenu par téléphone de « l'incendie », lui aurait demandé de venir aux nouvelles à sa place. Quand les policiers, encore abasourdis, lui parlent de la macabre découverte, il ne se montre pas surpris le moins du monde, se contentant de leur demander : « Êtes-vous de bons Français ? »
Les agents opinent et se laissent aller aux confidences : oui, ils subissent, les dents serrées, l'Occupation et sont admirateurs de De Gaulle et de la Résistance. Monsieur Petiot leur déclare alors : « Nous avons les mêmes idées. Nous faisons partie de la Résistance. Sachez seulement que ce que vous avez vu, ce ne sont que des collabos et des Boches ! » L'argument est dit de manière tellement convaincante que pas un agent ne songe à vérifier l'identité du cycliste, et ils le laissent partir sur un discret : « Vive de Gaulle ! »
Ils ne manqueront pas de regretter leur geste quand, sur des photos d'identité judiciaire, ils reconnaîtront, en ce frère du docteur Petiot, le docteur lui-même. Alors, confrontés à ce mensonge, que penser des cadavres, prétendument de collabos, que l'on vient de trouver rue Le Sueur ? Qui sont-ils donc ? Tout simplement les rebuts des activités du bon docteur Petiot !
En septembre 1941, Petiot achète le vieil hôtel particulier du 21, rue Le Sueur pour en faire une clinique. Pourtant, il ne fait aucune

installation médicale dans les pièces, réservant ce lieu pour y commettre un crime de masse. En quelques mois, il parvient à se faire passer pour le chef d'un réseau de passeurs clandestins, promettant, contre de fortes sommes, un transfert sans danger vers l'Amérique du Sud. Principaux interessés : les juifs fuyant les persécutions nazies pour se jeter dans la gueule du loup.
Pourtant, Petiot ne peut être taxé de collaborateur : il déteste les Boches. Sa première victime est l'un de ses voisins, le fourreur Joachim Guschinow, qui disparaît le 2 janvier 1942. Dans la France occupée, la disparition d'un juif de plus passe absolument inaperçue.

À plusieurs reprises, cependant, Petiot use de sa "clinique" pour se débarrasser de gens un peu trop curieux ou susceptibles de le dénoncer, comme cette droguée et son amant qui comptaient révéler aux Allemands qu'il était leur fournisseur. Ayant vent des activités du "docteur Eugène", qu'ils croient être un véritable passeur, les membres de la Gestapo décident de lui tendre un piège.

Par un affreux marché, ils obligent un prisonnier, Yvan Dreyfus, à entrer en contact avec le réseau d'« Eugène » en mai 1943. Hélas, le 19, quelques minutes à peine avant le rendez-vous, le policier chargé de pister Dreyfus le perd dans la foule. La « chèvre » devient ainsi la dernière victime de Petiot.

Traqué par tous

Furieux, les officiers de la Gestapo décident de recommencer aussitôt l'expérience avec un autre détenu. Cette fois, elle marche et Petiot est arrêté le 24 mai. Incarcéré à Fresnes, torturé au siège de la Gestapo, il ne lâche pas une seule information. Son silence forcé lui vaut une réputation d'increvable auprès des vrais résistants emprisonnés à Fresnes.

Le 13 janvier 1944, il est libéré à la condition de travailler pour l'Allemagne nazie et de les aider à démanteler les réseaux de passage. Un accord oral qui n'a guère de valeur pour Petiot. Pour l'instant, il doit disposer des corps en putréfaction qui restent rue Le Sueur. De la chaux en quantité industrielle ainsi que deux calorifères convenablement entretenus devraient faire l'affaire. Lorsque les morceaux sont trop imposants, Petiot parvient, on ne sait pas comment, à circuler dans Paris à bicyclette, tractant une remorque bâchée contenant les restes dépecés. Les Allemands, eux, ont tout de même compris à quel genre d'individu ils avaient affaire. Un télégramme de la Gestapo est rédigé en ce sens : *« Ordre des autorités allemandes. Arrêter le docteur Petiot. Fou dangereux. »*

Après la Libération, les dossiers de la police allemande sont remis à la police française, et le commissaire Massu s'applique à l'affaire. Il cherche un moyen d'en savoir plus et apprend bien vite que Petiot déteste les Germains. Ce sera son angle d'attaque. Après avoir fait publier un article particulièrement sévère le concernant (il y est dépeint comme un fidèle du IIIe Reich), le journal *Résistance* reçoit une lettre de Petiot, qui se trahit en disant qu'il n'a jamais été qu'un médecin dans la Résistance.

Une enquête permet de l'identifier sous le nom d'« Henry Wetterwald », aussi connu sous le nom de code « lieutenant Valéry ». Wetterwald est un médecin déporté en Pologne, Valéry est le praticien qui possédait le cabinet de la rue Caumartin avant Petiot. Il n'est appréhendé que le 31 octobre 1944, à la station de métro Saint-Mandé par des FFI. Devant le juge d'instruction Goletty, Petiot reconnaît tout, mais s'étonne qu'on veuille lui en tenir rigueur : selon lui, seuls

Le stock de valises récupérées rue Lesueur, dans la "clinique" du bon docteur : tout ce qu'il reste des biens de ses victimes. (Coll. Sylvain Larue)

des mauvais Français, des traîtres, des collabos ont cessé de nuire dans son hôtel particulier. Il dément aussi le nombre de crimes pour lesquels il est accusé. Il n'y en a pas vingt-sept, mais soixante-trois, tous exécutés par les bons soins du groupe « Fly-Tox ». Derrière ce nom, probablement une plaisanterie plutôt dure : « Fly-Tox » est le nom de cet insecticide à piston qui ne laissait aucune chance aux mouches et autres moustiques. Baptiser ainsi une unité d'extermination, c'est un peu gros.
Sans aller plus loin dans les détails d'identités, il précise qu'il a fait disparaître trente Allemands et trente-trois collabos. Pourtant, quand le juge Goletty fait le compte, il n'en trouve que vingt-sept et aucun ne répond vraiment aux critères mentionnés pour l'élimination. Au mieux, des personnes sans histoires et des Juifs traqués ; au pire, des malfrats sans importance. Mais ce n'étaient pas de bons Israélites,

Petiot en accusateur. Il s'en prit notamment à l'un des avocats de la partie civile : "Vous, l'avocat des juifs, taisez-vous !" Une erreur fatale pour l'assassin qui ne cessait de clamer qu'il n'était pas antisémite. (Coll. Sylvain Larue.)

juste des traîtres vendus à la Gestapo. Alors, comment expliquer la mort de René Kneller, âgé d'à peine huit ans ? Un traître, lui aussi ? Mais les Kneller ne sont pas morts : la famille entière est passée de l'autre côté de la ligne de démarcation.

Petiot n'est d'aucun secours au juge. Il affirme bien des choses invérifiables, prétend être victime de ses trous de mémoire quand il ne peut répondre à certaines questions trop précises et s'érige en exécuteur des basses œuvres de la Résistance. On le soupçonne néanmoins de cacher qu'il a aussi servi la Gestapo, ou plutôt les hommes du commissaire Bonny, rue Lauriston, en faisant détruire, parmi ses propres victimes, les malheureux n'ayant pas survécu aux séances de torture des collabos. Cette hypothèse ne sera jamais vraiment prouvée.

L'inévitable sentence

En attendant son procès, il profite de son séjour prolongé à la Santé pour dévorer l'intégralité de la bibliothèque. Son appétit et sa vitesse de lecture sont à peine croyables : un roman policier (sa lecture favorite) de trois cents pages est dévoré en à peine une heure.

Il rédige également un livre, une absurdité intégrale consacrée aux chances et aux martingales dans les jeux (dés, cartes, etc.), baptisée *Le hasard vaincu*, et qui connaît un certain succès, uniquement grâce à la personnalité de son auteur, lequel fait sa confession de

foi schizophrène dès l'avant-propos : *« Les recherches ont été effectuées par le docteur Eugène, ex-chef du groupe Fly-Tox.*
« Le texte a été composé sous la direction du capitaine Valéry de la 1re armée, 1er régiment de Paris.
« Les erreurs ont été commises par le docteur Marcel Petiot. »
Curieusement, on a enfermé Petiot dans la cellule 7 de la 7e division : une de celles du quartier des condamnés à mort. Se doutait-on qu'il finirait tôt ou tard par y revenir ? Lorsqu'on lui annonce, début 1946, que son procès aura lieu en mars, Petiot confie à ses gardiens : « On va bien se marrer ! »
De fait, on va avoir le temps. La première semaine est plutôt ennuyeuse, de l'avis de tous, même de Petiot, à qui il arrive de s'endormir lors des audiences. Mais plus l'heure du verdict s'approche, plus l'intérêt grandit. Petiot se montre un accusé particulièrement alléchant pour les spectateurs : un plaisantin, presque sympathique. Il désespère René Floriot, son avocat, qui est obligé de le rabrouer parfois pour le ramener au silence : « Laissez-moi faire mon métier ! »

L'allure barbue du capitaine Valéry, ainsi que se présenta Petiot à la police au moment de son arrestation. Ce camouflage lui avait néanmoins permis d'échapper aux investigations pendant plusieurs mois. (Ambiance, 20 mars 1946.)

27 CRIMES DIT L'ACCUSATION !
NON : 63 AFFIRME PETIOT !

La difficulté majeure à laquelle se heurte généralement le président d'une cour criminelle réside dans l'indomptable ténacité avec laquelle l'inculpé, contre toute évidence parfois, entend nier sa participation au meurtre.

Or, avec Petiot, le jury possède un client d'une espèce unique. Cet homme — si tant est qu'il mérite ce terme — non content de détenir le record de l'assassinat *in the world* (n'a-t-il pas fait de Landru, de Weidmann et du boucher de Dusseldorf de piètres débutants ?) entend faire reconnaître, par l'établissement de son effroyable palmarès, un nombre de victimes de beaucoup supérieur à celui que l'accusation parvint à homologuer.

Chronologie

- **17 janvier 1897 : naissance de Marcel Petiot à Auxerre.**
- **1921 : il obtient son diplôme de médecine auprès de la faculté de médecine de Paris.**
- **1926 : premier crime probable de Louisette, sa gouvernante et maîtresse.**
- **1927 : Petiot entame sa carrière politique dans l'Yonne.**
- **1928 : des soupçons l'accablent, Petiot quitte la vie politique et part pour Paris.**
- **1936 : à la suite d'un vol d'un livre et à l'agression d'un vendeur, il est interné à l'asile d'Ivry. Il y reste six mois.**
- **Septembre 1941 : Petiot achète un hôtel particulier au 21, rue Le Sueur pour en faire une clinique.**
- **11 mars 1944 : dans l'hôtel particulier les pompiers découvrent des corps incinérés dans un calorifère.**
- **24 mai 1943 : Petiot est arrêté par la Gestapo puis relâché.**
- **31 octobre 1944 : Petiot est arrêté par des FFI.**
- **18 mars-4 avril 1946 : procès de Petiot, il est condamné à mort.**
- **25 mai : Petiot est guillotiné dans la prison de la Santé à Paris, à 5 h 05.**

Il a néanmoins un mouton noir : un avocat de la partie civile, Me Véron, avec lequel il a de fréquentes prises de bec. L'une d'elles contribue à démolir entièrement son image de brave homme.

Quand Me Véron lui demande des précisions sur sa participation à la Résistance, notamment lors des attentats au plastic, il n'obtient que des réponses imprécises. Visiblement, Petiot n'a jamais manipulé d'explosif. Furieux de se voir ainsi attaqué, Petiot le traite d'« avocat des Juifs » et surtout, d'« agent double » : l'injure rend fou furieux l'avocat, un résistant de la première heure !

Face à tous ces meurtres, il n'y a rien de surprenant à ce que l'avocat général Dupin demande la peine de mort, mais un réquisitoire de quinze heures qui s'étale sur deux jours, c'est tout de même bien long, trop long. Petiot ne résiste pas au plaisir d'appeler Dupin « procureur de l'État français ».

Quatre vues de Petiot durant son procès. Tour à tour passionné, sarcastique ou profondément désintéressé par les débats, l'accusé n'était pas un criminel comme on en rencontre tous les jours aux Assises... (Coll. Sylvain Larue.)

Le 4 avril, bien que son discours dure 6 h 30, Me Floriot se montre bien plus intéressant à écouter quand il tente de faire admettre que l'affaire entière n'est qu'une méprise, que Petiot a bel et bien fait disparaître des collabos. Il ne plaide pas à un seul moment la folie : on peut admettre que Petiot est un dément, mais ses meurtres sont bien trop médiatisés et affreux pour échapper à une condamnation, aussi minime soit-elle. Le peuple ne comprendrait pas qu'il ne soit pas sanctionné.

Petiot, suivant les idées défendues par son avocat, a le mot de la fin :

« Messieurs les jurés, vous êtes Français. J'ai supprimé des membres de la Gestapo. Vous savez ce qui vous reste à faire. »

Cent trente-cinq questions plus tard, à 23 h 50, coupable sur tous les points, Petiot est condamné à mort pour vingt-six assassinats. Seul celui de Denise Hotin, disparue alors qu'elle comptait se faire avorter par ses soins, n'a pas été mis à son compte.

"Ça ne va pas être beau"

À la mi-mai, on fait rechercher la guillotine qui n'a pas servi depuis le 15 avril 1944. Mais les bois de justice sont introuvables. On ne retrouve qu'une seule des deux guillotines au bout d'une semaine environ. La grâce de Petiot, rejetée d'office, rien ne peut plus sauver le docteur.

Le 24 mai, un collaborateur de Me Floriot se charge, à la demande expresse du docteur, de lui dire :
« C'est pour demain matin.
– Très bien, petit », dit Petiot, avant de poursuivre sa conversation comme si de rien n'était.
Le lendemain, 25 mai, à 4 h 40, les gardiens tapent sur l'épaule de Petiot qui dort comme un bienheureux. Le docteur bâille, s'étire, et regarde le procureur Dupin qui lui fait face :
« Petiot, votre recours en grâce a été rejeté, et votre pourvoi en cassation également. Ayez du courage.
– Tu m'emmerdes.
– Avez-vous une dernière déclaration à faire ?
– Je viens de la faire. Tu m'emmerdes. »
Puis il s'attable, écrit des pages et des pages à une vitesse impressionnante avant de faire une mauvaise plaisanterie aux dépens du procureur.
Il refuse la messe, alléguant qu'il est mécréant, mais comme l'aumônier l'exhorte au nom de son épouse, il se ravise et accepte de se laisser bénir.
Au greffe, il refuse le rhum, mais accepte la cigarette, puis demande à se rendre aux toilettes. À un juge qui lui demande s'il a d'ultimes révélations à faire, il répond : « Je suis un voyageur qui emporte ses bagages. Et maintenant, si on y allait ? »
Quand on coupe le col de sa chemise, il rajoute : « C'est bien sot de la part de l'Administration de gâcher une si jolie chemise ! »
Enfin, il est ficelé et tandis qu'on le soulève, il prononce ses dernières paroles : « Messieurs, je voudrais que vous détourniez le regard. Ça ne va pas être beau. Je voudrais que vous conserviez de moi un bon souvenir. » À 5 h 05, dans le bruit sourd du couperet, la Justice en finit avec le docteur Satan. Le docteur Paul confie alors son étonnement :

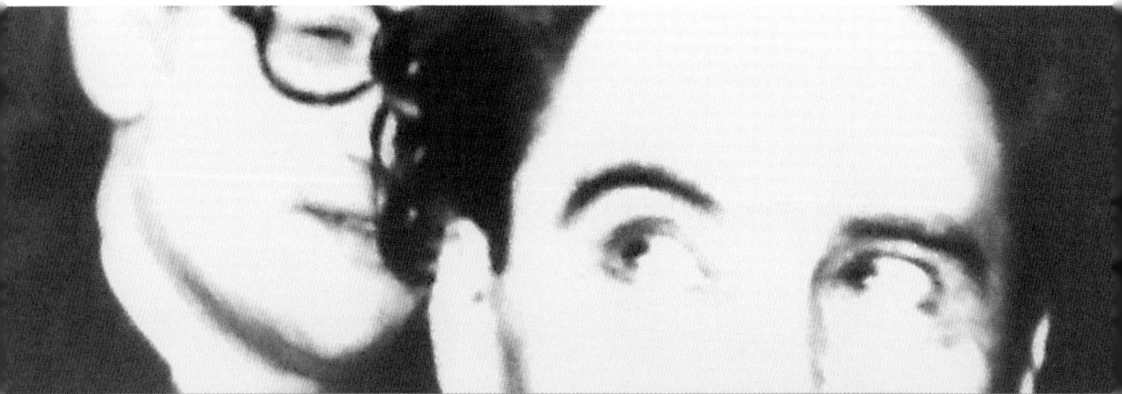

"Pour la première fois de ma vie, j'ai vu un homme descendre du quartier réservé aux condamnés à mort sinon en dansant, du moins en montrant un naturel parfait. Alors que tous ceux qui vont être exécutés font tout pour montrer du courage, mais un courage que l'on sent crispé, exhibé à force de volonté, Petiot, lui, se déplaçait avec aisance, comme s'il se rendait à son cabinet pour y donner une consultation de routine."

Sylvain LARUE
Les Grandes Affaires Criminelles de Paris, 2007.

Malgré les interdictions, il a toujours existé des photographes qui ont discrètement volé des photos d'exécutions capitales. Et même sept ans après l'abolition des supplices publics, la mort de Petiot fut immortalisée sur papier glacé.

"La bonne dame de Loudun"

Cour d'assises de Poitiers,
20 février 1952
Cour d'assises de la Gironde,
15 mars 1954-20 novembre 1961

L'Affaire Marie BESNARD

LE QU'EN-DIRA-T-ON, la rumeur propagée par des gens malveillants, des enquêteurs prétentieux, se croyant infaillibles alors que la bêtise apparut très vite comme leur qualité dominante – ils ne furent que les porte-parole serviles de cette rumeur –, un juge d'instruction trop jeune, incompétent, en tout cas inexpérimenté, des experts imbus de leur personne, mais dignes des médecins de Molière, tout cela a abouti au plus grand gâchis judiciaire du siècle. La Justice s'était une fois de plus ridiculisée. La leçon aurait dû être salutaire ; pensez donc ! Marie Besnard, après des années de lutte, a emporté son ou ses secrets dans sa tombe, le 14 février 1980. Était-elle coupable ? Était-elle innocente ? Quoi qu'il en soit, elle ne pouvait qu'être acquittée. À Loudun, dans un lointain passé, la rumeur avait conduit un prêtre, Urbain Gandier, sur le bûcher. Il était trop beau, débauchait les pénitentes, consolait les veuves et avait trop de succès auprès des jeunes filles. Certes, dans les années cinquante, le bûcher n'existait plus, mais celle que l'on nomma la « bonne dame de Loudun » effectua une longue détention et sans le concours d'avocats aussi brillants que dévoués, elle aurait connu le bagne.

Une tête plutôt particulière, une allure robuste et une voix fluette. Marie Davaillaud, veuve Besnard, la "bonne dame de Loudun", était un personnage digne d'un roman. Elle sera à l'honneur de deux téléfilms, incarnée successivement par Alice Sapritch en 1986 et Muriel Robin en 2006. (Détective, 22 mars 1954.)

Les prémices de l'affaire

Au cours de l'été et de l'automne 1947, Léon Besnard, qui est surmené car les époux ont plusieurs fermes à s'occuper, tombe malade à maintes reprises. Il devrait certainement se reposer, mais le travail n'attend pas. Il est toutefois obligé de s'aliter ; il souffre de vomissements verts, bilieux.

Les médecins, appelés en consultation, diagnostiquent une crise de foie et peut-être, compte tenu de ce que ressent le malade, un infarctus du myocarde. Marie est au chevet de son mari ainsi que Mme Pintou, la postière, qui s'était incrustée dans le ménage et que l'épouse avait surprise, quelque temps auparavant, dans une attitude équivoque avec Léon.

Dans les heures qui avaient précédé le décès de ce dernier, Dietz, le jeune domestique, prisonnier de guerre allemand, en descendant de sa chambre et en passant devant celle du malade, avait perçu quelques bribes de conversation. Madame Pintou disait à Léon : « Signe » ou « Signez. »

Dans ces boîtes de bois, les restes des corps des victimes présumées de l'empoisonneuse... Les résidus humains doivent être analysés par les toxicologues afin de connaître la masse d'arsenic qu'ils contiennent. Un travail, sans nul doute, qui doit demander un estomac à toute épreuve. (Détective, 29 mars 1954.)

Le jeune homme avait prévenu Marie qui était montée subrepticement croyant entendre : « Un simple billet suffirait, vous savez que Mme Besnard n'irait jamais contre votre volonté. »
Le jour des obsèques, ce furent des torrents de larmes. Mme Pintou est l'une des meilleures pleureuses de l'assistance. Bien sûr, dès le lendemain de l'enterrement, on jase. Marie ne pourra s'occuper seule de tout cet important patrimoine. L'envie et la jalousie se donnent libre cours.
La dame Pintou avait présenté aux Besnard trois frères, châtelains, fins de race, abrutis : les frères Massip. Elle avait, semble-t-il, quelque attirance pour l'un d'eux : Joseph. Or, justement, quelques jours après les obsèques, elle se rend chez Massip et, surexcitée, s'écrie : « Léon Besnard est mort empoisonné ! »
Massip est surpris, certes, mais écoute d'une oreille complaisante, en présence de sa sœur d'ailleurs, Mme Guitton. Dès cet instant, la dame Pintou, langue de vipère s'il en est, et Massip, à demi fou, vont jouer dans le déroulement des faits un tout premier rôle.
Celui-ci se rend au cabinet du juge d'instruction de Loudun – la réforme n'est pas encore intervenue et il existe un tribunal par arrondissement ; plus tard, c'est le juge de Poitiers qui instruira. Le magistrat suggère à Massip de lui relater, par lettre, ce qu'il sait par l'intermédiaire de la dame Pintou. Une enquête de gendarmerie, discrète, aboutit à un classement. Les gendarmes, pleins de sagesse, observent qu'il n'y avait aucune présomption de crime ou de délit.
La dame Pintou redouble d'amabilité à l'égard de Marie, mais la rumeur se propage, elle enfle : Mme Besnard pourrait bien être à l'origine de la mort de son mari. Celle-ci est profondément indignée.

Premiers soupçons autour de la "bonne dame de Loudun"

Les mois passent. Divers faits troublants se produisent. Le château des Massip, à Vezières, brûle. Joseph accuse Marie d'être l'auteur de cet incendie, alors que très vite, on constate que deux jeunes enfants en sont à l'origine. L'appartement de Mme Pintou, qui est d'ailleurs locataire de Marie Besnard, est cambriolé. Elle prétendra que sa propriétaire en est soit responsable soit l'instigatrice, afin de la forcer à quitter les lieux. En tout cas, la dame Pintou, entendue par la police judiciaire de Limoges au sujet de ce cambriolage, rapporte les propos que lui aurait tenus Léon sur son lit de mort et qui avaient été portés, deux ans auparavant, à la connaissance du juge d'instruction de Loudun par Massip.

Marie subit, de la part de la police, des interrogatoires extrêmement serrés, les policiers ne reculant devant aucun chantage, n'hésitant pas à lui lancer : "Maintenant nous savons tout, Ady a tout avoué (Ady est le diminutif d'Alfred, le jeune Allemand). Il nous a dit qu'il était votre amant et qu'il savait, par vous, que vous aviez empoisonné votre mari." Elle proteste avec la dernière énergie. Les policiers rétorquent : "Vous allez voir si ce n'est pas vrai et vous verrez plus tard quand on vous coupera le cou !"

L'exhumation de Léon Besnard intervient et le médecin légiste, le docteur Guillon, effectue des prélèvements qui sont adressés au docteur Béroud de Marseille. Selon ce dernier, les viscères de Léon Besnard contiennent 19,54 milligrammes d'arsenic. Au vu de ce résultat, Marie Besnard est inculpée et placée en détention à la prison de La Pierre Levée à Poitiers, le 21 juillet 1949. Cette femme est effondrée, elle a crié son innocence au juge d'instruction qui, avec cette inconscience prétentieuse caractérisant tant de magistrats, lui répond :

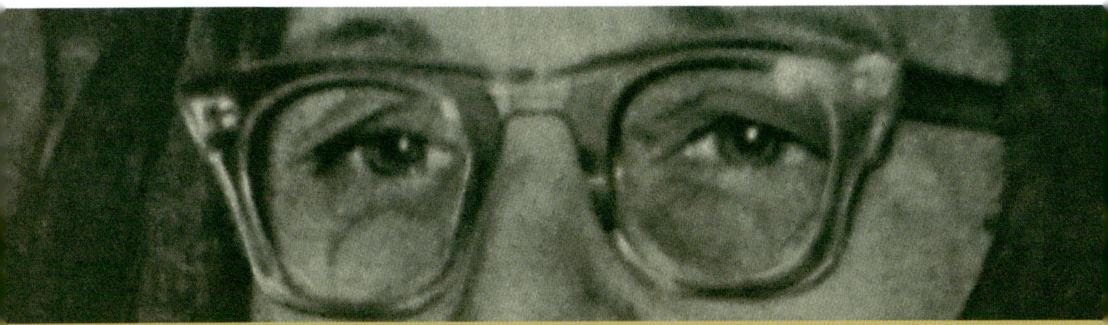

«Ce n'est pas possible, un savant comme le docteur Béroud ne se trompe pas.»
Comme elle émet le vœu que d'autres experts se penchent sur le problème, le juge, dont les épaules sont trop frêles pour porter les lourdes responsabilités qui, pourtant, constituent sa raison d'être, coupe péremptoirement :
«Il n'y aura pas de contre-expertise.»

Une contre-expertise nécessaire ?

Les avocats du Cluzeau, de Poitiers, et Hayot, de Paris, la sollicitent bien entendu. La presse s'en fait l'écho et Béroud, qui se prend décidément pour le dieu de l'expertise – pensez donc, il est le directeur du laboratoire de criminologie de Marseille –, a connaissance en lisant les journaux de cette requête, il n'hésite pas à écrire au magistrat instructeur, avec cette suffisance le caractérisant jusqu'au jour où… :
«J'ai vu sur les journaux que les avocats veulent demander une contre-expertise, mais que leur faut-il donc en présence du tube d'arsenic, provenant des recherches avec le Marsh sur quelques grammes de foie. Je sais que c'est leur habitude de demander systématiquement la contre-expertise.»
Le juge d'instruction rejette la demande. La rumeur poursuivant son œuvre, on cherche à discréditer la personnalité de Marie Besnard. On colporte toutes sortes de ragots quant à son passé. Elle aurait

Le professeur Piédelièvre, expert en la matière, apporta son aide à Marie Besnard en déclarant que, poison retrouvé dans les corps ou pas, il était impossible de déterminer si l'accusée était coupable ou innocente. Un doute qui allait s'avérer payant pour la bonne dame de Loudun. (Détective, 29 mars 1954.)

fait preuve de légèreté ; il lui arrivait de s'exhiber sexuellement ! Un jour, lors d'une promenade à la campagne, elle avait quitté sa culotte mauve ! Et puis un doute s'instaure quant aux circonstances des décès des membres de sa famille ; ce doute se transforme vite, chez certains, en véritable certitude, et la justice fait procéder à une cascade d'exhumations.

Le chantage des enquêteurs continue. Il y a certes les constatations scientifiques de Béroud, mais il serait intéressant d'avoir les aveux de l'inculpée. On tente en vain de les obtenir par des «moutons» placés dans sa cellule. Tout cela est pitoyable. Les examens des psychiatres n'apportent pas grand-chose :

«Si ce n'est qu'elle est, précisera le docteur Cellier, normale, tellement normale qu'elle est anormalement normale.»

Le procès de Marie Besnard débute

Lorsqu'elle pénètre dans l'enceinte de la cour d'assises de Poitiers le 20 février 1952, un journaliste la décrit ainsi :

«Cette femme à la puissante ossature montrait des traits épais, un nez fort, des yeux de chouette, derrière des besicles à la monture étrange. Des chairs flasques et blêmes, de grosses lèvres mauves sous lesquelles, quand lui échappait un rictus de rage, on voyait des dents de louve et de cette inoubliable physionomie s'évadait à petits bruits une voix dolente et aiguë, une voix de petite fille punie. »

À ce moment-là, tout le monde la croit coupable et pourtant, son principal défenseur, Albert Gautrat, était certain de son innocence et affirmait à qui voulait l'entendre qu'un jour elle serait acquittée !

Il est vrai aussi que le magistrat qui préside, M. Favard, âgé et plein de sagesse, est bien loin de s'engouffrer dans la voie de la culpabilité. Il patauge dans un volumineux dossier et observe :

« Je n'y trouve pas un fait matériel.

– Je n'en espérais pas tant ! » répond Albert Gautrat.

Un peu plus tard, M. Favard s'adresse à l'accusée :

«Vous ne connaissez rien à la toxicologie, madame ?

– Non, monsieur le président.

– Moi, non plus ! Aussi est-ce un terrain où je ne me hasarderai qu'avec une grande prudence. »

Autrement dit, tout repose sur Béroud qui, selon un commentaire du *Figaro,* « faisait la loi dans les prétoires depuis plus de vingt ans ».

Et justement, à Poitiers, très vite, le procès de Marie Besnard s'éclipse devant le procès des experts, celui de Béroud tout spécialement.

MARIE BESNARD (suite de la page 3.)

Assassin avant d'être victime ?

Une autre mère...

Détective fit ses gros titres de l'affaire Besnard, et pour illustrer les comptes rendus d'audience, quoi de mieux que les photos des témoins les plus intéressants ? (Détective, 29 mars 1954.)

Tout d'abord un fait fort préoccupant. Des bocaux scellés de prélèvements sur les cadavres ont été expédiés à Marseille ; le docteur Béroud en a expertisé treize :

« Il m'est infiniment désagréable, docteur, lance M. Gautrat, de croire que le laboratoire à la tête duquel vous êtes puisse commettre de telles erreurs. Je préfère donc imaginer une manipulation, disons le mot, criminelle, plutôt que d'admettre une négligence d'un médecin expert. Je suis obligé de faire une constatation infiniment pénible. Il semble qu'une sorte de maléfice ait joué, à la fois sur le juge d'instruction et sur le médecin légiste. »

L'éminent avocat enfonce le clou en rappelant que le docteur Béroud avait trouvé de l'arsenic dans un viscère extrait d'un bocal censé contenir « de la poussière de muscle ». Il en avait découvert aussi dans un œil prélevé sur un corps enseveli depuis plus de cinq ans et dont en réalité, il ne restait que quelques os blanchis. Béroud avait même décelé du poison dans une mèche de cheveu pesant six kilos, sur un cadavre dont l'identité s'avéra incertaine !

Me Gautrat continue ainsi et à ce stade conclut :

« Il est impossible qu'une pareille instruction aboutisse à une condamnation. »

Maître René Hayot, à son tour, désarçonne l'expert. Il interroge Béroud sur les deux méthodes de dosage de l'arsenic : celle de Marsh et celle de Cribier.

« Monsieur l'expert, ces procédés, c'est la même chose ou à peu près ?

– C'est à peu près la même chose », répond Béroud.

Albert Gautrat portera l'estocade. On se souvient que, dans une lettre au juge d'instruction, l'expert affirmait – et ce pauvre petit magistrat avait à son égard la foi du charbonnier – qu'il était possible de reconnaître à l'œil nu l'arsenic qui se dépose en anneaux dans les tubes de quartz utilisés dans la méthode de Marsh. Il avait écrit péremptoirement :

« Il n'est pas nécessaire d'analyser ce qu'il y a dans les tubes. Pour un regard avisé et expérimenté, il n'est pas possible de se tromper. »

Et c'est dans les minutes qui vont suivre, qu'à la cour d'assises de Poitiers, transformée en une sorte d'arène, on assiste à la « mise à mort » de l'expert.

« Je me garderai bien, docteur, poursuit M. Gautrat, de douter de votre compétence, mais enfin, quand vous avez utilisé la méthode de Marsh qui laisse dans les tubes un cercle de substance, savez-vous qu'avant de conclure à la présence de l'arsenic, il faut d'abord identifier la substance par des réactions chimiques ?

– Je l'ai fait.

– En êtes-vous certain, puisque vous détectez cela au regard ? »

C'est alors qu'Albert Gautrat fait jaillir de sa robe six petits tubes en verre dur :

« Voici six tubes présentant des traces toxiques. Lesquels contiennent de l'arsenic ? »

Le docteur Béroud, sûr de lui, annonce :

« Ces trois-là. »

Maître Gautrat demande que les tubes désignés soient versés au dossier et expertisés. Il précise :

« Voilà bien la preuve que l'expert Béroud mérite sa grande renommée.

Marie Besnard attendant le verdict. Au total, l'empoisonneuse présumée passa trois fois en cour d'assises en douze ans. (Détective, 29 mars 1954.)

Docteur, je vous dois cette confidence, mais ne la répétez pas : pas un seul de ces tubes ne contient de l'arsenic, mais de l'antimoine ! »
Le choc est violent pour Béroud qui tombe malade. Le lendemain, c'est son assistant, le docteur Médaille, qui est exécuté à son tour. Il ne savait plus dans quelle boîte se trouvait l'œil expertisé ; il ne connaissait pas le poids des viscères soumises à l'appréciation des experts, alors comment avaient-ils pu calculer le poids d'arsenic par kilogramme ?
Le procès ne pouvait que s'arrêter. De nouveaux experts étaient désignés et c'est la cour d'assises de la Gironde qui connut l'affaire.

Un deuxième procès ; de nouveaux experts désignés

Marie Besnard s'installe donc au fort du Hâ. C'est une détenue modèle qui fera l'admiration de ses gardiennes. Le deuxième procès s'ouvre le 15 mars 1954, sous la présidence de M. Pourquery de Boisserin. Inculpée à Poitiers de treize empoisonnements, ayant comparu devant la juridiction de la Vienne pour douze, l'accusation, désormais, à la suite des rapports des nouveaux experts, ne lui en reproche plus que cinq.

Trois nouveaux experts avaient donc été nommés : René Fabre, doyen de la faculté de pharmacie de Paris, Émile Kohn-Abrest, bénéficiant d'une grande réputation, et Henri Griffon.

Il fallait procéder à des réexhumations. Par ailleurs, M. Griffon affirmait être en mesure, en plus des méthodes classiques de Marsh et de Cribier, de doser l'arsenic en utilisant les rayons isotopes de la pile atomique Zoé à Saclay. La Justice entrait donc dans l'ère nucléaire ; c'était la force de frappe devant conduire à la vérité. On devait pourtant assister à Bordeaux, tout comme à Poitiers, au jeu de massacre des experts.

Une question préliminaire fondamentale se posait. Les fameuses nouvelles exhumations, comment donc avaient-elles été réalisées ? Et là, on fut tout à fait édifié lors de l'audition des fossoyeurs. Monsieur Rousseau aurait soulevé une hilarité prolongée si l'affaire n'avait pas été aussi dramatique. Ainsi il donne cette précision au sujet des époux Rivet :

« Ils avaient été si bien mariés, lors de la première autopsie, qu'on ne savait plus très bien s'il s'agissait de monsieur ou de madame. » Ce qui fera écrire au professeur Lebreton, qui conseillait dans l'ombre Albert Gautrat, que « ce concubinage postmortuaire avait échappé aux superexperts ».

L'autre fossoyeur, M. Morin, indiqua que les tombes étaient restées ouvertes sans surveillance toute la nuit et la journée du lendemain. Mais la révélation la plus comique fut celle-ci :

« Le gardien du cimetière, depuis des années, cultivait dans son enceinte même, de la luzerne, des chrysanthèmes, des pommes de terre qu'il traitait pour tuer les doryphores avec des produits à base d'arsenic ! »

Dans le domaine du comique, le président, brave homme s'il en fut, mais complètement dépassé et qui n'était pas un adepte de l'eau minérale, avait l'habitude de prendre régulièrement son apéritif dans un petit bar à proximité du Palais. Le chroniqueur du *Figaro*, Pierre Scize, titra un jour son papier : « Il est midi, c'est l'heure du berger, l'audience est suspendue. »

Dans son audition, l'expert Fabre fait preuve d'une rare confusion : il s'embrouille dans ses chiffres, ne sait quoi répondre lorsqu'on le met en présence des erreurs de son rapport ; ainsi il avait écrit dans son rapport cent milligrammes au lieu de vingt ! Aussi bien Fabre que Khon-Abrest s'étaient trompés dans trois règles de trois sur les quatre mentionnées dans le rapport.

Le docteur Griffon n'échappa pas non plus au massacre. Maître Gautrat, dans une intervention musclée, dénonçait la multitude d'erreurs commises par les célébrités de l'expertise de telle sorte, ajoutait le célèbre avocat, que l'acquittement de Marie Besnard s'imposait.

Supplément d'information pour un troisième procès

Les magistrats et les jurés ont alors considéré qu'il était utile d'ordonner un supplément d'information et ce fut le troisième procès qui débuta à Bordeaux, le 20 novembre 1961, sous la présidence du conseiller Nussy-Saint-Saëns, magistrat aussi consciencieux que brillant. Il faut souligner que Marie Besnard, qui avait accompli une longue détention, fut mise en liberté et comparut libre lors de son troisième procès ; à ses trois défenseurs initiaux s'était jointe Mme Jacqueline Favreau-Colombier. Trois nouveaux savants avaient été nommés : MM. Delomon, Truhaut et Lemoigne. Le premier mourut presque aussitôt et fut remplacé par Frédéric Joliot-Curie qui décéda à son tour, victime des radiations atomiques qu'il avait étudiées. M. Savel lui succéda.

La défense a, elle-même, ses experts. On a placé une maquette du cimetière de Loudun à proximité de la Cour et un vaste tableau noir permettant à ces messieurs de présenter «leurs équations». Les nouveaux experts ont incontestablement apporté des critiques sérieuses aux travaux des précédents, mais ils concluaient, dans leurs rapports du 12 juillet 1960, de la manière suivante :

«Compte tenu des éléments du dossier, les chiffres trouvés témoignent, à notre avis, ainsi qu'ont conclu MM. les experts toxicologues de 1952 de l'introduction *ante mortem* dans l'organisme des sujets considérés de doses d'arsenic susceptibles d'avoir entraîné des intoxications mortelles. »

Il n'en demeurait pas moins qu'au cours de ces échanges entre experts et contre-experts, le doute apparaissait bien présent sur la culpabilité de Marie Besnard.

Illustrons notre propos par les observations du professeur Lemoigne à la barre des Assises qui donna lieu à une belle passe d'armes entre l'accusation et la défense.

M. Lemoigne s'exprimait ainsi :

« Nous voyons quelle est la complexité des phénomènes qui, dans une terre, peuvent provoquer la solubilisation ou la non-solubilisation de l'arsenic. Pour rester clairs, nous avons été forcés de schématiser, sans toutefois fausser les faits. D'une manière générale, on peut dire que tous les problèmes d'oxydation favorisent l'insolubilisation des composés oxygénés de l'arsenic, alors que tous les phénomènes de réduction favorisent leur solubilisation. Or, la décomposition microbienne des résidus végétaux et animaux favorise la solubilisation de l'arsenic. Mais on est incapables d'apprécier et de dire si, dans un sol donné, il y a eu solubilisation ou insolubilisation de l'arsenic. Nous avons indiqué des possibilités. Leur réalisation dépend de trop de facteurs qui nous échappent. »

Chronologie

- 1947 : Léon Besnard tombe malade à plusieurs reprises et meurt le 25 octobre.
- 17 octobre 1948 : le château de Montpensier, propriété d'Auguste Massip, un voisin, est la proie des flammes. Massip se rend chez le juge d'instruction de Loudun pour accabler Marie Besnard.
- 1949 : exhumation de Léon, découverte d'arsenic en grandes doses.
- 21 juillet : Marie Besnard est emprisonnée, inculpée d'empoisonnement.
- 20 février 1952 : premier procès à la cour d'assises de Poitiers.
- 15 mars 1954 : deuxième procès à la cour d'assises de la Gironde.
- 20 novembre 1961 : troisième procès à Bordeaux.
- 12 décembre : Marie Besnard est acquittée.
- 14 février 1980 : Marie Besnard meurt à Loudun.

Albert Gautrat bondit et reprend la formule : « Trop de facteurs qui nous échappent ! » Le procureur général tente d'atténuer la portée de la formule et réplique :

« Ces facteurs échappent aux experts et la défense les prend à sens unique. Elle veut en déduire que la solubilisation est la règle. Cela peut aussi bien vouloir dire que la règle peut être l'insolubilisation, c'est-à-dire l'imprégnation après la mort par l'arsenic des sols. »

L'observation du parquet exaspère à l'évidence le célèbre avocat qui rappelle les principes :

« Oui, mais dans un sens ou dans un autre, vous n'en savez rien. Vous avez l'air d'oublier que vous êtes le ministère public, car si vous êtes incapable d'apporter des précisions sur ces phénomènes, vous venez d'avouer qu'il vous est impossible de requérir une peine contre l'accusée. »

Me Henry du Cluzeau enfonce le clou et son intervention ne peut qu'influencer les jurés en faveur de Marie :

« Nous n'entendons, depuis de longues heures, parler que d'erreurs… et d'erreurs commises par de grands savants. Puisque la science se trompe plus souvent qu'on ne le croit, que ses maîtres veuillent se montrer modestes, au lieu de vouloir toujours affirmer catégoriquement leur savoir. Plus on est savant, moins on doit le montrer. Avec tant d'erreurs, il faudra tout de même juger ! »

L'accusation est assurément ébranlée. À l'heure du réquisitoire, le procureur général dira :

« Si vous n'avez pas la conviction de la culpabilité, vous l'acquitterez. Quant à moi, je considère qu'elle est coupable et je requiers une peine qui tient compte de la gravité des faits, mais aussi de leur ancienneté. Vous aurez à statuer avec beaucoup de fermeté mais aussi avec mesure. »

L'accusateur s'en remettait au quantum de la peine. Dans des genres différents, les quatre avocats de la défense furent extrêmement brillants. La Cour et les jurés répondirent non à toutes les questions. Marie Besnard était acquittée. Elle regagna son village, se maria et écrivit ses mémoires.

Jean-Charles GONTHIER
Les Grandes Affaires Criminelles de la Gironde, 2006.

Marie Besnard revient à Loudun après sa libération en 1954. La presse suivit pas à pas sa journée de retour dans son village du Poitou. La "bonne dame", finalement acquittée en 1961, mourut de sa belle mort en 1980, à quatre-vingt-quatre ans. (Détective, 10 mai 1954.)

Cour d'assises des Basses-Alpes,
17-28 novembre 1954

L'affaire Gaston DOMINICI

ON N'A JAMAIS VU ÇA À DIGNE. Même le procès Ughetto, vieux d'un quart de siècle, n'avait pas attiré autant de monde dans le petit palais de Justice, siège des Assises départementales. Il faut dire que l'affaire qu'on juge à compter de ce 17 novembre 1954 n'est pas banale : trois victimes, étrangères de surcroît, un crime sans mobile probant, une famille suspectée qui se déchire et à terme, un seul accusé, le patriarche de la famille, Gaston Dominici, un « papet » de soixante-dix-sept ans !

La mort des touristes

Brigade de gendarmerie d'Oraison, le 5 août 1952, peu après 6 heures du matin. Un motocycliste met pied à terre, se poste à l'accueil. L'homme s'appelle Jean-Marie Ollivier, il rentre tout juste de son travail de nuit, et en passant à Lurs, sur le bord de la Durance, il a vu un paysan lui faire signe. Ce dernier s'est présenté comme étant Gustave Dominici en prétendant avoir trouvé un cadavre. Ne pouvant laisser le corps sans surveillance, il s'est adressé au premier passant venu pour alerter les autorités.

Cependant, arrivé sur place, le maréchal des logis-chef Romanet et le gendarme Bouchier trouvent trois cadavres. Leur identification est somme toute relativement aisée : la voiture des victimes se trouve à quelques mètres de là, une Hillman immatriculée en Angleterre, et appartient à Sir Jack Drummond. Ce nutritionniste est venu en vacances dans le Sud de la France avec sa seconde femme, Ann,

Un portrait de famille des Dominici avant l'affaire... Une famille qui n'attendait qu'une étincelle pour révéler ses secrets tus depuis des années. La mort des trois Anglais fut cette étincelle. (Coll. Sylvain Larue.)

"Le crime de la Grand-Terre"

Pièces à conviction, les armes récupérées à la Grand-Terre. La carabine Rock Ola qui servit à tuer la famille Drummond en faisait-elle partie ? (Détective, 22 novembre 1954.)

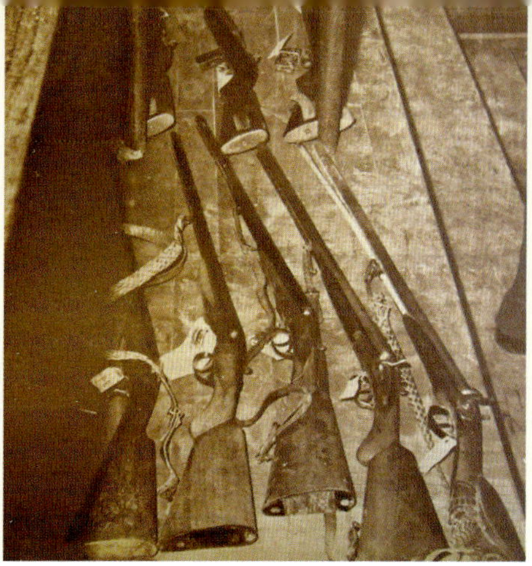

et sa fille de dix ans, Elisabeth. La veille au soir, les Dominici ont vu la voiture se garer à deux cents mètres de chez eux, sur le bord de la nationale 96. Et maintenant, voilà la famille anglaise décimée dans ce cadre paisible de Haute-Provence. Jack est couché de l'autre côté de la nationale, un lit de camp renversé le dissimule à peine aux regards. Ann est étendue sous une couverture, à côté de la voiture. Enfin, la petite Elisabeth, en pyjama, repose dans l'herbe, en contrebas.

Le premier problème se présente alors. Avant l'arrivée des gendarmes, plusieurs témoins sont passés dont, évidemment, les Dominici propriétaires du domaine voisin de la « Grand-Terre », et le moins qu'on puisse dire, c'est qu'ils donnent des versions contradictoires. Ainsi, Clovis Dominici, le frère de Gustave, prétend d'abord n'avoir vu que le corps de l'enfant, puis il revient sur ses dires : il a d'abord vu les Drummond, puis la fillette. Cela paraît logique, ne serait-ce que d'un point de vue géographique.

Investigations

Scrupuleusement, les gendarmes notent tout : emplacement exact des cadavres (bien qu'il apparaisse, suivant des témoignages, que le corps de Mme Drummond a été légèrement déplacé entre-temps), positions, blessures. Il n'y a pas de trace de lutte, on a tué ces gens de sang-froid, sans leur laisser le temps de répliquer. Dans la voiture, c'est néanmoins le chaos. Le vol peut-il être un mobile suffisant ? Possible. On ne retrouve comme argent que 5 000 francs dans un

Le clan Dominici fut séparé en deux parties adverses par l'affaire. Ici, menée par Gustave, on voit la partie qui soutenait le vieux Gaston. (Détective, 22 novembre 1954.)

carnet appartenant à la petite Elisabeth, plus quelques pièces dont la valeur est tout à fait négligeable.
Il y a des témoins. Spontanément, ceux-ci viennent déposer dans les jours qui suivent. La route est somme toute passante, même la nuit, et plusieurs personnes, circulant là vers 1 heure du matin, confirment avoir vu les éclairs provoqués par les coups de feu dans la nuit, ou bien une silhouette s'enfuir.
Un triple crime dépassant les compétences de la simple brigade d'Oraison, la 9e brigade mobile de Marseille est contactée dans la matinée, et vers 16 heures, le commissaire Edmond Sébeille, lui-même fils de mobilard (son père avait enquêté dans l'affaire Ughetto), arrive aux portes de la Grand-Terre. Très vite, il n'est pas satisfait. Malgré la diligence des gendarmes, on dirait que tout Lurs est passé au beau milieu du lieu du crime. Il y avait notamment des traces de pas, à côté du corps de l'enfant, partant dans la direction opposée. Mais les chaussures des passants ont eu vite fait de détruire ces indices, bien que les pandores aient tenté, à l'aide de branchages, de recouvrir et protéger les empreintes gravées dans la terre meuble.
Après avoir sévi et fait se disperser ce monde qui n'a rien à faire là, le commissaire Sébeille assiste à l'examen médico-légal de la famille Drummond. Apparemment, si on en croit le docteur Dragon venu le matin même sur place, les parents ont été tués bien avant leur fille : il suffit de comparer la rigidité cadavérique des corps. D'ailleurs, la méthode n'a pas été la même pour les adultes et pour la petite. On a abattu Jack et Ann (deux balles pour le premier, trois pour la seconde) et on a fracassé la tête de la petite avec une branche ou un objet de bois, puisqu'on en a retrouvé un éclat dans la plaie.

Dépassé par les évènements, Gaston. Mais il est vrai qu'on peut se demander comment suivre des débats en français un peu trop académique quand on parle presque uniquement le patois de Haute-Provence. (Détective, 29 novembre 1954.)

Rapidement, Sébeille est informé d'une découverte intéressante. Flottant paresseusement sur un bras de la Durance, une carabine Rock-Ola, une arme de guerre américaine, a été repêchée. L'arme est cassée en deux, et l'éclat retrouvé dans la tête de l'enfant correspond à un morceau manquant de la carabine.

L'omerta des Dominici

Comme Gustave est – apparemment – le premier à avoir découvert le crime, il devient témoin numéro un de l'affaire. Le moins qu'on puisse dire, c'est que la découverte des corps l'a traumatisé et qu'il lui est difficile de fournir un témoignage concret. D'ailleurs, il règne une espèce de loi du silence dans cette Grand-Terre. Il faut plusieurs jours avant que Gaston, le père de famille, ne reconnaisse avoir entendu des coups de feu cette nuit-là, vers 1 heure du matin, ainsi que des cris. Beaucoup trop d'hésitations, d'imprécisions et de mensonges ressortent des auditions. Les interrogatoires s'enchaînent, longs et pénibles, afin de faire le tri entre vérité et inventions. Déjà, les soupçons planent sur la famille Dominici, ainsi que sur l'un de leurs voisins, M. Maillet, chef de la cellule communiste locale, mais dont la physiologie petite et mince ne cadre pas avec la description de la silhouette vue par les témoins nocturnes du 5 août.

Début septembre, la police décide d'arrêter le tir, ou du moins de réduire la pression qui pèse sur les épaules de la famille. Les Dominici, eux, en profitent pour contacter un avocat, et pas des moindres, puisque Émile Pollak est le grand défenseur marseillais de l'époque. L'initiative est bonne car, en octobre, voilà que le commissaire Constant, qui poursuit l'enquête pendant que Sébeille est en congé, parvient à faire admettre à Gustave Dominici que la petite Elisabeth était en vie quand il l'a découverte. Au terme de deux jours de garde à vue, épuisé, Gustave reconnaît les faits, ce qui

lui vaut, le 13 novembre, une condamnation à deux mois de prison pour non-assistance à personne en danger.
Le 12 novembre 1953, un an après, presque jour pour jour, une reconstitution s'organise sous la houlette du commissaire Sébeille. Après cela, Gustave est conduit au palais de Justice de Digne pour de nouvelles auditions, longues et épuisantes, au cours desquelles il reconnaît avoir bougé les corps. Il est 14 h 30, le lendemain, quand le jeune homme s'affaisse et accuse son père Gaston d'être le criminel : le patriarche l'a informé de sa culpabilité dès le 5 août, à l'aube ! En fait, il aurait eu des gestes déplacés envers Ann Drummond, le mari aurait pris la mouche. La chose est confirmée par Clovis. Dès la fin de l'après-midi, Gaston, abasourdi par les révélations de ses fils, est entendu à son tour. Le 15 novembre, en fin d'après-midi, la presse est informée que Gaston est passé aux aveux, mais durant la nouvelle reconstitution, le vieillard est incapable de reproduire les gestes qu'il a prétendument faits cette nuit-là.

Fin de l'instruction. L'heure de vérité ?

Durant les mois qui suivent, l'affaire reste définitivement trouble. Gaston, en prison, clame son innocence. Gustave le soutient, mais confronté à Clovis, il accuse à nouveau son père. En février 1954, les psychiatres qui examinent le vieux Dominici le reconnaissent responsable de ses actes, et en septembre, la chambre des mises en accusation de Grenoble renvoie Gaston devant la cour d'assises des Basses-Alpes. Le procès est fixé pour le 17 novembre suivant.

Du monde partout. Journalistes de tous pays, badauds, proches, écrivains. La salle est comble et l'espoir de voir enfin les masques tomber et la vérité se faire jour immense. Gaston a du mal à se faire comprendre. Lui qui parle plus patois que français a parfois des réponses qui sont mal interprétées. Cependant, il arrive bien à dire qu'on lui a extorqué ses aveux et qu'il est innocent !

On évoque les incohérences du dossier, les témoignages peu fiables, en particulier celui d'un neveu des Dominici, Roger Perrin. Certaines informations, somme toute importantes, comme le fait que la mort de la petite Elisabeth ait eu lieu plusieurs heures après celles de ses parents, passent à la trappe. Visiblement, le ministère public est satisfait de l'accusé qu'on lui propose, et la muleta peut avoir lieu.
Les témoignages – sans serment – de la famille Dominici n'arrangent rien à l'affaire. Entre silences et coups de gueule, les dépositions des fils Clovis et Gustave sont chargées d'une rare émotion. Peut-être peut-on espérer. Mais non.
Malgré le talent d'Émile Pollak à plaider l'acharnement de la police à trouver un coupable dans une affaire complètement embrouillée, le 28 novembre, c'est la condamnation à mort qui est prononcée ! Et Gaston rejoint la cellule spéciale de la prison de Digne en jurant, une dernière fois, qu'il est innocent.

Suite d'un cas mystérieux

Condamnation ou pas, l'histoire n'en a pas encore fini avec le crime de Lurs. Gaston parle de faire à son tour des révélations sur son fils Gustave. Des policiers parisiens viennent mener une

Chronologie

- 5 août 1952 : **au petit matin, les corps de la famille Drummond sont trouvés à Lurs par Gustave Dominici.**
- 13 novembre : **condamnation de Gustave pour non-assistance à personne en danger.**
- 12 novembre 1953 : **reconstitution. Gustave reconnaît avoir bougé les corps ; le lendemain il accuse son père Gaston des trois crimes.**
- 15 novembre : **Gaston passe aux aveux, mais ne donne aucun détail sur les faits.**
- Février 1954 : **expertise psychiatrique de Gaston Dominici, reconnu responsable de ses actes.**
- 17-28 novembre : **procès et condamnation à mort de Gaston qui clame son innocence.**
- 30 juillet 1957 : **Gaston Dominici est gracié par René Coty.**
- 4 avril 1965 : **mort à Digne de Gaston Dominici, âgé de quatre-vingt-huit ans.**

contre-enquête qui aboutit à l'inverse des conclusions des premières investigations : le mobile sexuel du crime semble fort peu crédible, il est probable que deux personnes aient commis le crime, on ne peut affirmer avec certitude que la carabine ait appartenu à Gaston, et ce dernier n'a peut-être qu'une responsabilité partielle dans l'affaire ! Cependant, malgré les tensions familiales, la solidarité prime toujours et aucune accusation formelle ne sort de la bouche du patriarche, en attente d'exécution à la prison des Baumettes, à Marseille. L'affaire se conclut par un non-lieu en novembre 1956. Neuf mois plus tard, le 30 juillet 1957, le plus vieux condamné à mort de France est gracié par René Coty, après presque trois ans passés dans l'antichambre de la guillotine ! Il passera trois ans de plus en prison avant que Charles de Gaulle ne le fasse libérer. Gaston Dominici n'est plus l'homme qu'il était à son procès. Chauve, glabre, affaibli, il survivra cinq ans avant de mourir à l'hospice de Digne le 4 avril 1965. Il a quatre-vingt-huit ans. Son fils Clovis l'a précédé dans la tombe, victime d'un cancer en 1959.

L'affaire sera sujette à deux films : en 1973, c'est Jean Gabin qui endosse les vêtements du patriarche sur les écrans de cinéma. Trente ans plus tard, Michel Serrault campe Dominici à son tour pour une fiction en deux parties diffusée sur TF1. Dans cette derniere, la trame de l'histoire reprend une théorie développée depuis 1997. Elle est l'œuvre d'un journaliste qui affirme que sir Drummond était un agent secret britannique et qu'en cette période de guerre froide, il a été exécuté en mission. La présence de sa famille n'était qu'une couverture, ce qui n'a pas empêché une escouade dépêchée par le bloc communiste de tuer aussi bien l'espion que ses proches. D'autres livres, publiés par la suite, attribuent de nouveau au clan Dominici, mais pas forcément à Gaston, la responsabilité des faits. Les tentatives de révision de la famille n'aboutissent qu'à des refus. Le triple meurtre de la Grand-Terre, cinquante-six ans après, n'a toujours pas fini de faire parler de lui.

Sylvain LARUE

Au terme de son procès, Gaston Dominici fut reconnu coupable. Il devint, de ce fait, le plus vieux condamné à mort de France à soixante-dix-sept ans. (Détective, 22 novembre 1954.)

Cour d'assises de la Seine,
5 et 6 avril 1957

Le voleur Jacques FESCH

JACQUES FESCH n'a pas eu de chance. Enfin, si, au début. Il n'était ni un garçon des rues ni un pauvre orphelin. Né le 6 avril 1930, fils d'un riche banquier belge, habitant une maison rupine de Saint-Germain-en-Laye, le jeune garçon a grandi dans un cocon où on lui a appris à tort que rien ne pouvait lui être refusé.

Un prince en sa demeure

Quand est venue l'heure d'aller à l'école, l'élève Fesch s'est montré paresseux et sans persévérance. Il va de collège en collège, de lycée en lycée. À la maison, on le houspille à peine. Changement notable de comportement au service militaire, qu'il effectue en Allemagne : le troufion Fesch est un soldat obéissant, discipliné et qui se lie facilement d'amitié. Il faut dire que la sévérité de l'armée contraste tellement avec l'absence totale de limites de la maison parentale. Jacques, confronté avec une éducation stricte, gagne un peu de maturité et de sérieux. Ce n'est pas assez, hélas, pour pallier vingt années sans autorité. Voilà que le jeune homme s'amourache de Pierrette, une jeune Strasbourgeoise rencontrée lors d'une permission. Les tourtereaux rêvent de mariage, seulement la demoiselle est juive et les Fesch sont antisémites. Qu'importe. Jacques épouse son amie, lui fait une petite Véronique. *(NDA : Il aura également, d'une de ses maîtresses, un petit Gérard qui, devenu adulte, vivra plusieurs années de procédures pour être légalement reconnu comme son fils.)*

L'agent Vergne qui eut le malheur de se lancer à la poursuite de Fesch le voleur. Une seule balle, mais mortelle, tirée par un fuyard myope sans ses lunettes : si après ça, on ne dit pas que le hasard s'en mêle ! (Détective, 8 mars 1954.)

"Tragédie pour une rédemption"

Il semble recouvrir en Alsace la stabilité qui lui faisait défaut. C’était sans compter sur les parents. Ceux-ci lui promettent un million de francs s’il quitte cette « sale juive ». L’appel de l’argent est trop fort pour y résister. Jacques retourne donc à Saint-Germain, sans femme ni enfant. Ainsi s’achève sa période de paix.
Le caractère flambeur et cossard reprend le dessus, il s’achète une voiture de sport, fréquente la jeunesse dorée, tous des copains d’enfance, rencontre une autre femme avec laquelle il a un fils, Gérard. Dans ce milieu, c’est à qui en mettra le plus plein la vue à l’autre, alors le jeune homme se prend à rêver. Son père, en déplacement permanent pour affaires, s’est rendu aux quatre coins du globe. Les noms de Hong-Kong, New Delhi, New York font rêver Jacques. Voici donc notre grand dadais clamant à qui veut l’entendre son intention d’acquérir un voilier et de parcourir le monde à son bord. Jacques a fini par convaincre son monde de son rêve. Il est le seul à ne plus être certain de vouloir aller jusqu’au bout : il s’est renseigné, un voilier coûte la bagatelle de 2 000 000 de francs, et le fabricant réclame le tiers de la somme en guise d’arrhes avant la fin du mois de février 1954. Où trouver une somme pareille ? Son père ne possède plus sa fortune d’autrefois, et s’il recule, on va se moquer de lui, c’est sûr.

Tragédie sur les grands boulevards

Jacques vole un revolver à son père. L’argent qui lui manque, il va le voler.
Le 24 février, en compagnie d’un ami, il se rend au 39 de la rue Vivienne, chez le changeur Alexandre Sylberstein.

Jacques Fesch après son arrestation musclée. On ne pardonnait guère aux fils de bonne famille qui s'engageaient sur la pente du vice et du crime… (Détective, 8 mars 1954.)

Il dit vouloir échanger deux millions de francs-papier contre leur valeur en or. La transaction est acceptée : elle devra avoir lieu le lendemain. Le 25 février, à 17 h 30, ce n'est pas avec des billets de banque que revient Jacques, mais avec son revolver. Le changeur tente de le raisonner : « Vous avez toute la vie devant vous, ne faites pas de bêtise ! » Mais Jacques est décidé. Il n'a pas envie de tuer le changeur : au lieu de l'abattre, il lui donne deux coups de crosse sur la tête. Pas assez forts, cependant, pour assommer tout à fait Sylberstein. Il vole l'or, sort dans la rue. Il n'a pas fait cent mètres que sa victime, le visage en sang, sort de son magasin en criant.

Pris de panique, Fesch court, remonte la rue de Richelieu, fonce sur le boulevard des Italiens. Une cour d'immeuble lui semble un refuge temporaire. Très temporaire car voilà trois personnes et un agent de police lancés à ses trousses qui parviennent à leur tour dans cette cour. C'est une impasse, Jacques l'ignore, mais il est pris au piège : il a grimpé dans les étages et ne sait pas encore qu'à côté de la loge du concierge, ses poursuivants l'attendent. Il redescend, tâchant du mieux qu'il peut conserver une allure tranquille.

Dans le hall, alors qu'il rejoint la porte, une voix lui somme de s'arrêter : « Haut les mains ou je tire ! » Jacques se retourne et tire le premier. L'agent Vergne s'écroule : la balle l'a atteint en plein cœur. La cavale folle reprend jusque dans les couloirs de la station de métro Richelieu-Drouot. Les policiers sont partout, Jacques se défend, mais plie sous le nombre. Il blesse au passage un civil venu prêter main-forte aux gardiens de la paix avant de se résigner, sous les coups assenés par les agents.

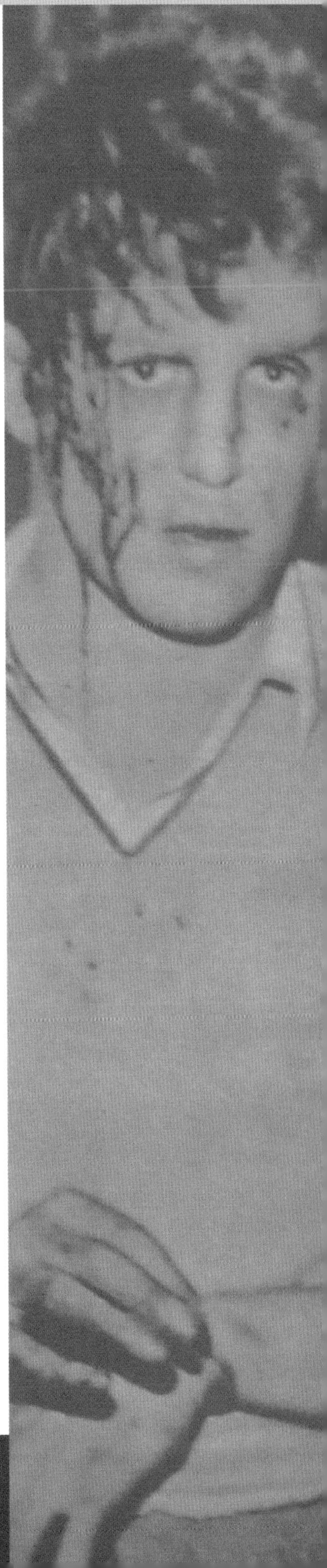

La tête emmaillotée comme un fakir, Jacques Fesch, l'assassin des grands boulevards, n'avait qu'un rêve : celui de partir à la voile faire le tour du monde. En guise de plages de sable clair, il eut droit aux murs gris de la Santé.
(Détective, 8 mars 1954.)

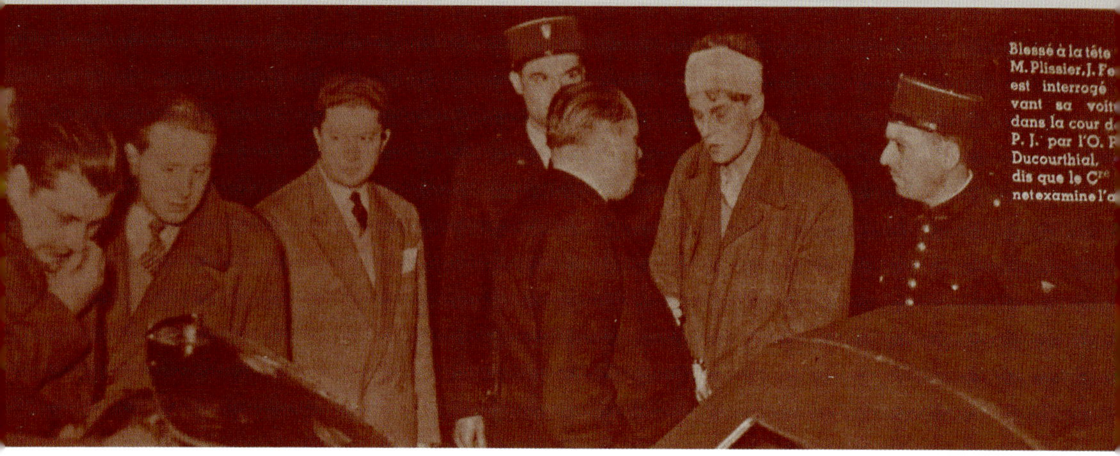

Le "martyr"

Trois ans plus tard, Jacques Fesch se retrouve devant les Assises avec deux coaccusés, ses camarades de libations suspectés de complicité. Son cas est grave, très grave : il a tué un agent de police qui lui sommait de se rendre. L'opinion est fermement contre lui, les riches gamins qui jouent aux cow-boys n'ont pas lieu d'être.

Le procès, bien sûr, est un peu celui des parents de l'accusé qui n'ont jamais été ni trop autoritaires ni trop aimants avec lui. Ces griefs sont uniquement exposés à M. Fesch : la mère de Jacques est morte pendant l'instruction. Le père ne s'excuse pas. Son avis quant à son fils ? « C'est un pauvre type. » Maître Floriot, représentant la partie civile, joue le jeu du ministère public. Selon lui, Fesch a délibérément visé l'agent Vergne pour le tuer. L'accusé ne dit rien : il tente d'expliquer qu'il serait bien en peine d'agir ainsi vu qu'il est myope et qu'il ne porte pas de lunettes ce jour-là, pourtant, on passe outre. L'avocat général lui, met l'accent sur la préméditation : ce revolver emprunté au père en est preuve. Un homicide volontaire avec préméditation, c'est un assassinat. L'assassinat doit être puni de mort.

Tout au long du procès, Me Baudet conserve la certitude qu'on s'acharne délibérément sur son client, dont on oublie un peu vite qu'il n'a aucun antécédent judiciaire. Pourtant, sa plaidoirie s'appuie entièrement sur l'iniquité d'une condamnation à mort dans une affaire pareille, où il y a eu mort d'homme dans le feu de l'action, dans la précipitation et le stress d'une poursuite… Éloquent, brillant, pas spécialement émouvant. Les regrets maladroitement prononcés par l'accusé touchent beaucoup plus, l'un des jurés se met même à pleurer. Pourtant, après plusieurs heures de délibérations, le verdict tombe : coupable sans circonstances atténuantes, à deux voix de majorité. Jacques Fesch est condamné à mort le 6 avril 1957. C'est le jour de son 27e anniversaire.

Depuis son incarcération, le jeune homme a beaucoup changé. Il s'est trouvé une philosophie religieuse, une quiétude qu'il ne se connaissait pas. Au terme du procès, la foi du condamné croît plus encore. Il ne cherche pas le réconfort ou le salut dans les Évangiles. Non, Fesch est certain de mourir : il accepte son sort. Confronté au problème épineux de la grâce, René Coty doit peser le pour et le contre : la renaissance spirituelle de Fesch joue en sa faveur, les protestations des gardiens de la paix et la grève qui doit s'ensuivre seront interminables en cas de clémence.

Comme tout soldat héroïque tombé au champ d'honneur, l'agent Vergne eut droit à des funérailles de patriote. (Détective, 8 mars 1954.)

Chronologie

- **6 avril 1930 :** naissance de Jacques Fesch à Saint-Germain-en-Laye.
- **1950-1951 :** il accomplit son service militaire dont il sort avec le grade de caporal et un certificat de bonne conduite.
- **5 juin 1951 :** il épouse Pierrette à Strasbourg, tout en rêvant de parcourir le monde.
- **24 février 1954 :** Jacques prend rendez-vous avec le changeur Sylberstein pour le lendemain.
- **25 février :** Jacques assomme le changeur et vole l'or. Il tue l'agent Vergne.
- **5-6 avril 1957 :** cour d'assises de la Seine. Condamnation à mort.
- **1er octobre :** Jacques Fesch est guillotiné dans la cour de la prison de la Santé à 5 h 30.

Trois personnes, trois victimes.
À gauche, Mme Vergne, la mère du policier défunt.
Au centre, M. Lenoir, blessé par Fesch alors qu'il venait assister les policiers.
À droite, le changeur Sylberstein qui fut assommé pour de l'or.
(Détective, avril 1957.)

Puisque la loi perçoit l'homicide d'un agent de la force de l'ordre comme le second crime capital après le parricide, il prend le papier qui précise que « la justice doit suivre son cours ».
Comme il en avait fait la demande à Me Baudet, Fesch est informé de la décision présidentielle la veille de son exécution, le 30 septembre 1957. Il profite de la nuit pour écrire et prier, et quand on entre dans sa cellule le 1er octobre au matin, il est réveillé, conscient et accepte son sort docilement. Lorsque les aides le poussent sur la bascule, il gémit : « Seigneur, ne m'abandonnez pas. » André Obrecht fait tomber le couperet. Il est 5 h 30. En guise de testament, le jeune homme laisse un journal, lequel sera publié plus tard sous le titre : *Dans 5 heures, je verrai Jésus*. Sa reconversion religieuse sera si marquante aux yeux de l'Église, qu'en décembre 1993, l'archevêque de Paris, Mgr Jean-Marie Lustiger, ouvrira une enquête préliminaire pour sa béatification en déclarant : « J'espère qu'il sera un jour vénéré comme une figure de sainteté. »
Pour l'heure, la procédure en est restée là.

Sylvain LARUE

Les Grandes Affaires Criminelles de Paris, 2007.

Maître Paul Baudet, avocat de la défense. Une opinion publique remontée contre un "blouson doré", ces fils à papa qui s'amusent à jouer aux bandits, des policiers prêts à se révolter si on se montre trop indulgent envers un tueur de flic... Des adversaires de taille pour sauver une tête. Le défenseur devait malheureusement perdre le combat. (Détective, avril 1957.)

URUFFE
PLEURE
"Le monstre d'Uruffe"

Cour d'assises de Meurthe-et-Moselle,
25 et 26 janvier 1958

Le curé Guy DESNOYERS

RÉGINE FAYS n'a pas pu le cacher bien longtemps. La taille qui s'épaissit, ce ventre qui pointe. Uruffe est un minuscule village de Lorraine et en 1956, une fille-mère de dix-neuf ans constitue une intarissable source de ragots, d'autant que la future maman refuse avec obstination de révéler le nom du père de l'enfant. Tout serait si simple s'il pouvait être libre, s'il pouvait l'épouser et reconnaître l'enfant. Mais c'est impossible, et pour cause…

Césarienne sauvage

Quand Guy apprend la grossesse de sa maîtresse, il est catégorique : il lui faut avorter. Le visage rond et brun de la jeune femme s'assombrit : c'est lui qui ose affirmer cela : l'avortement est pourtant contraire à toutes ses convictions religieuses ! Guy parle d'Assistance publique, de déménagement pour faire taire les rumeurs… Régine refuse : cette vie qui se développe en elle, elle y tient, elle va la garder jusqu'au bout, et le père peut insister tant qu'il veut, elle ne cèdera pas.

Après l'aveu au géniteur, c'est l'heure de l'aveu aux parents. Les Fays sont choqués, mais leur fille n'est pas une petite écervelée, alors ils se résignent à accepter la situation sans demander l'identité du papa.

Les mois passent, et décembre arrive. Normalement, l'accouchement doit avoir lieu le 5 ou le 6. Nous sommes le dimanche 2, et Guy – dont la responsabilité dans la grossesse est toujours ignorée de tous – annonce publiquement que dès le lendemain, il s'absente

Mme Fays devant une photo de sa fille.
Chagrin à perpétuité pour les parents ;
seulement vingt années de prison effective
pour l'assassin, qui partit se cloîtrer
dans un monastère breton sitôt libéré.
(Détective, 3 février 1958.)

pour quelques jours, afin de rendre visite à son frère. Mais si le lundi en fin d'après-midi, tout Uruffe peut voir Guy au volant de sa 4 CV quitter le village, il ne va pas tellement s'éloigner. Il a discrètement contacté Régine pour un rendez-vous, histoire de la raisonner une dernière fois. Et dans sa poche, il a un revolver.

Il fait nuit, mais Régine est là. C'est la rase campagne, il fait froid, la jeune fille a bravé les conseils parentaux en disant qu'elle devait faire une course. Guy se gare, descend de voiture, s'approche d'elle.

« Régine, je vais te donner l'absolution.

– Je n'en ai pas besoin.

– Si. »

Comme il se met à chuchoter une prière, elle ne se sent pas rassurée et manifeste l'envie de retourner chez elle à pied. Elle ne fait que deux pas, derrière elle, Guy tend le bras, revolver en main, et tire dans la nuque de sa compagne. Régine est morte sur le coup. Mais l'enfant est viable. Et le meurtre, bientôt double. Car Guy sort un canif et ouvre le ventre de la jeune femme pour sortir l'enfant.

Uruffe, moins de trois cents habitants, sous les feux des projecteurs de l'actualité à cause d'un meurtre abominable... (Détective, décembre 1956.)

Guy Desnoyers, prêtre peu conventionnel porté sur les femmes, et qui, pour détruire le fruit de ses amours, tua et éventra sa maîtresse pour en retirer l'enfant à naître... (Détective, 3 février 1958.)

C'est une petite fille qui pousse son premier cri, et que son père baptise en lui traçant avec la pointe de son couteau une croix sur le front ! Mais très vite, la peur d'être identifié le rend comme fou, et le couteau plonge encore et encore dans le bébé, en particulier dans le visage qui, on ne sait jamais, pourrait par trop lui ressembler !

Après cette cérémonie abominable, Guy remonte en voiture et fonce chez son frère. L'alibi est parfait.

Le père Guy

Quand à 22 heures passées Régine ne revient pas, les Fays s'inquiètent et préviennent leurs voisins, ainsi que le curé du village, le père Desnoyers. En pleine nuit, les recherches permettent de découvrir les corps au bord de la route. Le curé est formel : ce ne peut être que l'œuvre du père de l'enfant !

Et c'est ainsi que dès le lendemain, les gendarmes se rendent chez ce dernier. car malgré la discrétion de Régine, les soupçons ont vite été faits sur l'identité de l'amant secret. Les militaires entrent dans le presbytère.

« Guy Desnoyers ? Suivez-nous, je vous prie. »

Oui, le curé du village n'est autre que l'amant de Régine, le père de sa fillette et l'horribe assassin d'Uruffe. Oh ! il essaie bien de démentir, d'affirmer que le père est un autre, qu'il connaît même son identité, mais que le secret de la confession lui interdit d'en dire plus, même aux gendarmes. Seulement, la meilleure amie et collègue de Régine a vite su que le prêtre et l'amant mystérieux ne faisaient qu'un. On trouve aussi le revolver avec lequel la jeune fille a été abattue. Au beau milieu de la nuit du 4 au 5 décembre, Guy reconnaît les faits...

en confession, et non pas en aveux, et il donne tous les détails possibles. Pendant la reconstitution, sous les yeux d'un village entier gagné par la haine, il mime l'horreur absolue dont il a été l'auteur.
Né le 24 février 1920 à Nancy, Guy Desnoyers, en plein XXe siècle, a vécu la même chose que nombre d'enfants de seigneurs ou de bourgeois du passé. En règle générale, l'aîné prenait la succession familiale, le cadet entrait dans les ordres. Pour les parents Desnoyers, de rudes cultivateurs, croyants et pratiquants, l'un des trois enfants sera prêtre, c'est une question d'honneur. Et cet enfant, ce sera Guy.
Cependant, ce n'est pas une vocation définitivement ancrée dans son esprit. Ordonné à vingt-six ans, Guy est un jeune homme de son temps, loin des images classiques des vieux prêtres en soutane. Nommé à Uruffe, en remplacement d'un de ces anciens curés de village, il a révolutionné le monde. On le voit jouer au football, ou surveiller la piscine en maillot de bain. Et puis, il n'a que trente ans, et sans être un Apollon, il n'est pas dépourvu de charme. Ce qui fait que déjà, au début des années 1950, il devient l'amant de plusieurs de ses ouailles féminines, en particulier de Michèle, une adolescente de quinze ans, qui tombe enceinte de lui et sur

Un village endeuillé qui vient rendre un dernier hommage à Régine Fays, assassinée par son amant. (Détective, décembre 1956.)

ses conseils, va placer l'enfant à l'Assistance. Les villageois parlent, l'un d'eux se plaint à l'évêque de Nancy, mais ce dernier prend cette dénonciation pour une calomnie et, en conséquence, ne fait rien.

Il est intéressant de savoir qu'il n'est pas le seul dans sa famille à avoir une vie partagée en ce qui concerne sa vie de prêtre et sa vie d'homme. Sa sœur cadette, qu'on a toujours élevée dans l'intention de prendre le voile, a pris le chemin opposé : n'ayant pas supporté la vie au couvent, elle est devenue fille-mère de deux enfants, et pendant que Guy commet son affreux double homicide, elle séjourne en asile psychiatrique

La justice passe... trop haut

Un an plus tard. Régine repose dans le caveau familial, couvert de fleurs en permanence, avec une plaque qui mentionne sa fin « tuée par le curé de la paroisse ». Nous sommes le 25 janvier 1958, et Guy Desnoyers va répondre de son acte devant les Assises de Meurthe-et-Moselle. L'Église tente de calmer les esprits, et sollicite la pitié des foules et des jurés.

Mais l'homme est reconnu responsable de ses actes par trois experts et, dans ce genre d'affaire, cela constitue un passeport pour l'échafaud ! Il n'est pas le premier prêtre à passer en jugement pour crime de sang : Dellacolonge, qui avait tué sa maîtresse sous Louis-Philippe, avait été condamné à perpétuité ; Verger, l'assassin de l'archevêque de Paris en 1857, et Bruneau qui avait massacré un autre curé en 1894, ont tous les deux été guillotinés !

Le procureur, sans surprise, demande la mort pour le curé d'Uruffe : « Je ne sais si ce Dieu que vous avez ignominieusement servi aura pitié de vous à l'heure, peut-être proche, de votre mort. Moi, je ne connais que la justice des hommes et je sais qu'elle ne peut vous pardonner. »

L'avocat de la défense, lui, s'adresse ainsi aux jurés : « Je vous demanderai de ne pas le faire mourir. Ce droit n'appartient à personne. La loi permet de punir sans faire mourir. »
Alors que la foule espère de tout son cœur entendre le président lire un verdict dépourvu de clémence, après deux jours d'audience et cent minutes de délibérations, les jurés rendent une décision de culpabilité modérée par l'admission de circonstances atténuantes !

Chronologie

- 24 février 1920 : **naissance de Guy Desnoyers à Nancy.**
- 1946 : **Guy Desnoyers est ordonné prêtre.**
- Juillet 1950 : **il est nommé curé de la paroisse d'Uruffe.**
- 1953 : **il conçoit un enfant avec une adolescente âgée de quinze ans, Michèle, qu'il persuade d'accoucher clandestinement et d'abandonner l'enfant.**
- 2 décembre 1956 : **Guy assassine Régine Fays, âgée de dix-neuf ans, et l'enfant qu'elle portait à terme.**
- 4-5 décembre : **Guy Desnoyers avoue ses crimes.**
- 25-26 janvier 1958 : **cour d'assises de Meurthe-et-Moselle. Condamnation à perpétuité de l'accusé, reconnu responsable de ses actes.**
- Août 1978 : **Desnoyers est libéré ; il se réfugie dans un couvent breton où il a une place de bibliothécaire.**

Régine repose toujours sous une dalle qui porte, chose rare, la précision de sa fin tragique, survenue à dix-neuf ans un jour de décembre 1956. (Détective, décembre 1956.)

Desnoyers est condamné à perpétuité le 26 janvier, et on est obligé de le faire ressortir par l'arrière du tribunal pour éviter de tenter le diable et de le faire passer sous les yeux des Nancéiens en colère ! En prison également, il est mis en isolement, car les détenus ne sont, pour la plupart, pas des monstres et l'horreur du crime commis par le curé d'Uruffe les révulse.
Le 27 janvier, un nommé Montis, dit « l'assassin à la bombe », comparaît à son tour pour meurtre devant les Assises de Nancy. L'avocat général, toujours sous le coup de la colère qu'à provoqué en lui le verdict du 26, s'interdit durant le réquisitoire de réclamer sa tête. Le crime de Montis est tellement moins horrible que celui de Desnoyers que cela lui semble disproportionné d'envoyer l'accusé du jour à la guillotine quand le monstre de la veille y a échappé !
Au bout de vingt années de prison, en août 1978, Desnoyers, détenu modèle, est libéré de prison et se retire dans un couvent breton dans lequel il occupe le poste de bibliothécaire. Nul n'entendit plus jamais parler de lui. Mais Uruffe conserve toujours, un demi-siècle après les faits, une blessure qui a pour nom Régine.

Sylvain LARUE

On dut faire circuler Desnoyers par l'arrière du palais de Justice de Nancy afin de le soustraire à la vindicte populaire. À la colère générale, le verdict fut clément : réclusion perpétuelle, malgré l'atrocité du crime. (Détective, 3 février 1958.)

Cour d'assises de la Seine,
30 et 31 mars 1960

Le gangster Georges RAPIN

CE FUT L'UNE DES AFFAIRES CRIMINELLES les plus célèbres de la fin des années 1950. La personnalité de l'assassin, un blouson doré, comme on disait à l'époque, y fut probablement pour beaucoup.

Mort inutile d'un pompiste

Pour la police, tout commence le samedi 5 avril 1958 à Villejuif. Il est 2 heures du matin quand M. Perdriau est légèrement réveillé par un bruit d'éclatement provenant de l'avenue de Stalingrad. Le son a été puissant, il rappelle quelque peu la détonation d'un vieux pot d'échappement. Mais peu de temps après, c'est une cacophonie de klaxons qui le tire du lit ; sa première pensée est de s'inquiéter de Roger Adam. La raison de ce concert d'avertisseurs est simple : une file d'automobilistes attend en vain qu'un employé de la station d'essence vienne les ravitailler !

Monsieur Perdriau est le propriétaire de l'immeuble du 58, avenue de Stalingrad, et par là-même, du garage station-service qui occupe le rez-de-chaussée. Roger Adam est son employé. Il est le pompiste de nuit, de 20 heures à 8 heures ; un brave homme sans histoires, trente-cinq ans, père de trois enfants. Le propriétaire s'habille donc pour aller voir ce qui se passe, craignant qu'il ne soit arrivé quelque chose à M. Adam. Au passage, il fait patienter les automobilistes agacés, le temps qu'il voit de quoi il en retourne.

« Roger ? Vous êtes là ? »

Bill dans toute sa splendeur,
un petit monstre de violence et de froideur,
le faciès le plus sombre de Georges Rapin.
(Détective, 26 juin 1959.)

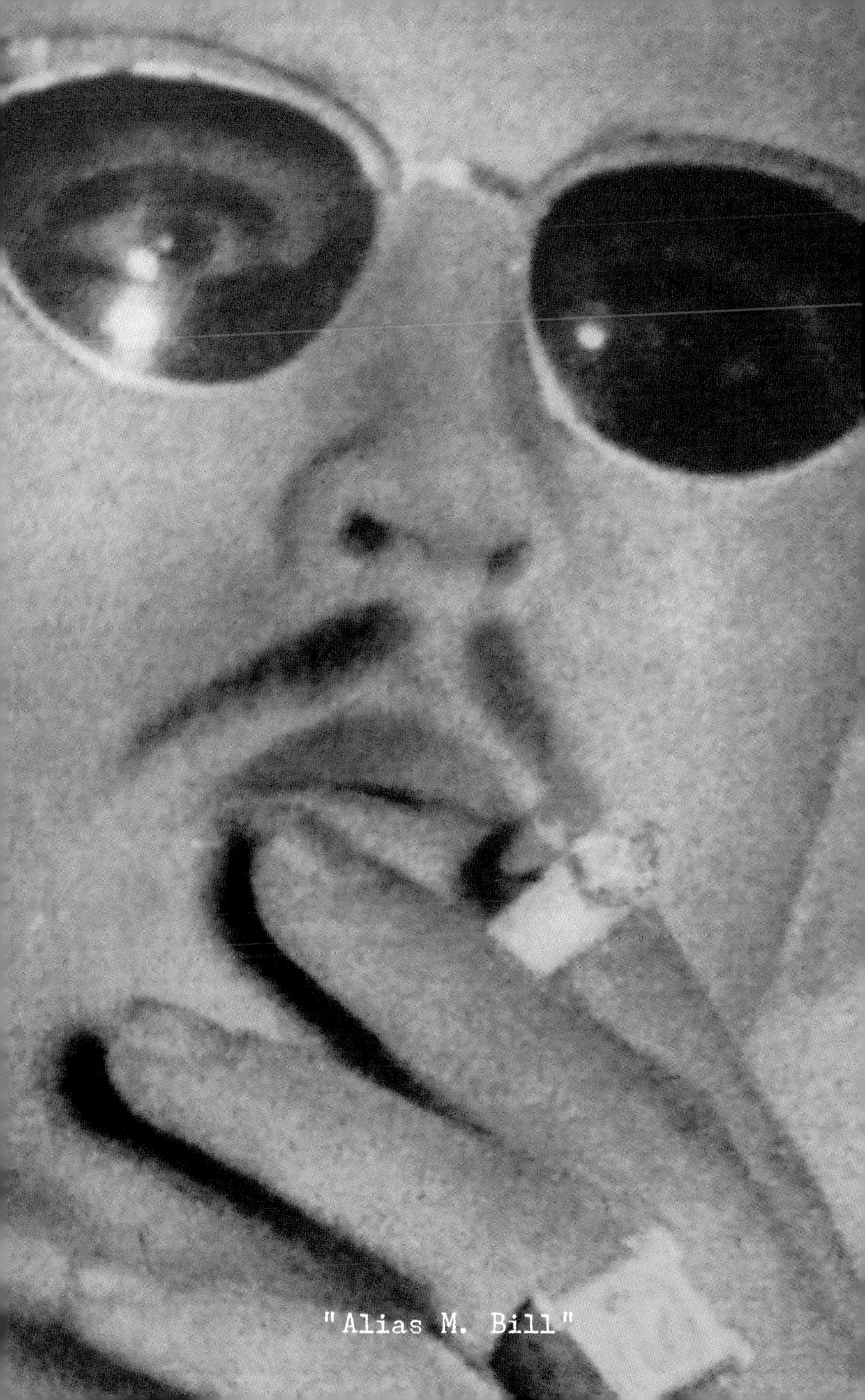
"Alias M. Bill"

Elle était bretonne, brune, jolie. Muguette, alias Dominique, la "gagneuse" de Bill mourut de ne pas avoir pris le fils à papa au sérieux. (Détective, 12 juin 1959.)

Aucune réponse ; le lieu est désert, tout est calme. Seul élément curieux : un billet de 5 000 francs qui se trouve posé là, sur le comptoir. Allant plus loin dans le magasin, M. Perdriau contourne le bureau et entre dans l'arrière-boutique. Habituellement, on y entrepose bidons d'huile et pièces de rechange. Cette fois, outre ce matériel, il y a un cadavre : celui de Roger Adam. Il repose face contre terre, un trou sanglant dans la nuque.
Arrivé sur les lieux, le commissaire de Gentilly alerte son collègue, le commissaire principal Bouvier, de la brigade criminelle de la police judiciaire. Le soleil n'est pas encore levé que les policiers parisiens débarquent devant le garage de Villejuif. Les premières conclusions sont vite établies par les inspecteurs Salavert, Poirier et Soliet. La victime a été abattue avec une balle de 7,65 millimètres, ou peut-être de 9 millimètres, vers 1 h 45. Ses agresseurs – car on considère que c'est selon toute vraisemblance l'œuvre d'une bande – ? Sûrement des jeunes malfaiteurs parisiens.
Le scénario que se représentent les inspecteurs est des plus crédibles. Après avoir acheté pour cinq litres d'essence, comme le prouve le compteur, resté bloqué sur la dernière transaction, le ou les assassins ont sûrement utilisé le billet de 5 000 francs pour convaincre le pompiste qu'ils étaient des clients sérieux. Étant donné que la victime a été retrouvée dans cette arrière-boutique où il n'avait guère besoin de se rendre, sans doute lui ont-ils demandé de l'huile, ou une pièce détachée quelconque. Sans se méfier, M. Adam a répondu à leurs attentes : il ignorait que son assassin l'avait suivi jusque-là.
Mais comme rien ne manque dans la caisse, qui contient 135 000 francs, et que le billet est resté sur le comptoir, on est bien

forcé de conclure que les criminels sont partis les mains vides. Pourquoi ? Peut-être ont-ils été dérangés par le passage d'un véritable client au réservoir vide.
L'enquête paraît prendre le bon chemin avec l'arrestation de quatre jeunes gens, deux garçons et deux filles, qu'on accuse d'un double vol de voiture la même nuit, à Neuilly puis à Fontainebleau. Un accident sans gravité les impliquant ayant eu lieu porte d'Italie vers 2 heures du matin, les policiers essaient de relier les deux pistes. Mais si le quatuor est bien l'auteur des vols de voiture, ils ne sont pour rien dans l'assassinat de M. Adam.
Faute d'éléments, l'enquête reste au point mort. Et ce, jusqu'en juin 1959.

L'horrible supplice de Dominique

Au matin du 30 mai 1959, en forêt de Fontainebleau, près du carrefour de Touring, des promeneurs font une affreuse découverte. Ils n'ont tout d'abord pas compris ce qu'ils voyaient, mais la réalité s'est fait jour dans leur esprit en reconnaissant une forme humaine : une femme carbonisée. Pas uniquement, dit l'autopsie. On lui a tiré dessus, à deux reprises. Mais quand on l'a arrosée d'essence et qu'on a jeté plusieurs allumettes enflammées sur elle, elle était toujours en vie : la mort est due à l'asphyxie provoquée par la fumée ! Les lambeaux noircis de ses vêtements permettent de la trouver plutôt chic : qui était-elle ? Une bourgeoise kidnappée ? La victime d'un sordide règlement de compte, ou bien une personne gênante dont a voulu se débarrasser ? C'est grâce à ses chaussures, des escarpins roses à hauts talons, retrouvés sur son cadavre, qu'elle sera identifiée.

Muguette Thirel avait vingt-trois ans. Elle était petite, brune, bien faite, et elle était prostituée à Pigalle sous le surnom de "Dominique". Une chic fille, aux dires des autres professionnelles qui ne sont pourtant pas toujours tendres entre elles. Si elle avait un mac ?

Bien sûr, celle qui tenterait de commercer ses charmes dans le coin sans en avoir un s'exposerait à de sanglantes représailles ! Jusqu'il y a quelques semaines, elle travaillait pour un Corse, Stello, avant d'être vendue à un certain M. Bill.

Stello faisant partie des « habitués » du quai des Orfèvres, il n'est pas difficile de le rencontrer. Pourtant, les policiers se doutent qu'il ne leur apprendra pas grand-chose. L'omerta est reine à Pigalle. Pourtant, contre toute attente, l'homme est plutôt loquace :
« Je ne sais pas grand-chose de ce Bill, à part qu'il possède un bar sur la rive gauche et qu'il traîne souvent au Sans-Souci… Mais c'est un cave, un fils à papa qui veut jouer les durs… »
Au Sans-Souci, on peut en dire plus sur « Bill ». Le nom de son café, par exemple : Le Porto, boulevard Saint-Marcel. Comparé aux tavernes qui fleurissent aux alentours de la place Blanche, le rade n'a rien de très romanesque. C'est un café à clientèle largement ouvrière. Et son propriétaire s'appelle Georges Rapin.

Le vrai visage de Georges Rapin. Une simple paire de lunettes fumées et l'accent corse suffisaient au jeune bourgeois pour endosser le rôle de Bill, le souteneur assassin. (Détective, 12 juin 1959.)

En se présentant au domicile de la famille Rapin, boulevard Saint-Germain, les policiers s'attendent à tout, sauf à tomber sur un tel personnage. Georges Rapin, vingt-trois ans, n'a rien de terrible. Petit blondinet à l'air calme, portant une fine moustache qui ne parvient ni à le vieillir ni à le rendre plus viril qu'il n'est, le fils unique de cette bonne famille fait penser à un étudiant sérieux, pas à un souteneur de Pigalle.
Pourtant, quand on le conduit dans les locaux de la police judiciaire et qu'on l'interroge, quand il apprend que le Milieu a fourni les pistes permettant de remonter jusqu'à lui, le masque se craquelle. Il devient subitement froid, d'un orgueil démesuré et absolument dénué de pitié. Oui, c'est bien lui M. Bill. Et il est bien l'assassin de Dominique.

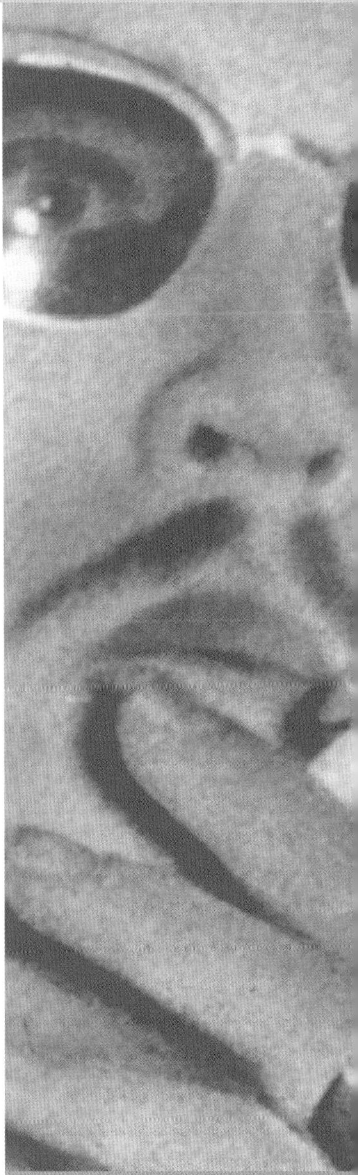

Itinéraire d'un enfant très gâté

Il faut, pour comprendre, remonter dans l'enfance du jeune homme. Fils d'un ingénieur, Georges Rapin est venu au monde le 30 mai 1936. Si son père, un homme au caractère fort, envisage pour son fils une discipline stricte, sa mère est une faible qui n'a pas du tout le même avis. Elle a du mal à se remettre de la mort de son premier fils, emporté au berceau par une méningite. Aussi, malgré la désapprobation silencieuse du côté paternel, « Pinpin » l'enfant chéri voit absolument le moindre de ses souhaits réalisés par sa mère. Gâté pourri, il devient un adolescent turbulent, désobéissant et mauvais. Manipulateur, bien sûr. D'ailleurs, il va lui-même contracter la maladie qui a tué son frère et survivre de justesse, mais le mal aura comme séquelle de provoquer un retard définitif dans sa croissance. Il restera toute sa vie un homme de taille moyenne, lui qui se rêvait grand !

C'est après avoir réalisé cela que Georges décide de s'y prendre autrement. Puisqu'il ne pourra impressionner par sa force physique, il impressionnera par sa vie hors du commun. Et comme il dévore polars sur polars et qu'il ne jure que par les films de gangsters, le choix est tout trouvé : quel meilleur moyen, quelle représentation pourrait être plus romanesque que de devenir un malfrat aussi respecté que craint ?

Pendant son service militaire au Maroc (même si on comprend mal qu'on ne l'ait pas réformé), Georges dessine auprès de ses camarades de chambrée les premières esquisses de son avenir. Profitant allègrement des mandats que lui envoie régulièrement sa mère, il s'adonne aux jeux d'argent tout en imaginant déjà son futur prestige, se voyant héritier de «Pierrot-le-Fou» et des autres grands malfrats de l'après-guerre !

Quand il revient auprès de sa famille, c'est pour la quitter de nouveau. Son père n'acceptera jamais l'idée que son fils puisse être un malfrat. Néanmoins, il se lance dans une transformation physique. Moustache fine, costumes à l'élégance tapageuse, chapeaux mous, revolver dans la poche du veston, il se sent un autre homme. Il est bien le seul à le croire : dans son dos, on se moque de ses toquades, on méprise le ton sarcastique qu'il ne perd jamais. Même à Pigalle, où sa générosité (ou plutôt ses largesses) commence à faire parler d'elle, il n'apparaît jamais que comme un minable. Même son nom transpire le ridicule : «M. Bill», un nom américain, mais comme il s'obstine à se prétendre corse et qu'il imite assez mal l'accent des natifs de l'Île de Beauté, il a tout de la caricature.

Parallèlement, il s'imagine une autre facette, un autre talent : celui de la comédie. Maman finance les yeux fermés ses cours de théâtre. Elle ne dit rien non plus quand « Pinpin » lui demande de lui acheter un bar... Quand le Bill's Bar ouvre ses portes, rue Pascal, Georges est déçu. La faune qui vient boire chez lui n'est pas digne de son personnage. Il se désintéresse de son bien et convainc sa mère de faire l'acquisition d'un autre débit de boissons. Ce sera Le Porto. Mais une fois de plus, le rêve ne se présente pas au rendez-vous, et Georges, désabusé, parvient à obtenir de sa mère une librairie, qu'il délaisse à son tour !

Inutile de continuer plus loin : la vie de Georges Rapin est un ratage intégral, humainement et professionnellement. Pourtant, il y a bien

CABOTIN DU CRIME

M. BILL
répète pour ses juges
l'odieux meurtre de
DOMINIQUE THIREL

Le geste le plus atroce du crime : M. Bill va enflammer le corps de Dominique agonisante avec un journal.

Rapin guidant la police sur les lieux de son second meurtre durant les reconstitutions. (Détective, 3 juillet 1959.)

une clarté dans cette ombre générale. Nadine est une petite coiffeuse, très jolie et très impressionnable. Il n'y a qu'avec elle que les talents contestables d'acteur de Georges ont de l'effet. De ce jeune garçon riche, qui se dit professeur au lycée Buffon, apparemment très attiré par elle et qui la fait voyager dans une Dauphine Gordini noire toute neuve, l'emmène en balade au bord de la mer, Nadine, fille de concierges, tombe follement amoureuse.

C'est là, dirons-nous, la facette éclatante de son existence. La part d'ombre, pour l'heure, reste ignorée de tous ses proches.

Gangster d'opérette et vrai assassin

Voilà que « M. Bill » veut presser le mouvement pour obtenir la reconnaissance du Milieu. Pas de secret : pour gagner ses titres de noblesse au sein de la pègre, il lui faut une « gagneuse ». Pour 500 000 francs, il obtient la protection de la jolie Dominique envoyée par Stello. C'est le début de la chute.

Il existe une règle dans la prostitution : c'est la fille qui doit rembourser l'argent dépensé par son nouveau souteneur pour son acquisition.

Or si Dominique ne s'est jamais vraiment moquée de Bill, cela ne veut pas dire qu'elle le prend au sérieux, et son manque de « travail » le prouve. Monsieur Bill le comprend lui aussi, et son attitude change du tout au tout. Il se montre menaçant et réclame, en un délai excessivement serré :
« Trois briques avant samedi, ou sinon ! »
Le 29 mai, n'ayant toujours rien (et comment la jeune femme pourrait-elle réunir une somme pareille en si peu de temps ?), Bill prend les devants. Le respect va se gagner par la peur. Par la mort. Il oblige Dominique à grimper dans la Dauphine, et fonce en direction de la forêt de Fontainebleau.
« Descends. »

Rapin en cellule. Le jeune homme ne s'en plaignait pas : quoi de mieux, pour se forger une réputation de caïd, qu'un séjour en prison ? Sauf quand le séjour est définitif, et qu'on ne ressort de prison que la tête séparée du reste du corps. (Détective, 12 juin 1959.)

Maintenant, Dominique a peur. Le ridicule ne tue pas, dit-on. On oublie de préciser que s'il ne tue pas celui qui l'est, il peut tuer les gens qui l'entourent ! Alors, après avoir un peu résisté pour descendre de voiture, la jeune femme décide de fuir. Ses chaussures à talons hauts ne sont pas pratiques pour piquer un sprint, alors elle se déchausse et se met à courir. Deux coups de feu la font tomber au sol. Touchée au foie et au ventre, Dominique perd connaissance. Sans plus vérifier si elle est toujours vivante, Bill va chercher dans le coffre de sa voiture deux jerricans remplis d'essence et en asperge la malheureuse, avant de craquer une allumette pour y mettre le feu. Il ne s'est rendu compte qu'elle était encore vivante qu'en la voyant bouger, dévorée par les flammes, et parvenir à se traîner sur quelques mètres avant de s'immobiliser tout à fait !
Le soir même, auprès des Rapin, il joue les fils gentils, et la nuit, dans le lit, il est on ne peut plus amoureux de Nadine…
Maintenant, Georges Rapin, alias « M. Bill », est mûr pour une autre expérience, inédite pour lui : la prison de Fontainebleau.
Pourtant, on lui autorise de voir, durant l'instruction, Nadine qui a été arrêtée elle aussi, suspectée d'avoir joué les receleuses. Et cela l'incite à être plus généreux en matière d'aveux ! Le voilà qui avoue plus d'une dizaine de crimes. Il se pose en exécuteur des basses œuvres du Milieu, le « nettoyeur » à qui on fait appel quand on veut se délester d'un poids mort ! Mais il revendique certains meurtres à son compte, notamment la mort de Roger Adam, quatorze mois plus tôt.
Rapin s'en souvient :
« Je venais de prendre cinq litres d'essence. Le pompiste, que je connaissais un peu pour être venu me ravitailler plusieurs fois chez lui, fit gicler du carburant hors du réservoir. Je lui en fis la remarque. Il fut grossier. Le suivant dans le bureau, je l'ai puni de son insolence. Quand il m'a vu sortir mon revolver, il a tenté de fuir par une porte au fond du magasin. J'ai tiré. Il est tombé. Je suis parti. J'étais seul… »
Voilà l'unique mobile du crime, si on en croit Georges Rapin. Une parole insolente. Quelque chose que « M. Bill » ne pouvait tolérer. Une chose que conteste la veuve de M. Adam. Son mari était connu pour sa patience avec les clients, même les plus désagréables. Mais bon, personne n'est à l'abri d'un léger coup d'agacement !

Le respect dans la mort

L'enquête dure plusieurs mois. Au final, si la majorité des histoires évoquées par le jeune homme sont fausses, il reste malgré tout

Chronologie

- 30 mai 1936 : naissance de Georges Rapin.
- 5 avril 1958 : Roger Adam est retrouvé mort dans sa station essence à Villejuif.
- 30 mai 1959 : Muguette Thirel dite « Dominique », vingt-trois ans, est retrouvée morte dans la forêt de Fontainebleau.
- Juin : Georges Rapin est arrêté ; il avoue le meurtre de « Dominique » et celui de Roger Adam.
- 30-31 mars 1960 : la cour d'assises de la Seine le condamne à mort.
- 26 juillet : exécution de Georges Rapin, guillotiné à 4 h 05 dans la cour de la prison de la Santé.

inculpé du meurtre de Muguette Thiriel et de celui de Roger Adam. Sa mère ne peut supporter cela et contacte les plus célèbres avocats de l'époque, notamment Me Floriot, pour défendre son « Pinpin » devant les Assises de la Seine. Mais quelle ligne de défense choisir ? Parler de son éducation laxiste ? De ce désir insatiable de reconnaissance, de ne pas être celui qu'on voulait qu'il soit ? Un dédoublement de personnalité, peut-être ?
Au final, c'est le bâtonnier Schwab, de Fontainebleau, qui sera chargé de cette pénible tâche. Mais ce garçon reste impénétrable à toute forme de compréhension. Il n'est pas fou, il vit dans son monde sans être autiste. Et comme il a tué deux fois, l'avocat général ne voit aucune raison de se montrer clément.

Le 31 mars 1960, à la grande satisfaction du public, et sans qu'il ne manifeste la moindre réaction, Georges est condamné à mort. De retour en prison, il refuse de signer son pourvoi en cassation. Pour lui, cette condamnation à mort est l'accomplissement définitif de son personnage, le "César" du crime qu'on lui décerne.

Comme Lacenaire cent quinze ans plus tôt, ou comme Claude Buffet douze ans plus tard, l'échafaud vaut toutes les récompenses du monde, quand il s'agit de laisser son nom à la postérité.

Mais comme c'est indiqué sur le registre d'écrou, ce n'est jamais que Georges Rapin, et non « M. Bill », qui est remis à André Obrecht, exécuteur en chef des arrêts criminels, au matin du 26 juillet 1960, pour subir le châtiment suprême. À 4 h 05, la lame en biseau de la guillotine tranche le cou du caïd de pacotille.

> Pourtant, en mourant entre les bras de la « Veuve », Georges Rapin est vainqueur. Il a gagné deux choses : *primo*, une renommée durable dans l'inconscient collectif – depuis 1960, nombre de livres ont évoqué son cas, et celui-ci n'est sûrement pas le dernier –, *secundo*, et c'est sûrement là le plus important, le respect des gens du Milieu, ce cénacle dont, tout au long de sa jeune vie, il rêva en vain de faire partie. Car, en prison ou chez eux, nombreux furent les gangsters qui, en entendant à la radio l'annonce de son exécution, hochèrent leurs têtes bien accrochées à leurs épaules en reconnaissant : « Finalement, ce « M. Bill », c'était un Homme. »

Sylvain LARUE
Les Grandes Affaires Criminelles du Val-de-Marne, 2007.

Monsieur Bill désirait gravir les marches de la gloire, Georges Rapin dut se contenter de descendre celles de la prison...
(Détective, 17 juillet 1959.)

Cour d'assises des Yvelines,
2-7 mai 1966

L'infirmier Lucien LÉGER

LE 3 OCTOBRE 2005, durant le journal télévisé de France 2, David Pujadas annonce :
« En France, cette fois, c'est fait : après quarante et un ans de prison, Lucien Léger, le plus ancien détenu du pays, a retrouvé la liberté aujourd'hui. Il a rejoint, comme prévu, son domicile de Landas, dans le Nord, où il est hébergé par un proche, une installation qui n'est pas du goût des villageois… »
Il faut dire que le cas Léger fut l'une des histoires criminelles les plus connues des années 1960, et que déjà, à l'époque, nombreux furent ceux qui se demandèrent pourquoi les jurés avaient hésité à envoyer à la guillotine un assassin d'enfant.

"Étrangleur n° 1" contre police

« L'affaire de l'Étrangleur », comme on a pris l'habitude de l'appeler tout au long de l'instruction et du procès, a commencé par la découverte d'un cadavre d'enfant le 27 mai 1964 à l'aube, au bord d'un chemin du bois de Verrières. Un petit garçon d'une dizaine d'années, couché sur le ventre. Étranglé. Le soir n'est pas tombé que la petite victime est identifiée : Luc Taron, disparu depuis la veille en fin d'après-midi. Il venait de se fâcher avec sa mère, qui avait constaté qu'il lui avait « emprunté » de l'argent dans son portefeuille. Déjà habitués aux petites fugues de leur fils, les Taron n'avaient pas manifesté une inquiétude exagérée. La nouvelle leur est d'autant plus difficile à entendre dans ces conditions.
Deux jours se passent. Tard dans la soirée, une station de radio reçoit deux appel successifs d'un homme qui dit qu'il a placé, sous l'essuie-glace d'une voiture garée rue de Marignan, un papier concernant la mort du petit Luc. Vérification faite, la 2 CV est bien là, et le message, signé d'un triple XXX, est rempli de détails que seul l'assassin peut connaître. Dans la même nuit, l'AFP et la police reçoivent des appels similaires, et dès le 1er juin, le nombre de messages et de destinataires

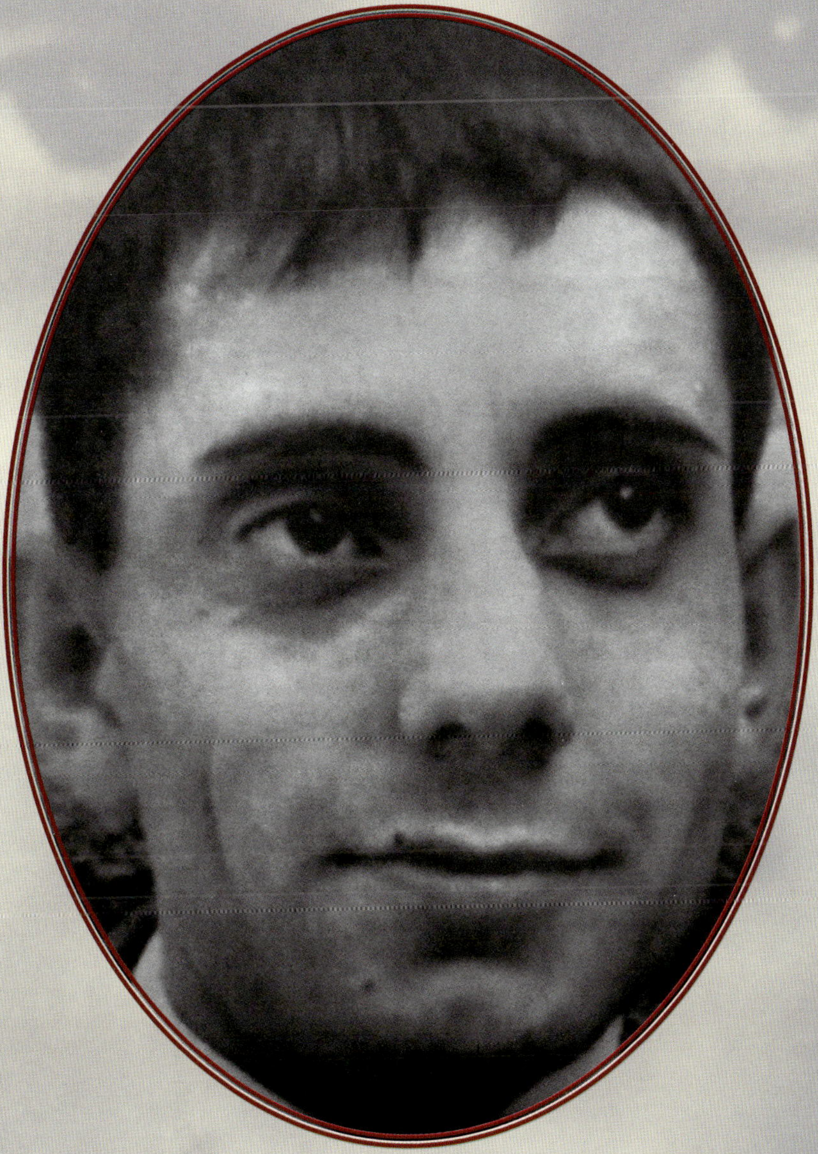

"L'affaire de l'Étrangleur"

grandit encore et encore : même le ministre de l'Intérieur de l'époque, Roger Frey, en reçoit un. Et c'est le 3 juin que l'auteur des papiers daigne s'attribuer un nom, et pas des moindres : « l'Étrangleur n° 1 ».

Dans ces mots, chaque fois, l'assassin se dépasse en termes de cruauté car il donne sans cesse des détails plus précis, plus atroces, sur les conditions de décès de Luc. Il va même jusqu'à raconter par le menu la mort de leur enfant aux parents éplorés ! Puis il se fait menaçant, comme l'affaire se voit peu à peu rangée dans la catégorie "faits divers", donc, dans les pages intérieures des journaux.

Un sourire et des yeux brillant d'un éclat terne, particulier. La piètre allure de "L'Étrangleur n° 1" ; (Détective.)

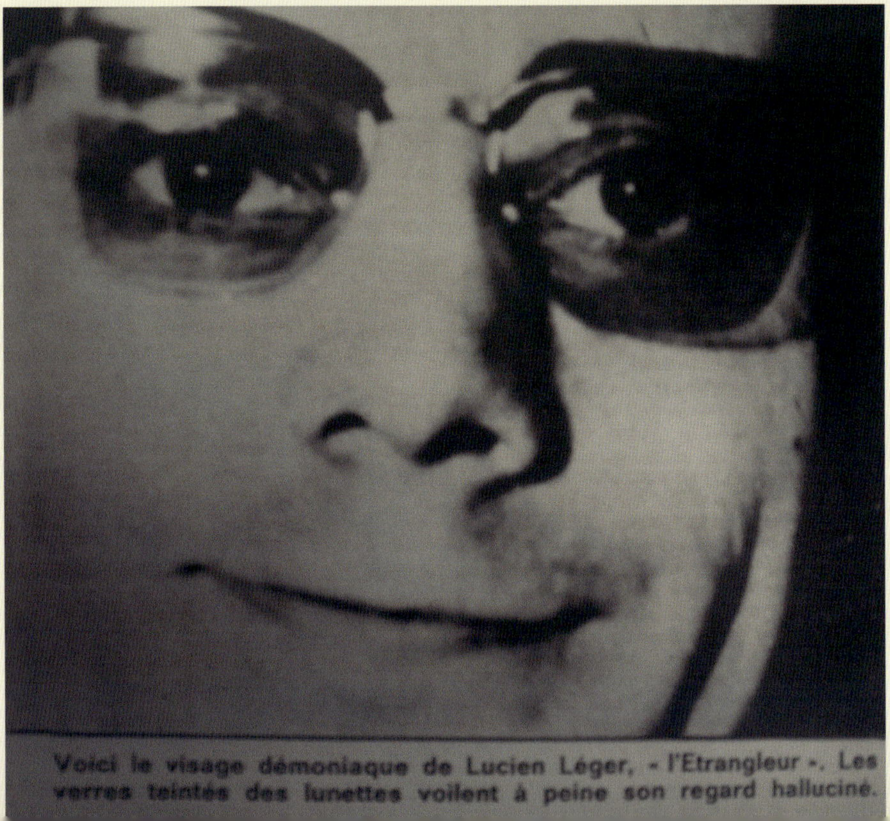

Un souvenir poignant pour M. Taron : cette photo est une des dernières prises en compagnie du petit Luc.

Monsieur Taron et le petit Luc. À jamais traumatisé par la mort de son fils, M. Taron devait devenir l'un des plus âpres défenseurs de la peine capitale, et fit la promesse de tuer Lucien Léger si d'aventure celui-ci recouvrait la liberté un jour. Sa propre mort l'empêcha de concrétiser son projet. (Détective.)

"Si dans les jours à venir, je n'ai plus la une des quotidiens, d'autres enfants vont mourir !"

On imagine aisément la réaction des parents. Ils vont chercher leur fils et leur fille à l'école dès la sonnerie, cinq minutes de vadrouille dans les rues, et quand l'enfant rentre, il se prend une gifle puis une avalanche de baisers par les parents rassurés... Une véritable paranoïa s'est emparée de la France, et les dénonciations sans fondement sont légion...

Une cinquantaine de messages plus tard, le 3 juillet, la police reçoit une curieuse plainte. Elle émane d'un infirmier de l'hôpital de Villejuif qui prétend que «l'Étrangleur», rien que ça, lui a volé sa voiture et a caché dans le coffre le corps d'un malfrat qu'il aurait tué pour le transporter à Corbeil !

Nouvelles vérifications : pas de corps à Corbeil, la voiture, elle, se trouve à Châtillon. Il y a du sang sur les coussins de la banquette, mais aucune preuve tangible d'un transport de cadavre ! L'infirmier est convoqué par la police, et pour la première fois, la presse mentionne son nom. Il s'appelle Lucien Léger.

L'arrestation de "l'Étrangleur"

Bien curieux homme que ce Léger. Petit et mince, âgé de vingt-sept ans, avec de grosses lunettes, il a un regard plutôt dérangeant, cet individu-là. Comme l'histoire qu'il raconte est relativement étrange et que ces traces de sang sont quand même assez récentes, les policiers se penchent sur le son cas. Et la fouille de son domicile permet de découvrir nombre d'informations plutôt préoccupantes. Il y a ce bloc de papier qui ressemble comme un frère à celui utilisé par l'Étrangleur pour écrire les messages. Il y a ce début de roman, baptisé *Journal d'un assassin*… Il y a cette photo où Léger vise l'appareil avec un revolver… Non, décidément, l'homme n'est pas net du tout, et après une nuit de garde à vue et d'interrogatoire incessant, Léger finit par reconnaître qu'il est bien l'auteur des messages qui terrorisent Paris et l'Île-de-France depuis plus d'un mois. En revanche, il « n'a pas tué »…

Mais sa défense ne tient pas la route, et une nuit blanche de plus lui délie définitivement la langue. « L'Étrangleur n° 1 », c'est lui et personne d'autre. On peut se demander ce qui est passé par la tête de cet homme, qui est venu de son propre chef et sous un prétexte vraiment ridicule se jeter dans la gueule de loup – des enquêteurs – qui le poursuivent depuis un mois ! Mais après tout, le crime en lui-même a-t-il quelque chose de compréhensible ? Le passé du jeune homme peut-il expliquer son geste ?

Lucien Léger est né le 30 mars 1937. Fils de tourneur, il est le troisième né d'une fratrie de sept. Élève studieux sans être vraiment brillant, Lucien est un lecteur acharné. Mais dans une famille modeste, les études longues, il ne faut pas trop y compter. Aussi, le certif en poche, Lucien entre dans la vie professionnelle. Seulement, il n'aime pas ce qu'il fait, il se voyait prof, écrivain, qui sait ? Il va de place en place sans jamais vraiment s'y fixer, touchant à la comptabilité, au secrétariat… On le voit au standard téléphonique d'une entreprise un mois, puis magasinier en entrepôt le mois suivant. Tandis que lui se rêve artiste, et s'applique à pousser la note sur sa clarinette tout en créant des idées de poèmes d'amour et de romans policiers sans grand intérêt.

À vingt-deux ans, il se marie. Solange, la sœur d'un ami rencontré au service militaire, est une toxicomane, qui fait des séjours

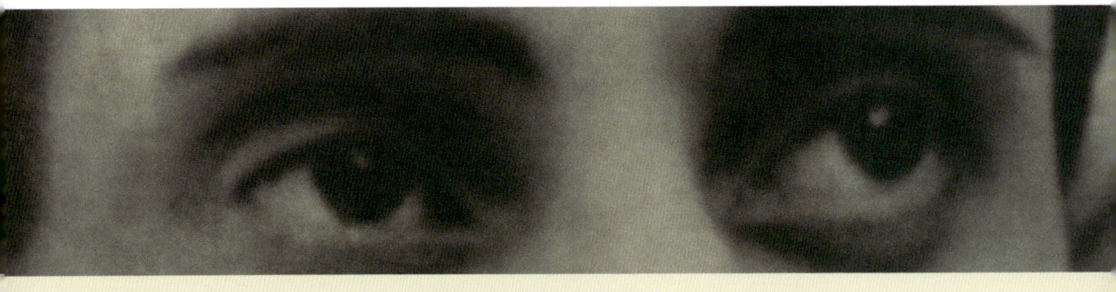

réguliers en hôpitaux. Malgré son comportement pour le moins curieux, Lucien est un mari doux et gentil. Il agit de même à l'hôpital où il travaille. Pas une plainte : employés et patients, tous l'apprécient. La nouvelle de sa culpabilité choque, terrifie même : qui eût cru que sous le masque de brave gars se cachait un assassin ?

Léger refait parler de lui

Ce qui est sûr, c'est que Léger cherche la célébrité. Il a enregistré un disque de poèmes, il y a ce roman... Maintenant, sous le feu des projecteurs, il est aux anges. Face à des journalistes déchaînés et à une foule prête à le mettre en charpie à la moindre occasion, Lucien donne des autographes et parle des mémoires qu'il compte écrire, et qui, à coup sûr, se vendront comme des petits pains chauds !

Pendant un an, l'affaire se tasse quelque peu, mais en juillet 1965, coup de théâtre. Léger se réveille et se prétend innocent... En revanche, il connaît l'assassin, c'est un dénommé Henri. Ils se sont rencontrés dans un bar, ont discuté. Lucien, fasciné par le meurtre que lui a avoué son compagnon de libations, se l'est tout bonnement attribué. C'est pour ces raisons qu'il refusera de coopérer au moment de la reconstitution, arguant qu'il ne peut pas reproduire les gestes et l'attitude du criminel en train d'assassiner le petit Luc, vu que ce n'est pas lui l'auteur du crime. Le juge d'instruction, M. Seligman, n'est pas de cet avis. Léger a montré par le passé qu'il savait étouffer quelqu'un... Ce n'est pas un geste anodin que celui-là, pour le connaître, il faut l'avoir vu faire, ou mieux, l'avoir pratiqué ! Léger a réponse à tout. Il s'agissait simplement d'un

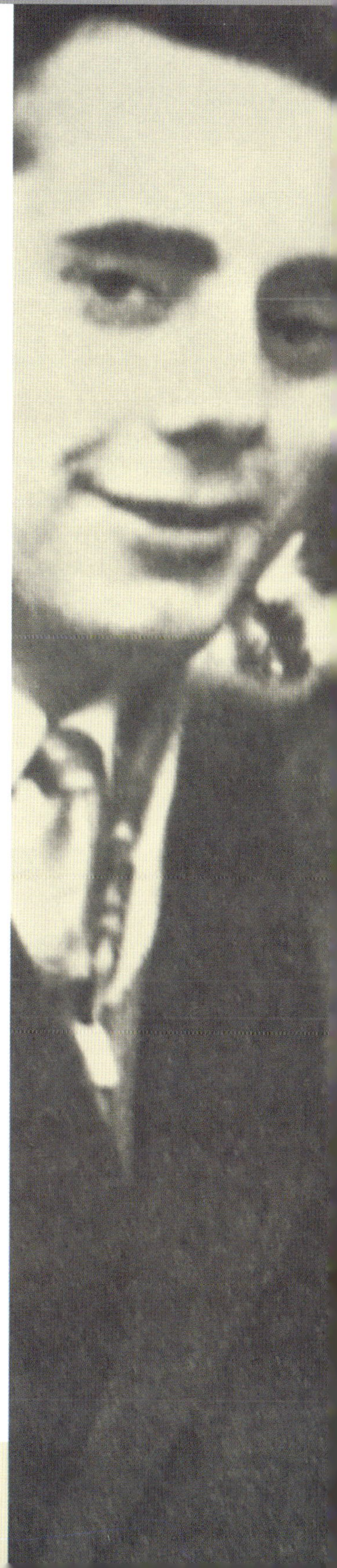

Comme dans chaque affaire de meurtre d'enfant, si on laissait faire les badauds, plus besoin de procès ou de bourreau... Lucien Léger fut donc largement malmené par la foule au moment de son arrestation. (Détective, 5 mai 1966.)

savant mélange entre le fruit de son imagination et les précisions fournies par la presse !

Deux ans sont passés – ou presque – depuis la mort de Luc. Le 2 mai 1966, l'étrangleur de Verrières arrive dans le box des accusés. Son costume gris tranche horriblement avec le rouge vif de sa pochette et de sa cravate. On dirait du sang… On voit ça comme une énième provocation, et on n'a probablement pas tort de le penser. Car Léger, une fois de plus, est sous les projecteurs, devant les appareils photos et les caméras, et cela lui plaît. Comme un comédien au théâtre, il a dû préparer chacune de ses répliques, et se réjouir d'avance à l'idée d'être le « héros » de l'histoire !

Calme et gentil en règle générale, on l'a vu, Lucien souffre de migraines. Celles-ci sont si puissantes qu'elles l'empêchent de fermer l'œil. Alors il se gave de neuroleptiques et de somnifères, sans résultat. Souvent, il part errer dans les rues la nuit, sans raison, pour passer le temps. Et c'est malheureusement au cours d'une de ces promenades nocturnes que son chemin croise celui de Luc Taron. Enfin, c'est ce qu'il semblait jusqu'à ce que Léger nie sa culpabilité. Le président Braunschweig veut comprendre : pourquoi être passé aux aveux et avoir soutenu être « l'Étrangleur n° 1 » pendant presque un an si c'est pour se rétracter ? « Je voulais détourner les soupçons du véritable auteur du crime. Henri a commis ce meurtre involontairement. Si cela n'avait pas été le cas, je ne l'aurais pas aidé. »

Car en fait, Henri avait maille à partir avec M. Taron, et c'était pour lui flanquer une frousse terrible qu'il avait décidé d'enlever le petit et de le perdre dans les bois… C'est parce que l'enfant a crié qu'Henri, pris de panique, l'a étouffé !
Peut-on le croire ? Assurément pas. On a plutôt même tendance à se demander s'il ne se moque pas délibérément de sa victime, quand il dit que s'il a rédigé des menaces par la suite, c'est parce qu'il s'est «pris au jeu» ! Il donne un portrait complet d'Henri, mais refuse de dire quand il l'a connu et à quelle occasion. «Je ne peux pas encore m'expliquer là-dessus.»

La marche du procès

Au deuxième jour, la mère de l'accusé vient à la barre. Elle ne peut rien dire sur le crime, elle n'a même pas l'air excessivement concernée, mais elle s'obstine à dire que son fils a fait un mauvais mariage. Infiniment plus émouvant, le témoignage des époux Taron. Dire que Luc avait fugué pour une dispute aussi bête ! Pis encore, s'il avait volé dans le portefeuille maternel, ce n'était pas pour se gaver de bonbons, mais pour acheter un cadeau pour la fête des Mères.
Profitant de la présence de M. Taron, l'avocat général, M. Lajaunie, pose une question à l'accusé.
«Léger, vous avez soutenu que trois personnes connaissaient la vérité sur ce drame : vous, M. Taron et Henri, qui voulait se venger de M. Taron. Donc, celui-ci connaît Henri. M. Taron est là, et il vous accuse. Est-ce à dire qu'il protège le vrai coupable ? Et si vous êtes vraiment innocent, Léger, pourquoi ne suppliez-vous pas M. Taron de dire la vérité ?
– Je n'ai pas à dicter sa conduite à M. Taron. Qu'il agisse suivant sa conscience, comme moi j'obéis à la mienne.»
Fou, Léger ? On attend les rapports des médecins pour le dire. Pour le docteur Lafon, médecin chef de l'hôpital où l'accusé travaillait à l'époque du crime, Lucien est bien coupable, mais c'est aussi un mythomane, un menteur de la pire espèce. Il n'avait aucune relation avec la victime ou sa famille. Se serait-il tenu coi que la police ne l'aurait jamais suspecté. Il y a chez Léger un désir pathologique de reconnaissance, mais le docteur Lafon et ses confrères sont formels : l'accusé n'était pas fou quand il est passé à l'acte ! Cependant, on mentionne une tare physique dont souffre Léger, un ostéome, c'est-à-dire un épaississement de la boîte crânienne au niveau du front…

Mme Léger, l'épouse de l'étrangleur. Il était infirmier, elle était sa patiente. Toute ressemblance avec Florence Nightingale est purement fortuite. (Détective, 1964.)

N'a-t-on pas dit que Jack Ruby (l'homme arrêté pour l'assassinat de John Kennedy) possédait lui aussi cette malformation, et qu'elle était susceptible de provoquer un état second au cours duquel le malade perd toute conscience de ce qu'il fait ? La mention de ce point précis va, nous le verrons, peser sur la suite du procès. Car ce qu'on voudrait savoir, malgré l'obstination de Léger à se dire innocent, c'est pour quelle raison l'enfant a été tué. Pas d'argent, et pas de mobile sexuel, certes horrible mais somme toute plus logique qu'une strangulation froide en plein bois par une nuit de printemps…

Un faux coupable ?

Les dépositions des médecins légistes n'arrangent rien à l'affaire, car si le docteur Martin certifie que Luc est mort étouffé par la main de l'homme, le docteur Locussol, lui, soutient que le petit était déjà sans connaissance quand on lui a mis le visage contre terre et que sa mort a été accidentelle. Par la suite, un couple de cultivateurs décrit un homme qu'ils ont vu sortir du bois le 27 mai vers 5 heures du matin et ne ressemblant en rien à Léger. Le commissaire Camard doit reconnaître que lorsque Léger a craqué, c'était en l'absence des policiers, partis casser une graine. On peut se dire qu'effectivement, quarante-huit heures de veille peuvent mettre à bout de force n'importe qui.

« Mais il vous a fallu onze mois de réflexion avant d'expliquer que vous aviez avoué pour en finir avec votre garde à vue et enfin dormir ?

– J'espérais que le vrai coupable se découvrirait. »

L'affaire devient sans cesse plus compliquée. Ce qui semble néanmoins confirmer la culpabilité de l'accusé, ce sont les messages… Mais Léger continue à accuser Henri de lui avoir tout raconté, sans daigner révéler son identité. Quand on le presse de fournir un nom, il se renferme.

« Qu'on le demande à M. Taron. »

Bientôt, même son avocat, Me Albert Naud, le supplie de parler, mais autant s'adresser à un mur ! Au dernier jour du procès, le 7 mai, Léger commence ainsi : "Ne pas vouloir dénoncer un homme dont on sait qu'il a commis un meurtre involontaire ne constitue pas un crime. Face au pays qui me crie de dire le nom de l'assassin, je vais répondre en homme et en chrétien..." Il attend quelques instants, contemplant ces spectateurs qui n'ont d'yeux que pour lui, avant de conclure : "Je répondrai à cette question après le réquisitoire et les plaidoiries."

La foule, furieuse d'être ainsi dupée, approuve avec fermeté les demandes des avocats des parties civiles qui réclament la mort de «l'Étrangleur». Toutefois, ce genre de châtiment, c'est au procureur Lajaunie de le requérir... Sauf que l'avocat général, dans un discours parfait, se montre moins inflexible que la partie civile !
«Le cas de Léger n'est pas simple. Mérite-t-il le châtiment suprême que demandent les parents de sa victime ? Son avocat va essayer de vous démontrer qu'il peut exister des circonstances atténuantes pour ce crime odieux : le meurtre d'un enfant. Je ne lui ferme pas la porte.»
Une porte dans laquelle Me Naud, le formidable défenseur, va s'engouffrer sans faire d'erreur. Car l'avocat ne croit pas la théorie absurde de ce mystérieux «Henri». Il voit un criminel, mais un innocent mental, qui a agi dans un geste inconsidéré, fou, sans aucune raison, et qui, extrait de sa transe comme d'un cauchemar, a dissimulé son acte sous la responsabilité de «l'Étrangleur», et c'est tout... C'est un malade qu'on juge.

Les parents Léger, qui ne crurent jamais à la culpabilité de leur fils. (Détective.)

Chronologie

- **30 mars 1937 : naissance de Lucien Léger à Paris.**
- **1955 : mariage avec Solange.**
- **27 mai 1964 : Luc Taron, onze ans, disparu depuis la veille, est retrouvé étranglé dans le bois de Verrières-le-Buisson, dans l'Essonne.**
- **3 juin : revendication du crime par « L'Étrangleur n° 1 » par le biais de lettres anonymes.**
- **3 juillet : Lucien Léger se trahit et se fait arrêter. Il reconnaît être l'auteur des lettres.**
- **Juillet 1965 : reconstitution.**
- **2-7 mai 1966 : cour d'assises des Yvelines. Léger se déclare innocent. Il est condamné à perpétuité.**
- **3 octobre 2005 : Lucien Léger est libéré de prison après quarante et un ans de réclusion et treize demandes de libération conditionnelle et trois demandes de grâce.**
- **18 juillet 2008 : le corps de Lucien Léger est retrouvé dans son appartement de Laon. L'Étrangleur est mort de causes naturelles une quinzaine de jours plus tôt.**

Le talent de Me Naud, une fois encore, ne lui a pas fait défaut. Après deux heures de délibérations, les jurés reviennent avec un verdict de culpabilité avec admission de circonstances atténuantes, ce qui est encore trop pour Léger, qui s'écrie : «Vous venez de commettre une erreur judiciaire ! Monsieur Taron, parlez-nous donc de Georges-Henri Molinaro ! »
Aussitôt, la foule tend l'oreille. Cet Henri existait-il en fait ? Monsieur Taron est sommé de dire de qui il s'agit.
Monsieur Molinari (et pas Molinaro) est commissaire de police à la direction de Surveillance du Territoire et il

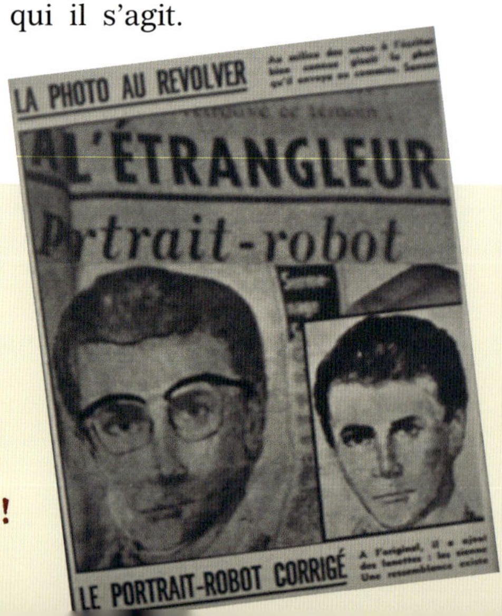

Cynisme ou bêtise ?
Au portrait-robot de "l'Étrangleur" diffusé par la presse, Lucien s'amusa à rajouter des lunettes pour que l'image soit plus conforme à la réalité de son propre visage ! (Détective.)

Léger à son procès, derrière l'excellent avocat Me Maurice Garçon, qui devait mourir un an et demi après le jugement. (Détective.)

n'a rien à voir dans l'affaire. Léger a entendu parler de lui on ne sait trop comment, et tenant à se donner en spectacle jusqu'au dernier instant, il a lancé ce nom dans le but d'égarer les esprits une dernière fois avant de retomber dans l'anonymat d'une maison centrale.

Épilogue

Yves Taron, le père du petit Luc, n'obtiendra pas la satisfaction qu'il espérait, à savoir d'apprendre la mort de Léger en prison. Fondateur de la Ligue nationale contre le crime et pour l'application de la peine de mort, il avait promis de tuer lui-même Lucien Léger si d'aventure celui-ci était libéré. Yves Taron s'est éteint en 2001.
Après treize demandes rejetées de libération conditionnelle depuis 1979, Lucien Léger quitte la prison de Douai peu après minuit, le 3 octobre 2005. Quelques heures après sa libération, il s'exprime devant les caméras de télévision. Pas bête au point d'ignorer que son arrivée dans le village n'était pas foncièrement bien vue, il se contente de dire : « C'est humain, c'est la réaction primaire. Je ne leur veux pas de mal, déjà que je n'ai jamais tué personne… »
Interdit de s'exprimer sur l'affaire qui l'a mené derrière les barreaux pendant quatre décennies, Léger envisage de lancer une procédure en révision de son procès. Mais il était dit que ce ne serait jamais le cas : le 18 juillet 2008, le plus ancien détenu de France est retrouvé sans vie à son domicile de Laon. Voilà près de deux semaines que la mort était venue l'emporter, comme n'importe qui. Nul ne s'en était alarmé. Il avait soixante et onze ans.

Sylvain LARUE

"Prise d'otages à Clairvaux"

Cour d'assises de l'Aube,
26-29 juin 1972

L'affaire BUFFET-BONTEMS

MARDI 28 NOVEMBRE 1972 : Claude Buffet et Roger Bontems sont exécutés dans la cour d'honneur de la prison de la Santé. Leur grâce a été refusée par Georges Pompidou, alors président de la République, comme il refusera six mois plus tard celle d'Ali Benyanès.

L'histoire de Claude Buffet

Claude Buffet est né le 19 mai 1933. Il déclarera au procès que son père était « dur » et que sa mère ne l'aimait pas. En même temps, il admettra avoir un caractère particulièrement autoritaire. Dès l'âge de onze ans, il lui arrive de fuguer plusieurs jours sans que personne ne se permette de lui en faire le reproche. Ses parents le confient à un vannier qui lui apprend son métier. Buffet obtient son CAP mais, dans le même temps, commet ses premiers vols. Condamné, il s'engage dans la Légion étrangère et part combattre en Indochine. Finalement, il déserte pour rejoindre les lignes ennemies. Les «Viets» lui font suivre pendant six mois des cours de «recyclage», mais la politique ne lui convient pas mieux et il regagne l'armée française. Il est condamné à dix-huit mois de prison. Cependant, le fait d'avoir ramené avec lui deux cents autres déserteurs lui vaut du sursis. En 1958, Buffet a vingt-cinq ans quand il épouse sa marraine de guerre, Huguette, à qui il va bientôt imposer plusieurs maîtresses. En 1965, il est accusé d'une tentative de meurtre sur une fillette. Il nie ces faits, mais entame une série d'une soixantaine d'agressions sur des femmes seules. En janvier 1967, il vole un taxi. Le lendemain, il croise une jeune femme qu'il prend en charge. Peu après, elle résiste

Des allures de gangster d'après-guerre pour Buffet, arrêté moins d'un mois après la mort de Mme Besimensky.

alors qu'il veut la dépouiller de son sac à main. Il la tue d'un coup de revolver et maquille son crime en acte sadique : il dénude le corps de sa victime et lui enfonce un poudrier dans le sexe.

Le 15 octobre 1970, Claude Buffet est condamné par la cour d'assises de Paris à la réclusion à perpétuité. Une première fois, il hurle son mécontentement en déclarant qu'il aurait voulu être condamné à mort. Le 19 juin 1971, il est transféré à Clairvaux.

La lente descente aux enfers de Roger Bontems

Roger Bontems a gardé de ses origines vosgiennes un fort accent. Ses parents étaient de petits agriculteurs et, comme Buffet, il avait des frères et sœurs qui, eux, ont « bien tourné ». Bontems fréquente normalement l'école primaire, obtient son certificat d'études, mais ses instituteurs se souviendront de lui comme d'un garçon aux parents laxistes et qu'il ne fallait surtout pas réprimander. Il devient ensuite ouvrier dans le textile puis reprend des études de plomberie. Mais, comme Buffet, il est rattrapé par l'actualité du moment : il s'engage dans le 18e régiment de parachutistes de Pau, et part combattre en Afrique du Nord. Sa conduite lui vaudra la médaille de la Valeur militaire.

Là encore, comme Buffet, le retour à la vie civile est chaotique. Marié et père d'une petite fille, Bontems va, dès 1959, délaisser sa famille pour s'engager dans la voie de la délinquance. Vols en série, condamnations multiples, petits boulots, il saute un premier pas en agressant un chauffeur de taxi, puis une femme. Finalement, Bontems dévalise la brasserie Lorraine à Nancy ce qui, en raison de son lourd passé, lui vaut vingt ans de réclusion criminelle. Et d'être lui aussi incarcéré à la maison centrale de Clairvaux.

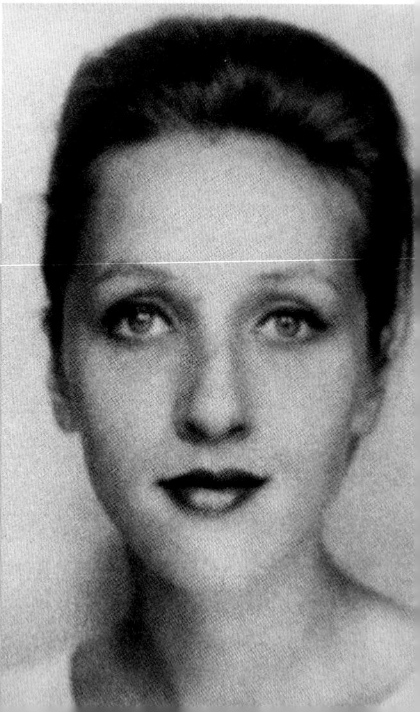

Françoise Besimensky, mannequin, épouse d'un dentiste, qui eut le malheur le 19 janvier 1967 de monter dans un taxi volé piloté par Claude Buffet, lequel l'abattit quand elle refusa de lui donner son sac...

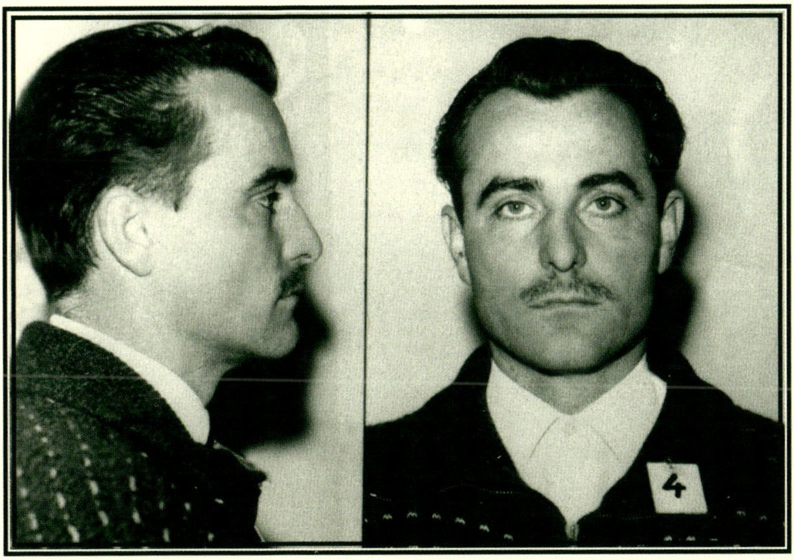

Claude Buffet rêvait de sa mort. Il voyait la scène grandiose de son exécution au petit matin. La clémence de l'avocat général à son procès de 1970 contraria ses plans : il promit de refaire parler de lui. Il tint parole.

Le coup de force des deux hommes

Buffet ne supporte pas sa détention. L'aurait-il mieux supportée dans une autre prison, comme il le clame ? Rapidement, sa décision est prise : accomplir un coup de force à l'infirmerie et s'évader. Il remarque Bontems et le juge capable de devenir son complice. L'opération est d'abord repoussée car l'infirmière titulaire part en congé maternité. Depuis sa cellule, Buffet assiste à l'arrivée de la remplaçante, Nicole Comte. Pour finir, c'est Bontems qui fixe la date de l'opération : le 21 septembre 1971. C'est le lendemain de son anniversaire et c'est un mardi, jour d'ouverture des banques.

À l'heure du petit-déjeuner, les deux hommes se plaignent, chacun de leur côté, de douleurs abdominales et sont conduits à l'infirmerie. Sitôt dans les lieux, Buffet menace le gardien Guy Girardot. Il a entre les mains une arme étrange, dont la lame mesure quatorze centimètres, et qu'il déclare avoir « achetée » à un autre détenu. Bontems, lui, a un petit Opinel acheté à la cantine. Outre l'infirmière et le gardien, les deux mutins séquestrent Claude Hœn, un détenu-infirmier. Tous trois sont ligotés et enfermés dans la salle de radiographie. De longues tractations s'engagent alors par téléphone entre Buffet et

Bontems d'une part et les autorités d'autre part : avec le directeur de la Centrale d'abord puis, rapidement, avec M. Le Corno, directeur de l'administration pénitentiaire, ou plutôt avec son adjoint. Les conditions fixées par Buffet sont exorbitantes : il réclame des armes (trois revolvers, une mitraillette et deux cent cinquante cartouches...), mais également deux DS 21 équipées de la radio et 10 millions d'anciens francs. Enfin, il précise que les otages partiront avec eux et ne seront libérés que plus tard. Sinon... Sinon, prévient Buffet, il y aura un carnage. Il menace d'ouvrir au bistouri les veines du gardien Girardot puis, cyniquement, annonce à Nicole Comte, en constatant son âge sur sa carte d'identité, qu'elle est « bien jeune pour mourir, surtout avec deux enfants ».

La France entière suit l'événement à la télévision.

En fin de soirée, les autorités en présence font le tour des différents moyens d'action. Il n'est pas envisageable de donner des armes aux mutins. Il n'est pas non plus possible de leur remettre des armes factices, ils ont prévenu qu'ils les essaieraient. L'intervention de tireurs d'élite est envisagée, mais Buffet et Bontems ont déployé des couvertures devant les fenêtres. Quant à l'usage de gaz, il aurait été aussi dangereux pour les otages que pour leurs agresseurs. De plus, leur effet ne pouvant être immédiat, les mutins auraient le temps de mettre leurs menaces de mort à exécution.

Tout le monde s'accorde aussi à penser qu'il faut profiter de la nuit pour agir : la journée du lendemain ne peut être différente de la première. L'assaut est décidé et les détails en sont confiés au commissaire Charles Pellegrini, du service régional de police judiciaire de Reims. En collaboration avec les capitaines de gendarmerie Hourdain et Boisgarnier, Pellegrini fixe le moment de l'intervention à 4 heures du matin : l'heure où les gens fatigués sombrent dans la somnolence...

Il faut agir vite, très vite : il est convenu qu'il ne doit pas se passer plus de trente secondes entre l'assaut et la neutralisation des mutins.

Les délais sont respectés. Aussitôt l'explosion, les gendarmes pénètrent dans l'infirmerie tandis que des pompiers mettent en action des lances à incendie. À travers la fumée, la poussière et les gravats, les deux mutins sont repérés. Buffet est mis K.-O. d'un coup de crosse, Bontems est maîtrisé. Quand au détenu-infirmier Hœn, il hurle qu'il n'est «pour rien dans l'affaire».

Mais Nicole Comte est morte, et Guy Girardot va mourir dans les secondes qui suivent.

Mes premières pensées, à la lecture des comptes rendus d'audience, sont allées aux victimes et à leurs familles. Présentes ou absentes, ces dernières ont été d'une dignité exemplaire malgré l'horreur des crimes commis et l'immensité de leur douleur. Et je ne suis pas sûr que lors de ces Assises cette douleur ait toujours été respectée…

Peine capitale requise au procès

Le procès a lieu à Troyes, du 26 au 29 juin 1972. La foule se presse, chaque jour, aux abords du palais de Justice. Un service d'ordre exceptionnel a été mis en place. Méfiance…

Buffet est égal à lui-même. À plusieurs reprises, il soutient que c'est l'administration pénitentiaire qui est responsable de la mort des deux otages. À l'issue de la déposition de son directeur, l'accusé le prend à partie et lui déclare qu'il regrette que ce ne soit pas lui qui se soit trouvé à la place de l'infirmière. Mais Buffet, comme il l'a fait lors de son premier passage en cour d'assises, appelle les jurés à le condamner à mort : "Bravo, monsieur Richon !", s'écrie-t-il, quand le premier substitut requiert contre les deux mutins la peine capitale.

La maison centrale de Clairvaux

Depuis 1951, la presse n'a le droit de publier que le procès-verbal d'exécution pour relater un supplice... Un droit outrepassé régulièrement pour répondre à une demande populaire friande de détails.

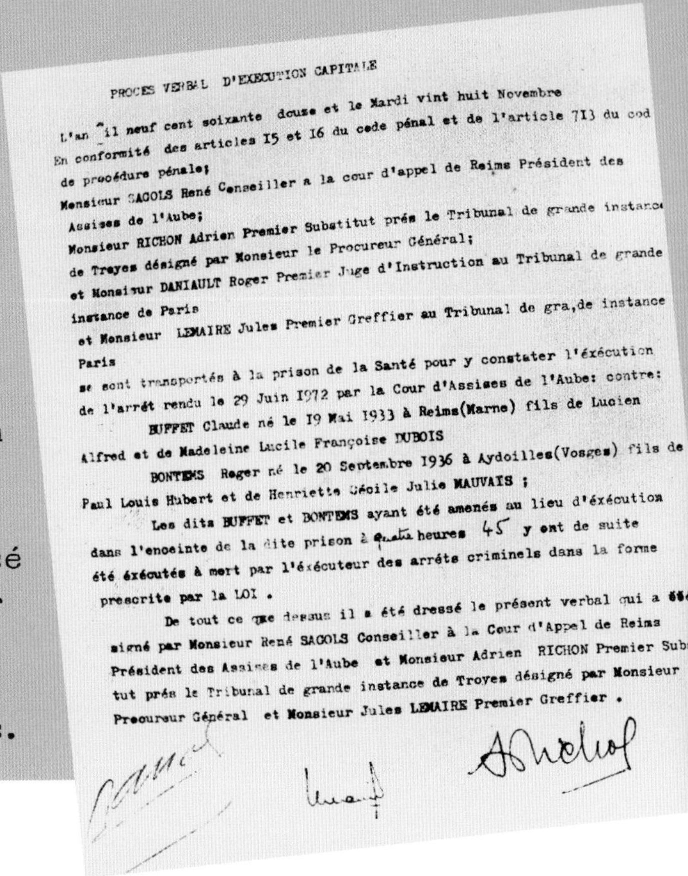

PROCES VERBAL D'EXECUTION CAPITALE

L'an mil neuf cent soixante douze et le Mardi vint huit Novembre
En conformité des articles I5 et I6 du code pénal et de l'article 713 du cod
de procédure pénale;
Monsieur SAGOLS René Conseiller a la cour d'appel de Reims Président des
Assises de l'Aube;
Monsieur RICHON Adrien Premier Substitut prés le Tribunal de grande instance
de Troyes désigné par Monsieur le Procureur Général;
et Monsieur DANIAULT Roger Premier Juge d'Instruction au Tribunal de grande
instance de Paris
et Monsieur LEMAIRE Jules Premier Greffier au Tribunal de gra,de instance
Paris
se sont transportés à la prison de la Santé pour y constater l'éxécution
de l'arrét rendu le 29 Juin I972 par la Cour d'Assises de l'Aube: contre:
BUFFET Claude né le I9 Mai 1933 à Reims(Marne) fils de Lucien
Alfred et de Madeleine Lucile Françoise DUBOIS
BONTEMS Roger né le 20 Septembre 1936 à Aydoilles(Vosges) fils de
Paul Louis Hubert et de Henriette Cécile Julie MAUVAIS ;
Les dits BUFFET et BONTEMS ayant été amenés au lieu d'éxécution
dans l'enceinte de la dite prison à quatre heures 45 y ont de suite
été éxécutés à mort par l'éxécuteur des arréts criminels dans la forme
prescrite par la LOI .
De tout ce que dessus il a été dressé le présent verbal qui a été
signé par Monsieur René SAGOLS Conseiller à la Cour d'Appel de Reims
Président des Assises de l'Aube et Monsieur Adrien RICHON Premier Subs
tut prés le Tribunal de grande instance de Troyes désigné par Monsieur
Procureur Général et Monsieur Jules LEMAIRE Premier Greffier .

Plus tard, il déclare encore :
« Je ne vous demande pas de circonstances atténuantes ; comme vous l'ont dit mes avocats, je demande la peine de mort. Je le confirme et vous me la donnerez. Mardi, la foule criait : "À mort, fumier !", si elle savait qu'elle me rendait service... »
On évoque aussi, lors de ce procès, des pensées mystiques consignées par Buffet sur un cahier : « Dieu ne veut pas qu'on se suicide, a-t-il écrit, mais admet qu'on tue quelqu'un pour être suicidé à son tour... »
Il ne s'agit là, conclut un expert-psychiatre, que d'idées fumeuses qui foisonnent dans un certain genre de littérature. On l'a écrit : pour Buffet, «c'était joué». Mais Bontems ? Quel a été son rôle ? Et surtout, est-il ou non l'auteur d'un des deux coups de couteau qu'a reçus Mme Comte ?
Buffet met en cause son complice, soutenant qu'il a porté le premier coup. Hœn, le détenu-infirmier, le confirme. Mais nous n'avons finalement aucune certitude. Robert Badinter, avocat de Bontems, crée un incident en voulant lire un premier rapport d'autopsie, rapport contradictoire avec celui finalement versé au dossier. Le président

l'en empêche, le menaçant de sanctions disciplinaires. L'avocat demande alors à Bontems de lire lui-même ce rapport : « Les blessures sur les cadavres de Mme Comte et de M. Girardot résultent d'une arme tranchante et piquante en tout point identique au scellé n° 14 (l'arme de Buffet). »

De plus, Bontems argue du fait qu'on a retrouvé son Opinel fermé, dans sa poche, et sans trace de sang. Les lances à incendie ont-elles pu à ce point laver le couteau ?

Il est aussi question, lors de ce procès, des tractations menées par l'administration pénitentiaire. Tout a-t-il été tenté ? À 23 heures, cinq heures avant l'assaut, Me Lévy, avocat de Buffet, a proposé sa médiation. Il n'en a pas été tenu compte. Au procès, M. Le Corno balaye cette remarque en déclarant :

« Si Me Lévy voulait nous aider, il aurait pu se manifester plus tôt… »

On a bien pensé avoir recours à un homme d'Église, pour tenter de convaincre les mutins, mais l'aumônier de la centrale était retenu, et l'évêque de Troyes, absent. On a abandonné cette piste, alors même

"Mardi, quand j'ai quitté le palais de Justice dans les fourgons, la foule réclamait "À mort, fumier !" Si elle savait qu'au fond, elle me rendait service !" Cela, c'était l'état d'esprit de Buffet. Mais pour Roger Bontems, qu'on voit ici dans l'estafette qui le conduit à la prison de Troyes, l'idée de se faire couper la tête n'était pas une priorité... Sa rencontre avec Buffet en prison devait faire le malheur de deux otages, mais aussi le sien.

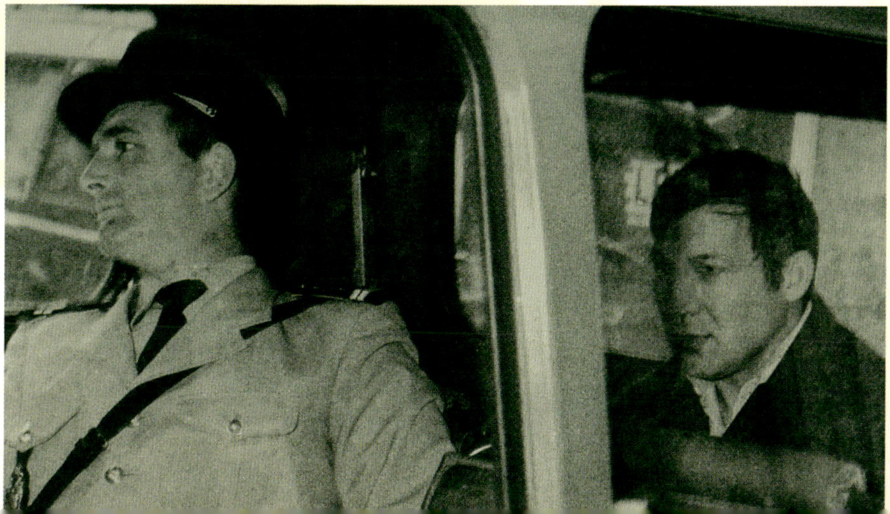

Chronologie

- 19 mai 1933 : naissance de Claude Buffet.
- 20 septembre 1936 : naissance de Roger Bontems.
- 1959 : Bontems entre en délinquance. Condamnation et incarcération à Clairvaux.
- 1965 : Bontems condamné à vingt ans de réclusion en 1965 pour l'agression d'un chauffeur de taxi. La même année, Buffet tente de tuer une fillette. Buffet, en 1966, agresse des femmes.
- En janvier 1967, c'est Buffet qui tue une jeune femme dans un taxi volé.
  Bontems est accusé d'une tentative de meurtre sur une fillette.
- 15 octobre 1970 : condamnation de Buffet à la perpétuité par la cour d'assises de Paris.
- 19 juin 1971 : Buffet, accusé de vol, est transféré à Clairvaux où il rencontre Bontems.
- 21 septembre : en vue d'une évasion, prise d'otages et assaut à Clairvaux. Décès de deux otages.
- 26-29 juin 1972 : la cour d'assises de l'Aube condamne les accusés à la peine de mort.
- 28 novembre : Claude Buffet et Roger Bontems sont guillotinés dans la cour de la prison de la Santé.

que le prêtre se proposait d'être de retour à 9 heures du matin… Cinq heures après l'assaut… Aurait-il fallu attendre ? Enfin, et surtout, on parle beaucoup des conditions de détention à Clairvaux où, semble-t-il, c'est la peur qui règne en maître. Les détenus craignent les gardiens qui eux-mêmes craignent les détenus. Quant à ces derniers, ils ont peur les uns des autres. Albert Petit, juge à l'application des peines de 1967 à 1971, est cité par la défense. Il avait en charge le suivi des détenus de la centrale et son témoignage est capital. Ne s'est-il pas permis, en décembre 1970, d'adresser un rapport à M. Le Corno, où il était noté : « On se demande à Clairvaux si l'on est dans la société des hommes… »
Puis, quand il parle, toujours dans ce rapport, « de crimes atroces et de prises d'otages en préparation », le même M. Le Corno lui a répondu : « Qu'ils essayent, vous pouvez leur dire de ma part… »

Citons encore ces dernières paroles de M. Petit :
« Les crimes sont fonction d'un certain désespoir et d'une absence de dignité... »
Les jurés répondent « non » à la question de savoir si Bontems a porté un coup mortel à Mme Comte. Mais sa complicité dans les crimes de Buffet est retenue et deux condamnations à mort sont prononcées.
Buffet est calme et presque détendu. Bontems, le visage gris, est nerveux et livide.
Des applaudissements crépitent dans la salle. Parmi eux, ceux, paraît-il, d'un certain Patrick Henry...
« C'est honteux », hurle le président.

Alain DOMMANGET

Les Grandes Affaires Criminelles de l'Aube, 2008.

Le 14 novembre 1972, Mes Philippe Lemaire et Robert Badinter quittent l'Élysée après avoir demandé la grâce de Roger Bontems au président Pompidou. Le démenti cruel survint quatorze jours plus tard, le 28 novembre.

Bruay-en-Artois, 6 avril 1972.
Affaire classée

La petite Brigitte DEWÈVRE

JUSQU'À LA REMONTÉE des dernières tonnes de charbon, en 1979, Bruay-en-Artois fut pendant cent vingt ans le plus grand centre houiller du Pas-de-Calais. Ses 17 000 habitants vivaient exclusivement de la mine. On naissait, on respirait, on mourait autour de la fosse n° 4, au rythme de « la quinzaine », salaire d'un labeur parfois meurtrier.
Puis en 1987, Bruay fusionna avec la cité de Labussière et devint Bruay-la-Buissière, faisant ainsi oublier le terrible fait divers qui s'était attaché à son nom, quinze ans plus tôt. Une notoriété dont elle se serait volontiers passée.

La genèse des événements

Il est 19 h 42 ce 5 avril 1972, début de vacances scolaires de Pâques. Brigitte Dewèvre, seize ans, se prépare à aller chez sa grand-mère. Mémé Dussart habite rue du Languedoc, à quelques centaines de mètres de chez les Dewèvre. Depuis que sa grand-mère est veuve, Brigitte a pris l'habitude de passer la nuit chez elle pour ne rentrer que le lendemain matin. Francine, sa sœur, depuis la fenêtre de la cuisine, lui recommande de ne pas traîner. « Mémère » s'inquiète pour un rien ! Après avoir fait la bise à ses copains, elle se dépêche de filer. Son feuilleton préféré, *Coup double*, se termine juste avant le journal télévisé. Elle ne veut surtout pas le rater. Elle va donc emprunter l'un des deux chemins habituels conduisant chez son aïeule, la rue de Ranchicourt,

Brigitte Dewèvre, peu de temps avant sa mort. L'adolescente de seize ans fut retrouvée quasiment nue dans un terrain vague par son propre frère, le 5 avril 1972, marquant les débuts d'une enquête jamais résolue : le crime de Bruay-en-Artois.

"Coup de grisou à Bruay"

bordée de garages d'un côté et perpendiculaire au terrain vague où elle sera retrouvée, et la rue de Divion jusqu'à la cité des provinces.

Trois minutes plus tard, la gamine est aperçue parlant avec un inconnu portant un col roulé, tout près de la villa de Monique Mayeur. Puis plus rien. Brigitte avait rendez-vous avec son bourreau. Il ne lui a laissé aucune chance.

Son corps, près de vingt heures après le drame, est retrouvé dans un terrain vague, à trente mètres de chez ses parents. C'est un adolescent de quinze ans, Christian Roussel, et son jeune voisin Philippe Dewèvre, douze ans, qui, en jouant au football, ont aperçu le cadavre rigide et quasi nu.

« Il y a un homme là-bas, avec du sang sur la tête, il doit être mort ! » s'écria Philippe. Le cadavre à moitié dévêtu était caché par un gros pneu usagé jonchant, parmi d'autres détritus éparpillés, ce terrain vague, aire de jeux favorite des enfants du quartier. Philippe n'avait pas reconnu sa sœur.

Alerté par son fils, Léon Roussel arriva très vite. Lui non plus n'identifia pas sa jeune voisine Brigitte, habitant à deux pas, rue de la Comté.

L'officier de police Dernoncourt, de la police judiciaire de Bruay, lui succéda peu après sur la scène du crime. La gamine avait été étranglée avec un lien souple, un foulard peut-être, puis mutilée à coups de hache. L'assassin avait abandonné le corps derrière le monticule qui donne du relief à ce terrain vague plat comme la main. Les pluies nocturnes avaient effacé les traces de sang et de pas du meurtrier.

Dernoncourt ne disposait que de maigres indices. Il ébaucha un premier rapport, mis en forme avec une précision toute professionnelle :

« **1.** Le corps au pied du talus est à vingt-trois mètres du sentier qu'on appelle "La Voyette", qui traverse le terrain vague et le coupe en deux et à neuf mètres de la haie du parc appartenant à Mme Mayeur.

« **2.** Le corps est allongé sur le dos. Sur les jambes, légèrement fléchies, est placé un vieux pneu. Le corps froid et rigide est quasiment nu. Le chemisier écossais est remonté sous les aisselles. Une large blessure est visible au-dessous du sein gauche. La bretelle gauche du soutien-gorge est arrachée. Les deux vêtements sont tachés de sang. Le corps porte de nombreuses marques de griffures et de coupures.

« **3.** Le visage est cyanosé. Les traces de strangulation sont apparentes, mais aucun sillon n'est visible sur le cou. Le front est marqué de deux larges plaies. La calotte crânienne, sectionnée sur dix centimètres, n'est plus rattachée au reste du crâne que par le cuir chevelu. Sur le

sol, les vêtements sont éparpillés à un mètre du corps. Plus loin, deux mocassins avec boucles. À l'extrémité du terrain vague, un pantalon marron maculé de boue. La mort remonte à plus de dix heures. »
Pendant qu'il examinait le corps, un homme s'était approché de l'inspecteur, l'air hagard, les yeux embués de larmes.
« C'est ma fille, Brigitte ! »
Léon Dewèvre identifia les vêtements, mais s'étonna qu'on n'ait pas retrouvé les lunettes dont Brigitte ne pouvait se passer.
Des traces sur le sol et l'état des habits laissaient penser que l'adolescente n'avait pas été tuée à l'endroit où elle avait été retrouvée.
Première énigme pour les enquêteurs : comment le corps n'avait-il pas été vu plus tôt ? Il était resté sur le terrain vague en plein après-midi, alors que deux ouvriers taillaient la haie de la villa voisine de Monique Mayeur, à une poignée de mètres du cadavre. Une première hypothèse fut envisagée : la jeune morte aurait pu être aperçue plus tôt par quelqu'un préférant se taire. Mais pour quelles raisons ?
L'affaire de Bruay-en-Artois venait de commencer. Son instruction sera l'une des plus médiatisées, mais également l'une des plus contestées qu'ait connu les annales judiciaires françaises.

On entame les recherches

L'enquête criminelle prise en charge par l'inspecteur Dernoncourt ne s'appuie, au début, que sur deux témoignages : celui de Dominique Roger, une jeune préparatrice en pharmacie.
En rentrant chez elle ce soir-là vers 19 h 45, elle a vu la future victime sur une plateforme de béton attenante aux garages de la rue de Ranchicourt parler à un homme corpulent âgé d'environ vingt-cinq ans, vêtu d'un pull à col roulé sombre. Cette plateforme jouxte l'entrée du jardin de la propriété de Monique Beghin-Mayeur.
Le second témoin, Chantal Leroy, a aperçu un homme au volant d'une Peugeot 504

Me Pierre Leroy, le notaire accusé du meurtre, ne devait bénéficier d'un non-lieu qu'après deux ans d'enquête. Coupable idéal ou bien coupable tout court ? La justice avait décidé de faire preuve de doute.

blanche vers 20 h 10, paraissant « guetter » quelqu'un. Son père avait préalablement noté l'immatriculation du véhicule mal garé.
La police identifie rapidement son propriétaire, Me Pierre Leroy, notaire des houillères âgé de trente-sept ans, dont l'étude se situe rue de la République, non loin de la scène du crime. Le notable est convoqué le lendemain au commissariat de Bruay. Célibataire bourru cachant sa timidité derrière un mutisme renfrogné, c'est un notable de Bruay où 80 % des habitants sont logés par les houillères. Il compte épouser Monique Mayeur, sa maîtresse, dès qu'elle aura liquidé son divorce.
Le samedi 15 avril 1972, le suspect est interrogé par Henri Pascal, premier juge d'instruction du tribunal de Béthune. « Le petit juge », comme on ne tardera pas à l'appeler en raison de sa taille, arrive de Toulon. À cinquante-deux ans, cette affaire est sans aucun doute l'opportunité de sa carrière. Il tient en la personne du notable de Bruay le coupable idéal. L'attitude maladroite et peu « coopérative » de son suspect semble lui donner raison.
Maître Leroy finit par reconnaître avoir passé la soirée du 5 avril chez sa maîtresse dont la villa fait face à son étude notariale. Il y a un trou cependant dans son emploi du temps, à l'heure supposée du crime. Est-il arrivé chez son amie à 20 h 15 ou à 20 h 35 ? Pierre Leroy n'a pas un chronomètre à la place du cerveau. Il n'est pas en mesure de répondre avec précision et bafouille. Pressé par des enquêteurs persuadés de sa culpabilité, il se trompe dans les horaires, multiplie les versions contradictoires. Il peine à expliquer la raison pour laquelle sa Peugeot se trouvait rue de Ranchicourt le soir du crime, alors que son étude se trouve à deux pas de la propriété de Monique Mayeur. Toutefois, il n'avoue rien… Au bout de quarante-huit heures de garde, le juge Pascal l'inculpe d'homicide et l'envoie en prison.

L'inculpation de Pierre Leroy

L'annonce de cette inculpation fait l'effet d'une bombe. Les médias se déchaînent, l'affaire prend une dimension nationale sans précédent. Quand il sort du commissariat pour embarquer dans le fourgon de police, des centaines de personnes crient leur haine à l'égard du notable.
Le journal local écrit : « Pierre Leroy, trente-sept ans, a été conduit à la maison d'arrêt. Comment imaginer qu'une personnalité aussi en vue ait pu commettre un tel crime ? »
Un membre du Rotary, c'est en effet assez rare ! Rapidement nourrie par les ragots, la rumeur envahit la presse nationale, fait les choux

gras du journal télévisé, submerge toute présomption d'innocence, violant sans vergogne le secret de l'instruction régie par l'article XI du code pénal.
Bruay, à l'image de la France, est divisé en deux camps : ceux qui jugent ce tapage médiatique indigne, et ceux qui finissent par se demander si la fumée ne cache pas quelque feu. Sans oublier les touristes, les curieux et les détectives du dimanche qui visitent le terrain vague comme d'autres se rendent à Fatima. Ils veulent toucher du doigt et de l'œil le drame, respirer les miasmes du scandale.
Le notaire Pierre Leroy est en effet le suspect idéal. Bruay découvre que Monique Mayeur, la riche marchande de meubles de la ville, est sa maîtresse depuis plusieurs années.
Les témoignages pleuvent, les enquêteurs font le tri et le juge Pascal n'a guère d'état d'âme : un seul coupable possible, le notaire ; une seule complice, sa fiancée. Ce n'est plus une instruction criminelle, mais une manière de western médiatique. Au point que le garde des Sceaux, René Pleven, intervient auprès du parquet de Béthune pour rappeler les droits de l'inculpé « présumé innocent ».
Puis défile dans les locaux de la police tout ce que le département compte de prostituées et autres tenancières de « maisons ». Ces dames, dans un premier temps, et sans doute fortement influencées par la présence des policiers, n'hésitent pas à charger le notaire décrit comme un pervers à mi-chemin entre le marquis de Sade et Gilles de Rais.
La patronne du Cambronne, un établissement de Lille, évoque avec un luxe de détails les étrangetés sexuelles auxquelles se livrait le notable de Bruay. Le juge convoquera dans son bureau toutes ces gagneuses, espérant qu'elles vont enfin confondre son suspect n° 1. Catastrophe ! Les prostituées et autres « hôtesses » se rétractent, affirmant avoir témoigné sous la pression policière. Pierre Leroy, avec l'appui du procureur, exigera plus tard que ces rétractations soient consignées dans son dossier.
Le jeudi 27 avril 1972 a lieu la première reconstitution. Le juge donne des ordres. Leroy est assis à l'arrière de la voiture avec son avocat Me Jean Vaast. Muets, tendus, ils écoutent le magistrat mettre en scène le drame. Une 504 blanche, identique à celle du notaire, est garée sur le trottoir. Le soir tombe peu à peu. Pierre Leroy enfile un pull à col roulé et reste immobile, face à une jeune fille qui tient le rôle de Brigitte. Un premier témoin est invité à donner son impression. Il ne reconnaît pas, dans la silhouette du notaire, l'homme qu'il a vu discuter avec l'adolescente. La reconstitution tourne à la pantalonnade. Pourtant, le

juge Pascal et son bras armé, l'inspecteur Ollier, ont décidé que Leroy était coupable, un coupable idéal. Le notaire sadique assassin de la fille d'un ouvrier. Quelle aubaine pour un magistrat qui veut passer comme le champion des pauvres, le pourfendeur de l'ordre bourgeois et de ses privilèges. Pour Me Leroy, c'est comme si Kafka avait jailli des corons ! Tout l'accable. Le meurtre de Brigitte ne paraît pas avoir été commis ailleurs que dans le jardin de sa maîtresse. Dans la cabane du jardinier, certains outils auraient disparu.

Quant aux traces sur le corps de l'adolescente, elles résultent d'un passage forcé à travers la haie d'aubépines séparant la villa de la rue. Preuve suprême : Leroy a été vu et identifié à l'heure du crime près de l'endroit où le cadavre a été découvert.

Malgré certains témoignages hautement controversés, «le juge rouge» refuse la demande de mise en liberté du notaire formulée le 27 juin 1972, et ce, malgré l'avis favorable du procureur. Le 12 juillet, la nouvelle vole de terril en terril : «La mère Mayeur est arrêtée... Pascal l'a mise au trou !» L'affaire prend une autre vitesse. Pierre Leroy est libéré le 18 juillet. Monique le remplace en prison. Que lui reproche Henri Pascal ? Des incertitudes dans ses déclarations, le fait d'avoir fait passer à son amant en garde à vue une couverture où était caché un message comportant des dates et des horaires donnés aux enquêteurs. Il y a surtout un témoin de dernière minute, un jeune homme, qui affirme reconnaître Brigitte Dewèvre, Pierre Leroy et Monique Mayeur dans le trio aperçu dans l'impasse, le 5 avril, alors qu'il s'apprêtait à soulager un besoin naturel.

La maîtresse de Leroy devient alors la nouvelle cible d'une presse spécialisée dans le scandale. On invente une perquisition imaginaire dans sa villa où aurait été trouvé «un étrange substitut», laissant entendre au lecteur que le fiancé de Monique était sexuellement impuissant. De l'impuissance au sadisme, il n'y a qu'un pas que nombre de journaux suggérèrent sans rougir. Il n'y a évidemment rien de vrai dans cette répugnante histoire.

Nouvelle garde à vue ; nouveau rebondissement

Le 18 avril 1973, un flash radio lance un pavé dans la mare médiatique : « Jean-Pierre F., l'ami de Brigitte Dewèvre, est en garde à vue au commissariat de Bruay ! » Le jeune homme a avoué être « l'homme au col roulé que la police recherche depuis le début». Il a précisé aux policiers qui ont recueilli sa confession :

Jean-Pierre F., dix-sept ans, lors de la reconstitution du meurtre de Brigitte qu'il affirma avoir commis. Le jeune garçon finira par se raviser et bénéficier à terme d'une relaxe.

« Brigitte m'avait donné rendez-vous à la plate-forme vers 20 heures. Elle avait quelque chose d'important à me dire. » Perplexité générale ! Tous les témoignages décrivent un homme plus âgé, de corpulence forte, alors que les enquêteurs ont devant eux une « asperge » de 1,80 mètre, maigre et gauche. Jean-Pierre n'est pas avare de confidences. Ce rendez-vous quasi nocturne était, selon lui, un banal rendez-vous d'amoureux qui a mal tourné.

« Je ne sais pas pourquoi, je l'ai pincée au bras, elle a essayé de se défendre. En faisant un pas en arrière, elle a trébuché et a chuté sur la dalle en ciment. Elle ne s'est pas relevée. Je l'ai alors prise dans mes bras pour l'emmener chez moi… » Étonnement des fonctionnaires de police. Brigitte pesait 50 kilos, et Jean-Pierre à peine 60 !

« Je l'ai d'abord tirée à travers le parc Mayeur pour ne pas être vu, et ensuite jusque sur le terrain vague où je l'ai abandonnée. »

Après quelques larmes et hoquets, il précisera : « C'est en rentrant chez moi que j'ai buté sur les lunettes de Brigitte. Je les ai planquées dans une cachette, le fauteuil en cuir dans la chambre qui donne sur la rue. »

On envoie en urgence un inspecteur vérifier les propos du jeune homme. Il a dit vrai ! Sous des coussins, se cache bel et bien une paire de lunettes. Jean-Pierre se lance alors dans le long récit de la soirée du crime avec des détails étonnants.

« J'ai étranglé Brigitte avec un chiffon qui traînait. Au bout de deux minutes, j'ai remarqué qu'elle ne tressautait plus, elle était morte. J'ai remarqué que ses yeux étaient devenus mauves !

– Mauves ? Pourquoi mauves ? Il faisait nuit noire ! »

La confession se poursuivra avec force incohérences :

« Elle était lourde, alors j'ai vidé une brouette pleine de charbon pour la transporter. »

Or on n'a trouvé aucune trace de charbon sur les vêtements de Brigitte, souligne un enquêteur. Une fois encore, Jean-Pierre ne sait

Chronologie

- 5 avril 1972 : **Brigitte Dewèvre, seize ans, est assassinée à Bruay-en-Artois.**
- 15 avril : **Pierre Leroy, notaire, figure locale, est interrogé puis inculpé.**
- 27 avril : **première reconstitution.**
- 12 juillet : **la maîtresse de Pierre Leroy est arrêtée.**
- 18 juillet : **Pierre Leroy est libéré. Lui et sa maîtresse bénéficient d'un non-lieu.**
- 18 avril 1973 : **Jean-Pierre F., camarade de la victime, avoue.**
- 1er mars 1974 : **une reconstitution disculpe Jean-Pierre.**
- 26 février 1976 : **Jean-Pierre est relâché « au bénéfice du doute ».**
- 1981 : **l'affaire est classée.**
- 2005 : **l'affaire est prescrite, le ou les meurtriers demeurent inconnus.**

que répondre. À la mi-avril, succèdent au juge Pascal dessaisi du dossier deux magistrats instructeurs. Avec eux, plus de conférence de presse ni de déclarations télévisées. L'instruction quitte cette fois-ci la place publique. Le juge Sablayolle travaille dans la discrétion et la sérénité. Il place Jean-Pierre en détention provisoire. Une détention qui durera vingt-sept mois !

Dernier coup de théâtre

Un nouveau coup de théâtre vient pourtant tout remettre en question. Les parents de Brigitte Dewèvre ne reconnaissent pas les lunettes et, dans la foulée, ils refusent de se porter partie civile contre l'adolescent.

Dès lors, la culpabilité de Jean-Pierre F. n'est plus qu'une hypothèse fragile, voire carrément impensable, pour beaucoup. La reconstitution du vendredi 1er mars 1974 disculpe « techniquement » un inculpé qui, à l'évidence, a inventé la plupart de ses aveux.

Le 26 février 1976, il est relâché « au bénéfice du doute ». Les parents de Brigitte, Léon et Marie-Thérèse Dewèvre, désemparés, déclarent à la radio :

«Tout est à recommencer.» Au final, c'est à la chambre d'accusation de Paris qu'il revint de statuer. Elle rendit un arrêt de non-lieu, faisant table rase des accusations portées contre Pierre Leroy et Monique Mayeur. Il ne restait rien de l'instruction du «petit juge», mais le mal était fait. Pour beaucoup, Monique et Pierre Leroy demeureront à jamais ceux qu'un magistrat a jetés en prison parce qu'il les croyait suspects du meurtre d'une gamine de mineurs.
L'affaire, classée sans suite en 1981, sera prescrite en 2005.

Depuis, les houillères ont fermé leurs portes. La vérité sortira-t-elle un jour des corons déserts ? Les principaux protagonistes du drame sont aujourd'hui dans la tombe. Le juge Pascal est décédé d'un cancer au CHU de Lille en avril 1989. Le 26 octobre 1997, mourait Pierre Leroy, tandis que Léon, le père de Brigitte, s'éteignait en novembre 2003. Il est enterré avec sa fille au cimetière du quartier n° 3 à Bruay. Monique Mayeur a été inhumée en janvier 2005.

L'affaire de Bruay a changé deux présumés innocents en coupables, opposé artificiellement une justice bourgeoise à une justice dite populaire, et transformé le secret de l'instruction en celui de Polichinelle. Un vrai gâchis !

Bernard SCHAEFFER,
Les Grandes Affaires Criminelles du Pas-de-Calais, 2008.

Quant au bourreau de Brigitte, sans doute court-il toujours.

"Le mystère Goldman"

Cour d'assises de Paris,
9-14 décembre 1974
Cour d'assises de la Somme,
26 avril-4 mai 1976

L'engagé Pierre GOLDMAN

LE 20 SEPTEMBRE 1979, à 12 h 30, place de l'abbé-Georges-Hénocque, dans le 13e arrondissement de Paris. Un homme marche vers sa mort. Pierre Goldman n'y pense pas : ses pensées demeurent pour sa jeune femme, pour l'enfant qu'elle porte et qui devrait naître dans deux ou trois jours. Pour l'instant, il se rend au bureau de poste. Il ne voit pas les trois hommes qui le guettent. En neuf coups de feu, Goldman n'est plus. Les balles, de calibre 11,43, font rarement de cadeaux.
Quelques heures plus tard, alors que la nouvelle fait le tour des rédactions, l'AFP reçoit un coup de téléphone. Un commando qui se baptise « Honneur de la police » revendique le crime, et affirme que par ce geste, l'injustice a été réparée. L'injustice ? Voire. Quoi qu'il en soit, cela fait dix ans que Pierre Goldman occupe une place importante dans l'histoire judiciaire française.

Les pharmaciennes de Richard-Lenoir

Pierre est né le 22 juin 1944. À cette époque, la France est en pleine Libération, mais les Allemands pullulent encore dans l'Hexagone et les camps où l'on pratique la solution finale exterminent toujours à plein régime. Pierre est donc le fils aîné de Janine Sochaczewska et d'Alter Mojze Goldman, immigrés polonais et résistants actifs. Juifs, si l'on veut, mais sûrement pas pratiquants, puisque communistes.

"Souvenirs obscurs d'un juif polonais né en France"... On imagine difficilement un assassin écrire pareil texte. C'est probablement parce que Pierre Goldman, bien que braqueur, n'avait pas de sang sur les mains.

En grandissant, le petit garçon vit dans l'ombre de ces parents héroïques, à tel point qu'il lui vient une certaine nostalgie de la Résistance. Élevé dans les idéologies du parti communiste, il opte tout naturellement pour cet engagement politique, allant même plus loin dans ces idées que ses parents.

Dans les années 1960, c'est un extrémiste de toutes les luttes en faveur des travailleurs et contre le capitalisme forcené. Goldman n'est pas un sédentaire. Au contraire, n'a-t-il pas été assisté ses frères du Venezuela ? Ne l'a-t-on pas vu aux côtés de Che Guevara ? Militant, meneur acharné pendant mai 1968, parmi ses meilleurs amis figure Alain Krivine. Mais, à part cette implication politique, il demeure totalement inconnu, sauf la police, qui conserve soigneusement la fiche le concernant.

Le 19 décembre 1969 a lieu un drame terrible. Il est 20 heures passées quand un homme s'introduit dans une pharmacie, au 6, boulevard Richard-Lenoir, dans le 11e arrondissement de Paris, alors que la pharmacienne Simone Delaunay et son assistante Janine Aubert s'apprêtent à fermer. L'homme ne veut pas de médicaments : il sort un pistolet de sa poche et braque les deux femmes. Et voilà qu'un client, M. Trocart, un habitué, fait irruption. Il ressent aussitôt le malaise de la situation et l'homme le braque à son tour.
Habilement, M. Trocart jette son portefeuille dans un placard pour ne pas se le faire voler et quand le bandit lui demande son argent, il ne peut que lui donner une pièce de 5 francs. Furieux, le malfrat lui tire dessus, le blessant à la tête, puis il revient vers les pharmaciennes et les abat toutes les deux. La scène est surprise par deux autres clients de dernière minute, lesquels se précipitent vers un café proche, le Jean-Bart, pour y utiliser le téléphone. Fortuitement, le gardien de la paix Gérard Quinet est en train de consommer au

Le 27 septembre 1979, une foule composée en majorité de militants de gauche accompagne Pierre Goldman, tombé sous les balles d'assassins inconnus, jusqu'à sa dernière demeure.

comptoir. En tenue civile et sans arme, mais policier quand même, il se précipite vers la pharmacie et voit alors un homme en sortir, arme au poing et sacoche en bandoulière. L'agent tente de le ceinturer en vain, le bandit parvient à s'enfuir, M. Quinet aux trousses. Après une course d'au moins cinquante mètres, le policier rejoint le criminel. Une brève lutte s'ensuit. Un nouveau coup de feu retentit. Se tenant le ventre, où une plaie saigne abondamment, le policier ne peut que voir son agresseur s'enfuir vers la Bastille sans pouvoir intervenir. Alors, il arrive à se relever et à regagner le bar avant de s'évanouir tout à fait.

Un mulâtre. Voilà ce que dit de son agresseur l'agent Quinet avant de sombrer dans l'inconscience. Les recherches s'orientent donc sur les métis et les mulâtres ayant déjà un casier judiciaire. Pourtant, on n'hésite pas à chercher ailleurs, parmi des suspects ne répondant pas du tout à cette description. Un hold-up n'est pas chose rare, la liste des suspects est longue.

Un coupable idéal ?

Pourtant, un nom en particulier saute aux yeux des policiers : celui de Pierre Goldman. À cela, une bonne raison : Goldman est impliqué – et ce, à juste titre – dans plusieurs braquages commis au mois de décembre 1969, et qui ressemblent à peu de chose près à l'épisode tragique du boulevard Richard-Lenoir. Pourtant, on remarque que la violence est modérée dans les cas précédents : lors de l'attaque d'une pharmacie, bien qu'armé, il s'est défendu face à un vendeur en lui donnant un coup de pied, pas en l'abattant. Plus curieux, le lendemain du double assassinat des pharmaciennes, Goldman attaquait une maison de haute couture, place de la Madeleine, en compagnie de deux complices noirs. Là non plus, aucune effusion de sang : du travail de professionnel, sans bavures.

Un tract de soutien à Pierre Goldman. Braqueur, certainement. Révolutionnaire, à n'en pas douter. Mais sont-ce là des raisons suffisantes pour mettre un double meurtre sur le dos de quelqu'un qui répond à ces deux critères ?

De plus, quel homme se hasarderait, au lendemain d'un homicide, à continuer ses activités criminelles sans mettre un temps de pause entre ses méfaits ? Quelque chose ne colle pas. Pourtant, la police est certaine de tenir le coupable, d'autant plus qu'un assassin communiste révolutionnaire, c'est idéal pour discréditer le parti. Le 8 avril 1970, Pierre Goldman est arrêté et involontairement, il ne fait que renforcer l'intuition de la police qu'ils détiennent là le bon numéro. En effet, alors qu'on n'a pas mentionné l'affaire du boulevard Richard-Lenoir, le voilà qui se dit innocent dans cette histoire. Il fournit un alibi : il a passé la soirée du 19 décembre chez un ami antillais, en compagnie d'autres personnes.
Le problème, c'est que l'ami n'arrive pas à se souvenir avec précision quand Goldman est venu chez lui et que les autres «amis» sont aussi peu catégoriques, certains étant même hostiles à Pierre. De suspect, le jeune révolutionnaire devient carrément coupable quand on le confronte aux personnes présentes lors du braquage fatal. On ne fait rien, d'ailleurs, pour rendre sa version crédible. Le présenter aux témoins mal rasés et en tenue légèrement débraillée au milieu de policiers glabres et en vêtements propres est à coup sûr une manière éloquente d'en faire l'objet de toutes les méfiances. De plus, comment être sûr d'obtenir un aveu objectif quand le portrait du suspect s'étale à la une d'un journal à grand tirage ?
Le témoignage de M. Trocard varie considérablement : la taille, la forme du nez, le fait qu'il soit gaucher ou droitier, tout y passe, tout change, jusqu'à ce que l'homme désigne Goldman comme étant, sans doute possible, l'homme qui lui a tiré dessus.
L'agent Quinet agit de même : exit le mulâtre.
Et que dire des trois habitants du quartier tout aussi formels, même si le premier ne l'a vu que de sa fenêtre – située de l'autre côté du boulevard au quatrième étage –, que la seconde jure qu'il portait des cheveux longs – Pierre les a très courts –, et que la troisième, bien que faisant une description de l'individu à cent lieues de l'allure physique de Goldman, n'hésite pas à le reconnaître ? Navrant, n'est-ce pas ? La suite ne l'est pas moins.

Premier procès d'un auteur doué

Le 9 décembre 1974, cinq ans après le double homicide, Goldman paraît devant les Assises de Paris. Dans la salle, on voit le gratin de l'extrême gauche. Eux ne l'ont pas abandonné : les camarades sont toujours présents dans la détresse. Leur présence devrait faire

jouer la notion de politique qui a vraisemblablement influé sur l'accusation, mais la Cour passe outre. Elle entend juger un braqueur assassin, pas le chantre de la révolution rouge. Un avis que l'avocat général Langlois confirme. Pour le procureur, en présence de pareil crime, il faut au minimum la réclusion perpétuelle.
Façon implicite de dire que la peine de mort serait l'idéal… La réponse des avocats est inattendue et, il faut le reconnaître, d'une hallucinante médiocrité. Goldman, qui désire une défense honorable, voit sans y croire ses défenseurs, les ténors du barreau Émile Pollak et Charles Libman, jouer à fond la carte du fils d'immigrés, né pendant la guerre, à l'enfance trouble, etc. Le schéma idéal d'un procès pour meurtre avant 1910 : et encore que dans pareille configuration, l'accusé n'est pas certain de conserver sa tête. Ce qui est encore le cas aujourd'hui. Goldman, dans cette affaire, risque sa vie et au lieu de la lui sauver en lui faisant une défense concrète, en discutant point par point les erreurs et les absurdités de la procédure, voilà que les deux avocats s'obstinent stupidement à imiter les grands noms du barreau d'avant-guerre (la première).
Rendu le 14 décembre, le verdict est, somme toute, mitigé : Pierre Goldman est jugé coupable avec circonstances atténuantes.

Cela reste la vie, derrière quatre murs, certes, mais la vie quand même. On peut comprendre, qu'un homme assoiffé de liberté tel que Pierre n'accepte pas un sort pareil puisqu'il se dit innocent. La liberté, avant son procès, il l'a gagnée intellectuellement. Ce n'est pas un ignare qui est entré en prison, mais un intellectuel qui finira par en sortir : Pierre a successivement passé avec succès une licence en philosophie, une maîtrise en espagnol et envisage de préparer simultanément deux doctorats.

On peut réclamer, juger que l'instruction supérieure délivrée aux détenus est injuste, mais il convient de rappeler que l'université est ouverte à tous. Bardé de tous ses diplômes, pour bien montrer qu'il n'est pas le criminel sordide et irréfléchi pour lequel on veut le faire passer, il rédige, en cellule, un ouvrage formidable intitulé *Souvenirs obscurs d'un Juif Polonais né en France*. Une autobiographie, sublime de réflexion et de justesse. La parution du manuscrit, en 1975, surprend tout le monde. On salue la pertinence de l'avis, l'authenticité de ton. Pour couronner le tout, un comité de soutien s'est créé, réunissant les plus grand noms de la gauche et de l'extrême gauche. Et la justice, confrontée pour une fois à un cas où l'assassin n'est pas un pauvre simple d'esprit, sachant faire de son histoire personnelle un plaidoyer pour la liberté et contre l'arbitraire, et qui a pour lui des personnalités aussi éminentes que Jean-Paul Sartre ou Louis Aragon, se remet en question. Et s'il disait vrai ?

La vérité se trouve-t-elle à Amiens ?

Et voilà que le 20 novembre, la Cour de cassation casse le procès Goldman. Motif : vice de forme, provoqué par l'absence de datation sur le procès-verbal d'audition des témoins. De fait, c'est bien une erreur, mais c'est la première fois qu'on en tient compte pour une cassation. La justice, visiblement troublée, veut réparer les pots cassés, quitte à ruiner la réputation du greffier auteur de la « bourde ».

L'affaire est donc confiée au parquet d'Amiens. Le second procès Goldman a lieu devant les Assises de la Somme, à compter du 26 avril 1976. Si Me Pollak reste présent au banc de la défense, on lui a fait clairement savoir qu'il n'avait qu'un rôle de figurant, de consultant au mieux. Celui qui va se charger de protéger Goldman, c'est Me Georges Kiejman, un avocat comme le souhaitait l'accusé, méthodique, prêt à repousser les attaques du ministère public sans répit. La partie, cette fois, est en faveur de Goldman. Les attaques de Me Garaud, partie civile en faveur de l'agent Quinet, ne parviendront pas à entamer le mouvement de sympathie né en faveur de l'accusé. Ce qui manque tout faire basculer, c'est la venue d'un authentique malfrat, Albert Bender, qui affirme que l'assassin des pharmaciennes est une vague relation, Bernard Martin. Dans un procès de bon ton, où fusent les paroles intelligentes et où le public est acquis à la réflexion, la présence du bandit cause une douche écossaise… rapidement évaporée.

Chronologie

- 22 juin 1944 : **naissance de Pierre Goldman à Lyon.**
- 1968 : **Pierre Goldman rejoint la guérilla vénézuelienne.**
- 19 décembre 1969 : **meurtre de la pharmacienne Simone Delaunay et de son assistante Janine Aubert, à Paris.**
- 8 avril 1970 : **Pierre Goldman est arrêté.**
- 9-14 décembre 1974 : **la cour d'assises de Paris le condamne à la réclusion criminelle à perpétuité.**
- 20 novembre 1975 : **la Cour de cassation casse le procès pour vice de forme concernant les auditions.**
- 26 avril-4 mai 1976 : **second procès devant la cour d'assises de la Somme ; Goldman est acquitté.**
- 5 octobre : **Pierre Goldman est libéré.**
- 20 septembre 1979 : **Pierre Goldman est abattu place de l'Abbé-Georges-Hénocque à Paris dans le 13e arrondissement.**

Peu importe, cette fois, de savoir qui est l'assassin des pharmaciennes. Regrettable, toutefois, mais pouvait-on faire autrement puisque la mission, ici, consistait à sauver le soldat Goldman ?

Et voilà que l'ami antillais, alibi de l'accusé à la première heure, vient confirmer que le 19 décembre, Pierre se trouvait bien chez lui. Les raisons de son mutisme ? La peur d'être impliqué dans les braquages. Les complices de Pierre, dans les autres braquages, étant noirs, qui sait si on ne l'aurait pas accusé d'en faire partie ? Le jeune homme est convaincant : on y croit. Puis Me Kiejman a une idée lumineuse. Il fait paraître aux yeux du public une photo grandeur nature d'un homme à l'allure torve, sale et mal rasé. Quand il présente l'image, tous s'accordent à haute voix à affirmer qu'il s'agit bien de l'accusé. Triomphalement, l'avocat révèle que ce n'est pas Pierre Goldman, mais un autre homme.

Les défauts du témoignage humain ainsi mis en valeur, la fin du procès devient évidente. Il faut près de trois heures de délibérations pour acquitter Goldman, le 4 mai, des chefs d'accusations de deux homicides volontaires. En ce qui concerne ses braquages, en prison depuis six ans, sa libération n'est qu'une question de temps. Elle aura lieu le 5 octobre suivant.

La liberté et la mort

Dès sa sortie, Pierre gagne un semi-anonymat, s'accordant le plaisir d'aller écouter les groupes de salsa dont il raffole et écrivant des papiers consacrés presque exclusivement à cette musique dans *Libération.*

Arrive donc ce 20 septembre 1979, la mort sur un trottoir en plein midi, le fils posthume qui naît quelques heures plus tard. L'hypothèse d'un commando de vigilantes ? Possible. Mais comme des témoins proches ont entendu les trois criminels parler espagnol, il est tout aussi vraisemblable que c'est la politique qui a tué Goldman, proche de l'ETA. Un règlement de compte orchestré par le commando anti-autonomie basque.

Mais pourquoi Goldman, qui avait somme toute peu de poids dans la balance, plutôt qu'un véritable leader ? Avec le temps, son histoire s'est effacée des mémoires collectives – hormis de celles de ses camarades de lutte et de la police – et si le nom « Goldman » reste célèbre de nos jours, c'est plus à cause des chansons de son demi-frère Jean-Jacques, qu'à cause de lui.

Tout autant que sa vie, la mort de Pierre Goldman reste chargée de mystère.

Sylvain LARUE

Les Grandes Affaires Criminelles de Paris, 2007.

Cour d'assises des Bouches-du-Rhône,
9-10 mars 1976

Le guillotiné Christian RANUCCI

TRENTE-QUATRE ANNÉES se sont écoulées. Pourtant, comme dans l'affaire Dominici, le kidnapping de Marie-Dolorès Rambla reste un sujet de discussion dans l'esprit français. Une partie des gens demeurent persuadés que Christian Ranucci est bien le coupable ; l'autre partie a l'intime conviction de tenir là l'une des pires erreurs judiciaires qui existent. Quoi qu'il en soit, la Justice, dans cette affaire dépourvue de lumière et alimentée hélas par la passion, a franchi le point de non-retour en envoyant un garçon de vingt-deux ans à la guillotine.

L'enlèvement

Le lundi 3 juin 1974, jour férié – c'est le lundi de la Pentecôte –, dans le quartier des Chartreux à Marseille, peu avant 11 heures, les enfants Rambla jouent tranquillement dans la rue, à l'entrée de leur immeuble. À la fenêtre, leur mère les regarde de temps en temps, mais après tout, que peut-il arriver dans ce quartier où tout le monde se connaît ?

C'est alors que les enfants sont accostés par un inconnu. L'homme demande s'ils n'ont pas vu un petit chien noir, et sollicite l'aide de l'un d'eux. Comme il sourit, les petits sourient aussi. Marie-Dolorès, huit ans, accepte de le suivre, tandis que Jean, son petit frère, six ans, fait le tour de l'immeuble. Quand il revient, plus personne, sinon sa maman qui demande :

« Jean, où est ta sœur ?

Menotté, solidement encadré, Christian vient d'avouer, en ce 6 juin 1974, qu'il a assassiné la petite Marie-Dolorès. Il tentera de revenir sur ses dires, mais son comportement méprisant lui fera énormément de tort...

"L'affaire du pull-over rouge"

– Elle cherche le chien. »
Ce n'est que vers midi, au retour du père, Pierre Rambla, ouvrier boulanger, que l'inquiétude naît. Car Marie-Dolorès n'est pas revenue, elle a suivi ce « monsieur » et elle n'est pas reparue depuis. Après d'infructueuses recherches, M. Rambla va porter plainte pour enlèvement d'enfant, et la nouvelle de la disparition de la fillette fait le tour de la cité. Bientôt, le garagiste Eugène Spinelli se manifeste. Peu après onze heures, alors qu'il vaquait en dehors de son atelier, il a vu l'enfant monter dans une voiture grise en compagnie d'un homme, grand, brun, la trentaine, vêtu d'un costume gris. L'enfant n'avait pas peur, elle souriait et parlait à l'adulte. Spinelli n'a pas relevé le numéro, pour quoi faire, après tout ?

Carton et investigations à la Pomme

Midi et quart, même jour. Vincent Martinez a vu la 304 grise arriver sur sa droite. Il avait priorité à ce carrefour de la Pomme, où se croisent RN8 bis et RN 96... Mais le chauffard n'a pas pris la peine de s'arrêter au stop, et Vincent, le pied à fond sur le frein, ne peut empêcher sa R 16 de tamponner violemment le côté gauche de la Peugeot. Le jeune homme, après quelques secondes nécessaires pour retrouver ses esprits, a la surprise de voir la 304 faire demi-tour et foncer dans la direction d'où elle est arrivée. Impossible de le courser : la R 16 est trop amochée ! Mais Alain Aubert et sa femme n'étaient pas loin. Vincent leur demande de poursuivre le fuyard.
Il faut quelques minutes aux Aubert pour rejoindre la Peugeot, garée sur le bord de la nationale 8 bis. Le chauffeur est en train de s'enfuir dans les bois... Après avoir noté le numéro d'immatriculation, 1369 SG 06, et tenté en vain de parler au conducteur qui ne se montre pas, les Aubert reviennent à la Pomme pour informer Vincent Martinez.
Quelques heures plus tard, à deux kilomètres environ du carrefour où l'accident s'est produit, M. Mohamed Rahou et son contremaître, M. Guazzone, sont interpellés par un jeune homme. Ce dernier est entré avec sa voiture, une Peugeot 304 coupé, dans la galerie d'une champignonnière et son pneu s'est embourbé dans le sol. M. Rahou ne dit rien, mais trouve étrange de voir une voiture ainsi garée... d'autant que le jeune homme prétend qu'il est venu dans cette caverne humide et sombre pour y pique-niquer ! Avec leur aide, le chauffeur peut enfin se dégager et reprend la direction de Nice.
Le lendemain, 4 juin, la presse mentionne en une l'enlèvement de la petite Marie-Dolorès. En lisant cela, Alain Aubert ne perd pas un

La photo date de 1949, mais c'est bien dans cette même salle d'assises d'Aix-en-Provence que le 10 mars 1976 Christian Ranucci s'entendit condamner à mort. Un an après, le 25 février 1977, un nommé Hamida Djandoubi recevait à son tour le même châtiment au même endroit. Il allait devenir le dernier exécuté de France le 10 septembre suivant. (Détective, 14 février 1949.)

instant et contacte la gendarmerie de Roquevaire pour leur faire part de l'aventure de la veille. Il mentionne notamment un fait nouveau : l'homme qu'il a vu quitter la voiture portait dans les bras « un paquet assez volumineux » ! Avec cette information, les gendarmes partent étudier le terrain. Toute la zone évoquée par M. Aubert est passée au peigne fin, notamment la champignonnière. C'est dans la même galerie que les enquêteurs découvrent un élément qui fera parler de lui : un pull-over d'homme de couleur rouge. Le chandail est donné à renifler à un chien policier, lequel suit une piste qui mène à un buisson, au bord de la route… Marie-Dolorès s'y trouve, étendue au sol. On l'a poignardée à de multiples reprises.

Arrestation d'un jeune VRP

Avec le numéro de la plaque relevé par les Aubert, identifier la voiture et son propriétaire n'est qu'une question d'heures. La police remonte donc jusqu'à un représentant de commerce âgé de vingt ans,

Christian Ranucci, habitant à Nice avec sa mère. Le 5 juin, en fin d'après-midi, il est interpellé chez lui et comprend immédiatement que la venue des policiers a quelque chose à voir avec l'accident de la Pomme et son délit de fuite…
Pourtant, mis en garde à vue et accusé du meurtre de Marie-Dolorès Rambla, il nie toute implication. Oui, il s'est bien arrêté au bord de la route après l'accident, car avec le choc, l'une de ses roues frottait contre la carrosserie ! S'il s'est ensuite aventuré dans la champignonnière, c'est pour réparer la voiture en toute tranquillité, à l'abri des regards. Dès le lendemain, Ranucci est transféré de Nice à Marseille, dans les bureaux du commissariat qu'on surnomme « l'Évêché ». Là, devant le commissaire Alessandre, il subit une première confrontation avec les deux seuls témoins de l'enlèvement. Le petit Jean ne le reconnaît pas, Eugène Spinelli non plus. L'homme vu en compagnie de Marie-Dolorès était plus grand, plus vieux… En plus, il se trouve que le garagiste a identifié la voiture comme étant une Simca 1100, non une Peugeot 304 ! Et Jean, malgré son très jeune âge, aime beaucoup les voitures, et il a su, lui aussi, dire qu'il s'agissait d'une Simca !

Et ce pull rouge qui a permis de remonter jusqu'au corps de l'enfant ? Il n'est pas à Ranucci. Un, il déteste porter du rouge, et deux, le pull est trop grand pour lui. Alors, on le confronte aux autres témoins : les Aubert, derrière une glace sans tain, sont incapables de l'identifier au milieu de plusieurs inspecteurs de police... Tout pourrait s'arrêter là, mais à 13 heures, les Aubert sont introduits dans un bureau et cette fois, Ranucci est seul face à eux. Cette fois, ils se montrent catégoriques : il s'agit bien de l'homme de la Pomme !

Curieux témoins que ceux-là. Leur témoignage fluctue au fur et à mesure des heures. Ainsi, le paquet volumineux évoqué en premier temps devient un enfant portant un short blanc, et l'homme ne le portait pas dans les bras, mais il le tenait par la main. Mme Aubert, elle, finit par se retrouver suffisamment proche d'eux pour entendre l'enfant demander à l'adulte qui allait l'assassiner : « Qu'est-ce qu'on fait ? » Étrange également le fait qu'on ne prenne pas en compte le fait que suite au heurt, la porte du passager côté droit ait été bloquée et impossible à ouvrir…

Les aveux

Pourtant, si incohérences il y a dans les propos des Aubert, elles vont très rapidement passer à la trappe, car Ranucci, dans l'après-midi du 6 juin, passe aux aveux ! Oui, il a bien enlevé la fillette, oui, il l'a également tuée. Pourquoi, il ne le sait pas. Il n'y a pas eu abus sexuel, ce qui est malheureusement généralement le cas dans de semblables affaires… Il l'a tuée, c'est tout. Pour confirmer ses dires, le jeune homme réalise un croquis du lieu de l'enlèvement, et donne aux policiers l'emplacement où ils pourront retrouver le couteau à cran d'arrêt qui a servi à assassiner la petite victime.
Là aussi, certains faits sont assez dérangeants pour être signalés. Le plan dessiné par Ranucci n'est pas excessivement précis, et au final, peut être sujet à interprétation. Ensuite, le jeune homme dit avoir paniqué et tué la petite parce qu'elle s'était mise à crier de peur en traversant la garrigue. Même les Aubert et leurs témoignages riches en incohérences n'ont pas mentionné de cris… S'ils étaient parvenus à entendre une voix d'enfant poser une question à voix normale, *quid* d'un hurlement ? Enfin, le couteau qu'on retrouve enfoui dans un tas de fumier au soir du 6 juin est déjà mentionné le 5 juin dans un procès-verbal de saisie…

Le juge d'instruction, Ilda di Marino, est une personne particulièrement sévère, et visiblement, la personnalité de Ranucci lui déplaît fortement... Est-ce là un motif suffisant pour en faire un coupable ? Certes non. Mais dans une affaire assez glauque, une antipathie peut largement aggraver la situation. Ainsi, Ranucci ne sera entendu que cinq fois durant l'instruction, et seulement deux fois en présence de l'avocat de la défense, ce qui apparaît comme ridicule au vu de l'importance du dossier...

Et voilà que Mme Mathon, la mère de Christian, arrive avec une information importante. En rendant visite à son fils aux Baumettes, la prison de Marseille, elle a fait la connaissance d'une autre mère de détenu, Jeannine Mattéi. Mme Mattéi a une fille et cette enfant a failli quelques semaines plus tôt se faire enlever – ainsi qu'un autre enfant de la même cité – par un homme portant un pull rouge, au volant d'une Simca 1100 grise et qui leur demandait de l'aide à chercher son chien disparu. Les enfants sont confrontés à Ranucci. Non, ce n'est pas le monsieur en question !

Évidemment, cela entraîne un complément d'enquête à la demande du procureur de la République, et Mme Mattéi est convoquée à « l'Évêché ». Manque de preuves ou désir de ne pas s'avouer impuissants à arrêter le vrai coupable ? La plainte que Mme Mattéi avait déposée, ainsi que le compte rendu de son audition passeront à la trappe et ne seront jamais retrouvés.

Le procès

Le procès de Christian Ranucci s'annonce bien mal parti. Un mois plus tôt, la France s'est passionnée pour la disparition du petit Philippe Bertrand, à Troyes, victime de Patrick Henry, et l'opinion publique est très vivement remontée contre les assassins d'enfants... Dans ce contexte où l'on condamne de plus en plus rarement à mort, on se dit qu'une tête de Ranucci n'est pas à négliger... D'ailleurs, le précédent exécuté, Ali Benyanès, n'a-t-il pas été condamné à mort pour l'assassinat d'une fillette ?

Le 9 mars 1976, aux Assises des Bouches-du-Rhône, sises à Aix-en-Provence, Ranucci fait une bien mauvaise entrée. En costume bleu, avec une grosse croix de bois en pendentif, il se montre désagréable, hargneux. On peut bien sûr avancer qu'il clame depuis près de deux ans être la victime d'une injustice, mais pour l'heure, la pitié populaire porte sur l'enfant, pas sur son assassin présumé. La constante arrogance de l'accusé provoque la haine des spectateurs. La partie est décidément loin d'être gagnée.

Les avocats, au nombre de trois, ne sont pas eux-mêmes d'accord entre eux sur la méthode à adopter pour défendre leur client. Me Lombard et Me Le Forsonney, persuadés d'être face à un innocent, comptent plaider l'acquittement, tandis que Me Fraticelli préfère jouer la prudence... Demander l'acquittement à une foule aussi remontée, c'est la roulette russe : ou bien on se montre tellement convaincant qu'on gagne la cause, ou bien on la perd, et dans ce cas, c'est la mort. Il préférerait que Christian avoue, il aurait des chances d'échapper à la sentence suprême et après seulement, on pourrait envisager toutes les possibilités pour le faire libérer et trouver le vrai criminel.

Mais Ranucci n'est pas d'accord. On n'avoue pas quand on est innocent. Ses premiers aveux lui ont été soutirés par des manœuvres policières, tortures physiques et psychologiques. Et quand il dit cela avec une fierté bien mal tempérée, les jurés ne voient en lui qu'un monstre de froideur et d'inconscience !

Les incohérences de l'enquête et des témoins n'y changeront plus rien. Le 10 mars 1976, la foule à l'extérieur du palais de Justice laisse éclater sa joie. Ranucci est condamné à mort. L'accusé commente le verdict en répétant : « Ils sont fous. »

4 h 13, un matin d'été

Fin juillet 1976, Paul Lombard est convoqué au palais de l'Élysée. Le 17 juin précédent, la Cour de cassation a rejeté le pourvoi. Seul l'avis présidentiel peut encore tout changer. Après un long entretien avec Valéry Giscard d'Estaing, Me Lombard part rassuré. Le chef de l'État n'a jamais laissé la guillotine fonctionner depuis son entrée en fonction, il se dit même hostile à la peine capitale...

Mais en chemin, en écoutant la radio sur la route, l'avocat apprend avec horreur qu'à Toulon, un garçonnet a été kidnappé et assassiné...

Stupeur pourtant le 27 juillet : la radio et la télévision annoncent que Christian Ranucci est gracié. Pour Mme Mathon, qui a toujours cru en l'innocence de son fils, c'est la fin d'un long calvaire. Les avocats sont ravis. La partie n'est pas gagnée, mais cela laisse un répit pour enfin savoir la vérité... Le téléphone sonne... L'un des défenseurs répond, blêmit. C'est le parquet. Il s'agit d'une erreur de la part des journalistes, ils ont reçu simultanément les deux télex, l'un mentionnant la grâce, l'autre le rejet de celle-ci... Ranucci va être exécuté le lendemain à l'aube.

Réveillé en sursaut peu avant 4 heures, ce 28 juillet, le jeune homme hurle qu'il va se plaindre à ses avocats. Le choc est terrible. Lui qui

Chronologie

- 3 juin 1974 : **enlèvement de Marie-Dolorès Rambla, huit ans, à Marseille.**
- 4 juin : **Alain Aubert contacte la gendarmerie pour témoigner de l'accident de voiture qui mènera à Ranucci. Marie-Dolorès est retrouvée poignardée près du lieu de l'accrochage. On retrouve un pull-over rouge.**
- 5 juin : **Christian Ranucci est interpellé.**
- 6 juin : **Ranucci passe aux aveux et dessine un plan des lieux.**
- 9-10 mars 1976 : **la Cour d'assises des Bouches-du-Rhône condamne l'accusé à mort.**
- 17 juin : **la cour de cassation rejette le pourvoi.**
- 27 juillet : **selon la presse, Ranucci est gracié, c'est une erreur.**
- 28 juillet : **exécution de Ranucci, guillotiné à 4 h 13 aux Baumettes à Marseille.**

croyait en ce Président anti-peine de mort, lui qui avait cru jusqu'au bout ses avocats qui lui juraient qu'il ne serait pas condamné, pas exécuté… Il continue à dire son innocence, refuse de parler à l'aumônier et tout en fumant une dernière cigarette, il lit une lettre écrite par sa mère, au cas où le Président n'accorderait pas sa clémence… Il fut rapporté qu'avant d'être conduit sur la guillotine, Ranucci pria ses avocats de le faire réhabiliter. Les exécuteurs, eux, affirment qu'il ne dit rien de tel, mais que ses derniers mots furent également adressés à ses défenseurs : « Vous ne voulez tout de même pas que je vous félicite… »
Il était 4 h 13 quand le couperet tomba. Le corps fut récupéré par Mme Mathon, qui le fit inhumer à Avignon, dans le caveau familial. Face à l'interdiction de mentionner le nom de son fils, elle contourna la loi en faisant graver la plaque en alphabet cyrillique.
Après Ranucci, deux autres condamnés à mort seront exécutés : Jerôme Carrein à Douai, le 23 juin 1977, lui aussi pour le meurtre d'une fillette. Hamida Djandoubi aura la tête tranchée aux Baumettes, comme Ranucci, le 10 septembre 1977, pour viol et meurtre avec barbarie sur son ancienne petite amie. Après cela, la machine fut rangée dans son entrepôt à la prison de Fresnes, avant de devenir obsolète avec l'abolition de la peine de mort en 1981.

De nos jours, l'affaire Ranucci demeure un point sensible de l'histoire criminelle française, et depuis la parution en 1978 (éditions Ramsay) du *Pull-Over rouge*, livre-enquête de Gilles Perrault qui dénonce les zones d'ombre de l'histoire et clame que Ranucci a payé pour un autre, plusieurs autres livres sont parus, suivant au choix la théorie de la culpabilité ou de l'innocence de Christian. L'avis des Français demeure partagé.

Les différentes tentatives de révision n'ont pas été suivies. La dernière remonte à 1991.

Le malheur a poursuivi la famille Rambla. Jean, le petit frère et témoin de l'enlèvement de Marie-Dolorès, est actuellement en attente de procès pour le meurtre de son employeur, Corinne Beidl, dont le corps étranglé sept mois plus tôt a été retrouvé enfoui dans son jardin le 12 février 2005.

En janvier 2006, la nouvelle de la présence du tueur en série Michel Fourniret dans la région de Marseille au printemps 1974 a relancé le débat… Fourniret n'a pas avoué, et l'enquête ne permet pas, en l'état, d'affirmer que le criminel – déjà actif à cette époque comme violeur d'enfants – ait une relation avec la mort de la fillette.

Sylvain LARUE

Le couperet est tombé un quart d'heure plus tôt, ce 28 juillet 1976. Le fourgon quitte les Baumettes, direction le cimetière : à son bord, une panière d'osier doublée de zinc qui contient le corps tronqué de Christian Ranucci, vingt-deux ans.

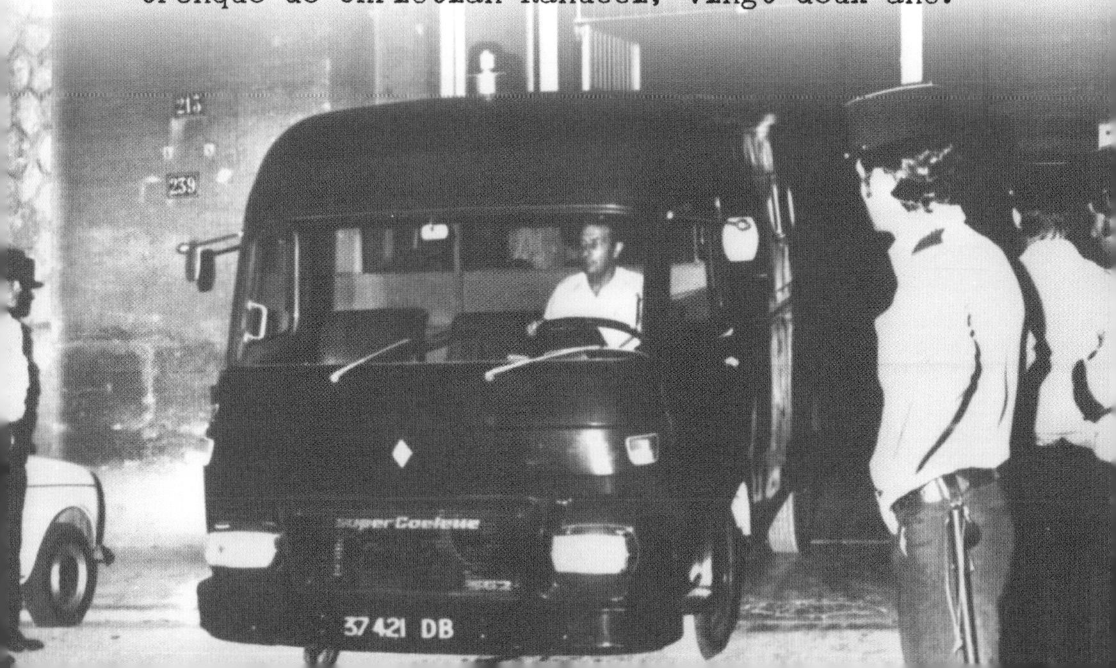

Maître Badinter croyait vivre un cauchemar. Cinq ans plus tôt, au même endroit, l'avocat entendait condamner à la peine capitale son client Roger Bontems, et en ce jour de janvier 1977, la France entière souhaitait la mort à Patrick Henry. L'histoire ne devait cependant pas se répéter.

"Échec à la guillotine"

Cour d'assises de l'Aube, 20 janvier 1977

Le kidnappeur Patrick HENRY

JE NE LE CROIS PAS... Mon nom vient d'être prononcé. Je viens d'être tirée au sort. Je me lève, récupère mon manteau et m'avance. Je suis émue, je tremble même un peu. Devant moi, l'allée, les trois juges, et puis cet homme en noir qui me sourit en me désignant un fauteuil. Je marche. C'est long, ce parcours. Je me dis que je peux encore être récusée, peut-être qu'à cet instant je le souhaite un peu... Cette récusation peut venir de ma gauche, l'avocat général, ou de ma droite, les avocats de la défense. C'est le regard de ces derniers que je sens, sur mes épaules. Et celui de l'accusé. Ils me jugent, ils me jaugent. De qui ai-je la tête ? D'une qui ne verra que l'horreur du crime ou d'une qui ne voudra pas ajouter la mort à la mort ?

Le visage de Patrick Henry

Voilà. Je m'assieds. Le président prononce un autre nom, un autre « tiré au sort ». Je fais donc partie des jurés, je vais donc devoir juger Patrick Henry. Il est devant moi. Bizarre... Je ne m'attendais pas à le voir ainsi. Je ne sais d'ailleurs pas à quoi je m'attendais. À voir un monstre ? Ça ressemble à quoi, un monstre ? Patrick Henry n'est pas grand, il a les cheveux courts, d'un blond tirant sur le roux... Son costume bleu, bien coupé, me fait penser à la photo de mon frère, en premier communiant...

Son visage est rond, poupin, presque enfantin. Si ce n'est que, derrière ses lunettes à monture épaisse, ses yeux n'expriment aucune douceur. Ils sont froids, résolus, même aujourd'hui. Peut-être les aurais-je voulus craintifs, hésitants, peut-être aurais-je voulu plus de retenue dans son regard... Peut-être n'aurais-je pas voulu d'un homme qui « se permet » : se permet de détailler les pièces à conviction posées devant nous sur la table et d'en faire des commentaires à l'oreille de son avocat... Se permet de chasser d'un revers de main une poussière sur sa veste... Se permet de nous dévisager, de nous détailler, nous tous, magistrats et jurés… Je ne supporte pas son regard. Je baisse les yeux.

Le président Sagols nous parle des parents de Patrick Henry. Ce sont des gens simples, honnêtes, qui ont travaillé autant qu'ils ont pu sans jamais faire fortune… Tel n'était pas leur désir, d'ailleurs. Alors que Patrick Henry, lui, ne rêvait que d'une chose, d'argent.

Une fois passé son certificat d'études, ses parents l'inscrivent dans une école de cuisine qu'il quitte au bout d'un an. Il veut gagner sa vie. Mauvais débuts : dans un hôtel du Puy-de-Dôme, il vole 2 000 francs à son employeur et doit s'enfuir. C'est son père qui indemnise l'hôtelier. Dans un autre restaurant, dans l'Aube cette fois, il « emprunte » la voiture de son patron et crée un accident.

Là encore, son père rembourse la victime…

« Un peu après, vous volez la paie d'un collègue, lui fait remarquer le président. Patrick Henry ne se démonte pas :

– C'était pour rembourser mon père… »

L'argent, toujours l'argent. À dix-sept ans, Patrick Henry demande son émancipation.

« Pour quelle raison ? interroge le président.

– Pour me mettre à mon compte », répond l'accusé.

Son rêve : se mettre à son compte…

Deux visages de la jeunesse :
celui du crime et celui de l'innocence.
À gauche, l'assassin, Patrick Henry.
À droite, la victime, Philippe Bertrand.

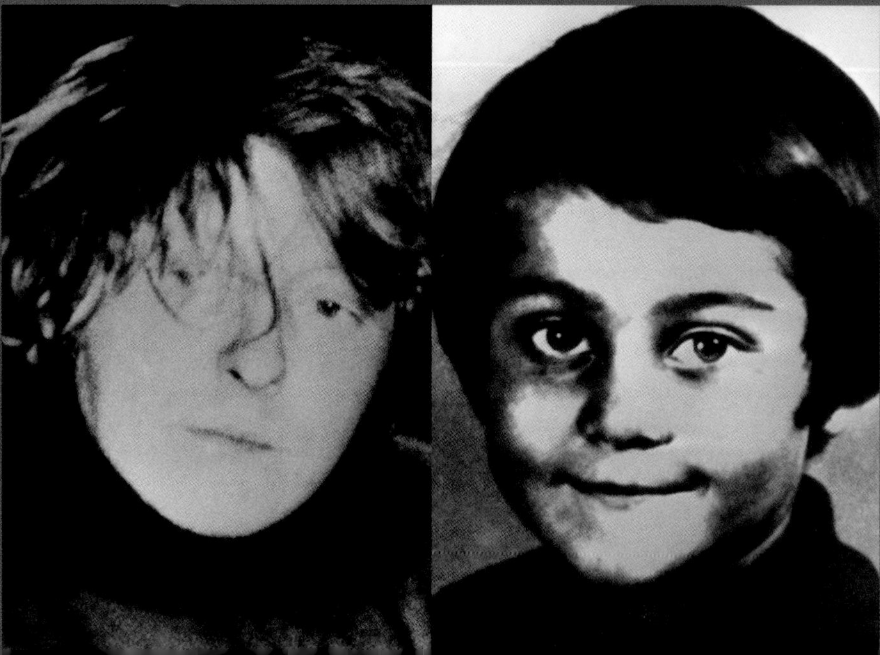

Les débuts dans la vie

C'est en 1974, à vingt et un ans, qu'il ouvre un commerce d'outillage en prenant son frère comme vendeur. « Au début, ça a bien marché, se rengorge Patrick Henry. – Mais à la fin, moins bien, lui rétorque le président, vous aviez près de 100 000 francs de dettes. »
Entre-temps, Patrick Henry a été appelé sous les drapeaux. Il n'y reste pas longtemps. Le courrier d'un «politique» lui permet de quitter la caserne prématurément. Son commerce ne peut se passer de lui…
Patrick Henry raconte, se raconte. Finalement, il semble plutôt heureux qu'on parle de lui. Il est au centre, tous les yeux sont braqués sur sa personne… N'est-ce pas ce dont il a toujours rêvé…
Derrière leurs avocats, au contraire, M. et Mme Bertrand sont tout de retenue et de réserve. Ils paraissent perdus dans leurs pensées, sans doute se demandent-ils ce qu'ils font là. Demain, ils ne viendront pas. Sage décision…
L'émotion, ce n'est pas de Patrick Henry qu'elle viendra, mais de sa famille, ses frère et sœur, d'abord :
« Ce frère, je l'aime et je l'aimerai toujours », nous dit Nicole Henry…

"C'était un bon fils, un bon frère", ajoute Bernard Henry. Leur douleur, leur souffrance est évidente. Ils sont bouleversés. Patrick Henry, lui, reste froid et semble indifférent… La façon dont il explique son geste me laisse perplexe. Ce n'est pas possible, ce n'est pas possible qu'un être humain ait pu mettre en balance ses soucis financiers et la vie d'un enfant.

Si ce n'est la vie d'un enfant, si l'on imagine qu'il n'a pas eu l'intention de le tuer, c'était pour le moins l'insupportable douleur d'une mère, d'un père… On n'imagine pas… Patrick Henry, lui, l'a fait. Et il l'explique, posément :
«Je traversais dans mon magasin une situation difficile, alors j'ai pensé à ce moyen pour régler mes dettes…» De même, il explique comment c'est l'enlèvement du petit Christophe Mérieux qui lui a

donné cette idée… Le ravisseur avait été arrêté. Mais Patrick Henry, que tout le monde décrit comme un personnage qui a une totale confiance en lui, pensait qu'il ferait mieux…

Le choix du destin

Sans émotion, il raconte comment il a choisi sa victime. Il l'avait croisée un an auparavant car ses parents étaient amis avec les grands-parents paternels de l'enfant. Mais surtout, le grand-père maternel de Philippe Bertrand était assureur, Patrick le croyait riche…

Patrick Henry prépare l'enlèvement : il loue, sous un faux nom, une chambre meublée rue Fortier, à Troyes, et y installe un verrou supplémentaire. Puis une voiture, dont il fait faire un double des clés, avant de la restituer… puis de la voler.

Il sait que, chaque midi, Philippe quitte l'école Saint-Pierre puis va chercher son jeune frère qui fréquente la maternelle voisine. Le vendredi 30 janvier 1976, Gérald Bertrand ne retrouve pas son fils, âgé de sept ans, chez une commerçante de l'avenue où ses deux enfants ont l'habitude de l'attendre. Après deux essais infructueux les jours précédents, Patrick Henry a enlevé le petit Philippe.

C'est le président qui poursuit la narration des faits. Patrick Henry n'explique rien. Totalement détaché, il ne fait que confirmer d'un mot ou d'un hochement de tête. Le coup de téléphone, vers 12 h 40, la demande de rançon, 100 millions de centimes… Puis on en vient à cet appel donné d'une cabine de Bréviandes, vers 18 heures. Les policiers localisent la cabine, se mettent en surveillance : le ravisseur est là, au téléphone… Mais une voiture de gendarmerie survient et Patrick Henry s'enfuit… Je ne peux m'empêcher d'imaginer le nombre de fois où M. et Mme Bertrand ont voulu « remonter le temps », faire qu'on la recommence, cette scène où le ravisseur de leur fils était là, à portée des policiers, de leur arme. Pourquoi ne pas l'avoir immédiatement arrêté ? Pour mieux le « filer » et remonter ainsi à leur fils ? Allons donc, il aurait bien fallu qu'il parle… Pourquoi avoir attendu que le destin mette en scène ces gendarmes, pourtant bien intentionnés… Mais était-il encore vivant, seulement, leur petit Philippe ?

Comment croire ce que Patrick Henry est en train de soutenir, cet enfant qui patientait gentiment, en regardant la télé et en jouant aux cartes… tandis qu'à deux reprises il s'est absenté pour téléphoner… Comment cet homme peut-il nier, là, devant nous, devant sa famille, devant les parents, avoir drogué le petit Philippe alors qu'on a retrouvé dans son corps des traces évidentes de barbituriques ?

On en arrive alors au samedi après-midi, quand Patrick Henry dit avoir tué l'enfant. Enfin, il montre une hésitation, il verse une larme mais se reprend bien vite pour déclarer l'avoir « tué sans réfléchir ». Je me tourne vers les autres jurés, à ma droite, à ma gauche. Le discours de cet homme, qu'il soit ou non la vérité, est précis, clair, la parole ne tremble pas. Alors que nous, nous ne serions pas capables de prononcer le moindre mot sans éclater en sanglots. Heureusement, c'est le cynisme de l'accusé qui me fait basculer à nouveau vers la colère. Pour «cacher son angoisse», cet homme va manger avec des amis, puis part en week-end à la montagne, tandis que le corps de Philippe est là, seul, sous le lit d'un meublé… Puis il va oser demander à nouveau la rançon, invitant Gérald Bertrand à un dramatique jeu de piste au long duquel ce dernier trouvera un gant, une chaussure, le manteau de son fils… Comment, comment a-t-il pu ? Bien évidemment, il n'a pas les mêmes valeurs, mais à ce point…

Arrestation du ravisseur

Mercredi 11 février, Patrick Henry est placé en garde à vue. Son véhicule a été remarqué à plusieurs reprises sur le lieu de l'éventuelle remise de rançon. Interrogé, il nie. Relâché, il fanfaronne, il parade, il parle devant la presse de l'insupportable douleur des parents, de ce ravisseur qui ne mérite que la peine de mort. Patrick Henry, pour la première fois devant nous, baisse les yeux. A-t-il honte, a-t-il des remords, ou regrette-t-il seulement d'avoir perdu ?
Car mardi 17 février, dans la soirée, soit près de trois semaines après l'enlèvement, les policiers qui ont fait le lien entre lui et le studio de la rue Fortier investissent les lieux. Le ravisseur tente de fuir. À quelques heures près, il aurait eu le temps de faire disparaître le corps de l'enfant, et de réclamer à nouveau la rançon. Des courriers, dont l'un prétendument écrit par Philippe, sont retrouvés dans la chambre. Patrick Henry revit cette scène, tranquillement. L'avocat général ne peut s'empêcher de faire une remarque : «Ce récit m'apparaît sans grande émotion…»
Une fois encore, cette émotion viendra d'autres que lui : de tous ceux qui, à la demande de Me Badinter, vont venir nous démontrer combien la peine de mort est un châtiment inhumain et qui n'a aucun effet dissuasif. De l'avocat lui-même, lorsqu'il prend la parole. D'abord pour se poser des questions quant aux limites actuelles de la psychiatrie… «Une telle monstruosité… Les psychiatres ne sont pas capables d'expliquer pourquoi, personne n'a su expliquer que chez Patrick Henry il existe quelque chose qui échappe à la norme.»

Chronologie

- **31 mars 1953 :** naissance de Patrick Henry à Troyes.
- **1974 :** Patrick Henry ouvre un commerce d'outillage. Ses nombreuses dettes l'amènent à commettre plusieurs vols dont les victimes seront remboursées par son père.
- **30 janvier 1976 :** Philippe Bertrand, sept ans, est enlevé à la sortie de l'école. Le ravisseur demande une rançon.
- **11 février :** Patrick Henry est placé en garde à vue, puis relâché.
- **17 février :** arrestation au studio de la rue Fortier.
- **18 janvier 1977 :** ouverture du procès en cour d'assises.
- **20 janvier 1977 :** défendu par Me Badinter, Patrick Henry échappe à la peine capitale au terme d'un procès retentissant.
- **9 octobre 1981 :** la peine de mort est abolie en France.
- **2001 :** Patrick Henry obtient la liberté conditionnelle.
- **Juin 2002 :** vol à l'étalage, amende de 2 000 euros.
- **5-6 octobre :** arrêté en Espagne en possession de résine de cannabis.
- **23 juillet 2003 :** condamnation à quatre ans de prison et 20 000 euros d'amende par le tribunal correctionnel de Caen.

Vers la peine de mort ?

Puis, c'est le spectre de la guillotine que l'avocat élève devant nous. Nous rappelant que c'est nous, et nous seuls, qui allons ou non envoyer cet homme à la mort. Ce ne sera ni l'avocat général qui aura requis la peine, ni la Cour de cassation, ni le président de la République, ni même le bourreau, qui prendra la décision… « Ce qui est en jeu, c'est sa vie et vous avez, vous seuls, droit de vie et de mort sur lui. C'est vous seuls qui décidez, cela vaut bien pour chacun de vous qu'on y réfléchisse… »

Tandis que Patrick Henry prend la parole une dernière fois, d'abord pour rabrouer sa mère et sa sœur qui éclatent en sanglots, puis pour déclarer que s'il semble aussi insensible, c'est que tout chez lui se passe à l'intérieur, me reviennent à l'esprit les mots de l'avocat : « Patrick Henry est devenu l'incarnation du mal, d'où ce désir d'exorcisme… Comme jadis on brûlait les sorcières. » Et de conclure :

« Vous, les jurés, on compte sur vous pour apporter les fagots de cet exorcisme-là… »
Voilà… La suite, les délibérations, je n'en parlerai pas. Autour d'une grande table, nous avons débattu, posé des questions aux magistrats, nous avons réfléchi. Chacun a pu s'exprimer. Puis nous avons voté. Le président Sagols a rendu notre verdict : « À la septième question, concernant les circonstances atténuantes, les jurés ont répondu "oui". » Patrick Henry sauve sa tête… Il pleure, pour la première fois. Il embrasse ses avocats. Maître Badinter pleure lui aussi. Puis Patrick Henry embrasse sa mère, sa sœur, son frère, Bernard. Il se permet d'aller embrasser Mlle Gérard, juge d'instruction chargée de l'affaire. Dehors, la foule hurle son mécontentement. Qui pense alors à M. et Mme Bertrand, à leur petit Philippe ? Le 9 octobre 1981, la peine de mort est abolie en France.
En juin 2002, un an après sa mise en liberté conditionnelle, Patrick Henry est arrêté pour vol à l'étalage dans un supermarché. Puis, début octobre, il est interpellé par la police espagnole alors qu'il se trouve en possession d'une dizaine de kilos de résine de cannabis qu'il vient d'acheter au Maroc. Il est remis en détention…
Une fois encore des affaires d'argent. Une fois encore Patrick Henry n'a pas imaginé que le « petit » profit qu'il allait faire risquait de le renvoyer pour de longues années en prison…

Alain DOMMANGET
Les Grandes Affaires Criminelles de l'Aube, 2008.

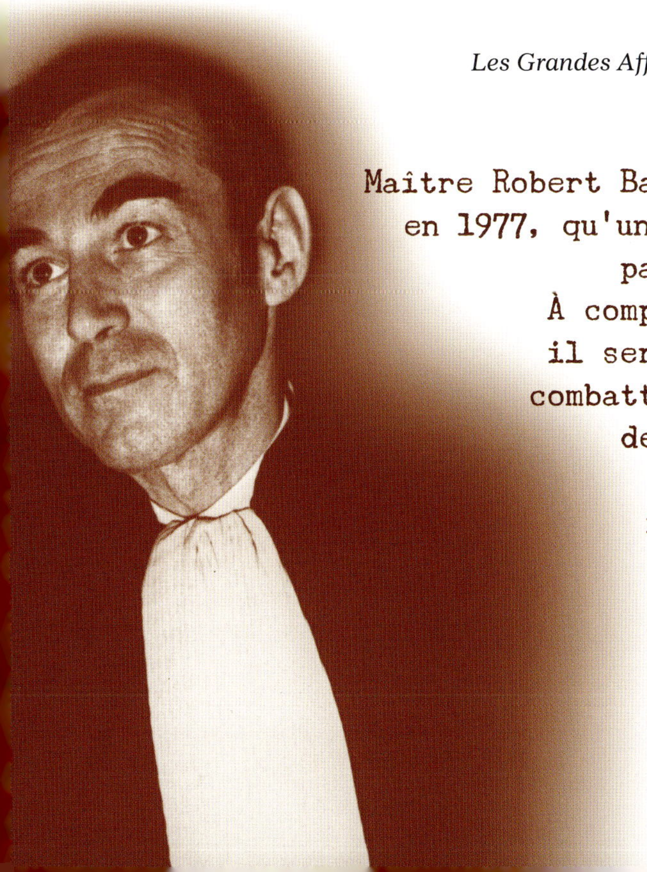

Maître Robert Badinter n'est encore, en 1977, qu'un avocat de la défense particulièrement doué. À compter du procès Henry, il sera le plus habile des combattants face à la peine de mort… Devenu garde des Sceaux en 1981, il réalisera l'œuvre de sa vie : l'abolition de la peine de mort en France.

Lépanges-sur-Vologne,
16 octobre 1984, affaire non résolue.

L'affaire du petit GRÉGORY

LÉPANGES-SUR-VOLOGNE. Un joli nom pour un joli village des Vosges… Un village qui hélas reste, à l'instar d'Uruffe ou de Luxiol, associé à un crime affreux. Ici, depuis vingt-quatre ans, c'est un visage d'enfant qui camoufle tout le reste : le visage de Grégory Villemin.

Le kidnapping

Le 16 octobre 1984, vers 17 heures, Christine Villemin fait la pire constatation qui soit : son fils Grégory, quatre ans, est introuvable. Elle repassait du linge, l'enfant jouait sagement dans le bac à sable, devant la maison. Et là, malgré les appels, pas de réponse. Les gendarmes sont appelés, informés, et partent à la recherche du petit.

Il ne faut pas quatre heures et demie aux enquêteurs pour retrouver Grégory. L'enfant est mort, plongé pieds et poings liés dans l'eau de la Vologne, et son corps flotte contre un barrage en aval, à Docelles… Quand la nouvelle leur est annoncée, Jean-Marie et Christine s'effondrent, mais reconnaissent qu'ils le savaient déjà. Vers 17 h 30, le frère de Jean-Marie, Michel, a reçu un appel anonyme : une voix déformée affirmait que Grégory était mort noyé dans la Vologne.

Le lendemain matin, pendant que la presse avide de sensationnel fait ses gros titres, photo du petit corps à l'appui, Jean-Marie confie à la radio qu'il sait qui est l'assassin de son fils. Le matin même, il a reçu une lettre envoyée la veille de Lépanges. Le cachet fait foi : il était 17 h 15 quand elle a été oblitérée. Le message est clair : « J'espère que tu mourras de chagrin, le chef. Ce n'est pas ton argent qui pourra te redonner ton fils. Voilà ma vengeance. Pauvre con. »

Grégory avait quatre ans et sa photo fit le tour des informations en octobre 1984…

"Corbeau en Vologne"

Les gendarmes apprennent à cette occasion que ce n'est pas la première fois que la famille Villemin reçoit de tels messages.

Le corbeau

C'est au cours de l'été 1981 que la famille Villemin reçoit les premiers messages d'un corbeau. Jeunes mariés, Jean-Marie et Christine emménagent alors dans leur maison, un joli chalet neuf construit à la lisière d'une forêt…

Le corbeau se manifeste d'abord par téléphone, harcelant la famille entière de nombreux coups de fil, et tout particulièrement Albert et Monique, les parents de Jean-Marie… D'une voix trafiquée, rauque, l'auteur des appels parle de morts et de petits détails familiaux dérangeants. Parfois, une femme appelle à son tour, sans dissimuler sa voix cette fois, mais en restant tout aussi impossible à identifier.

Un corbeau semble, en fait, en vouloir surtout à Jean-Marie, qu'il surnomme « le chef ». Le jeune homme reçoit ainsi un appel sur son lieu de travail en novembre 1982 : le harceleur lui dit qu'il va violer Christine et s'attaquer à son fils. Les parents Villemin vont porter plainte.

Par une curieuse coïncidence, alors que les gendarmes avaient conseillé aux Villemin d'enregistrer les conversations téléphoniques, leur corbeau change de méthode et leur envoie des lettres anonymes. La première, le 3 mars 1983, il va, non sans culot, la

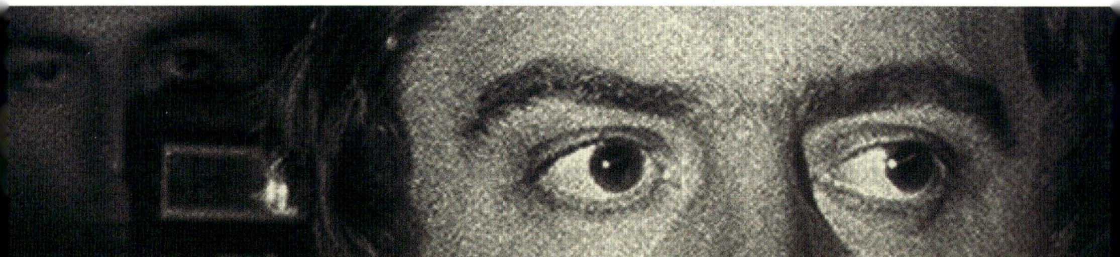

glisser derrière un volet du chalet de Jean-Marie et Christine. Le message est éloquent, malgré une faute de français remarquable. « Je vous ferai la peau à la famille Villemain. » Les deux autres sont envoyées par la poste en avril et en mai 1983. Récipiendaires : Albert et Monique. Depuis, plus d'écho de la part de ce malade...

Enquêtes et suspicions

Où a été jeté le corps de l'enfant ? La question peut sembler tristement dérisoire, et pourtant, pour que Grégory soit retrouvé à cet endroit précis, c'est qu'il n'a pas été mis à l'eau n'importe où. Après une série d'essais avec des mannequins, les gendarmes peuvent affirmer que c'est à Docelles, derrière la caserne des pompiers, que l'assassin s'est débarrassé du cadavre. En résumé, il a agi à quelques mètres du centre du village, et il n'y a pas le moindre témoin ! Cependant, l'examen médico-légal n'ayant pas procédé à l'analyse des viscères, l'heure exacte du décès de l'enfant ne sera pas établie de façon formelle...

Il faut également comprendre le mobile du crime. Et c'est probablement dans le fait d'appeler constamment « le chef » que tout réside. Jean-Marie n'a que vingt-six ans, et il est déjà contremaître, et il gagne convenablement sa vie. Une jalousie incontrôlable consume le corbeau face à cette réussite matérielle !

Très vite, la piste d'une haine familiale fait son chemin dans l'esprit des gendarmes ainsi que dans celui des journalistes. Vu que les Villemin ont toujours les lettres anonymes, un examen graphologique – une simple dictée – est décidé, auquel chaque membre de la famille devra s'astreindre. Et après analyse, il semble que le cousin germain de Jean-Marie, Bernard Laroche, en soit l'auteur... Enfin, disons que son écriture est qualifiée d'« intéressante ». La vie de Laroche semble identique à celle de son cousin, la réussite en moins. En outre, de l'aveu même de Christine, il lui aurait fait des avances par le passé auxquelles elle n'a pas donné suite. De quoi alimenter les rancunes. Un expert en écriture, Mme Berichon-Seyden, confirme bientôt les premières conclusions, et de plus, sur l'une des lettres anonymes, elle trouve un foulage (une empreinte de signature en creux) : deux lettres, L. et B. En superposant la forme de ces lettres sur la signature de Laroche, tout concorde.

Au lendemain de cette nouvelle, les époux Bernard et Marie-Ange Laroche sont placés en garde à vue. Faute d'aveu, les gendarmes les libèrent vingt-quatre heures plus tard, mais persévèrent dans leurs

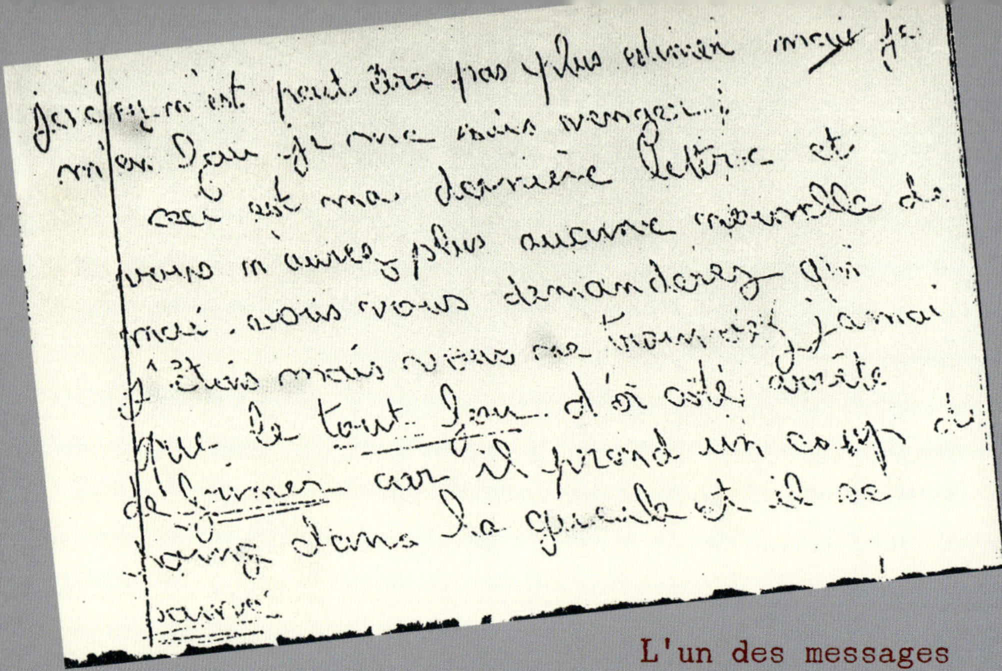

L'un des messages du "corbeau" qui en voulait à la réussite de la famille Villemin. L'envie est probablement de tous les pêchés capitaux le plus dangereux.

observations, en particulier concernant l'emploi du temps de Bernard le 16 octobre. Désormais les Laroche sont dans le collimateur.

Les décisions d'un juge peu fiable

C'est par le témoignage de la belle-sœur de Laroche, Murielle Bolle, une adolescente de quinze ans, qu'une nouvelle étape va être franchie. Après avoir affirmé aux gendarmes que son beau-frère se trouvait dans le village de Aumontzey à l'heure de l'enlèvement, elle change de version : elle était en voiture avec Bernard, passé la chercher au collège, et ils sont allés à Lépange, où elle l'a vu enlever Grégory. Puis quelques instants plus tard, Bernard et Grégory sont sortis ensemble de la voiture. Quand Laroche est revenu, l'enfant n'était plus avec lui.

La jeune fille est mise en garde à vue, et le procureur sollicite du juge d'instruction, M. Jean-Michel Lambert, qu'il se charge de l'audition de Mlle Bolle. Mais comme nous sommes une veille de week-end, «le petit juge» – comme on le surnomme – préfère remettre la jeune fille en liberté pour ne l'entendre que le lundi suivant, 5 novembre. Ce jour-là, Murielle réitère ses accusations, et c'est sous les yeux des reporters que le soir même, Laroche est arrêté à la sortie de son travail. Quelques heures plus tard, c'est un juge Lambert souriant qui

s'adresse aux journalistes et annonce l'inculpation de Bernard Laroche pour assassinat. Pourtant le lendemain, coup de théâtre : la presse, alors sur le départ – une inculpation clôt en général la partie «enquête» d'une affaire criminelle – est priée de se rendre chez les Bolle. Et là, surprise, Murielle revient sur ses propos. Ce sont les gendarmes qui l'ont poussée à salir Laroche, qui n'y est pour rien !
Les gendarmes ne sont pas ravis, on l'imagine. Selon eux, avoir laissé Murielle retourner chez elle, c'est avoir permis à la famille de «laver le cerveau» de la jeune fille. Car d'autres témoins semblent infirmer les premiers aveux de Mlle Bolle. Ainsi, elle n'a pas utilisé le car de ramassage scolaire le 16 octobre. Qui l'a donc ramenée chez elle ? Une confrontation entre Murielle et Bernard n'apporte rien, l'adolescente demeurant sur ses dernières positions.
Et voilà qu'une nouvelle accusation se fait jour. Trois collègues de travail de Christine Villemin affirment l'avoir vue, le 16 octobre à 17 heures, glissant une lettre dans la boîte de la poste de Lépanges. Serait-ce la dernière lettre du corbeau ? Christine nie, c'était le 15 et non le 16. D'autres erreurs dans les précisions des témoins sont relevées par les gendarmes, mais le juge Lambert, toujours à contre-courant, tient malgré tout à faire une confrontation…

Presse qui roule

Un allié de poids vient soutenir le juge. Il s'agit de la presse. En effet, dès le lendemain du crime, on le sait, la majorité des journaux de France ont fait leur une avec l'affaire Grégory. À l'enterrement de l'enfant, pour filmer et photographier le désespoir d'une mère, on comptait plus de reporters que de proches de la famille dans le cimetière.

À compter de cela, chaque jour, on parle encore et encore de l'enfant de la Vologne. Le risque, dans une histoire aussi médiatisée, c'est qu'on rapporte et raconte tout et n'importe quoi. Comme les journalistes sont pris d'une frénésie investigatrice, et que les gendarmes ne désirent pas qu'on marche sur leurs plates-bandes, ces derniers organisent des points presse bi-quotidiens. Adieu, le secret de l'instruction !

Pour défendre ses intérêts, la famille Villemin (conseillée en cela par la radio Europe 1) s'adresse à un avocat, Me Garaut. C'est par le biais de ce dernier que Jean-Marie et Christine vont faire la connaissance du journaliste le plus retors qui soit. Jean Ker est reporter pour *Paris-Match*, et il est spécialisé dans les causes criminelles. Douze ans plus tôt, il hantait les rues de Bruay-en-Artois lors de l'affaire Dewèvre.

En 1981, il a réussi l'exploit d'approcher les derniers bourreaux, de les interviewer et même de prendre en photo la guillotine… C'est un acharné, décidé à aller jusqu'au bout des enquêtes qu'il entreprend. Les Villemin le trouvent aimable, lui accordent leur confiance. C'est par lui, tout particulièrement, que l'affaire va demeurer sur le devant de la scène pendant plusieurs mois, mais aussi prendre un tour particulièrement tragique.

Presse – à part Ker – et juge sont d'accord : la piste d'une mère infanticide est sérieusement à envisager.

Le 5 novembre 1985, Bernard Laroche arrive au palais de Justice d'Épinal.

Les gendarmes, eux, ne voient aucune raison de harceler une femme déjà dans le chagrin, et les éclats entre magistrat et enquêteurs sont fréquents... Le souci, c'est que bientôt, chaque «preuve» retenue contre Laroche disparaît. Murielle s'est rétractée, les analyses graphologiques sont déclarées irrecevables car effectuées dans le non-respect de la procédure, «merci M. Lambert»... Les gendarmes aussi ont leur part de faute : n'ont-ils pas rendu la lettre du 17 octobre parfaitement illisible à force de la recouvrir de poudre noire, dans l'espoir de trouver une empreinte digitale ?
Le juge Lambert nomme un nouvel expert en écriture : l'avis est inverse de celui de ses confrères. Laroche n'est pas l'auteur du message. Alors, contre l'opinion du procureur de la République, Bernard Laroche est remis en liberté. Il demeure inculpé, mais libre, ce 4 février 1985.
Pour essayer de «réparer» les dégâts (la presse avait fait paraître la photo de l'arrestation de Laroche en le traitant d'assassin, la présomption d'innocence n'étant pas entrée dans la loi à l'époque), la télévision est contactée par Me Wetzer, l'avocat des Laroche, afin que la France puisse avoir une image plus positive de cet homme injustement traîné dans la boue...
Mais non loin de là, les Villemin ne peuvent pas le supporter. Déjà, il a fallu entendre le juge accuser Christine, et maintenant, on libère Laroche ? Jean-Marie, entre rage et effondrement, crie devant les caméras son dégoût à l'idée que l'assassin de son enfant ne soit pas resté derrière les barreaux. Un certain nombre de journalistes pensent comme lui, et involontairement, leur soutien conforte Jean-Marie dans la haine qu'il a désormais pour Bernard Laroche.

Le paroxysme

Le 25 février 1985, Jean Ker a le tort de faire écouter aux Villemin un enregistrement de l'audition de Murielle Bolle au cours duquel elle accuse Laroche. À l'issue de cette séance, Jean-Marie s'empare d'un fusil et annonce qu'il va « buter Laroche ». Ker parvient, avec le plus grand mal, à lui faire promettre de ne pas sortir cette nuit-là. Pourtant, de retour dans son hôtel, le journaliste ne parvient pas à s'endormir et, pris d'un doute affreux, retourne chez les Villemin au beau milieu de la nuit. La voiture n'est plus là. Se rendant dans le village où vivent les Laroche, il trouve Christine dans la voiture garée, et Jean-Marie embusqué derrière le monument aux morts, fusil à la main, prêt à abattre son cousin dès qu'il rentrera de son travail de nuit à l'usine. Ker doit déployer des trésors de patience pour apaiser la situation, et il y parvient… avant de faire paraître dans *Paris-Match* le récit de cette nuit où il a empêché un crime de se produire !

Les Laroche, bien sûr, lisent l'article en question. Bernard sait qu'il n'est plus en sûreté, et Me Wetzer fait savoir au procureur que son client vit sous la menace… Rien ne sera fait en conséquence.

De son côté, le juge Lambert, las des pistes divergentes des siennes suivies par la gendarmerie, dessaisit les militaires de l'enquête. À la police judiciaire de continuer. Et les inspecteurs ont un suspect en tête : Christine Villemin. Le 24 mars 1985, la presse mentionne que les nouveaux experts ont identifié l'écriture du corbeau comme étant celle de Christine. Pour les Villemin, qui écoutent la nouvelle sur leur autoradio, c'est une abomination. En plus, Christine vient d'apprendre qu'elle est enceinte, et le choc provoque des saignements tels qu'il faut l'hospitaliser.

Et c'est ainsi que cinq jours plus tard, le 29 mars, la tête remplie des paroles accusatrices du juge Lambert, de la vision de son fils mort et de sa femme en larmes dans un lit d'hôpital, Jean-Marie Villemin craque. Il est 13 heures. Les époux Laroche reviennent ensemble en voiture. Jean-Marie surgit avec son fusil pointé, échange quelques mots avec Bernard avant de lui tirer dans la poitrine. Laroche n'y survit pas.

Christine sous feu nourri

Son mari en prison, Christine est seule face à l'adversité. Oh, c'est vrai, rien ne permet de l'accuser sans nul doute possible, mais l'acharnement vise à la déstabiliser. Son écriture, à nouveau soumise à expertise, est déclarée identique à celle du corbeau. On retrouve dans son garage une cordelette, jumelle de celle employée pour attacher Grégory… Mais peut-on vraiment savoir depuis combien de temps elle s'y trouve, puisque depuis la disparition de l'enfant, le couple demeurait chez des proches ? Le 5 juillet 1985, Christine est inculpée et incarcérée.

Pour Lambert, persuadé de suivre la bonne route, il n'y a qu'un seul mobile plausible, la folie. Mais les psychiatres ne décèlent en Christine aucune anomalie mentale. La presse est divisée : une partie soutient la mère éplorée, l'autre accable l'infanticide présumée. *Libération*, notamment, sollicite de Marguerite Duras un article. La romancière, sans avoir jamais rencontré la jeune femme, en fait une coupable dans un texte au style… durassien. Après onze jours de

Jean-Michel Lambert, dit "le petit juge"...

prison, Christine est libérée sur ordre du procureur, qui ne voit rien dans le dossier qui permette de justifier cette détention.
La famille manque d'argent. Ils doivent presque 1 800 000 francs en guise de dommages et intérêts aux Laroche, et en frais d'avocats. Maître Garaut vend donc les droits d'image de Mme Villemin à *Paris-Match*, en exclusivité, pour 250 000 francs. À quelques semaines d'intervalle, on voit en couverture Christine tenant son deuxième fils dans les bras, souriante, puis Marie-Ange Laroche, enceinte à la mort de son mari, venant d'accoucher, le visage fermé par la tristesse. Un contraste qui dessert les Villemin, car beaucoup de gens se demandent comment une mère peut ainsi s'exposer, un an après la mort de son enfant ! Comme les avocats ne cessent d'organiser des interviews payantes de la jeune femme, et comme Christine fait paraître un livre pour exposer son innocence, l'opinion publique a désormais une image vraiment déplorable d'elle : elle n'est qu'une profiteuse !

Une affaire qui dure encore

1986 réserve de nouveaux rebondissements. En avril, l'instruction s'achève, et le juge Lambert est mis en disponibilité dès janvier suivant. Le 22 juillet, la cour d'appel de Nancy renvoie Jean-Marie devant les Assises des Vosges, et le 9 décembre, la même cour renvoie Christine Villemin devant les Assises de Meurthe-et-Moselle. La jeune femme reste libre, mais inculpée. Une aberration judiciaire. Cette décision est jugée nulle par la Cour de cassation au mois de mars 1987. À la cour d'appel de Dijon de s'en occuper.

Chronologie

- **1981 :** premiers signes du « corbeau » qui écrit et téléphone à la famille Villemin.
- **16 octobre 1984 :** Grégory Villemin, quatre ans, disparaît à Lépanges-sur-Vologne. Le même jour son corps est retrouvé à Docelles, dans la Vologne.
- **5 novembre :** interrogatoire de Murielle Bolle, quinze ans, qui accuse Bernard Laroche. Inculpation de celui-ci.
- **6 novembre :** Murielle Bolle se rétracte.
- **4 février 1985 :** Bernard Laroche est remis en liberté.
- **25 février :** Jean-Marie Villemin annonce qu'il va « buter » son cousin.
- **24 mars :** Christine est accusée d'être le « corbeau ».
- **29 mars :** Jean-Marie abat Bernard Laroche.
- **5 juillet :** Christine Villemin est incarcérée : 11 jours de détention.
- **22 juillet 1986 :** Jean-Marie Villemin est renvoyé devant les Assises des Vosges.
- **9 décembre :** Christine Villemin est renvoyée devant les Assises de Meurthe-et-Moselle.
- **3 février 1993 :** la cour de Dijon rend un non-lieu en faveur de Christine Villemin.
- **16 décembre :** son mari est condamné à cinq ans de prison dont un avec sursis.
- **14 juin 2003 :** réouverture de l'information judiciaire pour analyse ADN des lettres.
- **Février 2004 :** exhumation et incinération du corps de Grégory.

Un nouveau juge, Maurice Simon, se charge de mener la deuxième instruction. Tout est repris à zéro, et après une étude menée plus minutieusement que par le juge Lambert, c'est Bernard Laroche qui se retrouve impliqué ! Un témoin de la dernière heure viendra notamment déposer, en 1990, que ce 16 octobre-là, il avait bien vu Murielle Bolle et Bernard Laroche ensemble en voiture !
Mais le 29 janvier 1990, le juge Simon est victime d'une crise cardiaque qui l'affaiblit considérablement, et au mois de septembre,

le magistrat doit abandonner l'affaire pour la confier au nouveau président de la cour d'appel de Dijon, le juge Martin.
1993 marque la date des procès des époux Villemin. Le 3 février, la cour de Dijon rend un non-lieu pour Christine. Le 16 décembre, au terme de six semaines de procès et de huit ans d'attente, Jean-Marie – qui avait recouvré la liberté, sous contrôle judiciaire, la veille de Noël 1987 – est condamné par les Assises de la Côte-d'Or pour l'assassinat de Bernard Laroche à cinq ans de prison, dont un avec sursis. Le lendemain, la chambre civile le voue à verser à Marie-Ange Laroche la somme de 908 000 francs.
Pendant quelques années, la suite n'est qu'une question de chiffres, impressionnants certes, mais chiffres tout de même.
450 000 francs de plus que les Villemin doivent remettre à la famille Laroche, 410 000 francs de l'État à Christine Villemin en compensation de sa détention de juillet 1985…
Les progrès constatés en matière de police scientifique vont ramener au jour l'affaire, quinze ans après les faits. En 1999, à la demande des parents, leur avocat, Me Moser s'informe sur les possibilités d'une recherche ADN sur une lettre du corbeau datant de 1983. Le 14 juin 2003, la chambre d'accusation de la cour d'appel de Dijon procède à une réouverture de l'information judiciaire. La lettre est analysée, et le 10 octobre, la réponse tombe : pas assez d'ADN prélevé derrière un demi-timbre poste pour conclure formellement à une culpabilité. La dernière chance des parents Villemin d'apprendre la vérité vient de s'envoler. En avril 2001, l'instruction est close à nouveau.

En guise de fin…

En février 2004, après avoir obtenu l'autorisation de la cour d'appel de Dijon, les époux Villemin font exhumer et incinérer le corps de leur fils. La réhabilitation de Jean-Marie Villemin se fera automatiquement le 30 décembre 2008. En raison de la clôture de l'instruction en 2001, le délai de prescription court pour dix années supplémentaires, jusqu'en 2011. À compter de cette date, même sans coupable établi, le dossier sera définitivement fermé – sauf nouveau coup de théâtre –, et l'esprit d'un enfant de quatre ans mort un après-midi d'automne 1984 pourra peut-être trouver le repos, après vingt-sept ans de procédure judiciaire.
Cependant, le 9 juillet 2008, le procureur de la cour d'appel de Dijon a requis une réouverture du dossier pour de nouveaux tests ADN. La réponse se trouve-t-elle enfin près d'être révélée ? On peut l'espèrer.

Sylvain LARUE

Table des matières

Chez le même éditeur

Les Grandes Affaires Criminelles de l'AISNE - Bruno Dehaye

Les Grandes Affaires Criminelles des ALPES-MARITIMES - Arnaud Gobin

Les Grandes Affaires Criminelles d'ALSACE - Laurent Lallemand

Les Grandes Affaires Criminelles d'ARDECHE - Marie-Pascale Vincent

Les Grandes Affaires Criminelles de l'AUBE - Alain Dommanget

Les Grandes Affaires Criminelles d'AUVERGNE - Jean-Michel Cosson et Jean-Philippe Savignoni

Les Grandes Affaires Criminelles de l'AVEYRON - Paul Astruc, Jean-Michel Cosson et Jean-Philippe Savignoni

Les Grandes Affaires Criminelles du BAS-RHIN - Suzanne Braun

Les Grandes Affaires Criminelles des BOUCHES-DU-RHONE - Charles Bottarelli

Les Grandes Affaires Criminelles du BOURBONNAIS - Pierre-Marc Téty

Les Grandes Affaires Criminelles du CALVADOS - Lionel Acher et Brigitte Sesboüé

Les Grandes Affaires Criminelles du CANTAL - Christian Estève et Jean-Pierre Serre

Les Grandes Affaires Criminelles de CHARENTE - Jean-Charles Gonthier et Annie Ragnaud-Sabourin

Les Grandes Affaires Criminelles de CHARENTE-MARITIME - Emmanuel Peraud

Les Grandes Affaires Criminelles de CORREZE - Jean-Michel Valade

Les Grandes Affaires Criminelles de la COTE-D'OR - Marie-Françoise Barbot

Les Grandes Affaires Criminelles des COTES-D'ARMOR - Danièle Vaudrey

Les Nouvelles Affaires Criminelles des COTES-D'ARMOR - Danièle Vaudrey

Les Grandes Affaires Criminelles de la CREUSE - Jean-Marie Chevrier

Les Grandes Affaires Criminelles du DOUBS - Jean-Michel Bessette et Lucie Jouvet

Les Grandes Affaires Criminelles de la DROME - Alain Balsan

Les Grandes Affaires Criminelles de l'EURE - Roger Delaporte

Les Grandes Affaires Criminelles d'EURE-ET-LOIR - Gérald Massé

Les Grandes Affaires Criminelles du FINISTERE - Lenaïc Gravis

Les Grandes Affaires Criminelles du GARD - Jean-Michel Cosson et Gisèle Vigouroux

Les Grandes Affaires Criminelles de GASCOGNE - Sylvain Larue

Les Grandes Affaires Criminelles du GERS - Sylvain Larue

Les Grandes Affaires Criminelles de GIRONDE - Jean-Charles Gonthier

Les Nouvelles Affaires Criminelles de GIRONDE - Jean-Charles Gonthier

Les Grandes Affaires Criminelles de HAUTE-LOIRE - Jean-Christophe Belz et Christophe Bouyer

Les Grandes Affaires Criminelles de HAUTE-SAVOIE - Jean-Philippe Buord

Les Grandes Affaires Criminelles de la HAUTE-VIENNE - Vincent Brousse et Philippe Grandcoing

Les Grandes Affaires Criminelles des HAUTS-DE-SEINE - Sylvain Larue

Les Grandes Affaires Criminelles d'ILLE-ET-VILAINE - Christophe Belser

Les Grandes Affaires Criminelles de l'INDRE - Christine Méry-Barnabé

Les Grandes Affaires Criminelles du LOIR-ET-CHER - Pascal Nourrisson

Les Nouvelles Affaires Criminelles du LOIR-ET-CHER - Pascal Nourrisson

Les Grandes Affaires Criminelles de la LOIRE - Jean-François Vial et Jacques Rouzet

Les Grandes Affaires Criminelles de LOIRE-ATLANTIQUE - Christophe Belser et Dominique Bloyet

Les Grandes Affaires Criminelles du LOIRET - Pascal Nourrisson

Les Grandes Affaires Criminelles de LOZERE - Marie-Pascale Vincent

Les Grandes Affaires Criminelles de la MANCHE - Lenaïc Gravis

Les Grandes Affaires Criminelles de la MARNE - Bruno Dehaye

Les Grandes Affaires Criminelles de MAYENNE - Christophe Belser

Les Grandes Affaires Criminelles de la MEUSE - Alain Fisnot

Les Nouvelles Affaires Criminelles de la MEUSE - Alain Fisnot

Les Grandes Affaires Criminelles du MORBIHAN - Christophe Belser

Les Grandes Affaires Criminelles du NIVERNAIS - Thierry Desseux

Les Nouvelles Affaires Criminelles du NIVERNAIS - Thierry Desseux

Les Grandes Affaires Criminelles du NORD - Bernard Schaeffer

Les Grandes Affaires Criminelles de l'ORNE - Jean-François Miniac

Les Grandes Affaires Criminelles de PARIS - Sylvain Larue

Les Nouvelles Affaires Criminelles de PARIS - Sylvain Larue

Les Grandes Affaires Criminelles du PAS-DE-CALAIS - Bernard Schaeffer

Les Grandes Affaires Criminelles des PYRENEES - Gisèle Vigouroux

Les Grandes Affaires Criminelles du ROANNAIS - Jacques Rouzet

Les Nouvelles Affaires Criminelles du ROANNAIS - Jacques Rouzet

Les Grandes Affaires Criminelles de SAONE-ET-LOIRE - Albine Novarino

Les Grandes Affaires Criminelles de la SARTHE - Alain Moro

Les Grandes Affaires Criminelles de SAVOIE - Anne-Marie Bossy

Les Grandes Affaires Criminelles de SEINE-SAINT-DENIS - Sylvain Larue

Les Grandes Affaires Criminelles de SEINE-MARITIME - Eddy Simon

Les Grandes Affaires Criminelles du TARN - Sylvain Larue

Les Grandes Affaires Criminelles de TOURAINE - Pascal Nourrisson

Les Grandes Affaires Criminelles du VAL-DE-MARNE - Sylvain Larue

Les Grandes Affaires Criminelles du VAL-D'OISE - Sylvain Larue

Les Grandes Affaires Criminelles du VAR - Charles Bottarelli

Les Grandes Affaires Criminelles du VAUCLUSE - Sylvain Larue

Les Grandes Affaires Criminelles des YVELINES - Nathalie Michau

Crédit iconographique

Détective

104, 107, 110, 149, 152, 186, 191, 196, 197, 199, 201, 206, 207, 208, 217, 218, 223, 226, 227, 228, 231, 233, 234, 235, 237, 240, 243, 247, 249, 250, 251, 253, 254, 256, 263, 270, 280, 282, 283, 285, 288, 301, 318, 320, 323, 325, 326, 331, 334, 335, 336, 339, 341, 342, 344, 345, 346, 347, 348, 350, 351, 352, 354, 355, 357, 358, 360, 363, 364, 367, 369, 370, 371, 374, 376, 377, 378, 379, 413.

Kharbine-Tapabor

Coll. Kharbine-Tapabor : 22, 26, 37, 45, 58, 63, 78, 132, 139, 162, 167, 192, 195, 204, 274, 277, 290, 296, 302, 306, 313, 404.

Coll. Dixmier/Kharbine-Tapabor : 98.

Coll. Galdespho/Kharbine-Tapabor : 185, 297, 299.

Coll. Jonas/Kharbine-Tapabor : 70, 178, 183.

Coll. Jean Vigne/Kharbine-Tapabor : 75, 149.

AFP

391, 393, 395 (fond), 387, 397, 400, 403, 411, 419, 420, 422, 427, 429, 431, 434, 437.

Musée de la Police (Paris)

82, 85, 89, 92, 107, 146, 148, 151, 155, 157, 160, 175, 177 (fond), 202, 215.

Rue des archives/AGIP

Rue des archives/AGIP : 380, 382, 383, 386, 389.

René Dazy/Rue des archives : 125, 131.

Malgré nos recherches d'ayants droit, nous nous excusons en cas d'omission du crédit iconographique.

Remerciements

Je tiens à remercier :

- Stéphanie Jardy, Chloé Jarry, Aude Rémy, Nathalie Faure et Anthony Frot.

- Jocelyn Leterrier.

- La Bibliothèque de littérature policière de Paris,
en particulier Dominique Floirat et Vincent Sablayrolles.

- Le Musée de la Police et ses archivistes.